2판

교육과정학의 이해

| **박승배** 저 |

Historical Understanding of Curriculum Studies

학지사

내가 여호와께 바라는 한 가지 일 그것을 구하리니
곧 내가 내 평생에 여호와의 집에 살면서
여호와의 아름다움을 바라보며
그의 성전에서 사모하는 그것이라.

-시편 27:4-

One thing I ask of the Lord,
this is what I seek:
that I may dwell in the house
of the Lord all the days of my life,
to gaze upon the beauty of the Lord
and to seek him in His temple.

-Psalms 27:4-

머리말

"과거 속에는 미래의 씨앗이 들어 있고,

미래 속에는 과거의 열매가 들어 있다."

나는 우리가 현재 향유하고 있는 첨단 테크놀로지를 전혀 사용하지 않고 살아가고 있는, 좀 더 정확히 말하면 인터넷, 스마트폰 등과 같은 테크놀로지의 존재 자체를 아예 모르고 있을 것 같은 소수민족의 삶을 보여 주는 다큐멘터리 프로그램을 즐겨 시청한다. 외부세계와의 접촉이 어려운 소위 지구촌의 오지에서 살아가는 순박한 사람들의 삶을 보면서 나는 가끔 이런 질문을 던진다. "이들에게도 우리와 같은 학교가 있을까?" "이들은 학교에서 가르쳐야 할 가장 가치 있는 지식으로 무엇을 생각하고 있을까?" "학교 밖에서 배우는 내용과 학교 안에서 배우는 내용이 얼마나 밀접한 관련을 맺고 있을까?" "학교교육이 이들의 삶을 준비시키는 데에 어떻게 작용하고 있을까?"

내가 오지 민족들의 삶을 보면서 자연스럽게 떠올리는 이러한 질문은 '교육과정학'의 핵심에 위치하고 있는 질문으로서 사실 우리에게 물어야 할 질문이다. 그러나 우리는 이러한 질문을 애써 외면하며 살고 있다. 대학입시가 초·중·고등학교에서 가르치는 내용을 결정하는 현실 속에서 이런 질문을 던지는 일 자체가 혼란만 가중시킬 뿐 현실을 개선하는 데에 별로 도움이 되지 않는다고 생각한다.

그러나 교사가 되기 위해 교육대학이나 사범대학에 입학하여 교육학을 공부하는 학생들은 이러한 질문에 깊은 관심을 가져야 한다. 우리가 가르치고 있는 국어, 영어, 수학, 사회, 과학, 음악, 미술, 체육 등의 과목을 왜 학교에서 가르치고 있는지, 누가, 언제부터 이러한 과목을 학교에서 가르치자고 주장했는지, 우리 조상은 학령기에 어떤 내용을 공부했는지, 학교에서 가르쳐야 할 지식이 어떻게 결정되는지 등에 관한 깊은 사색을 예비교사들은 반드시 해야만 한다.

나는 이러한 질문에 대한 답을 찾고자 하는 사람들을 염두에 두고 이 책을 집필하였다. 이 책을 통하여 독자들은 '학교에서는 무엇을 가르쳐야 하는가?' 라는 질문을 놓고 1800년대 중반부터 오늘날까지 이어지고 있는 '교육과정학 이념 논쟁'의 핵심과 그 논쟁이 현실 교육에 미친 영향을 파악할 수 있을 것이다. 희망컨대 이 책이 교육과정학에 관심을 가진 학생들에게 선학들의 생각을 파악하고 이 분야에서 일어난 일을 하나의 의미 있는 이야기로 정리하는 데에 조금이나마 도움이 되기를 바란다.

끝으로, 이 책의 역사에 대하여 잠깐 언급하겠다. 이 책은 내가 2007년에 펴낸『교육과정학의 이해』의 수정 · 증보판이다. 당시 나는 교육학의 배경지식이 깊지 않은 대학 2~3학년 정도의 학생들이 '교육과정학' 분야를 쉽게 이해할 수 있도록, 또한 (교육)대학원 수준에서 교육과정학에 대한 전반적인 스케치를 하고자 하는 학생들에게 도움을 줄 목적으로 이 책을 집필하였다. 나의 목적이 어느 정도나 성공을 거두었는지 구체적으로 확인할 길은 없으나 최소한 이 책을 읽은, 결코 적지 않은 수의 교수에게서 책의 내용이 이해하기 쉬워서 해당 과목 교재 또는 참고문헌으로 사용하기에 적절하였다는 평을 들었다. 이러한 긍정적인 평은 이 책의 부족한 점을 나 스스로 깨달아 수정 · 보충하도록 하는 원동력이 되었다. 그리하여 이 책을 해당 과목 교재로 사용하면서 부족한 점을 여러 군데 발견하여 나의 강의시간에는 이를 반영하였다.

이 수정·증보판은 바로 이러한 부족한 점과 초판의 출간 이후 12년이라는 세월이 지나는 동안 변화한 나의 안목과 관심사를 반영하여 수정·보충한 것이다. 나름 수정·보충한다고 하였으나 나의 학문적 재능이 부족하여 독자의 기준에 못 미치는 부분이 있을 것이다. 독자들의 따뜻한 비평이 있기를 진심으로 기대한다. 끝으로 이 책을 출판한 학지사 김진환 사장님께 감사드린다.

2019년 9월

박승배

차례

제14장 교육정보화: 신진보주의의 등장 • 295

제15장 우리 학교교육과정의 원형을 찾아서 I: 조선시대~일제강점기 • 319

제16장 우리 학교교육과정의 원형을 찾아서 II: 미군정기~현재 • 347

제 1 장

서론

"커리큘럼은 교사가 학생의 정신에 영향을 미치기 위해
사용하는 대표적인 수단이다."

–엘리엇 아이스너–

학교는 인간이 필요에 의하여 만든 문화적 발명품이다. 그러나 우리는 중요한 사회적 기관으로서 학교가 이미 존재하는 문화 속에서 태어나기 때문에 이 사실을 잊기 쉽다. 하나의 문화적 발명품인 학교가 존재하는 모든 문화권에서는 '학교에서 마땅히 가르쳐야 할 가장 가치 있는 지식(내용)은 무엇일까?'를 놓고 조용하지만 때로는 격렬한 논쟁을 계속하고 있다.

'학교에서 마땅히 가르쳐야 할 가장 가치 있는 지식(내용)은 무엇일까?'에 대하여 모든 나라에서 벌이고 있는 지금까지의 논쟁의 내용을 살펴보면, 문화권에 따라 차이가 나지만 대략 세 가지로 정리할 수 있다. 첫째, 학교에서는 인류가 남긴 문화유산 중에서 가장 고급스러운 것만을 골라 다음 세대에 전달하는 것이 좋다는 입장이 있다. 소위 '고전'(classic)을 가르치자는 입장이다. 둘째, 현 사회에서 필요로 하는 것을 학교에서 가르쳐야 한다는 입장이 있다. 이는 '사회적 필요'를 중요시하는 입장으로서, '사회적 필요'는 시대에 따라 달라지므로 학교에서 가르치는 내용은 마땅히 이에 맞추어 탄력적으로 달라져야 한다. 셋째, 미숙하게 태어나서 성숙한 인간으로 성장해 가는 어린이의 필요를 좇아 가르쳐야 한다는 입장이 있다. 눈에 뚜렷이 보이지는 않지만 나름대로 소질과 가능성을 가지고 태어난 어린이가 그 소질과 가능성을 최대한 펼칠 수 있도록 옆에서 조력하는 방식으로 학교교육의 내용이 구성되어야 한다는 것이다.

이 세 가지 입장 중 어느 한 입장 또는 절충된 입장을 취하든지 간에 모든 학교에서는 '모종의 중요한 내용'을 가르치는데 우리는 이를 통상 '교육과정'이라 개념화하여 일컫는다. 이 '교육과정'이라는 용어는 '커리큘럼'

(curriculum)을 우리말로 번역한 것인데, 이 '커리큘럼'이라는 영어 단어는 '달려야 할 길'이라는 뜻을 가진 라틴어 '쿠레레'(currrere)에서 유래되었다. 따라서 '커리큘럼'은 그 어원으로 볼 때 '모종의 목적을 달성하기 위해 여러 가지 어려움을 극복하고 공부해 나가야 할 일련의 내용들'을 가리킨다. 이를 달리 표현하면, '학위나 자격을 취득하기 위해 이수해야 할 내용(과목)'이 된다.

그런데 이 '교육과정'의 정의는 시대에 따라서 조금씩 변해 왔다. 20세기 초에는 어원적 의미가 충실히 반영된 정의, 즉 앞에서 말한 것처럼 '학위를 취득하기 위해 이수해야 할 과목' '어떤 교육기관에서 제공하는 과목들의 총집합' 등 소위 '교수요목'(course of study)을 가리키는 말로 '교육과정'이 정의되었다. 그러다가 진보주의 운동이 절정기에 달한 1930년대 중반에는 '교사의 지도하에 아동이 경험하는 모든 것'으로 그 정의가 바뀌었고, 1970년대에는 '학교가 제공하는 모든 학습 기회'로 바뀌었다. 그리고 오늘날에는 '학교가 학생에게 교육적 결과를 초래할 목적으로 제공하는 일련의 계획된 활동'으로 이해되고 있다. 자칫하면 '교육과정'을 '교육의 과정'(the process of education)으로 잘못 이해할 수 있는데, '교육과정'은 교육학 전문용어로서 '교육의 과정'과 반드시 구분되어야 한다.

'교육과정'의 정의에 대한 논의를 잠시 멈추고, 영어 단어 curriculum이 우리말로 '교육과정'으로 번역 · 사용된 시점에 대하여 잠시 살필 필요가 있다. 문헌에 의하면 광복 직후에는 'curriculum'을 '교과과정'으로 번역 · 사용하였다. 그런데 이 번역이 당시 학자들의 눈에 시원찮았는지 1950년대 초반에는 그냥 '커리큘럼'으로 표기하기도 했다.[1] 그러다가 대략 1950년대 중반부터 'curriculum'의 번역어로 '교육과정'이 널리 보급되어 오늘에 이르고 있다.[2] 학자에 따라서는 1960년대 말까지도 '커리큘럼'이라는 용어를 사용하였고, 심지어 오늘날도 의도적으로 '커리큘럼'이라는 용어를 사용하는 학자가 있기도 하다.[3] 앞으로 이 책에서는 '교육과정'과 '커리큘럼'을 혼용할 것이다.

'교육과정'을 어떻게 정의하든지 간에 그 핵심에는, 앞서 언급한 것처럼,

'학교에서는 학생에게 도대체 무엇을 가르쳐야 하는가?'라는 교육학의 아주 근본적인 질문이 자리하고 있다. 바로 이 질문을 둘러싸고 19세기 중반부터 지금까지 수많은 교육학자가 갑론을박하고 있는데, 이 질문에 대한 답을 추구하는 분야를 교육학에서는 '교육과정학'이라고 부른다.

따라서 '교육과정학'은 그 기원이 인류가 학교라는 제도를 만들어 교육을 시작한 시점까지 거슬러 올라갈 수밖에 없지만, 이 분야가 학문적, 이론적 체계를 갖추기 시작한 것은 미국인 프랭클린 보비트(Franklin Bobbitt)가 『커리큘럼』(The Curriculum)이라는 책을 출판한 해인 1918년이라 할 수 있다. 오늘날의 대부분의 교육과정학자는 교육과정학을 하나의 학문으로 출발시킨 사람으로 프랭클린 보비트를 꼽는 데 이견이 없다. 따라서 제2장에서는 '교육과정학의 출발'이라는 제목으로 프랭클린 보비트의 업적을 살펴본다.

프랭클린 보비트는 학교교육과정을 편성하는 절차를 논의하면서, 학교에서 학생들에게 가르칠 것은 '이상적인 어른'(ideal adults)이 되는 데 필요한 것들이라고 생각하였다. 그러나 충분히 예상할 수 있는 것처럼, 도대체 '이상적인 어른'이 어떤 종류의 어른을 뜻하는지에 대해서 합의를 이루기란 처음부터 불가능하다. '이상적인 어른'을 규정하는 과정에는 이를 규정하는 사람의 가치, 즉 이념이 반영되기 마련이어서, '학교에서 학생에게 무엇을 가르쳐야 하는가'라는 질문을 놓고 벌어지는 논쟁은 지난 1세기 동안 계속되고 있으며 앞으로도 이어질 것이다. 제3장에서는 이 논쟁의 내용을 '교육과정학 이념 논쟁'이라는 이름으로 살펴본다.

1920년대 후반에 벌어진 교육과정학 이념 논쟁에서 일차적인 승자는 존 듀이(John Dewey)의 진보주의였다. 존 듀이는 학교에서 교사보다는 아동이 중심이 되어야 하며, 성인이 정리한 교과를 일방적으로 아동에게 가르치는 식의 수업을 하지 말아야 한다고 주장하였다. 그러나 이러한 진보주의는 그 우월적 지위를 오래 유지하지 못했다. 많은 학자와 교사가 존 듀이의 주장을 따라 보니 학교가 혼란스럽다고 불평하였고, 아동이 배워야 할 것을 제대로 배우지 못한다고 비판하였다. 듀이는 그의 나이 80세 때인 1938년에 이러한 불평과 비판에 대해 『경험과 교육』이라는 책을 통해 응답하였다. 제4장에서는 아동 · 경험중심 커리큘럼 비판에 대한 듀이의 응답을 자세히 살핀다.

프랭클린 보비트가 개발한 '커리큘럼 편성 절차'는 랠프 타일러(Ralph Tyler)가 발전시켰다. 타일러는 47세 때인 1949년, 지금은 교육과정학 분야에서 하나의 고전이 된 그의 유명한 저서인 『교육과정과 수업의 기본원리』에서 교육과정을 개발하고 수업 계획을 세울 때에 반드시 묻게 되는 질문 네 가지를 제시하였다. 이 네 가지 질문은 ① 교육의 목적이나 목표의 설정, ② 교과나 학습경험의 선정, ③ 학습경험의 조직, ④ 결과의 평가로 요약된다. 이 네 가지 중 그가 가장 심혈을 기울여 설명한 것은 교육목표를 설정하는 '절차'였는데, 그는 학교가 달성해야 할 교육목표를 직접 제시하지 않고 교육목표를 설정하는 절차만을 제시하여 교육과정학 내의 여러 이념 간의 논쟁에 휘말리지 않으려 하였다. 제5장에서는 타일러의 학문적 생애와 '타일러의 논리'로 대표되는 그의 업적을 자세히 살펴보고 이 논리가 우리나라에 도입되는 과정을 간략히 소개한다.

타일러는 교육목표를 설정한 다음 이를 진술할 때는, '어떤 내용에 대한 어떤 행동'이라는 식으로, '내용'과 구체적 '행동'을 동시에 명시할 것을 제안하였다. 타일러가 교육목표를 진술할 때 이처럼 '내용'과 더불어 구체적 '행동'을 명시하라고 제안한 이유는, 교육목표가 상세할수록 '타일러의 논리'의 맨 마지막 단계인 '평가' 작업이 수월해지기 때문이었다. 이러한 그의 생각, 즉 '교육목표를 평가와 관련지어 진술해야 한다'는 생각은 1950년대 중반에 들어서면서 벤저민 블룸(Benjamin Bloom) 등의 학자를 통해 더욱 상세화되었다. 블룸과 동료들은 생물학에서 동물과 식물을 분류할 때 사용하는 방식에 따라서 '지적 영역'의 교육목표를 여섯 항목으로 자세히 분류하여 1956년 『교육목표 분류학, 핸드북 I: 지적 영역』이라는 이름으로 출판하였다. 이 책이 큰 성공을 거두자 이에 고무된 블룸과 동료들은 '정의적 영역'에 대한 교육목표 분류 작업을 진행하여 1964년『교육목표 분류학, 핸드북 II: 정의적 영역』을 출판하였다. 이 두 권의 책은 교육목표진술 지침서이면서 곧 평가 문항 제작 지침서의 역할을 하였다. 제6장에서는 블룸과 동료들의 작업을 자세히 살펴본다.

이처럼 블룸과 동료들이 교육목표를 평가와 관련지어 진술하는 작업을 상당히 치밀하게 완성하였지만, 로버트 메이거(Robert Mager)는 블룸 등의 작업을 불완전하게 여겼다. 메이거는 교육목표와 평가를 더욱더 치밀하게 관련시키는 방법을 고안하여 1962년『행동적 수업목표의 설정』을 출판하였다. 이 메이거의 작업 또한 제6장에서 자세히 설명한다.

제7장에서는 1920~1930년대 미국에서 절정을 이루었던 '진보주의' 사상이 우리나라에 도입되는 과정을, 이 과정에서 중요한 역할을 한 두 사람—오천석과 해럴드 벤저민(Harold Benjamin)—의 글을 통해 살핀다. 오천석은 미국 컬럼비아 대학교에 유학하여 존 듀이를 직접 만나 배운 사람이고, 해럴드 벤저민은 6 · 25전쟁 후에 우리나라에 와서 진보주의에 기초한 우리나라 학교 커리큘럼을 마련해 제안한 사람이다.

한편, 1950년대 후반에 접어들면서 미국이 러시아와의 과학기술 경쟁에서 패한 증거가 나타나자 미국 교육계는 발칵 뒤집혔다. 그 여파로 진보주의식 미국 교육을 개혁해야 한다는 목소리가 힘을 얻었고, 이 교육개혁안을 마련하기 위하여 미국 내 저명한 학자 34명이 '우즈 호울'이라는 도시에 모여 회의를 하였다. 이 회의의 결과를 당시 하버드 대학교 심리학과 교수 제롬 브루너(Jerome Bruner)가 정리하여 1960년『교육의 과정』을 출판하였다. 이 책은 출판되자마자 엄청난 반향을 불러일으켰다. 제8장에서는 이『교육의 과정』의 내용과 이 책의 핵심적 생각이 우리나라에 소개되는 과정을 아주 상세하게 살펴본다.

1969년은 교육과정학사에서 아주 중요한 해다. 교육과정학이 프랭클린 보비트를 통해 하나의 학문으로 탄생한 해가 1918년이라면, 이 프랭클린 보비트식 교육과정학이 죽은 해가 바로 1969년이다. 1969년, 시카고 대학교 교수이던 조지프 슈와브(Joseph Schwab)라는 학자는 시카고 대학교에서 발행하는『School Review』라는 학술지에 논문을 실었는데, 이 논문에서 그는 '교육과정학은 죽어 가고 있다'는 충격적인 선언을 하였다. 이 논문에서 슈와브는, 어떤 학문이 위기를 맞을 때 나타나는 여섯 가지 징후가 있는데 바로 이러한 징후들이 교육과정학 분야에 그대로 나타났다고 지적하였다. 예를 들면, '어떤 학문 분야 내의 문제와 이를 해결하는 작업이 그 분야 전공자로부터 타 분야 전공자에게로 넘어가는 현상' '옛 지식에 새로운 것을 별로 추가하지 않은 채 새로운 언어로 반복하는 현상' '옛 공식을 단순히 비평하거나 극히 일부분만을 수정하여 반복하는 일이 현저히 증가하는 현상' 등이 교육과정학 내에 나타나고 있다는 것이었다. 즉, 교육과정 개발이라는 실용적인 작업은 그동안 교육과정학자들에게 맡겨진 고유한 작업이었는데 이것이 브루너 등과 같은 심리학자나 생물학자, 물리학자 등에게로 넘어간 사실과 교육과정학자들이 '타일러의 논리'를 벗어나지 못하고 이를 겨우 수정 · 보충하는 작업에 매달린 사실 등을 지적하면서 슈와브는 '교육과정학은 죽어 가고 있다'고 선언한 것이다.

이러한 슈와브의 위기의식에 당시 젊은 교수들이 동조하면서 1950년대와 1960년대를 지배한 행동주의적이고 기술공학적인 접근에 대한 비판과 함께 새로운 교육과정학 탐구의 토대를 구축하는 일이 시작되었는데, 이러한 작업을 교육과정학의 재개념화라고 부른다. 제9장에서는 이러한 재개념화 운동이 발생하는 과정에 대하여 자세히 살펴본다.

1969년을 기점으로 교육과정학자들의 관심이 '교육과정을 개발하는 일'에서 '교육과정을 이해하는 일'로 바뀌면서 학교에서 학생이 경험하는 교육과정이 학생에게 어떤 의미를 부여하는지에 대한 다양한 분석이 시도되었다. 즉, 교육과정학에 대한 재개념화가 여러 학자의 고유한 관심에 따라 다양하게 이루어졌다. 이 책에서는 이 다양한 내용을 모두 살펴보지 않고, 재개념화 운동을 초창기부터 주도한 캐나다 브리티시 컬럼비아 대학교 교수인 윌리엄 파이나(William Pinar)의 생각과 미국 위스콘신 대학교 메디슨 캠퍼스 교수 마이클 애플(Michael Apple)의 생각을 제10장에서 살펴본다. 이 두 사람의 공통점은 학교교육과정이 학생에게 가하는 억압 현상을 분석하고 이러한 억압에서 개인을 해방시키려고 한 것이다.

제11장에서는 미학적 관점에서 교육과정학 탐구의 재개념화를 시도하는 여러 학자의 생각을 자세히 살펴본다. 이들은 한결같이 학교교육과정에서 예술과목이 그 본래의 가치보다 낮은 대우를 받으며, 그 결과로 학생들은 일상생활 모든 분야에서 널리 쓰이는 '질적인 판단력'을 학교에서 제대로 계발하지 못한 채 학교를 떠난다고 주장한다. 제11장에서는 이러한 입장의 대표자라 할 수 있는 스탠퍼드 대학교 교육학과 및 미술학과 교수를 오랫동안 역임한 엘리엇 아이스너(Elliot Eisner)의 업적에 초점을 맞춘다.

1980년대 초, 12년간의 국민 공통 학교교육에서 가르칠 것은 직업에 필요한 실용적 지식이나 기능이 아니라 '교양교육'이라는 주장이 부활하였다. 이 주장을 편 사람은 모티머 아들러(Motimer Adler)인데, 그는 1930년대에 시카고 대학교 총장이던 로버트 허친스(Robert Hutchins)와 함께 '위대한 저서 읽기 프로그램'의 중요성을 외치던 사람이다. 아들러는 80세 때인 1982년『파이데이아 제안』을 통하여 국민 공통 학교교육을 '교양교육' 중심으로 개편할 것을 다시 외쳤다. 제12장에서는 아들러가『파이데이아 제안』을 내놓게 되는 배경과 그 제안의 구체적인 내용, 그리고 이 제안에 대한 비평 · 비판의 목소리를 살펴본다.

1990년대 초부터 우리 교육계를 휩쓴 2개의 바람은 '열린교육'과 '교육정보화'였다. 공교롭게도 이 2개의 바람은 진보주의의 부활이라는 공통점이 있다. 제13장에서는 열린교육의 성격과 미국에서 열린교육이 실패한 원인 등을 주로 살핀다. 그리고 제14장에서는 교육정보화 운동, 즉 '인터넷과 같은 과학 기술을 이용하여 교육을 개혁해 보려는 운동'을 역사적 맥락에서 자세히 살펴본다. 특히 교육정보화 운동이 왜 '신진보주의'라고 불리고 있으며, 이것이 우리의 교육 현장과 교사들에 미칠 긍정적 · 부정적 영향은 무엇인지를 자세히 논의한다.

제15장과 제16장에서는 현재 우리나라 학교교육과정의 원형을 찾아본다. '우리의 학교에서 가르쳐야 할 내용을 놓고 우리 조상들은 어떤 고민을 하였을까? 우리가 학교에서 가르치는 내용은 언제, 누구를 통하여 이 땅에 들어오게 된 것일까? 사회, 과학, 수학, 미술 등의 우리에게 친숙한 과목이 우리 역사 속에서 언제 학교에 등장했을까?'와 같은 질문에 대한 답을 찾아본다.

지금까지 이 책에서 다룰 내용을 요약하여 제시하였다. 독자 중에는 서론을 읽고 도대체 무슨 말인지 모르겠다며 계속해서 읽어 나가는 일을 포기하는 사람이 있을지도 모르겠다. 나는 그러한 독자에게 약간의 인내심을 가지고 책장을 넘겨 제2장으로 넘어가길 권한다. '교육과정학'을 처음 접하는 학생들에게 이 서론은 당연히 어려울 수밖에 없다. 이 책을 끝까지 읽은 후 다시 이 서론을 읽는다면 그때는 아주 쉽게 느껴질 것이다. 제2장부터 제16장까지의 내용은 이 서론과는 달리 아주 자세하고 쉽게 쓰여 있다. 그럼 그리 빠르지 않은 기차를 타고 '교육과정학' 분야를 역사적으로 살펴보는 시간여행을 본격적으로 시작하도록 하자.

제 2 장

교육과정학의 출발

"교육과정학 분야는 교육의 가장 핵심에 위치한다."

–엘리엇 아이스너–

'교육과정학' 분야는 교육학 분야 중에서 탐구의 역사가 오래되었다. 실제로 '교육과정'에 대한 논의의 역사는 교육의 역사만큼이나 그 시간을 거슬러 올라간다. 그러나 교육과정학을 연구하는 학자들은 '교육과정' 분야가 학문적 · 체계적으로 다루어지기 시작한 연도로 1918년을 꼽는 데 대체로 동의한다. 이 1918년은 미국의 프랭클린 보비트(John Franklin Bobbitt, 1876~1956)가 『커리큘럼』(The Curriculum)이라는 제목의 책을 처음 출판한 해이기 때문이다. 그럼 지금부터 '교육과정학 이해를 위한 역사 여행'을 프랭클린 보비트부터 시작하여 출발하도록 하자.

1. 프랭클린 보비트의 생애와 초기 업적

프랭클린 보비트는 1876년 미국 인디애나주에서 교육자의 아들로 태어났다. 1901년 인디애나 대학교를 졸업한 그는 결혼을 한 1903년에 미국의 지배하에 있던 필리핀에 가서 교사로 약 4년을 보낸 다음, 1907년 미국으로 돌아와 클라크 대학교에서 1909년에 박사학위를 받았다. 당시 클라크 대학교의 총장은 스탠리 홀(Stanley Hall, 1846~1924)이었다. 그는 1892년에 미국심리학회를 창설한 사람으로서, 심리학자이자 철학자인 윌리엄 제임스(William James, 1842~1910)의 제자였다. 스탠리 홀은 프랭클린 보비트가 박사학위를 받은 해인 1909년, 유럽에서 활동하던 정신분석학자 지그문트 프로이트(Sigmund Freud, 1856~1939)를 미국 클라크 대학교로 초청하여 강연하게 함

프랭클린 보비트. 50세 때인 1926년에 찍은 사진

으로써 프로이트의 심리학적 생각을 미국에 처음 소개한, 미국 초기 심리학계의 거목이다.[1)]

클라크 대학교에서 박사학위를 받은 프랭클린 보비트는 곧 시카고 대학교 교육학과 교수가 되어 1941년 퇴직할 때까지 근무하였다. 보비트는 1910년 시카고 대학교에서 처음으로 '교육과정'이라는 명칭의 강좌를 개설하였는데, 이 강의는 학생 사이에 인기가 매우 높았다.[2)] '교육과정'에 대한 강의를 막 시작한 프랭클린 보비트에게 당시 신선한 충격을 던진 책은 프레더릭 테일러(Frederick Winslow Taylor)가 1911년에 출판한 『과학적 경영의 원리』(The Principles of Scientific Management)였다. '시간과 동작 연구'(time and motion study)로 경영학 분야에서 널리 알려진 테일러[이후에 나오는 타일러(Tyler)와 혼동하지 말 것] 이론의 핵심은 완성된 제품의 질을 평가하는 기준을 미리 정해 놓는 것이 공장에서 질 좋은 제품을 생산하는 데 매우 중요하다는 것이다.

프랭클린 보비트는 이러한 테일러의 제안을 학교에서 그대로 적용할 수 있을 것으로 생각하고 학교를 공장에 비유하여 그의 이론을 전개하였다. 프랭클린 보비트의 '공장으로서의 학교'라는 비유에 따르면, 학교는 공장, 학생은 원자재, 교사는 생산직 근로자, 교장은 공장장쯤 된다고 볼 수 있다. 따라서 학교(공장)는 학생(원자재)을 일정 기간 동안 일련의 커리큘럼(조립생산라인)을 거치게 하여 사회(소비자)가 원하는 이상적인 어른(완제품)으로 제대로(불량품 없이) 배출(생산)할 때 효율적인 학교, 좋은 학교라는 평을 듣게 된다. 프랭클린 보비트는 이러한 비유를 『미국교육학회 제12차 연감』에서 '도시학교 문제를 해결하는 데 유용한 몇 가지 경영 원리'라는 이름으로 설명하였는데, 그가 특히 강조한 부분은 완제품(이상적인 성인)이 되었는지 아닌지를 결정하기 위한 양적, 질적 기준이 미리 정해져야만 한다는 것이었다. 왜냐하면 이

기준이야말로 교육감과 교장 등의 교육행정가와 일선 교사들, 나아가 심지어는 학생들 스스로 자신을 안내하는 역할을 한다고 그는 믿었기 때문이다.[3)]

프랭클린 보비트는 학생들이 학교라는 공장에서 '이상적인 어른'(ideal adult)이라는 완제품을 향해 제대로 나아가고 있는지를 결정하기 위해 필요한 기준은 지역사회가 정해야 한다고 주장하였다. 그러나 이 기준을 정하는 일은 논쟁의 여지가 많을 것이므로 지역사회와 교사는 이 일에 관심을 기울이고 앞으로 계속 연구해야 할 것이라고 제안하였다.

2. 『교육과정학』 교재의 탄생

프랭클린 보비트는 자신의 생각을 정리하여, 예비 교사 및 현직 교사들에게 당시에는 생소한 커리큘럼이론을 소개할 목적으로 1918년 『커리큘럼』이라는 이름의 책을 출판하였다. 이 『커리큘럼』의 핵심은 학교는 아동이 성인세계에 적응할 수 있도록 준비시키는 기관이므로, 커리큘럼은 아동이 성인의 세계에서 접하게 될 과제를 적절히 수행할 수 있도록 준비시키기 위하여 아주 명확하고 구체적으로 구성되어야만 한다는 것이다. 따라서 커리큘럼을 편성하는 사람의 주된 일은, 학교에서 학생에게 무엇을 가르칠 것인가를 결정하기 위해 먼저 '이상적인 어른'의 세계를 분석하고, 이를 기초로 아동에게 가르칠 구체적인 그 무엇을 '목표화'하는 것이다. 프랭클린 보비트의 말을 직접 들어 보자.

> 커리큘럼이론의 핵심은 아주 단순하다. 인간의 삶이란 다양한 '구체적 활동'(specific activities)으로 구성되어 있다. 삶을 준비시키는 교육은 바로 이러한 '구체적인 활동'을 잘 수행할 수 있도록 정확히, 그리고 적절히 준비시키는 교육이다. 그러나 어느 계층에서든지 실생활에서 필요한 '구체적 활동'은

> 그 수가 많고 다양하기 마련이다. 따라서 우리는 실세계에 나가서 '구체적인 활동'이 어떠한 요소들로 구성되어 있는지를 알아보아야 한다. 이런 작업을 통해 우리에게 필요한 지식, 습관, 태도, 능력 등을 알게 될 것이다. 아마 이것들은 그 수가 많고, 명확하며, 구체적일 것이다. 따라서 커리큘럼이란 이와 같은 '목표'(objectives)를 달성하기 위하여 아동이 가져야만 하는 일련의 경험이 될 것이다.[4)]

이처럼 프랭클린 보비트는 교육목표를 확인하고 이것을 적절히 진술하는 방법을 제시하였는데, 이것이 그의 '교육과정'이론의 핵심에 해당된다. 『커리큘럼』을 출판한 지 6년 후인 1924년에 출판한 『커리큘럼 편성법』(How to Make a Curriculum)은 이에 대한 그의 연구와 숙고의 결과를 담은 것이다. 그는 이 책을 통하여 자신의 오랜 연구과제였던 구체적인 '교육목표'(educational objectives)에 대해 상세히 논의하였다.

『커리큘럼 편성법』은 3부 19장으로 구성되었는데, 제1부는 학생 활동의 성격, 교육목표 설정에 사용할 수 있는 절차 등과 같은 커리큘럼 편성의 일반적인 문제점을 다루었고, 제2부에서는 각 교과 내에서 만들 수 있는 교육목표의 예와 그 목표를 달성할 수 있는 경험을 제시하였으며, 제3부에서는 교육행정가들에 대한 몇 가지 제언을 다루었다.

프랭클린 보비트가 말하는 교육목표를 설정하는 첫 번째 단계는 모든 아동이 습득해야만 하는 책임감 또는 활동의 영역을 확인하는 것이다. 이를 위해 그는 교양 있고 잘 교육받은 2,700명의 성인을 조사하였는데, 이 중 1,500명은 시카고 대학교에서 프랭클린 보비트의 커리큘럼 강의를 들은 사람이었고 나머지는 그가 조언자로 활동했던 로스앤젤레스시의 교직원들이었다. 이 조사에서 그는 아동에게 가르쳐야 할 열 가지 경험을 확인하였는데, 이 열 가지 중 맨 마지막을 제외한 아홉 가지는 학교에서 가르쳐야 한다고 생각하였다. 그가 찾아낸 열 가지 경험은 다음과 같다.[5)]

① 언어 활동(language activities)
② 건강 활동(health activities)
③ 시민 활동(citizenship activities)
④ 일반적 사회 활동(general social activities)
⑤ 여가 활동(spare-time activities)
⑥ 건전한 정신 관리 활동(keeping oneself mentally fit)
⑦ 종교 활동(religious activities)
⑧ 부모 활동(parental activities)
⑨ 비전문화된 또는 비직업적인 활동(unspecialized or non-vocational activities)
⑩ 자신의 소명에 따른 노동(the labor of one's calling)

학교가 책임지고 가르쳐야 할 이와 같은 성인의 중요한 생활 영역이 일단 확인되면, 이런 특성을 학생이 가지도록 하기 위해 학교에서 구체적으로 어떤 일(tasks)을 학생에게 요구해야 하는가는 아주 쉬운 문제가 된다. 프랭클린 보비트는 이를 '교육목표'라는 이름으로 아주 꼼꼼하게 열거하였는데, 『커리큘럼 편성법』에 160가지의 '교육목표'를 제시하였다. 예컨대, '지역사회 활동에 적절하고 효과적으로 참여하기 위해 여러 방면에서 언어를 사용할 수 있는 능력' '신체 건강 수준을 최고로 개발하고 유지하기 위해 적절한 수면을 취하는 능력' 등이 이 160가지에 포함되어 있다.

프랭클린 보비트가 학교교육과정을 편성할 때 사용하는 이와 같은 방법은 당시에 주로 사용하던 탁상행정(armchair speculation)의 수준을 넘어선 아주 과학적이고 합리적인 접근법처럼 여겨졌다. 커리큘럼을 편성할 때 사회의 요구를 조사하는 '조사법'(survey method)은, 오늘날의 시각으로는 아주 당연한 것처럼 여겨지는 것이지만, 당시에는 어떤 것을 과학적인 것으로 만드는 상징처럼 간주되었다.

지금까지 설명한 프랭클린 보비트의 '과학적인 절차'에 따른 커리큘럼 편성 방법을 요약하면 다음과 같다.

- 이상적인 성인의 생활을 몇 가지 주요 활동으로 나누어라.
- 이러한 주요 활동을 학생이 성취할 수 있는 구체적인 활동으로 분석하라.
- 학생이 성취해야 할 구체적인 활동을 교육의 목표로 설정하라.

커리큘럼을 편성할 때 프랭클린 보비트가 주장하는 절차를 따르면 자연스럽게 나타나는 몇 가지 현상이 있다. 첫째, 형성된 '교육목표'의 수가 수백 개에 이르게 되어 이 '교육목표'들을 평가하여 등급을 매긴 다음, 일정한 기준에 따라 '순서적으로 배열'할 필요성에 직면하게 된다.

둘째, 이러한 '교육목표'를 진술할 때에는 그 '교육목표'에 학생이 도달했는지 여부를 쉽게 알아볼 수 있도록 학생의 '활동'의 관점에서 교육목표를 진술해야 된다. 이는, 제5장과 제6장에서 자세히 살펴보겠지만, 오늘날 우리가 소위 '행동용어를 써서 교육목표를 진술해야 된다'는 생각의 뿌리가 된다. '행동용어'(behavioral terms)를 사용하여 교육목표를 진술한다는 것이 무슨 말인지를 지금 이해하고 싶은 독자는 책장을 넘겨 제5장과 제6장을 읽어 보기 바란다.

셋째, '교육목표'를 만들 때에 '존재-당위 문제'(is-ought problem)에 부딪치게 된다. 예를 들어, 우리 사회에서 성공적으로 공무원의 역할을 하는 사람의 활동을 분석했더니 '한자에 대한 해박한 지식'이 중요한 요소 중 하나로 밝혀졌다고 가정하자. 이런 사실에 기초하여 우리는 '초 · 중 · 고등학교에서 한자를 최소한 1,000자는 가르쳐야만 한다'와 같은 주장을 할 수 있는가? 우리는 어떤 사실의 '존재'로 '당위'를 말할 수 있는가? 프랭클린 보비트는 이와 같은 '존재-당위' 문제에 대한 관심을 기울이지 않았으며, 커리큘럼을 편성할 때에 소위 그가 말하는 '과학적인 절차'를 따를 것만을 강조하였다.

넷째, 프랭클린 보비트가 주장하는 방식에 따라 학교교육과정을 편성하려면, 다양한 직업을 가진 많은 사람의 공동 작업이 불가피하다. 앞서 지적한 것처럼, 우리가 인생을 살아가려면 다양한 기능이 필요하고 교육이란 바로 이러한 기능을 아동에게 적절히 준비시켜 주는 역할을 수행해야 한다고 그는 확신하고 있었다. 그러나 성인이 되었을 때 필요한 기능을 확인하는 일은 어느 한 사람의 힘만으로는 불가능하다. 따라서 커리큘럼을 편성할 때에는 지역사회 내에 있는 다양한 사람의 공동 작업이 반드시 필요하다. 이에 대한 프랭클린 보비트의 말을 직접 들어 보도록 하자.

> 지역사회 내의 전문가 집단은 실제 사회생활에서 어떤 능력이 필요한지를 찾아내는 일에 책임을 다해야만 한다. 이 원리는 특히 어떤 직업에서 필요로 하는 능력을 찾아내는 데 아주 유용하다. 세일즈맨과 그들을 감독하는 사람들은 세일즈맨에게 필요한 능력을 아주 잘 찾아낼 수 있다. 인쇄업자는 자신들에게 필요한 능력을 잘 찾아낼 수 있다. …… 이 원리는 또한 직업 밖의 영역에서도 적용된다. 내과의사와 간호사는 보건 교육의 목표를 설정하는 데 도움을 줄 수 있다.[6)]

이처럼 지역사회 내의 다양한 직업을 가진 전문가들은 실제 사회에서 살아갈 때 어떤 기능이 필요한지를 찾아내는 일에 공헌할 수 있다는 것이다. 교사가 학생을 성공적인 성인으로 준비시키는 일차적인 책임을 지고 있기는 하지만, 교사만의 힘으로는 사회에서 필요로 하는 기능을 구체적으로 알아내기 힘들기 때문에 '교육과정을 만드는 일'은 사회 각계각층의 참여와 판단이 아주 중요한 '지역사회의 일'이라는 것이다.

지금까지 프랭클린 보비트가 생각하는 커리큘럼 편성 방법에 대하여 알아보았다. 프랭클린 보비트는 교육을 실제 생활과 관련시키려고 노력하였으며, 이를 위해 교육목표를 설정하는 데 사회의 요구를 활용할 것을 강조하였다. 이러한 그의 생각은 그가 주로 '직업교육'에 관심을 두었다는 오해를 불러일으키기 쉽다. 이러한 점을 그가 인식했는지는 모르지만, 그는 초등학교부터 고등학교까지의 학교교육의 내용이 주로 '직업교육'보다는 '일반교육'에 초점을 맞추어야 한다고 지적하였다. '직업교육'은 대학이나 그 이후에 이루어지는 것이 바람직하다고 여겼다. 『커리큘럼 편성법』에서 그는, 어떤 과목이 어떤 직업에 아주 구체적인 실용적 가치를 지닌다는 이유로 모든 학생을 위한 일반적인 교육 프로그램에 그 과목을 포함시키는 일은 '결코' 없어야 한다고 분명하게 지적하였다. 그는 '직업적 유용성'이라는 이유로 당시 일반 학생에게 가르쳐졌던 과목들, 예를 들면 삼각측량법, 제도, 실용미술 등에 대한 강한 거부감을 표현하였다.

3. 『커리큘럼 편성법』에 대한 학계의 반응

프랭클린 보비트의 커리큘럼 편성 방법에 관한 생각을 정리한 『커리큘럼 편성법』이 1924년에 출판되자, 미국 내 여러 유명 학회지에서는 이 책을 아주 훌륭하다고 소개하였다. '학교 도서관에 없어서는 안 될 대단히 중요한 책' '교육행정가들이 지침서로 삼아 읽을 수 있도록 쉽게 쓰인 아주 훌륭한 책' 등과 같은 찬사가 이어졌다. 당시 미국 교육계에 큰 영향을 미치고 있던 컬럼비아 대학교(미국 컬럼비아 대학교의 티처스 칼리지는 지금도 여전히 미국 교육계에 대단한 영향력을 행사하고 있다)의 데이비드 스네든(David Snedden, 1868~1951) 교수는 학술지 『School Review』에 쓴 서평에서, 이 『커리큘럼 편성법』이 교육학 분야에서 신기원을 이룩한 획기적인(epoch-making) 책이라는 찬사를 듣기에 충분한 대단한 역작이라고 평가하였다.[7] 데이비드 스네든은 당시 교육학의 새로운 지류로 막 형성되기 시작한 교육사회학 분야의 선두적인 학자로서, 프랭클린 보비트와 마찬가지로 커리큘럼을 편성할 때의 주된 방법으로 '직업 분석'(job analysis) 또는 '과제 분석'(task analysis)을 중요하게 여겼던 사람이다.

그러나 프랭클린 보비트의 작업에 모든 사람이 찬사를 보낸 것만은 아니다. 프랭클린 보비트의 커리큘럼 편성 방법에 대한 대표적인 비판은, 존 듀이(John Dewey, 1859~1952)와 함께 영향력 있는 교육철학자로 활동하던 보이드 보드(Boyd Bode, 1873~1953)로부터 나왔다. 듀이보다 14세 아래인 보드는, 듀이처럼 철학을 전공한 후 그의 일생을 교육학자로 보냈는데, 그는 『커리큘럼 편성법』을 아주 신랄하게 비판하였다. 그의 비판을 요약하면 다음과 같다.

데이비드 스네든. 50세 때인 1918년경 찍은 사진

> 보비트의 『커리큘럼 편성법』은 '과학적 분석'의 바탕에 '이상적 어른'이 자리하고 있음을 보여 주고 있다. 저자는 이런 방식이 말 앞에 마차가 붙은 형국이라는 것을 간과한 듯하다. 좋은 시민, 좋은 부모, 진실한 신자를 사전에 알아낼 방법이 없는데 어떻게 그와 같은 분석이 가능하다는 말인가? 그는 과학적 분석이라는 도구로 사실을 파면 이상적인 어른이 표면으로 드러날 것처럼 가정하는 듯하다. 그러나 이는 단순히 과학이, 애국심과 마찬가지로, 편견을 은폐하고 발전을 저해하기 위해 사용되는 것을 의미한다. 다시 말하면, 커리큘럼 편성의 과정을 안내할 수 있는 사회적 이상(vision)이나 프로그램은 존재하지 않는다.[8)]

보드는 분명 이 책이 지닌 약점, 즉 '이상적인 어른'이 어떤 것인지를 알 수 없으므로 이 '이상적인 어른'을 분석하여 교육목표를 설정한다는 것은 논리에 맞지 않다는 것을 정확히 지적하였다. 프랭클린 보비트도 자신의 작업 내에 이와 같은 문제가 있음을 알았을 것이다. 그는 '이상적인 어른'이란 어떤

인간이고, '좋은 삶'이란 어떤 삶인지에 관한 이견이 존재하겠지만, 그럼에도 불구하고 상식적이고 합리적인 수준에서 이에 대한 모종의 합의가 이루어질 수 있을 것으로 보았다.

보드의 지적이 정곡을 찌른 것이기는 하지만, 프랭클린 보비트의 『커리큘럼 편성법』의 인기를 깎아내리지는 못했다. 1920년대 후반과 1930년대에 프랭클린 보비트의 이 『커리큘럼 편성법』의 영향력을 제한하는 데 결정적인 역할을 한 것은 바로 미국 교육계에 널리 영향력을 행사하던 '진보주의자들'이었다. 진보주의자들이 주장하는 내용에 대해서는 제3장 '교육과정학 이념 논쟁'과 제4장 '아동 · 경험중심 커리큘럼 비판에 대한 듀이의 응답'에서 자세히 살펴볼 것이므로 여기서는 프랭클린 보비트의 생각과 진보주의자들의 생각이 어떻게 다른지를 간결하게 살펴보도록 하겠다.

진보주의 진영의 대표자인 존 듀이는 80세가 되던 해인 1938년에 쓴 『경험과 교육』(Experience and Education)에서 다음과 같이 말하였다.

> 전통적 교육은 위로부터, 그리고 밖으로부터의 강요를 특징으로 한다. 전통적 교육은 성숙한 상태를 향하여 아주 느린 속도로 성장하는 아이들에게 그들과는 멀리 떨어진 성인의 표준, 내용, 그리고 방법을 단시일 내에 받아들이도록 강요한다. 아동과 성인 사이의 간격이 너무 커서 전통적 교육에서 제공되는 교육내용이나 학습방법은 어린 아이들의 능력에 비추어 보면 아주 낯선 것이다. 그러한 교육내용이나 교육방법은 어린 학습자들이 가지고 있는 경험의 범위를 훨씬 넘어선 것이기 때문에 그들이 쉽게 받아들이고 이해할 수 있는 것이 아니다. 따라서 그러한 내용과 방법은 아동들에게 강제적으로 주어질 수밖에 없다. 물론, 훌륭한 교사는 교육의 내용과 방법을 억지로 강요하고 있다는 것을 감추기 위하여 다양한 방법을 사용한다. 그러나 그렇다고 해서 강요한다는 사실 그 자체가 달라지는 것은 아니다. …… [전통적 교육에서] 배운다는 것은 책이나 어른들의 머릿속에 이미 들어 있는 것을 그대로 습

득하는 것을 의미한다. 더욱이 배우는 내용들은 근본적으로 변화하지 않는 영원불변한 것으로 여겨진다. 그 결과로 원래 교육내용이 구성되는 과정이나 교육내용이 앞으로 겪게 될 변화를 전적으로 무시한 채 교육내용은 일종의 완성품, 완전한 진리로서 가르쳐진다. 그럼에도 불구하고 이러한 점은 고려사항에서 제외된다. 교육내용을 영원불변하는 진리라고 보는 생각은 미래도 역시 과거와 비슷할 것이라는 생각이 당연시되던 전통사회의 문화적 산물이었다. 이러한 생각은 변화 속도가 아주 느린 시대나 사회에서는 그런대로 통할 수 있었다. 그러나 오늘날처럼 변화가 계속해서, 그리고 빠른 속도로 일어나는 사회에서는 교육내용을 영원불변하는 진리인 것처럼 가르친다는 것은 받아들이기 어렵다.[9)]

이와 같은 존 듀이의 글을 읽어 보면, 당시의 진보주의자들이 프랭클린 보비트가 구상한 합리적이며, 체계적이고, 매우 정교한 생각에 왜 찬성할 수 없었는지를 쉽게 이해할 수 있다. 프랭클린 보비트는 커리큘럼을 만들 때 사회를 제일 먼저 쳐다보았지만, 진보주의자들은 아동을 강조했던 것이다. 프랭클린 보비트가 원리, 과학, 구체성 등을 중시한 반면에 진보주의자들은 예술, 수업의 다양성 등을 강조하였다. 이처럼 프랭클린 보비트의 커리큘럼 편성에 대한 생각은 진보주의자들에게 철저히 외면당하였다. 이는 진보주의자들의 저서에 『커리큘럼 편성법』이 전혀 언급되지 않는다는 것에서 잘 알 수 있다.[10)]

그럼에도 불구하고 프랭클린 보비트의 생각은 많은 학생을 매료시켰는데, 그의 방법에 기초하여 더욱 발전시킨 사람 중에서 우리는 랠프 타일러(Ralph Tyler)를 꼭 기억해야 한다. 랠프 타일러는 1949년 교육과정학 분야의 최고 고전으로 꼽히는 『교육과정과 수업의 기본원리』(Basic Principles of Curriculum and Instruction)를 통해 오늘날 우리에게 '타일러의 논리'(Tyler rationale)라고 알려진 '커리큘럼 편성 절차'를 개발한 사람이다.

'타일러의 논리'에 대해서는 제5장 전체를 할애하여 자세히 살펴볼 것이다.

그러기 전에, '학교에서 도대체 무엇을 가르쳐야 하는가?'라는 질문에 답하는 과정에서 만나게 되는 진보주의, 본질주의, 항존주의, 재건주의 등과 같은 교육 사조를 살펴보는 것이 이 책을 읽는 데 도움이 될 듯하다. 다음 장에서는 교육 사조를 '교육과정학 이념 논쟁'이라는 이름으로 살펴보도록 하자.

제3장

교육과정학 이념 논쟁

"세상을 묘사하는 방식이 다양하므로 결국 다양한 세상이 존재한다."

—넬슨 굿맨—

"탁월한 교육이론의 본연의 임무는, 현존하는 갈등의 원인을 분명히 밝힌 뒤,
어느 한쪽의 입장을 취하는 대신에, 경쟁적인 입장들의 생각과 실천에 따라
나타나는 것보다 더 포괄적이고 더 깊은 수준에서 전개될 수 있는
활동 계획을 보여 주는 데 있다."

—존 듀이—

교육과정학의 근본적인 질문인 "어떤 지식이 가장 가치 있는 것인가?"라는 물음에 대답하는 과정에는 반드시 답변하는 사람의 '가치'가 반영되기 마련이다. 우리는 이러한 '가치'에 기반을 둔 확고한 신념 체계를 이념(ideology)이라고 한다. 따라서 '교육과정학 이념'이란 다음과 같은 질문, 즉 '우리는 학교에서 무엇을 가르쳐야만 하는가?' '왜 그 특정한 무엇을 가르쳐야 하는가?' '그 특정한 무엇을 가르치는 목적은 무엇인가' 등과 같은 질문에 우리가 답할 때 사용하게 되는 신념 체계를 말한다.

이와 같은 '교육과정학 이념'은 교육학 서적에 흔히 '교육사조' 또는 '교육철학'으로 표현되기도 하고, 때에 따라서는 무슨 무슨 '입장'(orientation)이라는 용어로 나타나기도 한다. '교육사조'는 각 개인의 의지와는 관계없이 개인 밖에서 도도히 흐르는 큰 물결이라는 의미가 강하므로 나는 이 용어를 피하고 싶다. '교육철학'도 그 의미가 너무 포괄적이어서 이 단어 역시 사용하고 싶지 않다. '입장'이라는 표현은 별문제가 없으나 이 단어를 교육과정학과 연결시켜 '교육과정학 입장'이라고 쓰면 어쩐지 어색하다. 따라서 나는 '교육과정학 이념'이라는 표현을 쓰려고 하는데, 이 '교육과정학 이념'이라는 말에도 문제가 전혀 없는 것은 아니다. 무엇보다 우리 사회가 오랫동안 좌익–우익 이념 논쟁의 포로로 잡혀 있었고, 아직도 그 괴물이 우리의 의식 속에 살아 움직이고 있기 때문에, 이 이념이라는 용어는 상당히 부정적인 정치적 냄새를 강하게 풍기고 있음에 틀림이 없다. 그러나 나는 이 용어가 가진 부정적인 냄새에도 불구하고 이 용어를 택하였다. 그 이유는, '교육과정학 이념'이라는 표현은 앞에서 말한 교육과정학의 근본적인 질문에 대한 답을 찾으려는 노력이 대학교수나 일부 전문가들만의 전유물일 수 없고, 일선 교사, 학부모, 학생 등 일반인 누구에 의해서도 수행될 수 있고, 또 반드시 수행되어야만 한다는 의미를 가장 잘 전달하기 때문이다.

교육과정학 분야의 개론서마다 '교육과정학 이념'의 분류가 약간씩 다르게 나타난다. 미국에서 널리 읽히는 개론서를 중심으로 분석해 보면, 먼저 도을(Doll)이 쓴 『교육과정 개선: 의사결정과 그 과정』에는 교육과정학 이념이 '전통주의'와 '진보주의'로 나뉘어 설명되고 있다. 워커(Walker)와 솔티스(Soltis) 역시 『교육과정과 목적』에서 '전통주의'와 '진보주의'로 나누었다.[1] 1980년대 후반부터 지금까지 미국 대학에서 교육과정학 강의의 교재로 가장 널리 사용되는, 일리노이 대학교 시카고 캠퍼스 교육학과 교수인 슈베르트(Schubert)가 쓴 『교육과정학: 관점, 패러다임, 가능성』이나 스탠퍼드 대학교 교육학 교수였던 아이스너(Eisner)가 쓴 『학교 프로그램의 평가와 설계에 관한 교육적 상상』에는 '교육과정학 이념'이 약간 더 세분되어 설명되어 있다. 슈베르트의 책에는 '전통주의'(intellectual traditionalist), '사회적 행동주의'(social behaviorist), '경험주의'(experientialist) 등의 세 가지로 분류되어 있고, 아이스너의 책에는 '종교적 정통주의'(religious orthodoxy), '합리적 인문주의'(rational humanism), '진보주의'(progressivism), '비판이론'(critical theory), '재개념주의'(reconceptualism), '인지적 다원주의'(cognitive pluralism) 등의 여섯 가지로 분류되어 있다.[2]

국내 학자들이 쓴 교육과정학 개론서나 교육철학 책에는 주로 '진보주의' '본질주의' '항존주의' '재건주의' 등으로 분류되어 '교육과정학 이념'이 소개되어 있다.[3] 외국 학자들이나 국내 학자들 모두 교육과정학 이념을 설명할 때 취하는 일반적인 형식은, 이 이념 각각을 하나씩 차례로 설명하는 것이다. 예를 들면, ① 진보주의, ② 본질주의, ③ 항존주의 등으로 나누어 일목요연하게 나열하는 형식이다. 이 책에서는 이러한 방식을 따르지 않고, 교육과정학 이념이 등장하게 되는 과정을 역사가 관점을 가지고 살펴본다. 시간으로 따진다면, 1800년대 중반부터 오늘날까지의 약 150년간에 걸친 교육과정학 역사여행이 될 것이다.

1. 19세기 중반의 교육: 고전중심의 교육

19세기 중반의 유럽이나 미국, 그리고 우리나라의 교육의 모습을 간략히 요약하면, '맹목적인 암기나 반복 훈련, 엄격한 훈육, 고정된 교과의 학습 등 아동의 생활과는 별로 관련이 없는 것을 어른의 입장에서 일방적으로 가르치는 것'이라고 할 수 있다.

우리나라의 경우, 19세기 말에 우리나라를 여행한 외국인의 눈에 비친 우리의 교육 내용 및 제도는 중국의 고전 암송과 철저한 교사중심 그 자체였다. 영국의 작가이자 지리학자인 이사벨라 비숍(Isabella Bishop)은 1894년부터 네 차례 한국을 방문하고 전국을 돌아다닌 경험을 토대로『한국과 그 이웃나라들』이라는 책을 남겼는데, 그녀는 당시, 즉 조선 말기의 교육제도와 이 제도의 부작용을 다음과 같이 기술하였다.

영국의 지리학자 이사벨라 비숍이 쓴『한국과 그 이웃나라들』. 비숍은 1894~1897년 사이 네 차례에 걸쳐 우리나라를 답사하고 우리의 정치, 경제, 교육, 문화 전반에 대하여 자세히 기술하였다.

> 한국의 교육은 다음과 같이 실시되어 왔다. 학교에서 생도들은 중국의 책들을 펼쳐 놓고 마루 위에 앉아 상체를 좌우로 난폭하게 움직이거나 앞뒤로 움직이면서 아침부터 저녁까지 크고 높은 소리로 중국의 한자를 외우고 고전을 공부했다. 그리고 중국 현인들과 신비로운 중국의 역

> 사를 외웠다. 10년 또는 그 이상 걸리는 이러한 교육은 보통 젊은이의 문학적 소양을 고취시킬 수 있고, 1894년까지 서울에서 실시된 국가고시(과거)에 응시할 수 있는 능력을 주었다. …… 그러나 이 같은 교육은 사고력을 계발하거나 학생들로 하여금 그들이 사는 현실적인 세계를 이해시키지 못했다. …… 이러한 교육은 학생들에게 협소하고 편협하며 독단적이고 건방지고 잘못된 자존심을 심어 준다. 그리하여 그 자존심은 노동을 경시하는 개인주의적 자아를 만든다. 공공의 선을 생각하는 정신을 파괴하고 전통으로 옭아매고, 좁은 지적 견해, 낮은 도덕적 감각, 그리고 여성에 대한 경멸을 초래한, 그 원흉은 기본적으로 퇴보적이고 경직된 한국의 교육제도다.[4]

우리나라와 마찬가지로, 19세기 미국의 교육도 교사중심의 주입식 교육의 형태를 유지하였는데, 학자들은 이 당시의 미국 학교의 모습을 다음과 같이 여섯 가지로 요약하였다.[5]

① 아동들은 규칙적으로 학교에 가지 않고 가끔씩 등교했다.
② 교사는 전문적인 훈련을 받고 자격증을 취득하여 되는 것이 아니고 누구나 될 수 있었으며 다분히 임시직의 성격이 강했다.
③ 교사들의 이직률이 아주 높았다.
④ 학교의 연간 수업일수는 채용된 교사에게 보수를 지급할 수 있는 재정 형편에 따라 결정되었다.
⑤ 학교에는 학년과 학급의 개념이 없었으며 다양한 연령의 학생이 한 교실에 섞여 있었다.
⑥ 교사에 대한 체계적인 감독이 이루어지지 않았다.

이와 같은 상황에서, 학교에서는 주로 라틴어, 그리스 시대의 고전, 역사, 문학 등의 교과가 중요 과목으로 취급되어 가르쳐졌는데, 학생들은 한 과목을 '완전히' 끝내야만 다음 과목으로 나아갈 수 있었다. 가르치는 방법도 반복 '암기'와 '암송'이 전부였다. 아동의 흥미나 개인차는 전혀 고려되지 않았고 (사실 개인차라는 개념도 존재하지 않았다), 어른인 교사가 제시하는 교재의 내용을 무조건 암기 · 암송해야 했다. 이 시대에 학교에서 가르쳐진 내용들—라틴어, 역사, 수학, 문학, 그리스 시대의 고전 등—을 통틀어서 교육과정학자들은 '고전 교육과정'(classical curriculum)이라고 한다. 그리고 '고전 교육과정'이야말로 학교교육에서 중요시할 내용이라고 주장하는 사람들을 흔히 '전통주의자' '지적 전통주의자' '항존주의자'라고 부른다.

당시에 '고전 교육과정'을 옹호한 아주 유명한 책으로는 1828년에 출판된 『고전 옹호에 관한 예일 보고서』(Yale Report on the Defense of the Classics, 이후 『예일 보고서』로 표기함)라는 책이 있다. 이 『예일 보고서』에서 당시의 교육과정학자들은, '육체의 근육'이 운동을 통하여 단련되듯이 '정신의 근육'도 '고전'을 통해 단련될 수 있다고 주장하였다. 이들은 인간의 정신을 단순하고 반복적인 운동에 의해 단련되는 육체의 근육과 비슷한 것으로 생각하였다. 따라서 학교에서 학생에게 제공하는 과목이 어려울수록 학생은 머리를 많이 사용하게 될 것이고, 그 결과 학생들의 머리가 단련된다고 믿었다. 따라서 이들에게 학생이 어떤 지식을 진정으로 '이해하도록' 가르치는 문제는 부차적인 것이었고, 무엇보다 중요한 것은 보다 빠르게 '정신의 근육'을 단련시키는 방법을 찾는 것이었다. 이들에게 '고전'은 바로 '정신의 근육'을 빠른 시간 내에 확실히 단련시키는 도구로 비쳤다.

'정신의 근육'도 '육체의 근육'처럼 단순하고 반복적인 사용에 의해 단련된다고 믿는 생각을 심리학에서는 '능력심리학'(faculty psychology)이라고 부르는데, 능력심리학은 1800년대, 특히 1860~1890년대 사이에 미국에서 가장 활발히 논의되었고, 당시 교육 현장의 이론적 토대로서 큰 영향을 미쳤다.

이러한 능력심리학에 기초를 두고 커리큘럼을 편성하려던 또 하나의 중요한 노력은 19세기 말인 1890년대에 일어났다. 당시 미국교육연합회(National

Education Association: NEA)에서는 교육과정 정책을 수립하기 위하여 다음과 같은 3개의 위원회를 구성하였다.

① 중등교육에 관한 10인 위원회(이후 '10인 위원회'라 부름)
② 초등교육에 관한 15인 위원회(이후 '15인 위원회'라 부름)
③ 대학 입학 요건에 관한 위원회

'10인 위원회'의 책임자는 당시 하버드 대학교 총장이었던 찰스 엘리엇(Charles W. Eliot, 1834~1926)이었는데, 그는 '고전 교육과정'의 대표적인 옹호자였다.

'10인 위원회'에 속한 위원들 또한 '능력심리학'을 굳게 믿던 학자들이었다. 이들은, 중등학교의 커리큘럼은 학생들의 흥미, 능력, 사회적 필요를 고려하기보다는 학생의 '정신의 근육'을 단련하는 '과목들', 예를 들어, 문법, 수학, 라틴어, 고전 등으로 구성되어야 한다고 주장하는 보고서를 1893년에 제출하였다. '15인 위원회'도 비슷한 내용의 보고서를 1895년에 제출하였다. 이러한 보고서들의 영향을 받아 19세기 말의 미국 교육은 문법, 수학, 라틴어, 지리, 역사, 문학, 고전 교과 등의 암기와 교사중심의 엄격한 훈육중심으로 더욱 확고한 틀을 갖추게 되었다.

하버드 대학교 총장을 지낸 **찰스 엘리엇**. 57세 때인 1891년 사진. 그는 당시 대표적인 고전 교육 옹호자였다.

이 위원회에서는 단지 학교에서 무엇을 가르쳐야 할 것인지만을 논의한 것이 아니라, '학교를 어떻게 조직할 것인가'에 관한 논의, 즉 ① 각 과목을 가르치는 총 기간, ② 각 과목을 처음 접해야 할 학생의 나이, ③ 학년에 따른 과목별 난이도 조절의 필요성 등에 대한 논의도 함께 진행하였다. 현재 우리에게 익숙한 학년, 학급, 연간 수업 일수 등

헤르바르트. '과학적 교육학'의 선구자로 인정받고 있다.

이 바로 이 위원회의 보고서에 기초하여 만들어진 것으로, 이러한 제도는 시간을 거치면서 확고한 '학교교육의 문법'(the grammar of schooling)으로 자리 잡아, 이후 전개되는 수많은 교육개혁안을 일선 교실의 형편에 맞게 변형시키는 문지기 역할을 100년 넘게 하고 있다.[6)]

한편, '능력심리학'에 이론적 기초를 둔 '고전 교육과정' 옹호자들이 19세기 말 미국 교육과정을 주도하는 가운데, 독일의 철학자이며, 심리학자이자 교육학자인 헤르바르트(Johann Friedrich Herbart, 1776~1841)의 사상이 미국에 도입되기 시작하였다. 이 헤르바르트의 사상은 칠러(Ziller)와 라인(Rein)에 의해 많은 부분이 수정 · 보완되었으며, 흔히 '헤르바르트학파의 사상'이라고 불린다.[7)]

헤르바르트는 지금까지 오랫동안 학교의 수업 방법으로 전해 내려오는 '단편적 사실들의 단순 암기'는 교육적으로나 도덕적으로 아무런 가치도 없다고 주장하였다. 헤르바르트학파에 속한 사람들은 학생을 '제대로' 가르치기 위하여 다섯 단계의 수업 방법을 개발하였는데, 이는 오늘날 흔히 '헤르바르트의 교수 5단계설'이라고 널리 알려져 있다. 이 5단계설을 간략히 설명하면 다음과 같다.

① **준비**: 이미 배운 내용을 상기시켜라.

Prepare the pupils to be ready for the new lesson.

② **제시**: 새로 배울 내용을 제시하라.

Present the new lesson.

③ **연합**: 새로 배운 내용을 이전에 배운 것과 연결시켜라.

Associate the new lesson with ideas studied earlier.

④ **일반화**: 가르친 내용의 핵심을 찌르는 예를 제시하라.

Use examples to illustrate the lesson's major points.

⑤ **적용**: 배운 내용을 제대로 배웠는지 확인하라.

Test pupils to ensure they had learned the new lesson.

헤르바르트학파의 사상을 받아들인 1890년대의 미국 교육학자들은 1892년 '헤르바르트 클럽'을 결성하고,[8] 당시 미국 전역에 통용되던 '정신의 근육' 단련을 위한 교과목들의 단순 암기식 교육을 한목소리로 강하게 비판하였다. 이들은 학교에서 가르치는 각 과목들을 서로 독립적으로 가르쳐서는 안 되고, 과목과 과목 간의 관련, 학생과 과목 간의 관련을 고려하여 가르쳐야 한다고 주장하였다.[9] 이러한 생각은, 오늘날의 교육학자들이 널리 애용하는 개념인 '학제적' 교육 또는 통합교육, 즉 학문과 학문을 서로 연결시켜 가르쳐야 한다는 생각과 맥을 같이한다.

지금까지 살펴본 것을 요약하면, 19세기의 교육은 '육체의 근육'처럼 '정신의 근육'도 단련될 수 있다고 보는 '능력심리학'에 기초하여 '정신의 근육'을 단련할 수 있는 도구로서 고전, 문학, 역사, 라틴어, 지리, 문법 등의 과목이 이용되었다. 이러한 과목을 가르치는 방법에서도, 과목들에 대한 아동의 진정한 이해에 신경을 쓰기보다는 단순 반복에 따른 교과 내용의 암기·암송을 강조하였다.

이러한 교사중심의 숨 막히는 교육을 개선하려는 운동이 19세기 말 미국에서 서서히 힘을 얻기 시작하였는데, 이 운동을 '진보주의' 운동이라고 부른다. 이제부터는 진보주의가 무엇을 주장하며 어떻게 발전하는지를 살펴보도록 하자.

2. 진보주의: 교사중심에서 아동중심으로

1) 진보주의란 무엇인가?

진보주의를 한마디로 정의하려는 시도는 자칫 그 진의를 왜곡할 소지가 많아 위험하다. 왜냐하면 진보주의는 단일한 움직임이 아니라 상당히 다양한 형태를 취하기 때문이다. 진보주의에는 최소한 3개의 서로 다른 흐름이 있다. 첫째는 학교에서 학생을 가르칠 때 교사가 중심이 되지 말고 학생이 중심이 되어야 한다는 점을 강조하는 집단으로 이들을 '교육적 진보주의'(pedagogical progressives)라고 한다. 둘째는 교사의 수업 방법이나 수업 내용의 개혁을 외치기보다는 학교를 '생산성이 높은 조직'으로 바꾸려고 노력했던 집단으로 이를 '행정적 진보주의'(administrative progressives)라고 부른다. 셋째는 학교를 사회나 국가 재건의 수단으로 활용하려고 했던 집단으로 이를 '사회 재건주의'(social reconstructionists)라고 부른다.[10] 교육과정학 이념과 관련하여 이 글에서 사용하는 '진보주의'는 주로 '교육적 진보주의'를 뜻한다.

2) 진보주의의 발생 및 발전 과정

진보주의 사상은 멀게는 소크라테스(Socrates, B.C. 470~399), 나사렛 예수(Jesus of Nazareth)까지 거슬러 올라갈 수 있으며, 18세기의 프랑스 철학자 루소(Jean Jacques Rousseau, 1712~1778)를 거쳐 스위스의 교육개혁가 페스탈로치(Johann Heinrich Pestalozzi, 1746~1827), 유치원 교육을 처음 시작한 독일의 유아교육자 프뢰벨(Friedrich Froebel, 1772~1852) 등을 통해 계속 전해 내려오고 있었다. 그러나 이와 같은 교육사상을 '진보주의'라고 불리게끔 미국 교육에 불을 지핀 사람은 에드워드 셸던(Edward Sheldon), 프랜시스 파커(Francis Paker, 1837~1902)였다. 이 두 사람이 지핀 불을 미국 전역으로 확산시킨 사람은 우리에게 너무도 잘 알려진 존 듀이(John Dewey, 1859~1952)와 윌리엄 킬패트릭(William Heard Kilpatrick, 1871~1965)이었다.

(1) 에드워드 셸던과 프랜시스 파커

에드워드 셸던은 스위스의 교육개혁가인 페스탈로치의 '실물 교수법'(object teaching)을 19세기 중엽의 미국 교육에 접목시키려고 헌신적으로 노력한 사람이다. 그는 아동이 직접 경험하는 것을 아주 중요하다고 생각하였기 때문에, 당시 사용되던 암기용 교과서들, 즉 고전 교육과정에 포함된 암기용 교과들을 밀어내고 그 자리에 아동의 직접적인 경험을 들여와야 한다고 주장하였다.

셸던의 노력에 공감한 사람이 바로 프랜시스 파커였다. 그는 미국 남북 전쟁(1861~1865) 당시 북군에 참가하여 대령까지 오른 사람인데, 전쟁 후 유럽으로 건너가 철학과 교육학을 공부하고 미국으로 돌아와 한동안 직장을 얻지 못하고 있었다. 그러던 중에 매사추세츠주의 퀸시라는 도시에서 그를 교육장으로 초빙하였다. 그는 이 제의를 받아 들여 교육장이 되었는데, 취임하자마자 그 도시에 속한 모든 학교의 교육과정 및 방법을 혁신하였다. 그는 "모든 교육의 중심에는 아동이 위치해야 한다."라고 외치면서 당시의 고전 암기식 교육을 배격하고 아동의 흥미를 고려한 교육을 실천하기 위해 노력하였다. 당시 사람들은 프랜시스 파커의 교육을 '새 교육' 또는 '퀸시 시스템'이라고 불렀고, 이후 퀸시는 진보주의 교육의 메카로 부상하였다. 프랜시스 파커의 아동중심 교

프랜시스 파커. 46세 때인 1883년경 찍은 사진. 존 듀이는 프랜시스 파커를 '진보주의의 아버지'라 불렀다.

육에 대해 사람들이 매우 특별하고 획기적인 교육이라고 칭송하자 그는 다음과 같이 답변하였다.

> 다시 말씀드리지만, 나는 이미 잘 정립되어 있는 원리들, 즉 마음의 법칙으로부터 직접적으로 유래된 원리를 단지 적용하고 있을 뿐입니다. 이 원리에서 도출된 방법들은 모든 아동의 발달 속에서 찾아볼 수 있습니다. 그것들은 학교를 제외한 어디에서나 사용되고 있습니다. 나는 결코 새로운 방법을 사용하고 있는 것이 아닙니다. 어떤 실험을 해 본 적도 없습니다. 여러분이 '퀸시 시스템'이라고 부르는 것에는 결코 특별한 것이 없습니다.[11)]

그의 명성이 높아지자, 시카고의 한 학교에서 교장으로 초빙하였고, 1883년 프랜시스 파커는 시카고로 이주하였다. 1학년부터 8학년까지의 학생이 있는 이 학교는 유치원과 교재 제작을 위한 인쇄소, 체육관, 아주 넓은 정원 등이 갖추어진 시설이 매우 좋은 학교였다. 그는 이 학교를 '실습학교' 삼아 자신이 확신하던 아동중심의 교육, 여러 과목을 서로 통합시키는 교육을 실천하였다. 그는 학생이 과학, 미술, 수학, 지리 등의 교과 간의 상호 관련성을 깨닫기를 진정으로 희망하였고, 미술, 음악, 연극 등의 활동을 통하여 감정을 표현하도록 장려하였다. 그는 이와 같은 통합교육을 강조했을 뿐만 아니라 요리, 바느질, 도자기 굽기, 정원가꾸기 등도 가르쳤다. 그는 65세가 되던 해인 1902년 세상을 떠날 때까지 진보주의라 불리게 되는 자신의 교육과정학 이념을 실천하면서 '새 교육'의 선구자로서 창조적인 삶을 살았다. 존 듀이는 프랜시스 파커를 '진보주의의 아버지'라고 불렀다.

(2) 존 듀이와 윌리엄 킬패트릭

존 듀이는 1859년 미국 버몬트주의 중류층 가정에서 태어났다. 그는 20세되던 해인 1879년 버몬트 대학교를 졸업하고 중등학교에서 교사로 몇 년간

존 듀이. 시카고 대학교에서 컬럼비아 대학교로 옮길 무렵인 1905년 초에 찍은 사진

근무하다가 존스홉킨스 대학교 대학원에 진학하여 철학을 전공하고, 25세 때인 1884년 박사학위를 받았다. 졸업 직후 미시간 대학교 교수로 약 10년을 재직하였고, 35세 때인 1894년 시카고 대학교로 자리를 옮겨 철학, 심리학, 교육학부의 학부장이 되어 1904년까지 근무하였다. 그는 45세 때인 1904년 뉴욕의 컬럼비아 대학교 철학과로 자리를 옮겨 퇴직할 때까지 그곳을 진보주의 운동의 메카로 발전시켰다.

진보주의 운동은 듀이가 시카고 대학교와 컬럼비아 대학교 교수 시절에 쓴 여러 권의 책에 그 뿌리를 두고 있는데, 진보주의 운동과 관련하여 듀이가 쓴 중요한 글들을 소개하면 다음과 같다.

- 『나의 교육신조』(1897년)
- 『학교와 사회』(1899년)
- 『아동과 커리큘럼』(1902년)
- 『우리는 어떻게 사고하는가?』(1910년)
- 『민주주의와 교육』(1916년)
- 『교육학의 원천』(1929년)
- 『경험으로서의 예술』(1934년)
- 『경험과 교육』(1938년)

컬럼비아 대학교 교수 시절의 존 듀이. 71세 때인 1930년경 찍은 사진

특히 그가 1916년에 펴낸『민주주의와 교육』에는 교육에 대한 그의 생각이 총망라되어 있는데, 서울대학교 교육학과 교수를 지낸 이홍우 교수는 1987년에 이 책을 번역하

존 듀이가 57세 때인 1916년에 펴낸 『민주주의와 교육』 원본과 이홍우 교수의 번역본

여 출판하면서 "현대 교육학은 듀이의 『민주주의와 교육』에 대한 주역(문장을 해석하고 그에 따른 설명을 함)이다."라고 평하였다.[12] 진보주의라는 교육과정학 이념이 미국뿐만 아니라 전 세계에 널리 퍼지게 된 것은 바로 존 듀이라는 위대한 사상가 때문이었다.

존 듀이의 사상을 널리 알리기 위해 1919년 '진보주의 교육협회'가 결성되었는데, 이 협회의 초대 명예회장은 놀랍게도 고전 교육과정의 옹호자이던, 하버드 대학교 총장을 지낸 찰스 엘리엇이었다. 이미 앞서 살펴본 것처럼 찰스 엘리엇은 '10인 위원회'의 위원장이었는데, '10인 위원회'가 '고전 교육과정'을 옹호하는 데 앞장섰다는 사실에 비추어 볼 때, 찰스 엘리엇의 '진보주의 교육협회' 초대 명예 회장직 수락은 당시 진보주의 운동이 얼마나 활발하게 일어나고 있었는지를 짐작하게 한다(존 듀이 자신은 이 협회에 참여하는 것을 사양하였다).

이 진보주의 교육협회가 내세운 기치는 대략 다음과 같은 일곱 가지다.

① 아동이 자연스럽게 성장할 수 있는 자유를 허용하라.
② 흥미가 모든 작업의 동기가 되도록 하라.
③ 교사는 교관이 아니라 안내자가 되라.

④ 아동 발달에 대한 과학적인 연구를 추구하라.
⑤ 아동의 신체적 발달에 영향을 미치는 모든 요소에 깊은 관심을 기울여라.
⑥ 아동의 삶의 필요를 충족시키기 위해 학교와 가정의 협력 관계를 구축하라.
⑦ 진보주의 학교는 모든 교육운동의 선구자 역할을 하라.

윌리엄 킬패트릭. 54세 때인 1925년에 찍은 사진

한편, 존 듀이와 함께 진보주의 운동의 불꽃을 확산시킨 또 한 명의 학자로 윌리엄 킬패트릭이 있었다. 킬패트릭은 조지아주의 화이트 플레인에서 침례교 목사의 아들로 태어나, 41세 때인 1912년 컬럼비아 대학교 티처스 칼리지에서 박사학위를 받고 즉시 그 대학의 교육학 교수가 되어, 1937년 퇴직할 때까지 25년간 컬럼비아 대학교에서 수많은 제자를 양성하였다. 킬패트릭을 유명하게 만든 것은 그의 나이 47세 때인 1918년 컬럼비아 대학교의 티처스 칼리지에서 펴내는 저명한 학술지 『Teachers College Record』에 발표한 「프로젝트 방법」이라는 글 때문이었다.[13] 이 글은 출판 직후부터 엄청난 인기를 끌어, 출판사에서는 약 6만 부 이상 복사하여 독자들에게 제공하였다.

킬패트릭은 이 글에서 프로젝트를 '사회적 장면에서 온 힘을 쏟을 만한 목적을 가지고 하는 일련의 활동들'이라고 규정하고, 프로젝트 학습의 과정을 ① 목적 설정, ② 계획, ③ 실험, ④ 판단의 네 단계로 나누었다. 비록 킬패트릭 자신은 프로젝트 방법을 하나의 수업 방법으로만 생각하고 커리큘럼 개발이론으로는 생각하지 않았지만, 그의 프로젝트 방법은 수업 방법인 동시에 커리큘럼 개발이론으로 간주되기도 하였다. 즉, 일련의 프로젝트를 죽 나열하면 하나의 전체 커리큘럼이 될 수 있을 것으로 많은 학자와 교육자가 받아들였다.[14]

(3) 진보주의의 확산: 위넷카 플랜과 달톤 플랜

1920년경에는 이와 같은 진보주의 정신을 구현하려는 학교들이 다수 설립되었다. 이러한 학교들은 대개 대학교에 설치되어 교수들에 의해 운영되는 실험학교의 형태를 취하고 있었지만, 모두 그런 것은 아니었다. 대학교 밖에서 진보주의 교육을 실천한 사람으로 교육과정학 역사가들은 주로 칼턴 워시번(Carleton Washburne)과 헬렌 파크허스트(Helen Parkhurst)를 꼽는다.

미국 일리노이주의 위넷카시의 교육장인 칼턴 워시번은 자신의 감독하에 있는 공립학교의 교사들에게 시간이 얼마나 걸리든지 간에 학생들이 학습할 내용을 완전히 습득할 때까지 기다리라고 하였다. 워시번의 이러한 조치는 학교의 교육과정을 학생의 능력에 따라 개별화하기 위한 최초의 체계적인 시도로서 그 후 '위넷카 플랜'(Winnetka plan)이라고 불렸다.

한편, 1920년대 초 헬렌 파크허스트는 당시에는 당연한 것으로 받아들여지던 '연령에 따른 학년 편성 방식'에 도전장을 던졌다. 그녀는 50분이나 55분 단위로 이루어지는 '일제 수업'(whole class instruction)을 거부하고 학생 개개인의 자유와 책임, 그리고 다른 학생들과의 협동을 강조하면서, 학생이 자신에게 부과된 과제를 완전히 끝낼 때까지 시간을 충분히 허용하는 방식을 도입했다. 파크허스트가 생각해 낸 개혁안의 핵심은 학생과 교사가 매달 '계약'을 맺는다는 것이었다. 학생은 매달 무엇을 공부할 것인가를 스스로 결정하고 이를 성실히 수행하겠다는 약속, 즉 계약을 맺었다. 이 계약에 따른 공부를 끝내고 그 이상 공부한 학생에게는 높은 학년을 부여하였고, 계약서대로 공부하지 않는 학생은 계약한 내용을 마무리할 때까지 기다려 주었다. 따라서 파크허스트 방식의 수업은 50분 단위로 이루어지지도 않았고, 시작 종과 끝 종도 없었으며, 일제 수업도 아니었다. 학생은 자신의 학습 속도에 따라 스스로의 책임하에 공부하도록, 그리고 동시에 다른 학생들과 협력하면서 공부하도록 격려되었다.

이상과 같은 헬렌 파크허스트의 수업 방식은, 그것이 처음 실시된 고등학교가 위치한 도시의 이름이 매사추세츠주의 달톤이었기에 '달톤 플랜'(Dalton plan)이라고 명명되었다. 달톤 플랜은 곧 전국적으로 소문이 퍼져 각종 유명 잡지에 자세히 소개되었고, 교사들은 각종 책, 잡지, 학술회의 등을 통하여 이것을 배웠다. 그리하여 1930년경에는 미국 내 수많은 초 · 중 · 고등학교가 달톤 플랜에 따른 수업을 실시하였다.[15)]

달톤 플랜에 대한 설명을 마무리하기 전에, 달톤 플랜의 창시자인 헬렌 파크허스트가 1920년대 초에 일본의 지배하에 있던 우리나라를 방문했던 사실을 간략히 언급한다. 그 당시 일본에서는 진보주의식 교육방법에 대한 논의가 활발히 이루어지고 있었는데, 파크허스트의 저서 『달톤 계획안』은 1924년에, 그리고 이에 대한 연구서 세 권이 1923년부터 1925년 사이에 출판되었다. 이러한 분위기 속에서 경성일보사는 헬렌 파크허스트를 초청하여 '달톤안의 이론과 실제'라는 제목의 강연회를 개최하였다.[16)] 이 사실은 미국과 거의 비슷한 시기에 달톤 플랜이 우리나라에도 소개되었다는 것을 증명하는데, 당시 우리나라는 일본의 강점하에 있었고, 파크허스트의 개혁안에 따라 개혁할 학교제도가 없었으므로 파크허스트의 개혁안이 확산될 수 없었다.

3. 고전 교육과정의 변화

이처럼 진보주의가 미국 전체로 확산되는 가운데, 일찍이 '10인 위원회'와 '15인 위원회'를 조직하여 고전 교육과정을 옹호하는 데 앞장섰던 미국교육연합회에서는 그 산하 조직인 '중등교육 위원회'를 통하여 「중등교육의 핵심 원리」라는 보고서를 1918년에 제출하였다. 이 보고서의 내용을 살펴보면, 고전 교육과정 옹호자들이 단순히 순수한 고전만을 옹호하는 경향에서 벗어나 실생활에서 필요한 지식도 학교에서 가르쳐야 한다는 쪽으로 그 입장이 상당히 변한 것을 감지할 수 있다. 이 보고서에는 '중등교육의 일곱 가지 핵심 원리 또는 목적'이 수록되어 있었는데, 그 일곱 가지는 다음과 같다.

① 건강
② 기초 과정의 구사 능력
③ 가치 있는 가족 구성원 의식
④ 직업 준비
⑤ 시민 의식
⑥ 여가 시간의 가치 있는 활용
⑦ 윤리적 성격 계발

이 보고서에는 늘어나는 학생을 수용하기 위해 종합고등학교를 만들어야 하고, 대학이 중등학교의 교육과정을 실질적으로 규정하는 모순을 해결해야 하며, 실생활에서 필요한 지식을 중등학교에서 제공해야 한다는 주장이 함께 실려 있다.

이 보고서의 내용처럼, 고전 교육과정 옹호자의 주장의 내용이 고전에서 실용으로 상당히 변하였지만, 진보주의자들의 눈에는 여전히 이와 같은 것이 아동 자신의 필요나 흥미를 일차적으로 고려한 것이 아니라 성인의 기준으로 아동에게 필요한 것을 일방적으로 부과하는 것으로 보였다. 그리하여 진보주의자들은 이들을 여전히 '보수적'이라고 비판하였다.

그럼에도 불구하고, 이 보고서는 "1918년 이래 교육과정학 분야 내에서 일어난 대부분의 중요하고 영향력 있는 운동들은 바로 이 보고서가 주장한 고전 교육과정에 대한 주석에 불과하다."[17]라는 찬사와 함께, 제2장에서 살펴본 프랭클린 보비트의 『커리큘럼』, 킬패트릭의 「프로젝트 방법」과 더불어 1918년 교육과정학 분야에서 일어난 3대 업적으로 기록되고 있다.[18]

4. 사회적 행동주의의 발생

우리는 제2장에서 프랭클린 보비트에 대하여 자세히 살펴보았다. 1920년대 들어서면서 보비트는 '과학적인 절차'에 따라 커리큘럼을 편성해야 한다고 강력히 주장하면서, 커리큘럼을 편성할 때는 다음과 같은 세 가지 절차, 즉 ① 이상적인 성인의 생활을 몇 가지 주요 활동으로 나눈 다음, ② 이런 주요 활동을 학생이 성취할 수 있는 구체적인 활동으로 분석하고, ③ 학생이 성취해야 할 구체적인 활동을 교육의 목표로 설정하는 등의 절차를 따라야 한다고 역설하였다.

프랭클린 보비트의 이와 같은 '과학적인' 커리큘럼 편성에 관한 생각은, 1920년대 시카고 대학교 교육학과 학과장을 맡고 있던 찰스 저드(Charles Judd, 1873~1946)와 행동주의 심리학계의 거장이자 컬럼비아 대학교 교수인 에드워드 손다이크(Edward Thorndike, 1874~1949)의 생각과 그들의 나이만큼이나 비슷했다. 즉, 이 세 사람은 과학적인 엄밀한 측정, 효율성, 정확성 등을 강조하면서, 학교에서 학생에게 가르쳐야 할 것은, 당시의 고전 교육과정 옹호자나 진보주의자와 달리, 이상적인 어른이 지니는 특성들이라고 하였다.

좀 더 구체적으로 설명하면, 이들은 고도로 훈련된 전문가들이 과학적인 방법을 통해 이상적인 어른을 분석하여 도출되는 지식과 기능을 학생에게 가르쳐야 한다고 주장하는데, 이러한 지식과 기능에는 흔히 우리가 기초 과목이라고 부르는 수학, 사회과학, 자연과학, 인문과학, 예술 등과 같은 과목들이 포함된다. 이들은 또한 사회생활에 유용하게 활용되는 기능들도 학교에서 가르쳐야 한다고 주장하는데, 이러한 주장을 펴는 사람을 '사회적 행동주의자'라고 한다.

5. 교육과정학 이념 간의 입장 차이 조율을 위한 토론

지금까지 살펴본 것처럼, 하나의 학문 분야로 탄생하여 10여 년 정도밖에 지나지 않은 1920년대 중반의 교육과정학 분야 내에는 3개의 서로 다른 교육과정학 이념, 즉 '지적 전통주의' '진보주의' '사회적 행동주의'가 존재하였으며, 이들 간에는 학교에서 무엇을 가르쳐야 하는가에 대한 입장 차이가 현격하였다. 지적 전통주의자들은 고전중심의 '교과목'에 관심을 기울인 반면, 사회적 행동주의자들은 '사회'에 관심을 기울였다. 그리고 진보주의자들은 아동, 즉 '학습자'에 초점을 맞추었다. 존 듀이는 그의 나이 43세 때인 1902년에 쓴 『아동과 커리큘럼』이라는 책에서 커리큘럼의 이 세 가지 요인, 즉 '교과목' '사회' '학습자'는 상호 의존적으로 취급되어야만 한다고 일찍이 주장하였지만, 그의 이러한 충고에 진정으로 귀를 기울이는 사람이 없었다.

이처럼 세 진영 간에 분열이 심해지자, 당시 시카고 대학교 교육학과 교수 해럴드 러그(Harold Rugg, 1886~1939)는 각 진영의 대표적인 인물들을 초청하여 하나의 위원회를 구성하고 교육과정학의 핵심 쟁점에 대한 합의를 도출하려고 하였다. 이 위원회의 토론은 2년 이상 지속되었는데, 이 위원회 구성원들로는 지적 전통주의 진영의 윌리엄 배글리(William Bagley), 진보주의 진영의 윌리엄 킬패트릭(컬럼비아 대학교 티처스 칼리지 교육학 교수), 그리고 사회적 행동주의 진영의 프랭클린 보비트, 윌리엄 차터스(William Charters), 조지 카운츠(George Counts), 찰스 저드(이상 4명은 시카고 대학교 교육학과 교수) 등을 포함한 총 11명이었다. 당시 진보주의의 거장 존 듀이는 이 위원회에 참여하지 않았다. 위원

해럴드 러그. 51세 때인 1939년경 찍은 사진

장인 해럴드 러그가 시카고 대학교 교육학과 교수였던 관계로 시카고 대학교 교육학과 교수들이 대거 참여한 것은 당연한 일이었다.

이 그룹의 첫 번째 임무는 대답을 추구할 가치가 있는 일련의 질문을 만드는 것이었는데, 만일 이 위원회 구성원 모두가 동의할 수 있는 일련의 공통적인 질문들을 만들어 낼 수 있다면 교육과정학 분야는 죽지 않고 살아남을 것으로 이들은 생각하였다. 그뿐만 아니라, 만일 이 질문들에 대한 답에까지 상당한 합의가 위원들 간에 이루어질 수만 있다면 이 교육과정학 분야가 발전할 수 있는 가능성이 훨씬 클 것으로 내다보았다. 이들이 도출한 커리큘럼 편성과 관련된 18개 항목의 질문은 21세기를 살아가는 우리들도 생각해 볼 가치가 있는 것들이라 판단되어 그 전체를 소개한다.[19]

1. 학교교육은 일차적으로 어떤 연령층을 대상으로 하여야 하는가?
2. 성인 생활에 효과적으로 참여할 수 있도록 커리큘럼이 어떻게 학생을 준비시킬 수 있는가?
3. 학교의 커리큘럼 입안자들은 미국 문명의 약점 또는 강점에 관한 자신의 견해를 반드시 가지고 있어야 하는가?
4. 우리는 학교를 의도적인 사회 개선 기관으로 간주해야만 하는가?
   ① 학교는 아동으로 하여금 현 사회 질서에 맞추어 살도록 한다는 가정하에서 계획되어야 하는가, 아니면 사회 질서를 초월할 수 있게 한다는 가정하에서 계획되어야 하는가? 아동은 현 사회의 제도에 단지 적응되어야만 하는가, 아니면 교육을 잘 받아 그 제도를 개선할 수 있도록 해야 하는가? 아동은 단지 그 제도를 수용해야만 하는가, 아니면 의문을 제기할 수도 있도록 해야 하는가?
5. 어떻게 커리큘럼의 내용이 파악될 수 있고 진술될 수 있는가?
6. 교육의 과정에서 교과목의 위치와 기능은 무엇인가?
   ① 일차적으로 교과목은 학습되도록 짜인 재료다. 그것은 학교 활동(교

육의 과정)의 의도적이고 구체적인 목적이며, 학습 활동은 그 목적을 달성하는 엄밀하고 정확한 수단이다.

② 교과목과 학습은 현재 다른 조건하에서 이미 진행 중인 경험(교육적인 과정)이나 정상적인 삶의 활동에 이어지고 종속되는 것이다. 교과목은 이러한 정상적인 삶의 활동이 모종의 행동 양식의 결여 때문에 제대로 이루어질 수 없을 때 필요한 것이다. 이렇게 필요에 의하여 만든 행동 양식을 교과목이라 부르는데, 그것의 기능은 중단된 활동이 계속되도록 하는 것이다.

7. 교육의 어느 부분을 '일반교양'이라고 불러야 하며, 교육의 어느 부분을 '전공 심화' 또는 '직업교육' 또는 단순하게 '선택'이라고 불러야만 하는가? 일반교육과 직업교육은 어느 정도 유사하며 일반교육을 마친 후에 어느 정도의 직업교육이 뒤따라야 하는가?
8. 커리큘럼은 사전에 만들어져야 하는가?
9. 교과목의 '조직'이 학생의 사고 재료가 되는 정도는 얼마나 되며, 전문적인 커리큘럼 개발자가 실험의 결과를 가지고 커리큘럼을 계획 · 구성하는 정도는 얼마나 되는가?
10. 교육자의 관점에서 볼 때, '학습'은 언제 일어나는가?
11. '자연스러운' 상황(㉹ 실생활)하에서 특성이 어느 정도 학습되어야만 하는가?
12. 커리큘럼은 개인차를 어느 정도 고려해야 하는가?
13. 커리큘럼 구성에서 '최소한의 핵심'이라는 개념을 어느 정도 사용해야 하는가?
14. 커리큘럼 조직형식은 어떠해야만 하는가? 그것은 다음 중 하나인가, 아니면 다른 형식을 취해야 하는가?

① 활동과 연결시켜 활용할 수 있는 교과목에 따라 융통성 있게 등급화된 일련의 제시된 활동

② 각 관련 활동을 포함하는 교과목에 따라 엄격하게 등급화된 일련의 활동

③ 교과목과 관련된 활동 안내를 포함한 등급화된 교과목의 순서

④ 각 학년에 기대되는 성취에 관한 진술, 제안된 활동의 목록, 관련된 교과목의 개요

⑤ 교과목의 관점에서의 학년 목표 진술 및 어떤 구체적인 활동을 언급하지 않은 채 교과목을 제공하는 참고 자료들

15. 아동의 자발적인 흥미를 어떻게 이용해야 하는가?

16. 자료 유형(활동, 읽기, 토론 문제와 주제, 집단 과제 등)의 결정을 위하여 커리큘럼 개발자는 성인의 어떤 활동을 분석해야만 하는가?

① 기능 및 사실적 자료를 분석해야 하는가?

② 집단 활동을 분석해야 하는가?

③ 현재 생활의 문제를 분석해야 하는가?

17. 학습 방법을 얼마나 표준화해야 하는가? 예를 들면, 현재의 학습원리는 '실습' 기제의 사용을 선호할 수 있는가? 개인 실습이 좋은가, 집단 실습이 좋은가? 어떻게 연습시킬 것인가?

① 특별히 선택한 연습 자료를 숙제로 내 줄 것인가?

② 각 개인의 흥미에 따른 실습을 통해 연습시킬 것인가?

18. 커리큘럼 개발을 위한 행정적 질문들

① 어떤 시간 단위로 커리큘럼을 조직할 것인가?

② 어떤 지리적 단위로 커리큘럼을 구성할 것인가?

㉠ 국가 단위

㉡ 주 단위

㉢ 군 단위

㉣ 학교 단위

③ 농촌 학교를 위해 특별히 커리큘럼을 구성할 것인가?

④ 커리큘럼을 공표하는 적절한 형식은 무엇인가?

이상과 같은 질문에 이 위원회의 구성원들은 2년 이상을 끌면서 토론을 진행한 결과 17쪽에 달하는 합의서를 만들어 냈다. 각 진영의 입장이 서로 달라 상당한 타협이 이루어지기는 하였지만, 이 합의서의 핵심적인 내용은 다분히 진보주의적인 냄새를 강하게 풍겼다. 이 위원회의 구성원들은 조직된 교과를 구성하는 개념, 원리, 생각 등의 커다란 공헌을 인정하면서도 동시에 학습자의 필요와 흥미에 부합하는 커리큘럼 개발의 필요성도 인정하였다. 이들은 학습자가 실생활에서 접하는 문제를 해결하는 데 도움이 되도록 커리큘럼이 만들어져야 한다는 데 합의를 본 것이다. 따라서 커리큘럼의 내용은 상호 분리된 교과목의 상태를 유지하기보다는 학제적인 성격을 띠어야만 하였다. 참석자들 모두에게 이 합의서에 대한 보충적인 논평을 할 수 있는 기회가 주어졌고, 이 논평들은 총 133쪽에 달하였다. 이 위원회에서 논의된 모든 내용은 존 듀이와 헤르바르트 학파에 속한 학자들의 몇몇 글을 추가하여 『미국 교육학회 제26차 연감』의 제2부로 출판되었다.[20]

6. 사회 재건주의의 부상과 진보주의의 분열

서두에서 나는 진보주의에는 '교육적 진보주의' '행정적 진보주의', 그리고 '사회 재건주의' 등의 3개의 분파가 있는데, 이 중에서 우리가 주로 살펴볼 것은 '교육적 진보주의'라고 하였다. 지금까지 살펴보았듯이 '교육적 진보주의'는 1920년대 중반 이후 미국의 주된 교육과정학 이념으로서 미국 방방곡곡에 걸쳐 영향력을 행사하였다. 1910년대 말부터 1920년대 전반까지를 '사회적 행동주의'의 전성기라 부른다면, 1920년대 후반부터 1930년대 전반까지는 '교육적 진보주의'의 전성시대라 할 수 있다. 이러한 분위기 속에서 '교육

조지 카운츠. 56세 때인 1945년경 찍은 사진

적 진보주의'의 퇴조를 초래하게 되는 하나의 사건이 발생하는데, 그것은 조지 카운츠(1889~1974)가 1932년에 쓴 「학교는 감히 새로운 질서를 세울 수 있는가?」라는 글 때문이었다.

조지 카운츠는 당시 '사회적 행동주의'의 메카인 시카고 대학교 교육학과에서 박사학위를 받고 시카고 대학교 교육학과 교수가 된 사람으로서, 당대의 유명한 교육과정학자들, 예컨대 찰스 저드, 워렛 차터스(Werret Charters), 프랭클린 보비트 등과 함께 본래 '사회적 행동주의'적 입장에 선 사람이었지만, 갑자기 입장을 바꾸어 1920년대 말부터 '진보주의'를 옹호하기 시작하였다. 이러한 그의 학문적 입장 변화는 시카고 대학교 교육학과 교수들을 당황하게 만들었고, 이러한 그의 반란으로 그는 시카고 대학교를 떠나 오하이오 주립대학교 교육학과에 잠시 머문 다음, 진보주의의 메카인 컬럼비아 대학교 티처스 칼리지의 교육학과 교수로 정착하였다.

조지 카운츠는 1932년 「학교는 감히 새로운 질서를 세울 수 있는가?」라는 유명한 글을 통하여, "'교육적' 진보주의의 약점은 사회복지에 관한 어떠한 이론도 개발하지 않는 데 있다. '교육적' 진보주의는 자유주의적 사상을 가진 상층 계급의 견해만을 반영하고 있을 뿐이다."[21]라고 비판하면서 당시 진보주의의 한 분파로서 근근이 명맥을 유지해 오던 사회 재건주의적 사상이 수면 위로 떠오르도록 하는 지렛대 역할을 하였다.

조지 카운츠는 미국 교육의 문제는 아동중심 학교를 통해 결코 해결될 수 없다고 믿었다. 그는 참된 의미로 진보적이기 위해서는 진보주의가 사회적 이상을 가져야만 한다고 믿었다. 이처럼 카운츠가 진보주의에 정치색을 가미하자, 특히 그가 교화(indoctrination)에 반대하지 않자 많은 사람이 우려의 목소리를 냈다. 많은 진보주의자는 사회적 이념을 받아들이는 것은 결국 교화를 초래할 것이라며 우려하였다. 이에 대해 카운츠는 교화는 피할 수 없는 것이며 긍정적인 면도 있다고 반박하면서, "모든 교육은 상당 부분 강요를 포함하고 있다. …… 그것은 분명히 바람직한 것이다. 교사들이 이러한 사실을 솔직히 받아들이는 것이야말로 전문가로서의 의무다."라고 주장하였다.[22)]

카운츠의 이와 같은 사상을 널리 보급하기 위해 『The Social Frontier』라는 학술지가 1934년 창간되었는데, 이 학술지의 목적은 '새로운 사회 질서 창조를 위한 학교의 역할'을 연구하고 널리 전파하기 위함이었다.[23)] 당시 이 잡지의 독자는 한때 5,000명에 이르렀지만 여전히 적자를 면하지 못하고 있었다. 그리하여 이 잡지의 편집인은 1937~1938년경 진보주의 교육협회에 재정 지원을 요청하였지만 번번이 거절당하였다. 그러다가 1939년 진보주의 교육협회는 이 잡지의 명칭을 『Frontiers of Democracy』로 바꾼다는 전제로 재정 지원을 승인하였고, 1943년 폐간될 때까지 이 이름으로 출판되었다. 이러한 사실에 비추어 볼 때, 조지 카운츠의 사회 재건주의적 사상이 당시 진보주의 교육협회 내에서 얼마나 못마땅했는지를 짐작할 수 있다.

조지 카운츠의 사상은 진보주의자들, 즉 '교육적 진보주의자'와 '사회 재건주의자'가 도저히 화해할 수 없도록 골을 깊게 만들었고, 결과적으로 진보주의 운동이 쇠퇴하는 결과를 초래하였다. 그렇다면 진보주의의 거장 존 듀이는 조지 카운츠에 대해 어떤 반응을 보였을까? 존 듀이는 진보주의 내에 서로 다른 두 가지 입장이 존재하고 있음을 인정하면서 조지 카운츠의 주장에 어느 정도 동조하였다. 즉, 듀이는 학교가 사회 변화를 이끌어 내고 새로운 사회 질서를 세우는 일에 앞장서야 한다는 카운츠의 생각에 상당 부분 동의하였다.

7. 본질주의의 등장: 여러 교육과정학 이념의 절충

진보주의가 내분으로 쇠퇴의 길을 걷던 1930년대 말엽, 미국 내 일군의 학자들은 진보주의식 교육이 지나치게 강조된 결과 미국 내에서 현상적으로 나타난 지나친 개인주의적 · 자유방임적 교육을 비판하면서 인류의 문화 유산을 교사가 중심이 되어 체계적으로 전달하는 것이 필요하다는 주장을 펴게 되는데, 이를 본질주의라 부른다.

본질주의는 하나의 독자적인 이념을 내세우는 교육과정학 이념이라기보다는 앞서 자세히 살펴본 고전중심의 '지적 전통주의', 사회에서 필요한 지식과 기능을 가르쳐야 한다는 '사회적 행동주의', 그리고 아동중심의 '교육적 진보주의' 등의 세 가지 이념을 적절히 절충하는 입장을 취한다. 우리는 앞에서 살펴본 '교육과정학 이념 간의 입장 차이 조율을 위한 토론'에 '지적 전통주의'의 대표로서 컬럼비아 대학교 티처스 칼리지 교육학 교수인 윌리엄 배글리(1874~1946)가 참여한 사실을 기억할 필요가 있다. 이 윌리엄 배글리가 바로 '본질주의'의 대표적인 학자인데, 이 사실에 비추어 볼 때 '본질주의'는 '지적 전통주의(항존주의)'와 상당 부분 그 주장을 같이함을 짐작할 수 있다.

윌리엄 배글리. 56세 때인 1930년경 찍은 사진. 컬럼비아 대학교 티처스 칼리지 교수였던 그는 대표적인 본질주의자였다.

진보주의는 가르칠 내용, 즉 교과의 선정 원리로서 아동의 흥미와 필요를 중시하였기 때문에 학교에서 실용성이 강한 교과를 강조하고 인류가 쌓은 전통적 문화 유산, 즉 고전과 같은 과목은 소홀히 취급하였다. 이런 상황을 목격한 본질주의자들은 고전이야말로 인류의 예지에 접촉하는 길이며, 사회의 공동 전통과 신념, 그리고 보편적 진리에 접근하는 가장 쉬운 길이라는 주장을 펴게 되는데 이는 '지적 전통주의자'들의 주장과 일치한다.

가르칠 내용, 즉 교과를 조직하는 원리에서도 진보주의자들은 아동의 현재 경험과 관심을 중심으로 해야 한다고 주장하는 반면, 본질주의자들은 아동의 현재 경험, 관심, 흥미에 구애됨이 없이 논리적으로 학문의 체계를 갖추어 조직하여 가르치는 것이 아동으로 하여금 미래의 성인 생활을 준비하도록 하는 데 훨씬 도움이 된다는 입장을 취한다. 이 입장은 사회에서 필요로 하는 지식과 기능을 체계적으로 학생에게 전달하는 것이 필요하다고 주장하는 '사회적 행동주의'의 입장과 일치한다.

또한 본질주의자들은 교육의 주도권을 교사가 쥐어야지 학생에게 넘겨서는 안 된다고 주장하는데 이 또한 지적 전통주의자, 사회적 행동주의자들의 주장과 일치한다.

이처럼 본질주의자들은 지적 전통주의자들과 사회적 행동주의자들이 주장하는 내용을 상당 부분 수용하고 있다. 동시에 이들은, 지적 전통주의자들과 사회적 행동주의자들이 진보주의를 철저히 부정하는 것과는 달리, 진보주의가 교육방법에 끼친 공헌을 인정한다. 사실 윌리엄 배글리가 당시 진보주의의 메카인 티처스 칼리지의 교육학 교수였던 것을 생각해 보면, 듀이나 킬패트릭과 같은 쟁쟁한 동료 교수들의 사상을 정면으로 부정할 수는 없었을 것으로 보인다.

8. 시간 여행을 마치며

지금까지 우리는 1800년대 중반부터 1900년대 중반까지 100여 년 사이에 전개된 교육과정학 이념을 역사가적 시각으로 살펴보았다. 1800년대 중・후반에 나타난 '지적 전통주의', 1910년대 후반부터 1920년대 초반까지 위세를 떨친 '사회적 행동주의', 1920년대 후반부터 1930년대 초반에 전성기를 누린

'교육적 진보주의', 그리고 이어서 힘을 얻은 진보주의의 한 분파인 '사회 재건주의', 1930년대 말에 등장한 여러 이념의 절충인 '본질주의' 등이 왜 등장했으며 무엇을 주장하였는지를 살펴보았다.

'어떤 지식이 가장 가치 있는 지식인가?'에 대한 이와 같은 교육과정학 이념 간의 논쟁은 그 모습이 약간 변하고 주장하는 학자들이 교체되었을 뿐 지금도 계속되고 있다. 19세기 말에 강세를 떨쳤던 '지적 전통주의'는 1982년에 『파이데이아 제안』이라는 이름으로 미국에서 부활하였다. '교육적 진보주의'는 1967년부터 1973년 사이에 '열린교육'이라는 이름으로 부활하였고, '사회 재건주의'는 1970~1980년대에 걸쳐 '계급 · 문화 재생산 이론'으로 부활하였으며, 교육의 생산성과 효율성을 높이려던 '행정적 진보주의'는 인터넷을 앞세워 현재 한창 확산일로에 있다. 우리나라의 경우도, 교육적 진보주의가 '열린교육'이라는 이름으로, 행정적 진보주의가 '교육정보화'라는 이름으로 1990년대 초부터 지금까지 주된 교육과정학 이념으로 작용하고 있다.

계급 · 문화 재생산 이론에 대해서는 제10장에서, 파이데이아 제안에 대해서는 제12장에서, 열린교육에 대해서는 제13장에서, 그리고 교육정보화에 대해서는 제14장에서 자세히 살펴보기로 하고, 다음 장에서는 진보주의식 커리큘럼, 즉 아동 · 경험중심 커리큘럼을 비판하는 사람에 대한 듀이의 응답을 살펴보도록 하자.

읽고 토론해 봅시다

다음은 교육대학교에 재학 중인 김우진과 양진영 두 학생이 토론하는 내용입니다. 이를 읽고 이들의 토론에 참여해 봅시다.

김우진: 우리가 모든 것을 과거로부터만 배운다면 어떻게 미래를 예측할 수 있을까? 예컨대 20세기가 되기 전까지만 해도 원자를 다시 쪼갠다는 것은 불가능한 것이라고 생각되었고, 어느 누구도 핵전쟁이나 핵폐기물의 문제를 예상하지 못하였다. 따라서 교육자

들은 자라나는 아동에게 지금 우리가 알고 있는 것만을 가르치는 것으로 만족해서는 안 된다. 우리 교육은 학생에게 사고하는 방법과 문제해결력을 길러 줌으로써 그들로 하여금 미래에 대처할 수 있도록 해 주어야 한다고 본다.

양진영: 물론 문제해결력도 중요하고 미래를 예측하기 어렵다는 것도 사실이다. 그러나 알 수 없는 미래를 대처하는 가장 좋은 방법은 비판적 사고나 문제해결의 몇 가지 기술을 배움으로써 찾아지는 것이 아니라, 지금까지 우리 인류가 쌓아 온 인간과 세계에 대한 풍부한 지식을 통해서 얻어질 수 있는 것이다. 사실 비판적 사고력이란 것도 과학이나 철학 또는 예술과 같은 교과를 통하여 가장 잘 가르쳐질 수 있다. 바로 이러한 전통적인 교과를 가르침으로써 우리 교육은 문화적인 유산 속에 담겨 있는 비판적 사고 방식을 다음 세대로 전달해야 하는 것이다.

김우진: 나는 그렇게 생각하지 않는다. 비판적 사고력이나 문제해결력은 전통적 교과를 공부한다고 저절로 학습되는 것이 아니라, 실제 생활 장면에서의 계속적인 실험과 성공적인 적응을 통해서 획득되는 것이다. 오늘날 우리의 학교교육이 실제적인 현실 세계와는 거리가 먼 전통을 지나치게 중시하는 것은 잘못이라고 생각한다. 학생이 학교에서 배우는 내용과 실생활과는 별로 관계가 없다고 말하는 것은 당연한 일이다. 우리는 학생의 학습을 의미 있도록 만들어 주어야 하며, 이를 위해서는 학생이 그들의 생활과는 거리가 먼 내용을 억지로 배우도록 강요할 것이 아니라 자신에게 관심 있는 내용들을 공부할 수 있도록 해 주어야 한다.

양진영: 그러나 학생은 무엇이 의미 있는 것인지를 스스로 판단하기에는 아직 어리다. 지금 당장은 어렵고 힘들며 의미 없어 보이는 고전 교육이 얼마나 유익한 결과를 가져오는가 하는 것은 우리 성인이 더 잘 알고 있다. 또한 아동이 갖는 흥미라는 것도 변하기 쉬운 것이다. 오늘 그들에게 의미 있었던 것이 내일이면 달라질지 모른다. 그러나 과거의 지혜는 언제나 우리에게 적절한 도움을 주는 것이다.

김우진: 그렇다면 본질적인 문제를 생각해 보자. 정육점에서 일하는 사람이나 이발사가 될 사람도 대수학이나 물리학을 꼭 알아야 할 필요가 있는가? 은행원이나 상점 주인도 화학이나 고대 역사를 배워야만 하는가? 경찰관도 모두 셰익스피어를 알아야 하고, 간호사들도 철학을 필수로 배워야 하는가? 보통 사람이 알아야 할 필요가 있는 것은 실제 생활의 문제를 어떻게 해결해야 하며, 어떻게 좋은 직업인이 되고, 좋은 부모가 되며, 선량한 시민이 될 것인가 하는 것이다. 당신이 말하는 전통적 교과중심의 고전 교육은 소수의 엘리트를 위한 교육이지, 다수의 선량한 보통 사람들을 위한 것은 아니라고 본다.

양진영: 생각을 좀 깊이 해 보라. 유익하고 생산적인 삶을 살아가는 사람이란 단지 이것저것을 어떻게 할 것인가를 아는 사람이 아니라, 교육을 통하여 질 높은 삶을 영위하는 사람인 것이다. 당신이 보는 교육은 소위 실제적인 유용성이란 이름으로 학생에게 마땅히 가르쳐야 할 의미 있는 내용들을 잃고 있는 것이다. 나는 학생들에게 우리의 풍부한 문화유산에 함께 동참하도록 권하고 싶다.

여러분은 두 사람의 대화에 대해 어떻게 생각하는가? 본래부터 가치 있는 교과라는 것이 존재하는가? 모든 학교는 비판적 사고력, 문제해결력을 가르쳐야만 한다고 보는가? 어떻게 그것을 가르칠 수 있는가? 학교교육의 주된 목적은 무엇이며, 그것을 위해 무엇을 가르쳐야 한다고 보는가? 진보주의 교육과 전통주의 교육 중 어느 것이 삶에 보다 많은 도움을 주는 것인가? 앞의 대화에서 김우진을 진보주의자로, 양진영을 전통주의자로 하여 그들의 논쟁을 계속해 보라.

출처: 허숙 · 박승배 역,『교육과정과 목적』(경기: 교육과학사, 2017), 261~264쪽.

제 4 장

아동 · 경험중심 커리큘럼 비판에 대한 듀이의 응답

"전통주의자들은 진보주의자들이 학교교육을 이끌어 갈 확실한 대안을 제시하지 못하고 표류하는 듯한 모습을 보이고 있는 것을 기회로 삼아 자신들의 입지를 강화하고 있다."

–존 듀이–

"진보주의자들이 교과와 교육내용을 효과적으로 조직하는 방안을 확립 하지 못하게 되면, 교육의 실제는 과거의 상태로 되돌아가는 참담한 결과를 낳게 될 것이다."

–존 듀이–

학생을 가르칠 때 무엇을 어떻게 가르쳐야 하는가? 이 질문에 대해 답하는 사람들은 대개 다음과 같은 두 가지 중 하나의 입장을 취한다. 첫째는 인류가 만들어 놓은 교과 지식을 학교에서 교사가 중심이 되어 학생에게 전달하는 것이다. 많은 사람이 이런 입장을 취하는데, 이들을 '전통주의자'라 부른다. 둘째는 인류가 만들어 놓은 교과 지식을 학생에게 전하되, 학생의 경험에서 출발하여 교과 지식에 도달하게 하는 것이다. 소위 '참교육'을 꿈꾸는 사람은 이런 입장을 취하는데, 이들을 '진보주의자'라 부른다.

1. 전통주의자와 진보주의자 사이의 갈등에 대한 듀이의 생각

전통주의자와 진보주의자 사이의 갈등은 존 듀이(John Dewey)가 살았던 시절이나 지금이나 동일하게 지속되고 있다. 흔히 사회적 갈등을 바람직하지 않은 것으로 생각하지만, 존 듀이는 서로 의견이 다른 사람들 간의 사회적 갈등을 그 사회가 건강한 사회라는 징표로 보았다.

듀이는 교육문제를 놓고 벌어지는 전통주의자와 진보주의자 사이의 갈등이 소모적인 논쟁으로 빠지지 않고 생산적인 논쟁으로 발하기 위해서는 적당히 타협하거나 절충하지 말고 보다 좋은 교육이론을 만들어 내야 한다고 말한다. 듀이의 말을 한번 직접 들어 보자.[1)]

> 좋은 교육이론이라는 것은 그 사회에 존재하고 있는 갈등의 원인을 확인

하고, 어느 한쪽 편에서 문제를 해결해 버리기보다는 서로 대립되는 두 입장이 주장하는 교육적 아이디어와 각각의 문제점을 올바로 이해하게 해 주며, 보다 포괄적이고 깊은 수준에서 교육을 이끌 새로운 지침을 제시할 수 있는 이론이다. [좋은 교육이론은] 서로 상반되는 두 진영 사이에 타협을 시도하고 그저 단순히 중도적인 입장을 취하는 것이 아니다. 서로 상반되는 학파들의 생각 여기저기서 필요한 내용을 뽑아내어 절충하고 이것들을 그럴 듯하게 결합시켜 놓는 것이 아니다. [좋은 교육이론은] 새로운 교육활동을 수행해 나갈 수 있는 새로운 사고체계를 만드는 것이다.

이러한 지론에 따라 '좋은 교육이론'을 만들 필요성을 설파한 책이 듀이가 80세 때인 1938년에 출판한 『경험과 교육』이다. 『경험과 교육』은 다음과 같이 구성되어 있다.

- 제1장 전통적 교육과 진보주의 교육
- 제2장 경험이론의 필요성
- 제3장 경험의 기준
- 제4장 사회적 통제
- 제5장 자유의 성격
- 제6장 목적의 의미
- 제7장 교과의 점진적 교직
- 제8장 교육의 수단이자 목적인 경험

『경험과 교육』은 카파 델타 파이(KΔΠ, 교육학 분야 우수 학생 단체로서 1909년에 창설됨)가 주최한 제10회 유명인사 초청 강연회에서 듀이의 강연 원고였다. 그러니까 듀이는 10주년 행사의 강사로 초청되어,[2] 당시 고조되어 있던 '전통적 교육'과 '진보주의 교육' 사이의 갈등을 해결할 방법을 강연회에서 밝힌 것이다.

이『경험과 교육』은 그 동안 서로 다른 학자에 의하여 여러 차례 우리말로 번역되었다. 이는 이 책이 그만큼 중요하게 받아들여졌다는 뜻이기도 하다.

듀이가 79세 때인 1938년에 출판한『경험과 교육』 원본과 여러 권의 우리말 번역서. 오천석 역(1974), 강윤중 역(1995), 엄태동 역(2001), 박철홍 역(2002)

2.『경험과 교육』 요약

『경험과 교육』은 한 번, 아니 여러 번 읽어 볼 가치가 있는 고전이다. 하지만 학부생이 이를 실천하기는 쉽지 않다. 그래서 내가 이를 읽기 쉽게 요약하였다. 우선 나의 요약을 읽은 다음, 언제 한번 조용한 시간을 내어『경험과 교육』을 꼭 읽어 보기 바란다. 박철홍의 번역이 비교적 읽기 쉽다.

1) 제1장 전통적 교육과 진보주의 교육

듀이는 제1장에서 먼저 '전통적 교육'을 요약하여 설명한다. 듀이에 의하면, '전통적 교육'의 내용은 과거로부터 이룩해 놓은 지식과 정보와 기술의 총체로 이루어진다. 전통주의자들은 교육의 주된 목적이 어린 학생들로 하여금 잘 조직된 지식 및 정보체계, 다양한 기술을 습득하게 하여, 앞으로 그들이 주역이 될 미래 사회에 대한 책임감을 갖게 하고 성공적인 삶을 살 수 있도록 준비시키는 것이라고 믿는다. '전통적 교육'에서는 과거로부터 누적적으로 발전되어 온 올바른 행위의 기준과 규칙들에 학생들이 수용적이고 순종적인 태도를 가질 것을 기대한다. 따라서 '전통적 교육'하에서 교사들은 지식과 기술을 다음 세대에게 전달하고, 행동의 규칙을 가르치는 책임을 진 사람들이다.

이러한 '전통적 교육'은 별문제 없어 보인다. 그렇기에 오랫동안 지속되며 '전통'이 된 것 아니겠는가? 이러한 우리에게 매우 친숙한 '전통적 교육'에 대해 듀이는 이렇게 딴지를 건다.

> [전통적 교육에서] 아이들이 학습내용을 결정하는 데에 적극적으로 참여한다는 것은 거의 불가능하다. 아동들이 할 수 있는 것은 교사가 시키는 대로 하는 것, 즉 주어진 교육을 그저 받아들이는 것뿐이다. 여기서 배운다는 것은 책이나 어른들의 머릿속에 이미 들어 있는 것을 그대로 습득하는 것을 의미한다. 더욱이 배우는 내용들은 근본적으로 변화하지 않는 영원불변한 것으로 여겨진다. 교육내용이 일종의 완성품, 완전한 진리로 가르쳐진다. 그런데 의미 있는 교육내용은 삶의 상황이 변화함에 따라 의미상의 변화를 겪게 마련이다. 그럼에도 불구하고 이러한 점은 고려사항에서 제외된다. 교육내용을 영원불변하는 진리라고 보는 생각은 미래도 과거와 매우 비슷할 것이라는 생각이 당연시되던 전통사회의 문화적 산물이다. 이런 생각은 변화의 속도가

아주 느린 시대나 사회에서는 그런대로 통할 수 있다. 그러나 오늘날처럼(이 책의 출판년도가 1938년이므로 1930년대를 가리킴/박승배 주) 변화가 빠른 속도로 지속되고 있는 사회에서는 교육내용을 영원불변하는 진리인 것처럼 가르치는 것을 받아들이기 어렵다.[3)]

이미 앞 장에서 설명하였듯이, '전통적 교육'에 가한 듀이의 비판에 동조하는 사람을 흔히 '진보주의자'라고 부르고, 진보주의자들이 내세운 교육을 '진보주의 교육' 또는 '새 교육'이라 부른다. '진보주의 교육'은 1920~1930년대에 미국에서 대대적으로 실천되었는데, 듀이는 이 시기에 '진보주의 교육'을 실천하는 교사들이 "~하기"보다는 "~안 하기"를 강조한 탓에 '진보주의 교육'이 학교에 제대로 뿌리를 내리지 못했다고 말한다. 여기서 "~하기"란 '진보주의 교육을 건설적으로 발전시킬 방법을 찾기'이며, "~안 하기"란 '전통적 교육을 부정하기'를 의미한다. 듀이는 이렇게 말한다.

'새 교육' 운동은 '전통적 교육'의 목적과 방법을 부정하고 그것을 새로운 목적과 방법으로 대체시키려고 한다. …… 이 경우 '새 교육' 운동은 교육실제에 적용할 단서를 그 자신의 철학적 관점을 건설적으로 발전시키는 데에서 찾기보다는, 배격하려고 하는 '전통적 교육'의 철학과 반대되는 입장에서부터 찾으려 한다. 그 결과 '새 교육' 운동은 '전통적 교육'과는 대조되는 극단적 입장을 취하게 된다.[4)]

그러니까 듀이에 의하면, '새 교육'이 성공하려면 '전통적 교육'의 반대 방향으로 나아가기만 하면 된다는 생각을 멈추어야 한다는 것이다. '전통적 교육'에서 체계적인 교과, 성인에 의한 지도와 안내, 과거로부터 내려온 전통을 중요시하므로, 이를 반대하기만 하면 '새 교육'을 실천하는 것으로 생각하는 것은 잘못이라는 것이다. '전통적 교육'에서 해 오던 것들을 하지 않기만 하면

'새 교육'이 된다는 생각을 버려야 한다는 것이다. 다시 한번 듀이의 말을 직접 들어 보자.

> '새 교육'을 표방하는 많은 학교가 체계적인 교과를 경시하거나 무시하며, 성인에 의한 지도와 안내는 모두가 개인의 자유를 침해하는 것이라고 생각하는 경향이 있으며, 또한 교육은 현재와 미래에 관심을 두어야 한다고 생각하여 과거에 대하여 배우는 것은 아무런 교육적 의미가 없다고 생각하는 경향이 있다. 나는 '새 교육'을 표방하는 학교들의 이러한 태도는 잘못된 것이라고 생각한다. 분명히 말하지만, 나는 사람들이 흔히 말하는 '새 교육'을 옹호하지 않는다. 사람들이 흔히 말하는 '새 교육'의 이론과 실제는 내가 염두에 두고 있는 '경험의 이론'에 입각한 교육의 이론과 실제, 즉 '경험이론'에 바탕을 두고 형성된 교육목적, 교육내용, 교육방법에 대한 생각과는 전혀 다른 것이다.[5)]

요약하면, 듀이는 동시대 사람들의 상당수가 자신이 주장한 '새 교육'의 실천방법을 오해했다는 것이다. '새 교육'을 제대로 실천하려면 '전통적 교육'을 반대하는 소극적 방법보다는 '경험이론'을 바탕으로 하여 새로운 교육목적, 교육내용, 교육방법을 형성하는 적극적 방법을 따라야 한다는 것이다.

그렇다면 '새 교육'이 그 기초로 삼아야 하는 '경험이론'은 대체 어떤 것인가? 이 '경험이론'을 듀이는 제2장에서 설명한다.

2) 제2장 경험이론의 필요성

듀이는 진정한 교육은 모두 경험을 통해서 이루어진다고 본다. 그렇다고 경험이 교육과 완전히 동일한 것은 아니다. 왜냐하면, 어떤 경험은 '비교육적'(mis-educative) 경험, 즉 경험의 계속적인 성장을 방해하거나 성장 방향을 왜곡시키는 경험이 될 수 있기 때문이다. 듀이는 '비교육적인' 경험의 예를 다음과 같이 네 가지 제시한다.

① 우리로 하여금 주위 사물에 대하여 관심이나 흥미를 불러일으키지 못하게 하거나, 주변에서 주어진 자극에 무감각하게 만드는 경험
② 기계적인 기능을 증가시켜 주기는 하지만 오히려 경험 당사자를 판에 박힌 기계적인 습관에 고착시키는 경향이 있는 경험
③ 직접적인 즐거움을 주기는 하지만 차분하지 못하고 덤벙대는 태도를 기를 수도 있는 경험
④ 다른 경험과 아무런 관련이 없는 고립된 경험

듀이는 '전통적 교육'은 바로 이러한 '비교육적' 경험으로 가득 차 있다고 본다. '전통적 교육'에서도 학교에서 학생들에게 '교과'뿐만 아니라 '경험'을 제공하는데, 문제는 그 '경험'이 '비교육적' 경험이라는 점이다. '전통적 교육'에 대한 제대로 된 비판은, 그것이 '교과'만 중요시하고 '경험'은 무시한다고 지적할 것이 아니라, '전통적 교육'에서 학생에게 제공하는 '경험'이 얼마나 '비교육적'인지를 드러내는 것이다. 듀이는 '전통적 교육' 밑에서 학생이 경험하는 '비교육적' 학습경험의 폐해를 이렇게 선언적 질문 형태로 지적한다.

'전통적 교육'의 '비교육적' 학습경험 때문에, 얼마나 많은 학생이

- 수업시간에 배운 학습내용에 대해 무감각하고 냉담하게 되었으며, 배우고 싶은 의욕을 상실하게 되었는가?
- 학습을 그저 기계적인 암기나 반복적인 훈련으로만 생각하고 단순한 기술이나 기능을 습득하는 데에 그침으로써, 새로운 상황에서 현명하게 판단하고 행동할 수 있는 능력을 신장시키지 못하는 불행한 결과를 낳고 말았는가?

- 그들이 배우는 것이 학교 밖의 사태에 아무런 도움이 되지 못한다고 생각하게 되었으며, 그것 때문에 좌절하며 공부라는 것은 그저 힘들고 지루하며 쓸모없는 것이라고 생각하게 되었는가?
- 책이라면 어렵고 딱딱하며 지겨운 것이라고 생각하고, 시험이나 과제로 주어진 경우가 아니면 책을 읽지 않게 되었는가?
- 위대한 생각을 담고 있는 책은 어렵고 지겨워서 읽을 엄두도 못 내고 그저 저속하고 가벼운 책만을 읽도록 조건화되어 쓸데없는 책에 시간과 인생을 허비하며 삶의 참의미를 찾지 못한 채 방황하게 되었는가?[6)]

그렇다면 이러한 '비교육적' 경험과 대비되는 '교육적' 경험은 도대체 어떤 것일까? 듀이는 이를 '앞으로 바람직한 경험을 할 수 있게 해 주는 경험'과 '앞으로 올 경험에 유익한 역할을 할 수 있는 경험'으로 정의한다. 이런 생각의 연장선에서 듀이는 '새 교육'을 "교육적 경험의, 교육적 경험에 의한, 교육적 경험을 위한 발달"이라고 정의하기까지 한다. 듀이는 이렇게 표현한다.

> 링컨(Lincoln)의 유명한 말을 본떠서 간결하게 표현한다면, 진보주의 교육은 '경험의' '경험에 의한' '경험을 위한' 교육이고, 진보주의 교육철학은 '경험의' '경험에 의한' '경험을 위한' 교육에 대한 철학으로 정의할 수 있다.[7)]

듀이가 링컨의 말을 본떠서 표현한 '교육적 경험의' '교육적 경험에 의한' '교육적 경험을 위한'이라는 말은 그 의미가 분명한 게 아니다. 듀이도 이 점을 인식하고, '새 교육'에 관심을 가진 사람들은 앞으로 이 말의 의미를 밝혀야 할 것이라고 말한다. 달리 말하면, '경험에 대한 체계적인 이론'을 확립해야 한다고 말한다. 그러나 이 일은 결코 쉬운 일이 아니다. 긴 시간을 요하며 고된 노력을 필요로 하는 일이다.

> '새 교육'에 적합한 교육내용을 선정하고, 교육방법을 조직하는 데에 효과적인 지침을 제공할 수 있는 '경험이론'을 확립하는 것은 하루아침에 이루어지지 않는다. 그것은 긴 시간을 요하는 일이며 고된 노력을 필요로 한다. 그것은 마치 한 인간이 성장하는 과정과 유사하다. 한 인간의 성장이 탄탄대로를 걷는 것이 아니라 수많은 장애에 부딪치고 장애를 극복하면서 이루어지는 것처럼, '새 교육'에 적합한 '경험이론'을 형성하는 것도 이와 유사한 과정을 겪을 것이다.[8)]

요약하면, '새 교육'을 주장하는 사람들은 '교육적 경험'과 '비교육적 경험'의 구분에 관한 이론, 즉 '경험이론'을 확립하는 일에 매진해야 한다는 것이 듀이의 생각이다. '경험이론'이 확립되어야 '새 교육'의 내용과 방법을 제대로 정할 수 있다는 것이다. '경험이론'의 확립 없이 '새 교육'을 주장하면, '새 교육'을 주장하는 사람들은 '전통적 교육'을 옹호하는 사람들에게서 '확실한 대안도 제시하시 못하면서 그저 반대만 하는 사람들'이라는 비판을 받는다는 게 듀이의 생각이다.

3) 제3장 경험의 기준

제2장에서 '경험이론' 확립의 필요성을 역설한 듀이는 제3장에서 이를 확립하는 데 필요한 핵심 원리 두 가지, 즉 경험의 '계속성의 원리'와 '상호작용의 원리'를 자세히 논의한다.

'경험이론'을 확립한다는 것은 '교육적으로 가치 있는 경험(교육적 경험)과 그렇지 않은 경험(비교육적 경험)을 어떻게 구분할 수 있는가?'라는 질문에 답하는 작업이다. 이 질문에 답하기 위해 듀이는 먼저 '경험의 계속성'이라는 생각을 도입한다. 어떤 경험이 '교육적'인지 '비교육적'인지 그 가치를 판단하는 기준으로 듀이는 '계속성'을 든다.

'경험의 계속성'이란 현재의 경험이 경험 당사자에게 '모종의' 습관 · 태도를 형성하게 하고, 이는 앞으로 올 경험에 영향을 미친다는 것이다. 따라서 교사의 주된 임무는 아동에게 어떤 태도나 습관이 형성되고 있는가를 주의 깊게 살피는 일이다. 그리고 그 태도나 습관이 아동을 바람직한 경험으로 이끄는지 아닌지를 판단하여 아동이 올바른 방향으로 나아가도록 도와주어야 한다. 듀이의 말을 직접 들어 보자.

> 교사는 [아동이 지금 하는 경험을 통해] 형성하게 될 태도나 습관이 아동의 계속적 성장을 위해 바람직한 것인지 아닌지를 판단할 수 있어야 한다. 또한 교사는 학습하고 있는 아동들의 마음속에서 실제로 어떤 일이 일어나고 있는가를 아동 개개인의 입장에서 이해할 수 있어야 한다.[9)]

이러한 듀이의 주장은 얼핏 '어른이 밖에서 강제로 부과하는 것을 진보주의도 은밀히 정당화하는 것 아닌가?'라는 생각을 하게 만든다. 아동이 현재 하는 경험 속에서 바람직한 태도나 습관을 형성하는지 아닌지를 판단하는 것 자체가 결국 어른의 가치를 아동에게 강제하는 것 아니냐는 것이다.

듀이는 아동을 둘러싼 '환경적 조건'을 잘 조성하는 방법으로 아동에게 어른의 생각을 강제하지 않으면서 바람직한 방향으로 아동을 이끌 수 있다고 본다. 개인이 모종의 경험을 한다는 것은 개인 밖에 상호작용할 무엇인가가 주어져 있기 때문이다. '환경적 조건'이란 바로 이것, 즉 개인 밖에 존재하는, 개인이 상호작용할 그 무엇을 가리킨다. 빈민가에 사는 아동은 풍요로운 가정에 사는 아동과는 다른 종류의 경험을 하게 마련이듯이, '환경적 조건'을 달리하는 방법으로 어른은 아동의 경험에 영향을 미칠 수 있다. 듀이는 이렇게 말한다.

> 환경적 조건들을 잘 활용하기만 한다면 우리는 외부에서 강제로 부과하는

> 방법을 사용하지 않으면서도 아동들의 경험을 잘 지도할 수 있을 것이다. 교육자가 해야 할 일차적인 임무는 환경적인 조건들이 어떤 식으로 경험에 영향을 미치게 되며, 어떤 환경적 요소가 경험이 성장하는 데에 기여하는가 하는 점에 대한 충분한 지식을 갖는 것이다. 또한 교사들은 이런 지식을 바탕으로 하여 아동들이 가치 있는 경험을 할 수 있도록 하기 위하여 자연적, 사회적 환경들을 어떻게 활용할 것인지에 대한 명확한 지식을 가지고 있어야 한다.[10)]

'환경적 조건'을 잘 활용하는 것은 외적 조건을 그냥 아동들의 일시적이고 즉각적인 내적 조건에 맞추는 것을 의미하지 않는다. 이는 아동의 즉각적인 내적 상태와 바람직한 '상호작용'이 일어날 수 있도록 외적 조건을 적절히 조절하는 것을 의미한다.

이 '상호작용'이라는 말은 '경험이론'을 형성하는 두 번째 주요 원리다. 경험은 두 가지 요소, 즉 '객관적이고 외적인 요소'와 '주관적이고 내적인 요소'의 '상호작용'으로 이루어진다는 게 듀이의 생각이다. 따라서 듀이가 생각하는 바람직한 교육이란 이 두 요소 간의 상호작용이 잘 일어나는 교육이다. 그런데 전통적인 교육은 '외적 요소'만을 강조하고, 진보적인 교육은 '내적 요소'만을 강조할 뿐, 양 진영 모두 상호작용의 원리를 따르지 않고 있다고 듀이는 양 진영을 모두 비판한다. 한마디로 이 두 교육관은 극단적인 입장을 택하는 교육관일 뿐이라는 것이다.

경험이론을 형성하는 두 가지 원리, 즉 '계속성의 원리'와 '상호작용의 원리'는 서로 분리되어 있는 것이 아니다. 이 양자는 경험의 씨줄과 날줄로서, 서로 교차되어 있고 통합되어 있다.

요약하면, 어떤 경험이 교육적인지 아닌지는 판단하는 것은 통합되어 존재하는 경험이론의 두 가지 측면—상호작용과 계속성—이 얼마나 잘 일어나고 있는지 그 정도를 판단하는 것이다. 달리 말하면, 어떤 경험이 '교육적 경험'인지 '비교육적 경험'인지를 판단하는 2개의 기준은 '상호작용의 원리'와 '계속성의 원리'다.

4) 제4장 사회적 통제

앞 장에서 우리는 듀이가 '교사는 아동에게 어떤 태도나 습관이 형성되고 있는가를 주의 깊게 살펴야 하고, 그 태도나 습관이 아동에게 바람직한 경험으로 이끄는지 아닌지를 판단하여 아동이 올바른 방향으로 나아가도록 도와주어야 한다'라고 주장하고 있음을 알았다. 이러한 듀이의 생각에 대하여 일부 비판가들은 '듀이 당신도 성인의 관점을 강요하기는 마찬가지 아닌가?'라고 지적한다. 이 제4장은 바로 이러한 비판에 대한 듀이의 답이다.

개인의 자유를 직접적으로 침해하지 않으면서 개인을 통제할 수 있을까? 듀이는 이 질문에 '할 수 있다'고 답한다.

사회 속에서 살아가는 우리는 실제로 상당한 양의 통제를 사회에서 받는데, 이를 듀이는 '사회적 통제'라 부른다. 일상생활 속에서 '사회적 통제'가 나타나는 구체적인 예로서 듀이는 아이들의 '놀이'를 든다. 놀이를 할 때 아이들은 정해진 규칙의 지배를 받는다. 규칙은 놀이에 붙박여 있어서 규칙 없이는 놀이가 불가능하다. 아이들이 놀면서 이의를 제기하는 경우가 있는데, 이때 그 핵심은 규칙 자체가 아니라 규칙이 공정하게 적용되지 않았다는 점이다. 놀이를 할 때 아이들은 자신들이 어떤 특정한 사람에게 지배되고 있다거나 우월한 사람의 의지에 따라 움직인다고 생각하지 않는다. 사실 놀이에서 아이들 각자는 통제를 받는 객체이면서 통제를 가하는 주체다.

아동들이 놀이를 하면서 자연스럽게 받아들이는 '사회적 통제'를 교사가 학교에서 어떻게 구현할 수 있을까? 어떻게 하면 학생들이 자신의 행동을 스스로 통제하고, 친구의 행동을 서로 서로 통제하게 만들 수 있을까? 이 질문에 듀이는 '학생들이 함께 참여하는 활동을 제공하라'고 말한다. 놀이를 할 때처럼 '긴밀한 관계를 맺을 기회'를 학생들에게 제공해야 한다는 것이다. 학교에 '아동이 함께 참여하는 활동'이 없으면 '사회적 통제'가 이루어지지 않아 교사는 질서를 유지한다는 명분하에 직접적인 간섭 · 명령을 하게 된다.

그렇다면 '사회적 통제' 구현을 위한 '학생이 함께 참여하는 활동', 즉 '공동체 생활'을 학생에게 제공하려면 교사는 어떻게 해야 하는가? 듀이는 이 질문에 '철저한 사전 계획'이 필요하다고 답한다. 듀이에 의하면, 진보적인 학교의 교사는 학생 개개인 및 교과내용에 대한 충분한 지식을 가지고 '철저한 사전 계획'을 세워야 한다. 교사는 이러한 사전 계획에 따라 유익한 활동을 선정하여 학생에게 제공해야 한다. 이 철저하게 사전에 계획된 활동에 학생이 참여할 때에 학생 개개인은 무엇인가 유익한 공헌을 할 기회를 갖게 되며, 이러한 경우에 공동으로 참여하는 활동들은 그 자체가 '사회적 통제'를 행사하게 된다.

흔히 사람들은 '사전에 치밀하게 준비하는 것은 학생의 자유를 보호한다는 진보주의 교육이념에 어긋난다'라고 이해하고 있는데, 이는 진보주의 교육을 정확히 이해하지 못한 것이라고 듀이는 말한다. 전통적인 학교에서 세우는 '사전 계획' 속에 성인의 사고와 가치가 지나치게 많이 반영되어 있어서, 그 결과 아동의 자유로운 사고와 독특한 경험의 표현과 발달이 심각하게 방해받은 것은 사실이다. 그렇다고 이에 대한 반동으로 진보주의 학교에서 어떤 종류의 사전 준비나 계획도 해서는 안 된다고 생각하는 것은 잘못이라는 것이다. 듀이의 말을 직접 들어 보자.

> [진보주의] 학교에서는 어떤 종류의 사전 준비나 계획도 해서는 안 된다고 생각하는 것은 잘못이다. 오히려 [진보주의 학교의] 교사는 지금보다 훨씬 더 현명하게, 그리고 보다 폭넓은 지식을 바탕으로 철저한 사전 계획을 세워야 한다. [진보주의] 교육에서는 사전에 준비하고 계획하는 교사의 임무가 면제되거나 가벼워지는 것이 아니라 오히려 훨씬 더 무거워지고 어려워지는 것이

> 다. [진보적 학교의] 교사들은 학생들의 능력과 요구를 전통적 교육에서보다 훨씬 더 철저히 파악해야 한다.[11)]

요약하면, 진보적인 학교에서는 '사회적 통제'를 사용하는 것이 좋다. 이를 위해 교사는 학생 개개인과 교과에 대한 해박한 지식을 바탕으로 사전에 치밀하고 철저하게 준비한 '공동체 활동'을 학생에게 제공해야 한다. 학생이 치밀하게 준비된 '공동체 활동'에 참여할 때 '사회적 통제'가 발생하여 교사는 직접적으로 강요하지 않고도 학생을 바람직한 방향으로 이끌 수 있다.

5) 제5장 자유의 성격

『경험과 교육』 제5장의 제목은 '자유의 성격'이다. 하지만 본문의 내용에 비추어 볼 때 이를 '자율적 통제'로 바꾸는 편이 훨씬 적절해 보인다. 제4장에서 듀이는 교사가 학생의 행동을 바람직한 방향으로 이끄는 방법으로 '사회적 통제'를 제안하였다. 제5장에서 듀이는 학생이 자신의 욕망과 충동을 억누르고 스스로 통제하는 것, 즉 '자율적 통제'에 대해 설명한다.

듀이에 의하면, 인간의 욕망과 충동은 행동에 직접적인 영향을 미친다. 쉽게 말하면 인간은 욕망과 충동의 지배를 받는다. 그러하기에 독재자들은 인간의 욕망 · 충동을 교묘히 이용하여 국민의 행동을 조종하려 든다. 타인에게 뇌물을 주는 것은 욕망을 이용하여 타인의 행동에 영향을 미치려는 것이다.

우리가 즉각적인 욕망에 따라 행동하기를 중단하려면 어떻게 해야 하는가? 달리 말하면, 우리가 '자율적 통제' 능력을 키우려면 어떻게 해야 하는가? 이 질문에 듀이는 '사고와 판단력'을 길러 주어야 한다고 말한다. 사고의 기능에 대하여 듀이는 이렇게 말한다.

> [사고는] 우리 주변에 놓여 있는 객관적인 상황을 예의 주시하게 하고, 과

> 거에 있었던 일을 회상하게 한다. 사고는 충동에 따라 즉각적으로 행동하는 것을 중단하도록 하며, 주변 상황에 대하여 관찰한 내용과 과거 경험에서 얻은 지식을 기억해 내고, 이러한 관찰과 회상된 지식을 총동원하여 현재 사태를 판단함으로써 욕망을 스스로 통제하도록 한다.[12)]

그렇다면 이러한 사고력과 판단력을 학생에게 길러 주려면 어떻게 해야 하는가? 듀이는 아동들에게 활발한 신체적 활동을 허용하라고 말한다. 듀이에 의하면 '진정한 사고'란, 머리뿐만 아니라 손과 신체의 여러 부분을 직접 사용하는 동안 획득한 것을 체계화하려고 할 때 따라오는 것이다. 한마디로, 활발한 신체적 행동이 선행되어야 진정한 사고가 뒤따른다는 것이다. 학생에게 '활발한 신체적 행동'을 허용하면, 즉 학생에게 '외적인 행동의 자유'를 허용하면, 학생은 스스로의 힘으로 목적을 세우고, 현명하게 판단하며, 목적을 달성할 수 있는 수단과 방법을 강구하게 된다. 한마디로, 사고한다.

요약하면, 학교에서는 '활발한 신체 활동'을 장려해야 한다. '진정한 사고'가 '활발한 신체 활동'을 한 다음에 따라오기 때문이다. 이렇게 길러진 '진정한 사고력'은 학생이 즉흥적인 욕망과 충동을 따르지 않게 만든다. 달리 말하면, '진정한 사고력'은 학생이 충동을 스스로 통제하는 능력, 즉 '자율적 통제력' 발달에 공헌한다.

6) 제6장 목적의 의미

제6장에서 듀이는 '목적'이 경험 속에서 어떻게 생겨나며 어떤 작용을 하는지에 대해 고찰한다. 듀이에 의하면, 목적은 항상 충동 · 욕망에서 시작된다. 그러나 충동 · 욕망 자체가 목적은 아니다. 충동 · 욕망을 충족시키기 위하여 어떤 행위를 할 때 나타날 결과를 마음속에 그리면, 이때 목적이 형성된다.

충동이나 욕망은 그 자체가 나쁜 것이 아니다. 사실 충동 · 욕망은 우리가 어떤 행동을 할 때 강한 추진력으로 작용한다. 그러나 단순히 충동이나 욕망의 충족을 위하여 행동하면, 즉 자기 자신의 맹목적 욕망에 얽매여 살면, 이는 노예와 다름없다. 노예 상태에서 벗어나려면, 충동 · 욕망을 충족시키기 위해 어떤 행위를 할 때에 어떤 결과가 나타날 것인지를 예상하여, 그 예상에 따라 자신의 행위를 조절해야 한다. '결과를 예상하여 그에 따라 행위를 조절하는 것'은 '지적 활동'이다. 따라서 '충동 · 욕망'에 '지적 활동'을 더하면 노예 상태에서 벗어날 수 있다.

듀이는 우리가 어떤 행동을 할 때 추진력을 제공하는 '충동 · 욕망'에 방향을 제공하는 '지적 활동'이 가해지면 '목적'이 생긴다고 말한다. 그러니까 '지적 활동'은 단순한 '충동 · 욕망'에 따른 행동을 '목적'을 가지고 하는 행동으로 만드는 중요한 역할을 한다. 그렇다면 이 '지적 활동'은 구체적으로 무엇을 뜻할까? 듀이에 의하면, 이 '지적 활동'은 세 가지로 구성된다. 첫째는 현 주변 상황에 대한 관찰을 통해 객관적 사실을 수집하는 것이다. 둘째는 과거 유사한 사례에서 지식을 얻는 것이다. 셋째는 앞의 두 가지 활동을 통해 얻은 사실과 지식을 통합하여 미래에 나타날 결과를 판단(예상)하는 것이다. 요약하면, 사실에 대한 주의 깊은 관찰, 폭넓은 지식, 정확한 판단 등의 세 가지를 포함하는 '지적 활동'이 '충동 · 욕망'에 더해져야 '목적'이 정해진다.

학생이 '지적 활동'을 할 때에 교사가 방향을 제시하고 학생들과 함께 새로운 계획을 수립하는 것은 바람직하다. 진보적 교사는 학생에게 방향을 제공하는 일체의 행위를 하지 말아야 한다고 주장한다면, 이는 듀이에 의하면, 진보주의를 정확히 이해한 것이 아니다.

진보적 교사는 학생에게 일방적으로 명령하지 않고 상호 협동적인 과정을 통하여 목적을 결정한다. 교사는 학생의 의견을 잘 수용해야 한다. 진보적 교육의 목적은 구성원 간의 서로 의견을 교환하고 지혜를 모으는 과정, 즉 '집단 지성'을 통해 형성된다.

요약하면, 아동이 어떤 행동을 하는 원천은 '충동 · 욕망'이다. 진보적 교사는 이를 인정하고 잘 이용해야 한다. '충동 · 욕망'이 아동을 지배하여 아동이 '충동 · 욕망'의 노예가 되지 않게 하려면, 교사는 '집단 지성'을 통해 '지적 활동'을 안내해야 해야 한다. '충동 · 욕망'에 '지적 활동'이 더해졌을 때 '목적'이 형성된다.

7) 제7장 교과의 점진적 조직

학교에 가면 '교과'가 있다. 교사는 이를 설명하고 학생은 듣고 외운다. 전통적 교육자든 진보적 교육자든 간에 교육이라는 이름으로 교과의 내용을 학생에게 쑤셔 넣는 일은 바뀌어야 한다고 한목소리를 낸다. 그렇다면 어떻게 해야 하는가? 제7장에서 듀이는 이 질문에 대해 답한다.

듀이는 학교에 존재하는 '교과' 자체를 반대하지 않는다. 그가 부정하는 것은 '교과의 제시 방식'이다. 과거의 문화적 유산, 지적 유산을 효율적으로 대물림하기 위해 교과를 아동에게 툭 던지는 수업방식, 아동에게 밥을 먹여 주듯이 이미 조직된 지식을 떠먹여 주는 수업방식을 듀이는 비판한다. 어른이나 전문가의 머릿속에 이미 체계화되어 있는 교과는 미성숙한 아동들을 가르치는 출발점이 될 수 없다는 게 듀이의 지론이다.

듀이에 의하면, 이미 앞장에서 논의한 바와 같이, 교사가 학생을 가르칠 때에 그 출발점은 '교과'가 아니라 학생이 이미 했던 '경험'이어야 한다. 아동이 한 '경험'이 '교과'라는 이름으로 어떻게 체계화되어 있는지를 아동이 '볼' 수 있도록 교사는 노력해야 한다. 듀이는 이렇게 말한다.

> [진보적] 교사가 해야 할 일은 아동이 경험한 내용들을 원래 경험된 상태, 즉 아직 정리되지 않은 상태에 그대로 머무르지 않도록 하는 것이다. [진보적] 교사의 임무는 아직 정리되지 않은 아동의 경험 내용들을 어른들이 학습한 교과의 형태로 접근할 수 있도록 점진적으로 발달시켜 나가는 것이다.[13]

듀이는 아동이 경험에서 출발하여 교과에 이르게 하는 이러한 아이디어를 '교육내용 또는 교과의 점진적 조직'(progressive organization of subject matter)이라 부른다. 진보적 학교에서 다양한 활동과 체험을 하는 것은 교과를 진보적으로 조직하여 가르치기 위한 수단이다. 진보적 학교에 가면 목공실이나 제빵실습실이 설치된 경우가 많은데, 이러한 실습실은 실습 자체를 위해 존재하는 것이 아니라, 실습활동을 통해 교과에 점진적으로 이르게 하기 위해 존재하는 것이다.

따라서 진보적 교육을 실천하기 원하는 교사들이 해야 할 가장 시급한 일은 "경험의 원리에 따른 점진적인 교과 조직의 원리를 확립하는 것"[14)]이다. 만일 진보적 교사들이 이 일에 실패하면, '구관이 명관이다'라고 외치는 전통적 교과 조직을 주장하는 사람들의 목소리가 힘을 얻을 것이라고 듀이는 말한다.

점진적인 교과 조직의 원리를 확립하기 위해서 활용할 수 있는 가장 이상적인 방법으로 듀이는 '과학적 방법'을 제시한다. 듀이가 말하는 '과학적 방법'이란 과학자들이 실험실에서 하는 전문적 기술을 의미하는 것이 아니라, 교과를 점진적으로 조직할 아이디어를 구성하고, 아이디어에 따라 행동해 보고, 행동 결과에 대해 관찰하고, 이를 미래에 사용할 수 있도록 조직화하는 것 등을 의미한다.

요약하면, 듀이는 아동에게 교과를 떠먹이려 하지 말고, 아동이 경험에서 시작하여 교과에 이르도록 인도하여야 한다고 말한다. 듀이는 이러한 생각을 '교과의 점진적 조직'이라 이름 붙였다. '교과를 점진적으로 조직하는 원리'는 아직 확립된 것이 아니므로, 진보적 교육에 관심을 가진 교사들은 '과학적 방법'을 사용하여 이 원리를 확립하려고 노력해야 한다.

8) 제8장 교육의 수단이자 목적으로서의 경험

『경험과 교육』의 맨 마지막 장인 제8장은 강연을 마무리하는 내용이다. 여기서 듀이는 크게 두 가지를 거듭 강조한다. 첫째, 새 교육, 즉 진보적 교육은 전통적 교육과 비교할 때에 결코 쉽지 않다는 것이다. 사람들이 새 교육을 따르기 쉬운 것이라고 생각하여 아무런 사전 계획 없이 즉흥적으로 도입하려는 태도야말로 새 교육의 앞날을 위협하는 가장 큰 문제라고 듀이는 진단한다. 듀이는 경험에 의한 교육은 그 어떤 방법에 의한 교육보다도 우수한 것이라고 확신한다면서, 새 교육을 지지하는 사람들은 서로 협동하여 새 교육을 제대로 실시하고자 할 때에 지켜야 할 조건을 '과학적인 방법'을 동원하여 힘써 찾아야 한다고 말한다.

둘째, 듀이 자신은 당시 극심한 대립관계에 있던 '전통적 교육'과 '진보적 교육' 중에서 어느 한쪽을 편들고 있지 않다고 말한다. 철학자이자 교육학자였던 듀이가 평생에 걸쳐 노력한 것이 이분법적 대립을 극복하는 것이었다. 듀이에 의하면, '전통적 교육'에 대한 반동으로 널리 퍼진 1930년대의 '진보적 교육'도 듀이의 생각을 제대로 이해한 것이 아니다. '진정한' 진보적 교육자라면 '전통적 교육을 부정하기'보다는 '새 교육을 펼칠 방법 찾기'에 노력했어야 했는데, 당시 진보적 교육자가 그러하질 못했다는 것이다.

듀이가 추구하고 있는 것은 교육이라는 이름에 합당한 '진정한 의미의 교육'이다. 전통적이니 진보적이니 하는 수식어가 붙지 않아도 되는 '진정한 의미의 교육'을 듀이는 찾고자 했다. 듀이가 보기에 이 '진정한 교육'은, '일상적인 경험 속에 들어 있는 가능성을 현명하게 발달시키는 일'이다. 이를 위해 지금까지 이 책에서 논의한 진정한 경험철학을 발전시켜야 한다고 역설하며 듀이는 강연을 맺는다.

여기까지가 진보주의를 비판하는 사람들에 대한 듀이의 응답이다. 자, 이제는 잠시 듀이를 뒤로 하고, 커리큘럼 개발 절차의 완성이라고 평가받는 랄프 타일러(Ralph Tyler)의 논리에 대하여 자세히 살피도록 하자.

제 5 장

커리큘럼 개발 절차의 완성: 타일러의 논리

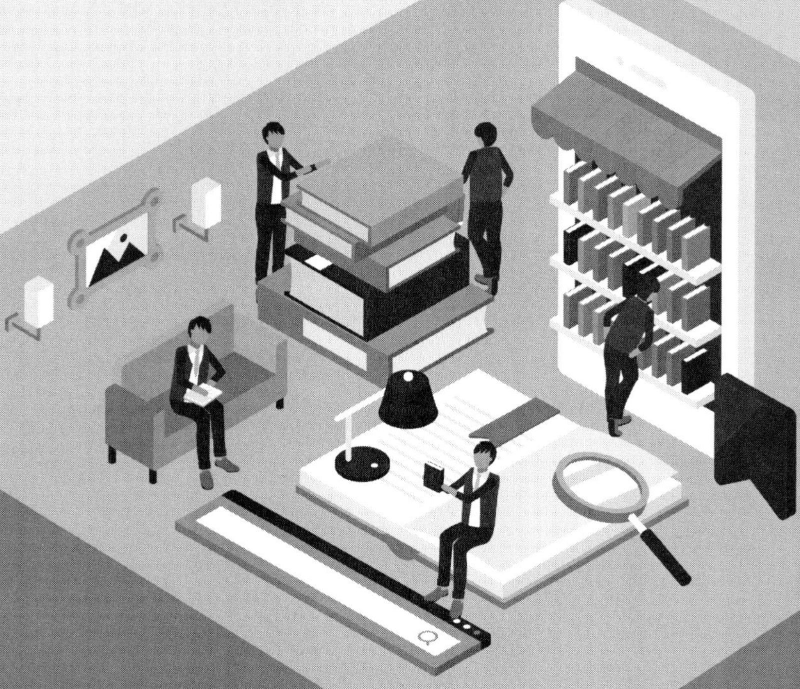

"커리큘럼을 개발하는 작업은 재계획, 재개발, 재평가가 끊임없이 이루어지는 하나의 연속적인 순환 과정이다."

—랠프 타일러—

우리는 제2장에서 '커리큘럼 개발 절차'에 관한 프랭클린 보비트(Franklin Bobbitt)의 생각을 자세히 살펴보았다. 프랭클린 보비트의 생각을 요약하면, 학교에서 학생에게 무엇을 가르칠 것인가를 결정하기 위해서는 '이상적인 어른', 즉 사회를 분석하는 일이 선행되어야 한다는 것이다. 이것을 프랭클린 보비트는 '과제 분석'이라고 하였고, 이 방법을 사용하는 것은 당시에는 과학적인 것으로 통하였다. 아무튼 프랭클린 보비트는 교육목표를 결정하기 위해 '아동'을 살피기보다는 아동들이 모방해야 할 '이상적인 어른'에 신경을 썼기 때문에, 당시 미국 전역에서 대단한 영향력을 행사하던 진보주의자들 사이에서 그의 생각을 일관성 있게 밀고 나간다는 것은 아주 외로운 투쟁이었음에 틀림이 없다. 이런 분위기 탓이었는지 그는 1927년, 당시까지의 교육과정학 분야의 연구 역사를 정리하기 위해 집필된 최초의 책인 『미국교육학회 제26차 연감』(The Twenty-Sixth Yearbook of the National Society for the Study of Education: NSSE)에 쓴 글에서 그의 생각을 뒤집는 듯한 발언을 하고 있다.

> 참된 의미에서, 삶은 '준비될' 수 없다. 삶이란 단지 그저 살아가는 것이다. 적절한 방식으로 삶을 살아가다 보면 교육이 원하는 방향을 따라 삶이 나아가게 되는데, 이를 대신할 수 있는 것은 아무것도 없다. 따라서 삶을 준비한다는 것은 삶 그 자체의 부산물일 뿐이다.[1)]

이처럼 그는 '이상적인 어른'의 삶을 '과제 분석'이라는 '과학적인 도구'를 동원하여 분석한 다음, 이를 토대로 아동을 위한 교육목표를 설정할 수 있다는 자신의 신념에서 한발 후퇴하였다.

프랭클린 보비트의 후퇴와는 달리, 당시 프랭클린 보비트와 함께 사회를 분석하여 아동의 교육목표를 만들어 낼 수 있다고 믿었던, 프랭클린 보비트와 나이가 같은 워렛 차터스(Werret W. Charters, 1875~1952)는 결코 흔들림이 없었다. 그는 이 제26차 연감에서, "나는 커리큘럼은 어른과 아동의 필요, 흥미, 활동에 기초해야만 한다고 믿는다."라고 말하였다.[2] 비록 그가 '아동'을 언급하기는 했지만, 이는 아마도 당시 진보주의자들의 비위를 맞추기 위한 것일 뿐 그의 강조점은 어디까지나 '어른'에 있었다. 흥미롭게도 이 워렛 차터스는 스승인 존 듀이(John Dewey)가 시카고 대학교에 근무할 때에(듀이는 1904년 시카고 대학교 교수직을 사임하고, 1905년 2월 뉴욕의 컬럼비아 대학교 측의 교수직 제안을 수용하였음) 듀이 밑에서 '역사 교수법'으로 박사학위를 받은 사람이다.

어른의 삶을 분석하여 아동의 교육목표를 설정할 수 있고, 이 목표를 이루기 위한 구체적인 활동이 곧 학교의 커리큘럼이 된다는 프랭클린 보비트와 워렛 차터스의 주장은 진보주의가 미국을 휩쓸고 있을 무렵인 1930년대에 수면 아래로 가라앉게 되었다가, 1940년대 말이 되어 랠프 타일러(Ralph Tyler)에 의하여 수면 위로 떠올랐다.

지금부터는 랠프 타일러의 생각을 살펴보도록 하자. 랠프 타일러의 커리큘럼 개발 절차에 관한 생각을 자세히 살피기 전에 그의 학문적 생애를 먼저 알아보도록 하자.[3]

1. 랠프 타일러의 학문적 생애

랠프 타일러(1902~1994)는 1902년 미국 시카고에서 목사가 되기 위해 신학교에 다니던 전직 의사의 아들로 태어났다. 그의 아버지는 의과대학을 졸

랠프 타일러

업하고 1892년 미국 중서부의 네브래스카주에서 내과 병원을 개원하였는데, 의사로서 성공하여 많은 돈을 벌게 되었다. 타일러의 아버지는 하나님보다는 돈을 섬기게 되는 것을 우려하고 부인과 상의하여 의사를 그만두고 1900년 시카고의 한 신학교에 입학하였다. 랠프 타일러는 신학생이 된 아버지 밑에서 1902년 태어났다.

1904년 신학교를 졸업한 타일러의 아버지는 네브래스카주로 이주하여 그곳에서 평생 목회를 하며 보냈다. 아버지는 매일 아침 자녀들에게 성경 구절을 읽어주고, 저녁이 되면 하루 생활에서 성경 말씀을 어떻게 실천하였는가를 보고하도록 하였다. 이와 같은 유년 시절의 가정생활을 통하여 타일러는 평가의 경험을 쌓았다고 볼 수 있다.

타일러는 네브래스카의 작은 도시인 크리트에 위치한 매우 작은 규모의 도언 대학에서 물리학과 수학을 공부하면서 한편으로는 철도 회사의 전신원(모스 부호로 통신을 하는 사람)으로 일하며 돈을 모았다. 그의 꿈은 의과대학에 진학하여 의사가 되는 것이었기 때문에 학비를 마련해야만 했다. 1921년 도언 대학을 졸업한 타일러는 조금 더 철도회사 전신원으로 일을 하며 돈을 모아 의과대학에 진학하려고 하였는데, 집에 온 손님에게서 고등학교 과학교사 자리를 제안받고, 네브래스카주 바로 위에 있는 사우스다코다주의 주도인 피어의 어느 학교 과학교사로 교직에 입문하였다. 이 학교는 주정부 관료의 자녀들을 비롯하여 근처에 있는 시골 농장이나 인디언 보호 구역 출신의 아동 등 가정환경이 매우 다양한 학생들로 구성되어 있었다. 이처럼 다양한 학생을 가르치면서 타일러는 학생들의 개인차에 맞추어 커리큘럼을 편성할 필요성이 있다는 것을 일찍부터 체험하게 되었다. 그리고 의사가 되려는 꿈을 버리고 교육학을 공부하기로 결심하였다.

1921년부터 1922년까지 1년간 고등학교에서 과학을 가르친 타일러는 교육학을 공부할 필요성을 느끼고 네브래스카 대학교 석사과정에 입학하여 과학교육 전공으로 1923년 석사학위를 받았다.

석사학위를 받은 후, 프랭클린 보비트가 교수로 재직하던 유명한 시카고 대학교 교육학과에 그가 입학한 것은 24세 때인 1926년이었다. 타일러가 시카고 대학교에 입학하게 된 것은 네브래스카 대학교 석사과정 시절 한 은사의 권유 때문이었다. 은사는 학비를 빌려주면서 시카고 대학교 교육학과의 찰스 저드(Charles Judd) 교수 밑에 가서 박사과정 학생이 될 것을 추천하였다.

시카고 대학교는 뉴욕의 컬럼비아 대학교 내의 티처스 칼리지, 오하이오 주립대학교와 함께 20세기 중반까지 교육과정학에 대한 연구가 가장 활발한 대학이었다.[4] 타일러는 입학한 지 1년 만에 「교사 훈련 교육과정의 평가에 개인적 판단을 이용하기 위한 통계적 방법」(Statistical Methods for Utilizing Personal Judgment to Evaluate Activities for Teacher Training Curricula)이라는 논문으로 박사학위를 받았다. 타일러가 시카고 대학교에서 공부할 당시에 교육학과에는 찰스 저드가 학과장을 맡고 있었고, 조지 카운츠(George Sylvester Counts), 워렛 차터스, 그리고 프랭클린 보비트 등이 교수로 재직하고 있었다. 이들의 공통점은 '과학적인 방법을 통하여 커리큘럼을 만드는 일과 학교를 통하여 사회에서 필요로 하는 인력을 양성하여 결과적으로 사회를 개선하는 일'에 지대한 관심을 가지고 있었다는 것이다. 차터스, 보비트, 그리고 카운츠는 이미 낯익은 인물이지만 저드는 아직 소개하지 않은 학자이므로 저드에 대해 잠시 살펴보도록 하자.

찰스 저드는 심리학의 창설자라 불리는 독일 라이프치히 대학교의 빌헬름 분트(Wilhelm Wundt) 밑에서 사회심리학을 전공하여 박사학위를 받은 후 예일 대학교 교수로 근무하다가 시카고 대학교로 자리를 옮겼다. 그는 존 듀이의 뒤를 이어(듀이는 1905년 2월 컬럼비아 대학교로 자리를 옮겼음을 상기하라) 시카고 대학교 교육학과 학과장을 1938년 퇴직할 때까지 맡았다. 그는 당시 행동주의 심리학계의 거장이자, 컬럼비아 대학교 교수인 손다이크(Edward Thorndike, 1874~1949)와 함께 아직 걸음마 단계에 있던 교육학을 과학적으로 만들려고 노력하였으며, 이러한 자신의 생각을 정리하여 1918년에 『교육학 개론』(Introduction to the Scientific Study of Education)을 출판하였다. 자신보다 두 살 아래인 프랭클린 보비트를 시카고 대학교로 데려온 사람이 바로 저드인데, 이미 제2장에서 살펴보았듯이, 프랭클린 보비트는 스탠리 홀(Stanley Hall)이 초대 총장으로 취임하여 1889년 개교한 클라크 대학교에서 박사학위를 취득한 사람이었다. 랠프 타일러의 지도교수가 바로 찰스 저드였다.

랠프 타일러의 사상에 영향을 미친 또 한 사람은, 제3장에서 살펴본 조지 카운츠였다. 조지 카운츠 역시 찰스 저드의 제자로서 시카고 대학교에서 박사학위를 받고 그곳에서 교수를 지냈는데, 그는 사상적으로 본래 찰스 저드나 프랭클린 보비트와 같은 대열에 있었지만, 갑자기 생각을 완전히 바꾸어 진보주의자의 대열에 합류하였다. 그의 갑작스러운 변화는 시카고 대학교의 저드나 보비트에게 엄청난 충격이었을 것이다. 아무튼 카운츠는 진보주의의 한 지파인 사회 재건주의의 사상적 기초를 다지게 되었고, 특히 학교의 교육과정이 사회의 계급을 재생산하는 데 기여한다는, 당시에는 아주 급진적인 사상을 전개하였기에 별로 호응을 얻지 못하다가, 1970년대에 들어서면서 그의 생각에 기초한 교육과정학자들이 나타나게 된다.

타일러는 시카고 대학교 시절 여러 학자의 지도를 받았으나, 타일러 자신의 말에 따르면, 1949년에 쓰게 되는 유명한 『교육과정과 수업의 기본원리』의 골격은 다름 아닌 바로 이 조지 카운츠의 생각에 기초하였다고 회고하였다. 이에 대해서는 잠시 후에 다시 설명하도록 하겠다.

이제 다시 타일러의 생애에 대해 좀 더 알아보도록 하자. 1927년 박사학위를 받은 타일러는 미국 동부에 위치한 노스캐롤라이나 대학교의 교육학과 부교수가 되었다. 이곳에서 약 2년을 지내다가 1929년 9월 콜럼버스시에 위치한 오하이오 주립대학교로 자리를 옮겼다. 당시 오하이오 주립대학교에는 시카고 대학교 시절 스승이었던 조지 카운츠도 이미 자리를 옮겨 교수로 재직하고 있었다. 타일러는 이 대학교 내 교육연구부의 검사 업무를 관장하는 직책을 맡고, 각 교과 담당 교수들과 함께 학력검사의 제작 및 이용에 관하여 연구하였다. 이것을 계기로 타일러는 교육평가에 관한 자신의 이론을 체계화하고 발전시켜 나갔다. 그때까지 학력검사는 주로 학생의 성적을 매기고 선발 · 분류하는 데 한정되어 쓰였는데, 타일러는 이러한 용도 외에 교육목표의 달성도를 확인하고 교수-학습을 개선하는 데 활용하는 것이 중요하다고 강조하였다. 즉, 학력검사를 측정(measurement)의 관점에서만 사용하던 것을 평가(evaluation)의 관점에서도 사용할 수 있도록 시각을 확대시키기 위하여 노력하였다. 타일러는 그동안 검사와 평가에 관하여 발표했던 자신의 논문들을 묶어 『학력검사의 제작』(Constructing Achievements Tests)이라는 단행본을 1934년에 펴냈는데, 이 책 속에 후일 사람들이 '타일러의 논리'라고 부르는, 교육과정 개발과 평가에 관한 그의 이론의 골격이 이미 담겨 있었다.

보이드 보드. 53세 때인 1926년경 찍은 사진. 보드는 자신보다 29세 아래인 타일러의 멘토 역할을 하였다.

오하이오 주립대학교에서 타일러는 당시 존 듀이와 함께 진보주의 운동을 이끌던 교육철학자 보이드 보드(Boyd Bode, 1873~1953)를 만나 친구가 되는 행운을 맞이하였다. 이들의 연구실은 복도를 사이에 두고 마주보는 위치에 있었기 때문에 점심시간에 교수 회관까지 같이 걸어가는 등 자연히 친하게 지내게 되었다. 보드는 당시 '중등학교와 대학 간의 관계 연구위원회'(Commission on the Relation of School and College)의 매우 영향력 있는 자문위원이었다.

이 연구위원회에서는 중등학교의 교육과정 개정 연구를 추진 중이었는데, 그들이 진행하고 있는 연구에 대한 종합적 평가를 수행할 전문가를 찾고 있었다. 보드는 타일러에게 평가연구계획서를 내도록 하였고, 타일러가 제출한 평가계획서를 받아들인 연구위원회는 그를 '8년 연구'(the eight year study)라고 하는, 교육학 부문에서 커리큘럼에 관한 최고의 고전적 연구로 꼽히는 유명한 연구의 평가 업무를 총괄하는 책임자로 임명하였다.

'8년 연구'란 1933년 가을부터 1941년 가을까지 8년간 이루어진 연구라서 붙여진 이름인데, 이 연구의 주관처는 당시 미국 내에서 대단한 영향력을 행사하던 진보주의 교육협회의 '중등학교와 대학 간의 관계 연구위원회'였다. 이 연구의 목적은 고등학교 수준에서도 아동중심, 생활중심, 경험중심을 강조하는 소위 진보주의 교육이 가능한가를 검토하는 것으로, 30개 고등학교와 약 300개 대학이 공동으로 참여하였다. 이 연구에 참여하는 고등학교는 진보주의식 커리큘럼을 운영하기로 하였고, 대학들도 이 고등학교 졸업생들에 한해서는 기존의 전형 방법과는 다른 별도의 기준에 따라 신입생을 뽑기로 합의하였다. 그리고 이 진보주의식 교육을 받은 학생들이 대학에 진학하여 공부를 어떻게 하는지 추수연구를 하였다. 이 연구를 통하여 얻어진 결론은, 고등학교에서 진보주의식 교육을 받은 학생들도 대학에 들어가서 전통적인 고등학교 출신자들 못지않게 좋은 성적을 낼 뿐만 아니라, 일부 영역에서는 더 성공적으로 대학교육을 받을 가능성이 있다는 것이었다. 이 연구결과에 기초하여 미국 고등학교의 커리큘럼은 종래의 교과중심에서 벗어나 진보주의자들이 희망하는 폭넓은 교양과 생활 적응 교육을 포괄하는 방향으로 바뀌게 되었다.

타일러는 이 '8년 연구'의 평가 책임자로 활동하면서 인재를 찾아 자신의 평가팀에 합류시키곤 하였다. 이렇게 선발된 젊은이들 중에서 뒷날 자신의 분야에서 저명인사가 된 대표적인 인물로는 『교육목표 분류학』으로 유명한 벤저민 블룸(Benjamin Bloom), 측정 및 교육통계 분야의 대가가 된 리 크론바흐(Lee Cronbach) 등이 있다.

1938년 1월, 타일러의 모교인 시카고 대학교 총장 로버트 허친스(Robert

Hutchins)는 타일러에게, 정년 퇴임을 하는 찰스 저드의 뒤를 이어 시카고 대학교 교육학과 학과장을 맡아 달라고 요청하였다. 그런데 허친스는, 이미 제3장에서 살펴보았듯이, 진보주의 교육을 못마땅하게 여기고 신랄히 비판하는 본질주의 세력의 대표자였다. 타일러는 자신이 진보주의 교육과 직결된 '8년 연구'를 진행 중에 있다는 사실을 허친스에게 상기시켰지만, 허친스는 전혀 구애받지 않고 타일러와 그의 평가팀 연구원 모두를 시카고 대학교로 불러들였다. 그리하여 타일러는 36세에 시카고 대학교 교육학과 학과장이 되었는데, 이 자리는 바로 진보주의 교육의 시발자인 프랜시스 파커(Francis Parker), 당대의 거목이었던 컬럼비아 대학교의 존 듀이, 타일러의 박사과정 지도교수 찰스 저드 등이 거쳐 간, 학자로서 아주 영예로운 자리였다.[5)]

50세 되던 해인 1952년까지 약 14년을 시카고 대학교에서 머문 그는, 스탠퍼드 대학교가 위치한 캘리포니아주 팔로 알토에 포드 재단이 후원하여 설립한 '행동과학연구센터'(Center for Advanced Study in the Behavioral Sciences)의 초대 소장으로 취임하기 위하여 1953년 시카고 대학교를 떠났다. 이 연구소에서 그는 1967년 정년 퇴직을 할 때까지 14년을 연구에 전념하며 보냈다. 퇴직 후에도 그는, 9세, 13세, 17세, 초기 성인 등의 네 집단을 대상으로 하는 '전국적 학력평가'를 계획하고 시행하는 등 교육평가 분야에서 탁월한 업적을 남겼다.

퇴직 후 타일러가 거주한 곳은 스탠퍼드 대학교에서 멀지 않은 밀피타스였다. 밀피타스는 오늘날 우리가 흔히 실리콘 밸리라고 부르는 지역에 포함된 따뜻한 도시다. 타일러가 약 83세 될 무렵, 밀피타스에서 북쪽으로 약 1시간 거리에 있는 UC-버클리에서는 타일러의 생애사를 작성할 프로젝트를 세우고 이를 수행하였다. 타일러의 생애사를 작성하기 위한 UC-버클리 측의 자료 수집은 1985년에서 1987년까지 약 2년간 진행되었고, 그 결과물은 약 500쪽 분량으로 1987년 12월 4일 완성되었다. 타일러는 생애사가 완성되고 7년을 더 살다가 1994년 밀피타스에서 세상을 떠났다.

RALPH W. TYLER
"EDUCATION: CURRICULUM DEVELOPMENT AND EVALUATION"

AN ORAL HISTORY CONDUCTED 1985-1987
BY MALCA CHALL, REGIONAL ORAL HISTORY OFFICE
THE BANCROFT LIBRARY,
UNIVERSITY OF CALIFORNIA, BERKELEY, 1987

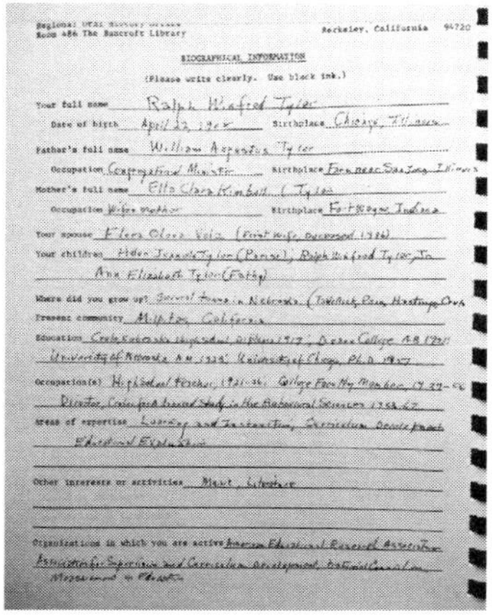

Room 486 The Bancroft Library Berkeley, California 94720

BIOGRAPHICAL INFORMATION

(Please write clearly. Use black ink.)

Your full name Ralph Winfred Tyler

Date of birth April 22, 1902 Birthplace Chicago, Illinois

Father's full name William Augustus Tyler

Occupation Congregational Minister

Mother's full name Ella Clara Kimball Tyler

Occupation Wife, mother Birthplace Fort Wayne, Indiana

Your spouse

Your children

Where did you grow up? Several towns in Nebraska

Present community Milpitas, California

Education

Occupation(s)

Areas of expertise

Other interests or activities Music, Literature

Organizations in which you are active American Educational Research Association

UC-버클리에서 작성한 타일러의 생애사 표지와 이 생애사에 수록된 타일러의 자필 이력서

스탠퍼드 대학교 캠퍼스 외곽 구릉 지대에 위치한 행동과학연구소. 타일러는 이 연구소의 초대 소장을 지냈다.

행동과학연구소 내에 있는 도서관. 타일러가 소장한 책이 〈타일러 컬렉션〉이라는 명패와 함께 보존되어 있다.

행동과학연구소 건물 뒤편에서 내려다 본 스탠퍼드 대학교 캠퍼스 전경. 중앙 우측에 보이는 탑 모양의 높은 건물이 전 세계 정치가들이 즐겨 찾는 유명한 '후버 연구소'다.

2. 타일러의 논리

오늘날 교육과정학자들이 '타일러의 논리'(Tyler rationale)라고 부르는, 교육과정 개발 절차에 관한 타일러의 이론은 그가 시카고 대학교 교수 시절인 1949년에 쓴『교육과정과 수업의 기본원리』(Basic Principles of Curriculum and Instruction)의 내용을 가리킨다.

타일러가 쓴『교육과정과 수업의 기본원리』원본. 128쪽의 얇은 책으로서 지금까지 절판되지 않고 읽히고 있다.

128쪽으로 구성된 이『교육과정과 수업의 기본원리』는, 그가 담당한 교육과정학에 관한 초급 강좌였던 '교육학 360'을 수강하는 학생들이 아무런 교재도 없이 강의하는 그에게 불평을 하자, 교재를 만들 목적으로 몇 주간의 토요일 오후를 이용하여 강의 내용을 구술 녹음하고 비서가 이를 받아 적어서 완성되었다고 한다. 지금도 이 책은 절판이 되지 않고 인쇄되어 계속 읽히고 있으며 여러 언어로 번역되어 있다. 국내에도 번역 또는 요약 해설되어 나와 있다.[6)]

타일러는 커리큘럼을 개발하고 수업 계획을 세울 때 반드시 대답해야만 하는 네 가지 질문을 밝혀내고, 이 네 가지를 자신의 책의 각 장의 제목으로 사용하였는데, 그 네 가지 질문이란 다음과 같다. 이 네 가지 질문은 너무도 유명하기 때문에 타일러의 영어 원문을 함께 싣는다.

① 학교는 어떤 교육목표 달성을 위해 노력해야 하는가?
What educational purposes should the school seek to attain?

② 이런 목표 달성을 위하여 어떤 교육 경험들이 제공될 수 있는가?
What educational experiences can be provided that are likely to attain these purposes?

③ 이러한 교육 경험들을 효과적으로 조직하는 방법은 무엇인가?
How can these educational experiences be effectively organized?

④ 의도한 교육 목표가 달성되었는지 아닌지를 판단하는 방법은 무엇인가?
How can we determine whether these purpose are being attained?

앞의 타일러의 질문을 간단히 요약하면, ① 교육의 목적이나 목표의 설정, ② 교과나 학습경험의 선정, ③ 학습경험의 조직, ④ 결과의 평가가 된다.

그런데 타일러가 커리큘럼 개발 절차를 기술하기 위해 고안한 네 가지 영역은 그가 시카고 대학교 박사과정에 공부하고 있을 당시의 그의 스승들 중의 1명인 조지 카운츠에게서 힌트를 얻은 것이라고 그는 회고하였다. 제3장에서 설명하였지만, '학교에서 무엇을 가르칠 것인가'라는 교육과정학 분야의 근본적인 질문에 대한 학자들 간의 입장이 현저히 달라 논쟁이 끊이질 않자, 시카고 대학교 교육학과 교수인 해럴드 러그(Harold Rugg)는 입장을 달리하는 학자들을 초청하여 교육과정의 주요 쟁점과 의문점에 대한 합의를 이루기 위해 미국교육학회의 동의를 얻어 '위원회'를 만들었고, 여기에서 논의된 내용을 『미국교육학회 제26차 연감』으로 출판하였다.

이 『미국교육학회 제26차 연감』에 조지 카운츠가 쓴 「커리큘럼의 기초에 대한 소고」(Some Notes on the Foundation of Curriculum)라는 글이 실려 있는데, 이 글에서 조지 카운츠는 자신의 생각을 다음과 같은 네 가지 영역으로 묶어 표현하였다.

① 커리큘럼 편성과 사회의 본질
② 커리큘럼 편성과 지식의 조직
③ 커리큘럼 편성과 학습자의 본질
④ 커리큘럼 편성과 과학적 방법

타일러는 박사학위를 받던 해인 1927년 이 글을 읽었으며, 여기에서 영감을 얻어 22년 후인 1949년에『교육과정과 수업의 기본원리』를 쓰게 되었다.

지금부터는 '타일러의 논리'의 핵을 이루는 네 가지 질문에 대한 타일러의 답을 요약하여 살펴보도록 하자.[7)]

1) 교육목표의 설정

타일러는 첫 번째 질문의 답변에 가장 많은 비중을 두고 있다. 실제로 128쪽 중 약 절반에 해당하는 62쪽이 바로 교육목표의 설정에 관한 내용이다. 그는 교육목표 설정에 대하여 설명을 하면서 실제로 학교가 어떤 교육목표를 가져야 하는지에 대해서는 한마디 언급도 하지 않고 다만 목표를 설정하는 절차에 대해서만 설명하였다. 바로 이러한 절묘한 '중립성'이『교육과정과 수업의 기본원리』가 절판되지 않고 오늘날까지 읽히는 이유 중의 하나일 것이다.

타일러에 따르면, 각 학교는 교육목표를 설정하는 과정에서 ① 학습자에 관한 연구, ② 현대 사회생활에 관한 조사, ③ 교과 전문가의 견해 등의 기초적인 자원을 활용하여 잠정적인 교육목표를 도출할 수 있다. 그리고 이렇게 하여 도출된 잠정적인 교육목표는 각 학교가 나름대로 가지고 있는 '교육철학'과 '학습심리학'이라는 '체'(screen)에 걸러서 최종적인 교육목표로 바뀌게 된다.

이 과정을 거쳐 일단 학교가 달성하려는 교육목표가 결정되면 그것을 보다 분명하고 명확한 용어로 진술하도록 타일러는 권하였다. 그렇게 함으로써 학생이 목표 달성을 위해 무엇을 배워야 하는지가 분명해지고, 나중에 정확한 평가도 가능해진다는 것이다. 다시 말해서, 교육목표는 학생이 학습을 마친 후에 그 목표에 도달했는지 아닌지를 판단할 수 있는 준거가 될 수 있도록 학생이 보여야 할 행동 변화를 명시해야 한다는 것이다.

교육목표 진술에 대한 타일러의 이러한 생각은, 제2장에서 잠깐 언급하였듯이, 프랭클린 보비트의 생각에 기초한 것으로서 오늘날 우리는 이러한 형태로 진술된 목표를 '행동목표'(behavioral objectives)라고 부른다.

타일러의 뒤를 이어 여러 학자가 아주 구체적인 행동목표를 만드는 방법을 제시하였는데, 대표적인 학자로 벤저민 블룸과 그의 동료들, 그리고 로버트 메이거(Robert Mager)를 들 수 있다. 블룸과 그의 동료들은 1956년에 인지적 영역의 교육목표 분류 방법을,[8] 1964년에 정의적 영역의 교육목표 분류 방법을[9] 제시하여 교사가 수업 시간에 수업목표를 어떻게 진술하는 것이 좋을지에 대한 실용적 지침을 제공하였다. 그러나 블룸과 그의 동료들이 제시한 이러한 교육목표 진술 방법도 당시 행동주의 심리학을 굳게 따르던 교육학자들의 눈에는 애매한 방법으로 비쳤다. 이러한 학자들 중 대표적인 사람이 로버트 메이거인데, 그는 학습(수업)목표를 진술할 때는 '안다' '이해한다'와 같은 다양한 해석이 가능한 용어보다는 '쓴다' '비교한다'와 같은 오해의 소지가 없는 용어의 사용을 주장하였다.

요약하면, 행동목표—학습목표를 진술할 때 학생이 그 목표에 도달하였는지의 여부를 교사가 직접 관찰할 수 있고 측정할 수 있는 형태로 아주 구체적으로 진술된 목표—의 형태로 학습목표를 진술하려는 생각은 프랭클린 보비트가 그 원형을 제시하였고, 타일러가 탄탄한 이론적 기반을 갖추었으며, 블룸과 그의 동료들이 계속 발전시키다가 메이거가 1960년대 초 마침내 완성한 것이다. 교육목표 진술방법에 대한 자세한 논의는 다음 장에서 다룰 것이므로, 계속하여 타일러의 논리를 살펴보도록 하자.

2) 학습경험의 선정

다시 타일러의 책으로 돌아와서 『교육과정과 수업의 기본원리』에 나타난 '타일러의 논리'를 계속 살펴보도록 하자. 일단 교육목표가 설정되면 학생이 그 목표에 도달하도록 학생에게 어떤 학습경험들을 제공할 것인가를 결정해야 한다. 타일러가 말하는 학습경험이란 "어느 한 교과목에서 취급하는 교과 내용이나 교사가 펼치게 되는 지도 활동과 같은 것이 아니고, 학습자와 그를 둘러싸고 있는 환경 속의 여러 외적 조건 사이에서 벌어지는 상호작용을 의미한다."[10] 이와 같은 '학습경험'에 대한 정의를 통해 타일러가 강조한 것은 학습경험을 계획하는 활동이 학습내용을 계획하는 일이나 교사가 수행할 활동을 계획하는 일을 가리키는 것이 결코 아니라는 것이다. 따라서 학습경험의 계획자로서 교사가 해야 할 일은 학생의 능동적 경향을 파악하고, 학생에게 작용하는 환경 조건을 계획, 조작하여 학생이 원하는 경험을 적기에 할 수 있도록 도와주는 것이다.

이와 같은 학습경험의 선정은 기본적으로 달성하려는 교육목표의 종류와 성격에 따라 결정될 성질의 것이기에, 언제 어디서 누구에게나 통용될 수 있는 '일반적인 학습경험'을 제시하는 것은 불가능하다. 그렇다고 학습경험을 선정할 때 활용할 수 있는 '일반적인 기준'조차 제시할 수 없는 것은 아니다. 타일러는 활용할 수 있는 일반적인 기준으로 다음의 다섯 가지 원리를 제시하였다.

(1) 기회의 원리

어느 특정한 교육목표를 달성하기 위해서는 그 목표가 의도하는 행동을 학습자가 스스로 경험해 볼 수 있는 기회가 학습경험 속에 내포되어야 한다. 예를 들어, 어느 교육목표가 문제해결력을 기르는 데에 있다면, 그 목표를 달성하기 위해서는 학생들에게 다양한 문제를 풀어볼 수 있는 충분한 기회를 제공해야 한다.

(2) 만족의 원리

주어진 교육목표가 시사하는 행동을 학생이 수행하는 과정에서 만족감을 느낄 수 있어야 한다. 예를 들어, 독서에 대한 흥미를 기르는 것이 교육목표라면, 폭넓은 독서를 할 수 있는 기회를 주어야 할 뿐만 아니라, 그러한 독서 활동에서 학생이 만족감을 느낄 수 있어야 한다.

(3) 가능성의 원리

가능성의 원리란, 학습경험에서 요구하는 학생의 반응이 현재 그 학생의 능력 범위 안에 있는 것이어야 함을 의미한다. 즉, 학습경험은 학습자가 가진 현재의 능력수준, 성취수준, 발달수준 등에 알맞아야 한다. 여기서 오해하지 말아야 할 것은, 학습경험에서 기대하는 학생의 반응이 무조건 쉬운 것이어야 한다는 것은 아니다. 즉시 목표에 도달할 수 있을 만큼 쉬운 일의 단순한 반복은 학습이라고 보기 어려운 것이며, 적절한 좌절감과 도전감을 느끼게 하여야 제대로 된 학습경험이라고 할 수 있다.

(4) 다경험의 원리

동일한 교육목표 달성에 사용할 수 있는 학습경험은 여러 가지가 있을 수 있다. 따라서 특정한 교육목표의 달성을 위해서 반드시 어떤 제한적이고 고정된 학습경험만을 제공할 필요는 없다.

(5) 다성과의 원리

다성과의 원리란, 하나의 학습경험이 대개 여러 가지 학습성과를 가져오기 때문에, 동일한 조건이라면 학습경험을 선정할 때 여러 교육목표의 달성에 도움이 되고 전이 효과가 높은 학습경험을 선택하라는 것이다. 이는 또한, 어떤 학습경험이건 긍정적 · 부정적 측면의 학습성과를 동시에 가져올 수 있기 때문에, 학습경험을 선정하고 조직할 때 교사는 항상 자신이 계획한 학습경험이 부작용이나 바람직하지 못한 결과를 초래할 가능성은 없는지 유의해야 한다.

이상과 같은 학습경험 선정 원리 다섯 가지를 제시한 후 타일러는 몇 가지 주요 교육목표의 유형을 골라서 그러한 목표를 달성하는 데 효과적인 학습경험의 특징을 기술하였다. 이에 대한 장황한 설명은 '타일러의 논리'를 이해하는 데 핵심적인 것이 아니므로 이 정도에서 타일러의 두 번째 질문인 '학습경험의 선정'에 대한 사항은 마무리 짓고, 다음에는 그의 세 번째 질문인 '학습경험의 조직'에 대하여 살펴보도록 하자.

3) 학습경험의 조직

타일러에 따르면, 교육과정을 조직할 때 우리가 고려해야 할 측면이 두 가지가 있는데, 하나는 수직적 조직이고 다른 하나는 수평적 조직이다. 수직적 조직은 학습내용들 간의 종적 관계를 고려하여 시간적 순서에 따라 순차적으로 배열·조직하는 것이고, 수평적 조직은 학습내용의 어느 한 영역과 다른 영역 사이의 횡적 관계를 고려하여 나란히 배열·조직하는 것을 말한다. 예를 들면, 초등학교 5학년 '사회'와 6학년 '사회'의 학습내용을 순차적으로 배열하는 것은 수직적 조직이며, 같은 5학년 '사회'와 '국어'의 학습내용을 상호 유기적으로 관련시켜 배열하는 것은 수평적 조직이다.

타일러는 학습경험의 효과적인 수평적·수직적 조직을 위하여 반드시 고려하여야 할 준거로 세 가지를 제시하고 있는데, 계속성(continuity), 계열성(sequence), 통합성(integration)이 바로 그것이다.

(1) 계속성

계속성이란 학습경험의 수직적 조직과 관련 있는 것인데, 중요한 경험 요소가 어느 정도 반복되도록 조직하는 것을 말한다. 예를 들어, 과학 교과에서 에너지의 개념을 학습시키는 것이 중요한 교육목표라면, 이 개념을 반복해서 다룰 수 있도록 학습경험이 계속성 있게 조직되어야 한다는 것이다.

(2) 계열성

계열성도 계속성과 마찬가지로 수직적 조직에 관련되는 것으로서, 점차적으로 경험의 수준을 높여서 더욱 깊이 있고 폭넓은 학습이 가능하도록 조직하는 것을 말한다. 달리 표현하면, 단순한 내용에서 점차 복잡한 내용으로, 구체적인 개념에서 추상적인 개념으로, 부분에서 전체로(혹은 그 반대로) 조직하는 것이 곧 계열성이다.

(3) 통합성

통합성은 학습경험의 수평적 조직에 관련되는 것으로 각 학습경험을 제각기 단편적으로 구획시키는 것이 아니라, 횡적으로 조화롭게 연결 지어 조직하는 것을 말한다. 예를 들면, 수학문제의 풀이에서 길러지는 능력을 수학 교과의 학습에만 한정시키지 않고, 사회나 과학 또는 일상생활의 문제해결에 활용할 수 있도록 학습경험의 배열 조직을 횡적으로 잘 연결시키는 것이 통합성이다.

이어서 타일러는 커리큘럼을 편성·조직하는 기본적인 틀을 의미하는 조직 구조(organizing structure)를 상층구조, 중층구조, 하층구조로 나누어 설명하였다.

(1) 상층구조

상층구조란 커리큘럼의 전체적인 테두리를 결정하는 문제로서 묶는 방법에 따라 교과구조, 광역구조, 중핵구조, 활동구조 등으로 구분된다. 교과구조란 가장 보편적으로 사용되어 온 커리큘럼의 조직 형태로서 국어, 수학, 영어 등 구체적인 교과목으로 커리큘럼을 묶는 구조를 말한다.

광역구조란 교과를 세분하지 않고 보다 폭넓게 묶어서 그 속에 포함된 여러 분야의 내용을 통합시키려는 커리큘럼 조직 형태인데, 인문, 사회, 자연,

예체능 등으로 교과영역을 구조화하는 방식이 여기에 해당한다.

중핵구조란 학생에게 의미 있는 공통 문제를 중심으로 커리큘럼을 구조화하는 것으로서, 환경보호라는 중요한 사회적 관심사를 중심으로 여러 교과를 통합하여 커리큘럼을 조직하는 것이 그 예라 할 수 있다.

끝으로, 활동구조란 교과의 구별을 완전히 없애고 학생들의 흥미나 활동을 중심으로 학습경험을 조직하는 미분화커리큘럼(undifferentiated curriculum)을 말한다.

(2) 중층구조

중층구조는 커리큘럼의 큰 테두리가 정해진 다음에, 각 하위 영역의 조직을 결정하는 문제로서, 이것도 계열구조와 비계열구조 등으로 나눌 수 있다. 계열구조란, 어느 한 학문영역의 교육내용을 전반적으로 훑어본 다음, 거기에서 계열적이고 통합적인 조직 요소를 찾아내어 커리큘럼을 계열성 있게 배열하는 구조를 말한다. 물리, 화학, 생물을 각각 별개의 교과로 조직하지 않고, 이들을 자연과학I, 자연과학II, 자연과학III과 같이 조직하는 것이 계열구조의 한 예다.

비계열구조란 장기간을 내다보는 계열적, 통합적인 계획 없이 학기나 학년과 같은 일정 기간에 맞추어 교과목을 비연속적으로 배열하는 구조다. 예를 들면, 수학 교육과정을 중학교 1학년에서는 대수, 2학년에서는 기하 등과 같이 분할하여 배열시키는 방식이 여기에 해당한다.

(3) 하층구조

하층구조는 학습내용을 가장 작은 단위로 조직하는 문제와 관련된 것으로서, 일반적으로, 과(lesson), 주제(topic), 단원(unit) 등을 의미한다. '과'란 1~2시간 또는 하루 이틀의 짧은 단위로 학습내용을 구획해 놓은 커리큘럼의 최하층구조를 말하고, '주제'란 어떤 특정한 문제에 관한 여러 가지 학습경험을 한 단위로 통합하여 묶는 조직 구조로서 '과'보다 비교적 길게 구성된다. 끝으로 '단원'이란 어떤 주제를 중심으로 통합성 있게 조직된 일련의 학습내용과 학습활동을 뜻하는 것으로서, '주제'보다 넓은 개념이다.

타일러가 설명한 '학습경험의 조직'에 대하여 주목할 것은 '교육목표의 설정'을 설명할 때와 마찬가지로 언제나 결정의 방법과 절차만을 말해 줄 뿐 그 스스로는 늘 가치중립적인 입장을 고수하고 있다는 사실이다. 이제 '타일러의 논리'의 마지막인 '학습경험의 평가'에 대하여 살펴보도록 하자.

4) 학습경험의 평가

앞에서 우리는 타일러가 오하이오 주립대학교 교수 시절인 1934년에 『학력검사의 제작』이라는 단행본을 펴냈으며, 존 듀이와 함께 명성을 날리던 진보주의 교육철학자 보이드 보드의 추천으로 진보주의 교육의 효과를 검증하기 위해 진행된 '8년 연구'의 평가책임자를 맡았다는 사실을 살펴보았다. 이처럼 타일러의 학문적 생애에서 평가는 중요한 관심사였는데, 이 평가를 커리큘럼 개발 절차에 타일러가 어떻게 접목시켰는지에 대하여 지금부터 살펴보도록 하자.

타일러는 교육의 전체 과정 속에서 평가의 역할과 기능을 강조한다. 그는 평가를 커리큘럼이나 수업을 통해 본래 의도한 교육목표가 어느 정도나 실현되었는지를 재어 보고 판단하는 작용으로 보았다. 평가의 개념에 대하여 타일러는 구체적으로 다음과 같이 말하였다.

> 평가의 과정이란 본질적으로 교육과정이나 수업 프로그램에 의하여 교육목표가 어느 정도 실현되었는지를 결정하는 과정이다. 그런데 교육목표는 기본적으로 학습자의 행동 양식을 바람직한 방향으로 변화시키려는 것이므로, 평가란 결국 이러한 행동의 변화가 실제로 어느 정도 일어났는가를 결정하기

위한 과정이다.[11)]

이와 같은 타일러의 평가관이 우리에게 시사하는 것은, 평가의 준거는 교육목표이며, 평가를 통해서 밝혀야 할 사항은 교육목표의 달성도라는 점이다. 이런 식으로 규정하는 평가의 개념 속에는 두 가지 중요한 사실이 내포되어 있다. 첫째, 교육에서 추구하는 것은 교육목표의 실현이며, 그것은 학습자의 행동 변화로 나타날 것이기 때문에 학생의 행동을 평가 대상으로 삼아야 한다는 것이다. 둘째, 단 한 번의 평가로 학생의 행동변화를 확인할 수 없으므로, 일정 기간 내에 적어도 두 번 이상의 평가 작업이 필요하다는 점이다. 즉, 프로그램이 시작되는 초기와 어느 정도 시간이 경과된 후기에 각각 평가를 실시해서 그 결과를 비교해 보아야 된다는 것이다.

흔히 우리는 '평가'로 종이 위에 연필로 써 내려가는 지필검사만을 생각하나, 타일러는 필요에 따라서는 작품 평가, 질문지, 관찰 기록, 면접 등을 평가의 방법으로 사용할 것을 권하고 있다. 그러나 이와 같은 도구들은 다른 사람이 사용하더라도 같은 결과가 나올 수 있도록 객관적으로 마련된 것이어야 한다. 이러한 평가의 결과로 얻어진 정보는 학교 프로그램의 특징과 문제점을 파악하고 보다 나은 개선안을 만드는 일에 적극 활용되어야 한다고 타일러는 강조하였다.

5) 타일러의 논리 요약

지금까지 상세하게 설명한 '타일러의 논리'를 간단히 요약하면, 학교교육과정의 개발은 먼저 교육목표를 설정하고, 학습경험을 선정하여, 이를 잘 조직하고, 적절한 평가의 수단을 마련하는 과정이라고 할 수 있다.

그런데 타일러는 '무엇을 가르칠 것인가'라는 교육과정학의 근본적인 질문에는 전혀 답변을 하지 않고, 커리큘럼을 구성하는 방식을 가치중립적인 입

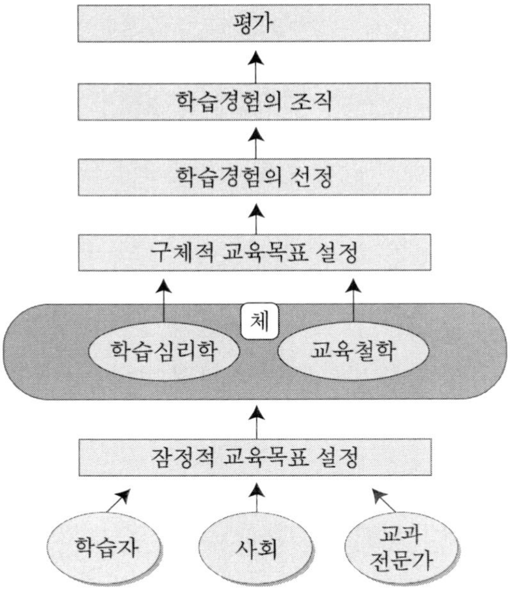

그림 5-1 '타일러의 논리' 요약

장에서 기술하고 있을 뿐이다. 이는 다분히 의도적인 것으로서, '무엇을 가르칠 것인가'라는 질문이 1920~1930년대에 전통주의자와 진보주의자 사이의 논쟁의 핵심이었음을 잘 알고 있던 그는 이 민감한 문제를 건드리지 않고 단지 커리큘럼 구성의 절차만을 기술하려고 했던 것이다.

지금까지 자세히 살펴본 '타일러의 논리'를 간단히 요약하면 [그림 5-1]과 같다.

3. '타일러의 논리'의 국내 소개

지금까지 살펴본 '타일러의 논리'를 국내에 처음 소개한 학자는, 한국 교육학계의 원로가 된 정범모(1925~) 교수였다. 정범모 교수는 미국 시카고 대학교 유학 시절 랠프 타일러의 강의를 직접 수강하였는데, 귀국하여 타일러의 논리를 『교육과정』이라는 책에 담아 1956년 '풍국학원' 출판사를 통해 국내에 소개하였다.

정범모 교수가 저술한 국내 최초의 교육과정학 분야 교재

이미 언급한 것처럼, '타일러의 논리'가 들어 있는 『교육과정과 수업의 기본원리』 책의 원본은 128쪽에 불과한 '강의 개요'에 지나지 않는 것이었지만, 정범모 교수의 『교육과정』은 '타일러의 논리'를 그대로 따르는 가운데 세부 사항을 첨가하였기에 총 544쪽에 이르는 두꺼운 책이 되었다. 특히 정범모 교수는 '타일러의 논리' 중 '학습경험의 선정'과 '평가' 사이에 '학습지도'라는 요소를 삽입하였다. 정범모 교수는 『교육과정』 서문에서 이 책이 랠프 타일러의 생각에 기초한 것임을 다음과 같이 분명히 하였다.

> 본서 내용의 기간(基幹)은 타일러 교수의 소설(所說)에서 많이 참고하였다. 타일러 교수는 필자의 이 방면의 은사며 그분의 강의에서 혹은 면담에서 받은 지도는 필자에게 거의 그대로 살아 있다. 본서를 쓸 용기 · 동기가 난 것도, 어떻게 되었든 쓸 수 있게 된 것도 이분의 덕이다.[12]

'타일러의 논리'를 기초로 국내에 교육과정학 분야의 책을 처음 집필한 **정범모** 교수

정범모 교수의 이 『교육과정』은 출판 이후 국내 교육과정학계와 일선 교육행정기관에 지대한 영향을 미쳤다. 대학생들이 주 독자층인 교육과정학 분야의 전문 서적들은 예외 없이 이 『교육과정』을 통해 소개된 '타일러의 논리'를 거의 기계적으로 따랐다. 교육대학과 사범대학, 그리고

교원연수기관에서의 '교육과정' 강의는 '타일러의 논리'를 자세히 보충 설명하는 것으로 충분한 정도였다. 심지어 1990년대에 출판된 교육과정학 분야 교재들의 상당수도 타일러가 제기한 네 가지 질문을 각 장의 제목으로 삼아, '타일러의 논리'를 요약 · 설명하고 있는 실정이다.

다음 장에서는 1950년대와 1960년대를 지나면서 이 '타일러의 논리'가 어떻게 발전되어 가는지, 그리고 진보주의가 물러난 자리에 교육과정학의 주류 이념으로서 어떤 생각들이 자리를 차지하게 되는지에 대하여 살펴보도록 하자.

읽고 토론해 봅시다

교육부에서는 급변하는 국제사회의 움직임에 대처하기 위해서 각급 학교의 사회과 교육과정을 개편하기로 하고 위원회를 구성하였다. 위원회는 대학에서 사회과를 담당하는 교수들과 중등학교의 경력이 있는 교사들을 포함하여 10명의 위원으로 구성되었는데, 위원장은 이 분야의 원로인 유현주 박사가 맡게 되었다. 교육부로부터 이 위원회에 주어진 요청은 새로운 교육과정이 보다 유용한 프로그램이 될 수 있도록 바른 절차를 따라 개발해 주었으면 하는 것과, 점점 좁아지는 세계에 우리 학생들이 잘 적응할 수 있도록 국제적인 시야를 넓혀 주었으면 하는 것이다.

위원회의 위원장인 유현주 교수는 교육과정 개발에서 타일러의 입장을 지지하는 사람이다. 그는 타일러의 이론은 가장 합리적이고 전문적으로 타당한 방식이라고 생각하기 때문에 이 위원회의 활동도 마땅히 그 이론에 따라 이루어져야 한다고 믿고 있다. 따라서 그는 첫 번째 회의에서 타일러가 주장하는 교육과정 개발의 네 가지 절차, 즉 ① 목표의 진술, ② 학습활동의 선정, ③ 학습활동의 조직, ④ 평가를 길게 설명하기도 하였다.

이제 구체적인 작업 계획을 위해서 어떻게 목표를 설정하고 진술할 것인가를 위원장이 설명하고 있을 때, 조그마한 사건이 벌어졌다. 위원회에 참여하고 있던 박주혜 선생이 위원장의 의견에 대해 반론을 제기한 것이다. 박주혜 선생은 15년간 사회과 지도를 담당해 온 중진 교사로서, 얼마 전 사회과 교육과정에 관한 연구로 석사학위를 받았다. 그는 다음과 같이 주장하였다.

> 타일러의 방식은 지나치게 기계적입니다. 그것은 현대 산업사회의 기술공학적인 편견을 그대로 반영하고 있다고 봅니다. 이제 우리가 새로운 교육과정에서 강조해야 할 점은 아동들로 하여금 충분히 인간적인 성장을 할 수 있도록 돕는 일이라고 믿습니다. 그러나 타일러의 논리와 같은 기계적이고 획일적이며 행동주의적인 모형으로는 그러한 목적을 달성할 수 있는 교육과정의 개발이 어렵다고 봅니다.

뜻밖의 비판에 직면한 유현주 위원장은 놀라면서도 다시 타일러의 입장을 지지하는 내용을 열심히 설명하였다.

> 타일러의 방식은 전적으로 중립적인 것입니다. 따라서 여러분은 앞의 네 단계에서 모두 인간적인 교육을 추구하는 방향으로 그 내용을 구성할 수도 있습니다. 타일러는 결코 우리들이 어떤 목표를 추구해야만 하는가에 대해서는 언급하지 않았습니다. 그것은 바로 우리가 할 일입니다. 우리는 단지 타일러가 제시하는 합리적인 절차를 따라 우리 자신의 교육철학을 바탕으로 교육목적을 결정하면 되는 것입니다.

위원회는 교육과정 개편 작업을 시작하지도 못한 채 논쟁의 장으로 바뀌고 말았다. 몇 사람들은 박주혜 선생의 의견을 지지하면서 타일러 논리의 문제점을 추가로 지적하였다. 그들은 타일러의 모형이 기계적이고 기술공학적일 뿐만 아니라, 비인도적인 논리라고 주장하고 나왔다. 타일러는 모든 목적을 똑같은 성질의 것으로 취급하고 어느 것이나 다 객관적 방식으로 진술할 수 있다고 주장하지만, 교육에서 오히려 보다 중요한 목적들은 객관적이고 행동적인 방식으로 진술할 수 없는 것이 많다는 것이다. 교육목적의 객관적 진술만을 강조하다 보면, 훌륭한 사람이 된다든가 또는 긍정적인 자아관을 확립한다든가와 같은 진정한 교육의 목적은 오히려 무시될 가능성이 있다고 그들은 주장하였다. 그러나 또 다른 한편의 사람들은 유현주 위원장의 의견에 동조하면서 타일러의 입장을 옹호하였다. 교육과정 개편 작업의 효율적인 추진을 위해서는 목적을 객관화하는 과정이 반드시 필요하다는 것이다. 만약 우리에게 객관적으로 기술된 목적이 없다면, 교육과정 개발에서 기준을 가질 수 없다는 반박인 것이다.

앞의 논쟁에서 여러분은 어느 쪽 편을 들겠는가? 여러분의 입장을 어떻게 정당화시키겠는가? 만약 여러분이 유현주 위원장이라면 의견이 양분된 위원회를 어떻게 이끌고 나가겠는가? 양측의 의견 대립을 해결할 수 있다고 보는가? 양쪽의 사람들을 납득시키기 위해 어떤 말을 할 수 있겠는가? 또한 교육부가 교육과정 개발에서 국제적인 시야를 넓힐 수 있도록 해 달라고 위원회에 요청한 것은 타일러의 논리에 비추어 타당한 것인가? 만약 위원회가 타일러의 모형에 따라서 교육과정을 개발한다고 할 때, 교육부의 요청을 받아들여야만 하는가, 아니면 받아들여서는 안 되는가? 왜 그렇게 생각하는가?

출처: 허숙 · 박승배 역,『교육과정과 목적』(경기: 교육과학사, 2017), 294~297쪽.

제 6 장

'타일러의 논리'의 발전

"많은 사람이 진정한 행복을 어떻게 얻을 수 있을지에 대하여
잘못된 생각을 가지고 있다. 그것은 스스로 감사하는 마음에서 생기는 것이 아니라,
가치 있는 목표를 정하고 거기에 충실할 때 이룩할 수 있는 것이다."

–헬렌 켈러–

타일러(Tyler)가 '8년 연구'의 평가 책임자로 활동할 당시에 젊은 인재들을 찾아 자신의 평가팀에 합류시키곤 하였다는 사실을 우리는 제5장에서 읽었다. 타일러가 발굴한 젊은 학자들 중에는 벤저민 블룸(Benjamin Bloom)이 있었는데, 그는 1950년대 중반 타일러의 논리를 발전시킨 대표적인 사람이다. 이 장에서는 타일러가 교육목표 진술 작업을 어느 정도까지 세분화해 놓았는지를 구체적으로 살펴본 다음, 그 뒤를 이어 벤저민 블룸과 로버트 메이거(Robert Mager)가 이를 어떻게 구체화하였는지를 자세히 살펴보고자 한다.

1. 교육목표 세분화 및 진술 작업의 시작: 타일러

앞장에서 설명하였듯이, 타일러는 교육목표를 진술할 때 반드시 '행동목표'의 형태로 진술할 것을 권장하였다. '행동목표'란 목표의 수행 결과, 즉 종착점 행동을 관찰 가능한 용어로 진술하는 것을 말한다. 구체적으로 타일러는 교사들이 교육목표를 진술할 때 어떻게 할 것을 주장하였을까? 타일러가 주장하는 목표 진술 방식에 대한 자세한 소개는 다른 어느 책보다도 바로 타일러로부터 직접 배운 정범모 교수가 1956년에 쓴『교육과정』에 잘 요약되어 있다. 따라서 타일러가 주장하는 바에 대한 정범모 교수의 설명을 직접 들어보도록 하자.

> 우리는 교육목표를 기르려고 하는 어떤 학생의 행동형이라고 규정해 왔

다. 그런데 그 행동형의 의미는 그 행동이 적용되는 생활내용의 영역 혹은 그 행동을 어떤 생활내용면에서 기르려고 하느냐를 아울러 지시하는 것이 훨씬 더 유효하다. 예컨대, '문제해결력'이라고 하느니보다는 '경제문제에 대한 문제해결력'이라고 진술하는 것이 더 유효하고 유용하다. 여기에 우리는 교육목표를 모두 **내용+행동**이라는 형식으로 진술입언(陳述立言)코저 하는 것이다.

교육서, 교육과정안, 단원 안에서 나오는 '목적' 혹은 '목표'에 흔히 **교사가 할 일 혹은 활동**을 목표라고 해 둔 것이 많다. 예를 들면, '대한민국 정부조직의 설명' '진화론의 이야기를 한다' '발전 원리의 시범 실험' '생산진흥의 필요성을 강조한다' '협화음을 연습시킨다' 등이다. 이러한 진술은 교사가 할 교육활동계획의 개요는 될망정, 교육목표는 되지 못한다. 교육목표는 교사가 어떤 연극을 하겠느냐가 아니라, 학생에게 무엇을 기르겠느냐다. …… 교육목표의 관점은 '교사가 할 어떤 일'에 있는 것이 아니라, '학생이 할 어떤 일'에 있는 것이다.

다음에 또 흔한 목표제시 방식에 그 과목에서 다룰 **제목, 개념, 원리 등의 내용 요목**만을 똑똑 따서 목적 또는 목표라고 표시하는 경우다. 예컨대, 역사교육에서는 목표라고 하여 주요한 제목만 들어서, '고대조선, 삼국시대, 고려조, 조선조' 혹은 '조선조의 정치와 문화' 혹은 '사색당쟁의 유래'…… 식으로 '목표'를 표시한다. …… 이런 목표표시는 기실 교육목표 표시는 아니다. 학생에게 어떤 내용(학과내용이건 생활내용이건)을 다루게 하겠느냐는 지시되어 있으나, 그것을 다루게 함으로써 학생에게 어떤 종류의 행동의 변화 내지 성장이 있기를 바라느냐는 전연 지시되어 있지 않다. ……

셋째로 교육목표가 **일반적인 행동형으로서만** 진술되어 있고, 그 행동이 적용되는 생활면과 내용면을 지시하지 않는 경우가 있다. 예컨대, 그냥 '이해를 기른다' '문제해결력을 배양한다' '감상력' '비판적 사고력의 함양' '사회적 태도' '넓은 흥미' 등은 행동형은 지시되어 있으나 어떤 면의 이해이고, 어떤 면의 문제해결력이고, 무엇의 감상력이며, 어떤 사실에 대한 태도며 ……가 표시되어 있지 않은 것이 난점이다. …… 이런 일반적인 행동형만의 지시는 다음의 두 점에서 좀 결함이 있다. [첫째], 생활영역 혹은 내용이 서로 차이가 큰 것일 경우에는 한곳에서의 행동형이 다른 곳에서의 행동형을 확약하지는 않는다. 예컨대 자연문제에 관한 사고력이 사회문제에 관한 사고력을 보장하지는 않으며, 두 면의 사고력이 일반적으로 '사고력'이라고 부르기에는 교육목표로서 좀 막연하다. …… 둘째는 어떤 행동이든 그것을 다루는 내용이 있는데, 이 지시가 없으면 학생의 학습과정에서 무슨 자료를 다루게 할지가 극히 모호해진다. 따라서 교육목표로서 다만 목표하는 행동형만 진술하는 것은 좀 불충분하고 아울러 그 행동이 적용되고 그 행동이 다룰 생활내용, 학과내용도 지시되어야 한다. ……

다시 말하면, 교육목표에는 내용면과 행동이 있다. 정말 교육 실천에 도움이 되는 교육목표의 고찰에서는 이 두 가지의 요인을 생각하지 않을 수 없는 것이다. 예컨대, 다음의 몇몇 교육목표 진술을 [살펴보고] 이런 목표표시의 방법이…… 얼마나 더 교육실천에로의 지향성을 가지고 있는지를 생각해 보라.

현대한국문학을 → 감상하는 능력
영양에 관한 → 원리의 이해
자연 현상에서의 → 여러 문제를 푸는 힘
사회 문제에 관한 → 자료를 수집하는 힘
인간의 경제 생활에 대한 → 연구보고서를 꾸미는 능력[1)]

이처럼 타일러는 교육목표를 진술할 때 '어떤 내용에 관한 어떤 행동'이라는 식으로, '내용'과 구체적 '행동'을 동시에 명시할 것을 제안하였다. 그리고 그는 교육목표를 진술하는 데 포함되는 행동형으로 다음과 같은 일곱 가지를

들었다.[2)]

① 중요한 사실 및 원리의 이해
② 믿을 만한 정보원에 익숙할 것
③ 자료의 해석력
④ 원리의 적용력
⑤ 학습연구 및 그 결과 보고의 기능
⑥ 넓고 원숙한 흥미
⑦ 사회적 태도

타일러가 교육목표를 진술할 때 포함해야 할 행동형을 이와 같이 일곱 가지로 세분한 이유는, 바로 그의 논리 맨 마지막 사항인 '평가' 때문이다. 앞 장에서 자세히 살펴본 것같이, '타일러의 논리'는 '교육목표의 설정' '교육경험의 선정' '교육경험의 조직' '평가'로 이루어져 있는데, 이 '평가'는 교육목표에 과연 학생들이 도달했는지를 따져 보는 활동이다. 따라서 교육목표가 상세하면 상세할수록 평가는 정확해지고 수월해진다. 즉, 학생들이 어떤 교육프로그램을 마쳤을 때 가져야 할 행동 특성을 미리부터 교육목표에 상세하게 규정해 놓으면 '평가'라는 작업은 아주 기계적인 일이 된다는 것이다.

2. 교육목표 세분화 및 진술 작업의 발전: 블룸

타일러의 뒤를 이어서 교육목표를 더욱 세분화하는 작업을 수행한 사람은, 타일러가 8년 연구의 평가 책임자로 일할 때에 발굴한 젊은 학자들 중의 하나인 벤저민 블룸(1913~1999)이었다.

블룸은 1935년 미국 펜실베이니아 주립대학교에서 석사학위를 받고 자신

타일러의 뒤를 이어 교육목표를 상세히 분류한 **벤저민 블룸**

보다 11세 연상인 타일러의 연구진에 합류하여 그의 연구를 도우면서 1942년 시카고 대학교에서 박사학위를 취득하였다. 이후 시카고 대학교 교수가 되어 후학을 양성하는 한편, 일군의 교육심리학자들과 힘을 합하여『교육목표 분류학』이라는 교육과정학 및 교육평가 분야에서 널리 활용하는 기념비적인 책을 남겼다.

블룸이 평생 멘토로 여겼던 타일러의 작업이 매우 훌륭한 것임에는 틀림없었으나, 블룸의 눈에는 타일러의 작업에 허점이 보였다. 예를 들면, 어떤 특정한 내용에 관한 '원리의 적용력'이라는 목표를 설정하여 가르치고 난 뒤에, 그 교육목표의 달성도를 평가하기 위해 2명의 교사가 서로 다른 종류의 시험문제를 사용한다면 이것은 심각한 문제가 아닐 수 없다. 이를 좀 더 구체적으로 설명하면, 어떤 '원리의 적용력'을 평가하기 위한 시험문제로서 최○○ 교사는 수업시간에 그 원리를 설명하기 위해 사용했던 문제와 비슷한 것을 출제하였고, 한○○ 교사는 수업시간에 학생들이 접해 보지 못한 아주 새로운 문제를 출제하였다면, 학생들의 점수에는 차이가 날 것이 분명하고, 이를 기초로 교육목표의 달성도를 결정한다는 것은 분명 문제가 아닐 수 없다는 것이다. 이런 문제가 발생하는 이유는 '원리의 적용력'이라는 교육목표의 의미가 두 교사 사이에 합의될 만큼 충분히 정확하지 않기 때문이다.[3)]

그리하여 블룸과 그의 동료 학자들은 교육목표를 아주 세분화할 필요를 느끼고, 생물학에서 동 · 식물을 분류할 때 사용하는 방식—계, 문, 강, 목, 과, 속, 종—에서 아이디어를 얻어 '지적 영역'에 대한 교육목표를 여섯 항목으로 자세히 분류하여 1956년『교육목표 분류학, 핸드북 I: 지적 영역』을 출판하였다. 이 책이 큰 성공을 거두자 블룸과 그의 동료들은 '정의적 영역'에 대한 교육목표 분류 작업을 진행하여 1964년『교육목표 분류학, 핸드북 II: 정의적 영

『교육목표 분류학』 제1권과 제2권. 교육평가 문항 제작 시에도 지침서로서 널리 활용되고 있다.

임의도, 고종렬, 신세호 등에 의해 1966년 번역 · 소개된 『교육목표 분류학』 제1권. 제2권은 1년 후에 번역 · 소개되었다.

역』을 출판하였다.

이 책들은 '핸드북'이라는 제목에서 알 수 있듯이 교사들이 교육목표를 진술하거나 시험문제를 출제할 때 잘 모르면 찾아보는 '수첩' 역할을 할 목적으로 만들어졌다. 이 책들은 출판된 이후 미국 교육계에 엄청난 영향을 미쳐 수많은 학생이 '분류학'의 항목들을 암기해야만 했고 교사들은 '분류학'에 따라 시험 문제를 출제하도록 요구받았다. 이 책은 세계 여러 나라 언어로 번역되어 있으며, 우리나라에는 제1권과 제2권 모두 각각 1966년과 1967년에 임의도 등에 의해 번역되어 국내 교육계에도 큰 영향을 미쳤다. 지금부터는 이 두 권의 내용을 간략히 살펴보도록 하자.

1) 지적 영역

블룸은 1956년 지적 영역의 교육목표를 6개의 큰 항목으로 나누고 이를 다시 세분하였는데, 간략히 요약하여 나열하면 다음과 같다.

1.00 지식(Knowledge)

1.10 특수사상에 관한 지식

구체적이며 단편적인 정보의 상기

1.11 용어에 관한 지식

특정 상징(언어적 및 비언어적 상징)의 대상에 관한 지식

(㉨ 많은 단어의 일반적 의미를 익히는 일)

1.12 특수 사실에 관한 지식

일자, 사건, 인물, 장소 등에 관한 지식

(㉨ 특정 문화의 중요 사실에 관한 상기)

1.20 특수 사상을 다루는 방법과 수단에 관한 지식

조직방법, 연구방법, 판단방법, 비판방법에 관한 지식

1.21 형식에 관한 지식

아이디어와 현상을 처리하고 제시하는 지정방법에 관한 지식

(㉨ 연설이나 작문의 바른 양식과 용법을 익히는 일)

1.22 경향과 순서에 관한 지식

시간적인 면에서 본 현상의 과정, 방향, 운동에 관한 지식

(㉨ 한 나라의 정보화가 문화 및 국제 관계에 미친 영향에 관한 지식)

1.23 분류와 유목에 관한 지식

일정한 교과분야 목적, 논쟁 또는 문제에 기본적이라고 생각되는 항목, 종속, 구분, 배열에 관한 지식

(㉨ 모든 문학형태에 익숙해지는 일)

1.24 준거에 관한 지식

사실, 원리, 의견, 행위를 검증하고 판단하는 준거에 관한 지식

(예 예술 작품을 판단하는 데 사용되는 기본 요소에 관한 지식)

1.25 방법론에 관한 지식

특정 교과분야에서는 물론 특정 문제나 현상을 탐구하는 데 사용되는 연구방법, 기술, 절차에 관한 지식

(예 사회과학에 관련된 문제의 연구방법을 아는 일)

1.30 보편적 및 추상적 사상에 관한 지식

현상과 개념들이 조직되는 주요 개념, 체계 및 형태에 관한 지식

1.31 원리와 통칙에 관한 지식

관찰된 현상을 요약하는 특정한 추상 개념에 관한 지식

(예 생식과 유전의 생물학적 법칙에 관한 지식)

1.32 학설과 구조에 관한 지식

복합 현상, 문제, 학문 분야에 대한 명백하고 원숙한 체계적인 이해를 나타내는 원리 및 통칙의 체계와 그 상호 관계에 관한 지식

(예 진화이론에 관한 비교적 완전한 지식을 갖추는 일)

2.00 이해(Comprehension)

2.10 번역

의사소통 형태가 바뀌더라도 원래의 자료에 포함된 내용을 아는 능력

(예 수적, 언어적 자료를 기호적인 진술로 옮기거나 그 반대의 기능)

2.20 해석

의사소통 자료를 설명하거나 요약하는 능력

(예 자료에서 추출된 정당한 결론과 그렇지 않은 결론을 판별하는 능력)

2.30 추론

주어진 자료를 넘어서서 거기에 포함된 의미, 귀결, 효과 등을 결정하기 위해 원래의 자료에 기술된 조건과 일치하는 경향과 추세를 확장하

는 능력

(예) 부정확한 예언을 하게 할 요인을 재빨리 깨닫는 능력)

3.00 적용(Application)

특정한 구체적인 사태에 추상 개념을 사용하는 능력

(예) 민주적 집단 행위의 원리를 집단 참여와 사회적 사태에 적용하는 기술)

4.00 분석(Analysis)

자료를 그 상대적인 위계가 뚜렷해지도록 그리고 표시된 아이디어가 분명해지도록 구성요소나 부분으로 분할하는 능력

4.10 요소의 분석

자료 속에 포함된 요소의 발견

(예) 사실과 가설을 구별하는 기능)

4.20 관계의 분석

자료의 요소와 부분 간의 연결, 상관 관계의 발견

(예) 주장에서 논리적 오류를 발견해 내는 능력)

4.30 조직 원리의 분석

자료의 구조와 조직을 분석하는 능력

(예) 문학, 미술작품의 뜻을 이해하는 수단으로서 형식과 유형을 인식하는 능력)

5.00 종합(Synthesis)

여러 개의 요소나 부분을 하나의 전체로 묶는 능력

5.10 독특한 의사 전달 자료의 창조

자기의 생각, 감정, 체험을 전달하기 위한 자료를 만드는 것

(예) 생각이나 문장을 탁월하게 조직해서 작문하는 기능)

5.20 조작의 계획 및 절차의 창안

계획을 수립하는 능력

(예) 특정한 수업 사태를 위한 지도 단원을 계획하는 능력)

5.30 추상 관계의 도출

특정한 자료나 현상을 분류 또는 설명하기 위하여 추상적 관계를 도출하는 것

(예 포함된 요인의 분석 결과에 근거해서 적절한 가설을 형성하고, 새로운 요인과 고려 사항에 비추어 그 가설을 수정하는 능력)

6.00 평가(Evaluation)

6.10 내적 검증에 의한 판단

논리적 정확성, 일관성, 기타 내적 준거의 증거에 의해 의사 소통 자료의 정확성을 판단하는 능력

(예 주장의 논리적 오류를 찾아내는 능력)

6.20 외적 준거에 의한 판단

선택된 또는 기억된 준거에 따라 자료를 평가하는 능력

(예 한 작품을 그 분야의 걸작이라고 인정된 다른 작품과 비교하는 능력)

이처럼 블룸은 지적 영역의 교육목표를 ① 지식, ② 이해, ③ 적용, ④ 분석, ⑤ 종합, ⑥ 평가로 분류하였을 뿐만 아니라, 각 항목을 평가하는 시험문제의 예까지도 다양하고 구체적으로 제시하였다. 교육평가 영역에서 이루어진 평가 문항의 유형에 관한 논의는 대개 이 블룸의 논의를 기반으로 하고 있기 때문에 블룸이 제시한 지적 영역의 시험문제 유형에 관심이 있는 사람들은 이 책을 반드시 읽어 보기 바란다.

2) 정의적 영역

블룸과 그의 동료들은 '정의적 영역'의 교육목표를 5개의 큰 항목으로 나누었는데, 이들을 요약하면 다음과 같다.

1.0 수용(Receiving)

1.1 감지(Awareness)

학습자가 어떤 것을 단순히 의식하는 것

(예 어떤 그림에서 깊이와 명암을 묘사하기 위해 음영법을 사용한 것을 의식하게 되는 것)

1.2 자진수용(Willingness to receive)

주어진 자극을 피하지 않고 기꺼이 관용하려는 행동

(예 대화, 전화, 강연에서 다른 사람이 말할 때 주의 깊게 듣는 것)

1.3 주의집중(Controlled or selected attention)

여러 자극 중에서 마음에 둔 자극을 선택하고 거기에 주의를 기울이는 것

(예 시나 산문의 낭독에서 리듬에 귀를 기울이기)

2.0 반응(Responding)

2.1 순종반응(Acquiescence in responding)

어떤 자극에 대한 수동적인 반응으로서 그런 반응을 할 필요성을 충분히 납득하고 있는 것은 아님

(예 선생님이 부과한 숙제 완성)

2.2 자진반응(Willingness to respond)

외부의 암시에 의한 반응이 아닌 자신의 선택에서 오는 자발적 반응

(예 건강 규칙 실천)

2.3 만족반응(Satisfaction in response)

만족감, 즐거움을 맛보기 위한 자발적 반응

(예 클래식 음악 즐겁게 듣기)

3.0 가치화(Valuing)

3.1 가치수용(Acceptance of a value)

개인이 은연중에 충분한 근거가 있다고 보는 어떤 명제나 사상을 정서적으로 받아들이는 것

(예 공적인 토론에 귀를 기울이고 거기에 참여하겠다는 책임감)

3.2 가치채택(Preference for a value)

단순한 가치수용을 넘어서서 그 가치를 믿고 적극적으로 추구하는 것

(예 장애인 관련 법안의 개정을 위한 집단 행동 선도)

3.3 확신(Commitment)

자신의 신념에 다른 사람이 따르도록 설득하는 것

(예 성차별 철폐 운동에 적극 헌신)

4.0 조직화(Organization)

4.1 가치의 개념화(Conceptualization of a value)

자신의 신념을 추상적인 수준에서 개념화하는 것

(예 민주사회에서 시민의 지위에 관한 이론적인 근거를 발달시키는 일)

4.2 가치체계의 조직(Organization of a value system)

분리된 여러 가치를 한데 묶고 서로 질서 있고 조화롭게 관계 짓는 것

(예 우리사회가 지향해야 할 중요한 방향에 관한 판단을 형성하기 시작함)

5.0 가치 또는 가치복합에 의한 인격화(Characterization by a value or value complex)

5.1 일반화된 행동태세(Generalized set)

어떤 특정 순간에도 태도 및 가치체계에 내적 일관성을 부여하는 것

(예 증거에 비추어서 판단을 수정하고 행동을 변화하려는 자세)

5.2 인격화(Characterization)

일반화된 행동태세를 넘어서서 자신의 행동이나 신념 내에서 늘 내적 합치성을 유지하는 것

(예 일관성 있는 인생 철학을 발달시키는 일)

이처럼 블룸과 그의 동료들은 정의적 영역의 교육목표를 ① 수용, ② 반응, ③ 가치화, ④ 조직화, ⑤ 인격화 등으로 분류하고, 지적 영역에서와 마찬가

지로 각 항목을 평가하는 시험문제의 다양한 예를 구체적으로 제시하였다.

3. 교육목표 진술방법의 완성: 메이거

로버트 메이거. 메이거는 인적자원 개발 전문가로 널리 활동하고 있으며, 2002년에는 추리소설을 출판하기도 하였다.

지금까지 살펴본 대로 교육목표 세분화와 진술 방법에 대한 타일러와 블룸 등의 작업은 '교육목표를 어떻게 진술하면 서로 다른 교사들 간에 서로 다른 해석이 발생하지 않아, 결과적으로 그 목표에 도달한 사람과 도달하지 못한 사람을 정확히 가려낼 수 있을까?'에 초점이 맞추어져 있었다. 이들의 작업은 '평가를 염두에 둔 교육목표 진술'이라 할 수 있다.

그러나 블룸과 그의 동료들의 이와 같은 꼼꼼한 작업도 로버트 메이거(1923~)에게는 여전히 문제를 완전히 해결하지 못한 것으로 보였다. 그 이유는 이들이 교육목표를 진술할 때 사용하는 용어가 '다양한 해석이 가능한' 용어들이었기 때문이다. 예를 들면, '현대문학

메이거가 1962년에 출판한 『행동적 수업목표의 설정』 원본과 정우현이 1972년에 우리말로 옮긴 번역본. 영어 원본은 개정되어 1997년 제3판이 출판되었다.

을 감상하는 능력을 기른다'와 같은 교육목표는, 그 능력이 길러졌는지에 대한 증거를 수집하는 단계에서는 별로 유용하지 않다는 것이다. 왜냐하면 그것이 충분히 구체적인 의미를 가지지 않기 때문이다. 도대체 '길러졌다'는 증거로 교사는 무엇을 찾아야 하는가?

메이거는 이러한 문제를 해결하려고 노력하였고, 나름대로의 답을 찾아 제시하였는데, 그 답이 제시된 책이 1962년에 출판된 『Preparing Instructional Objectives』다. 블룸 등에 의한 『교육목표 분류학』만큼이나 널리 읽혔고, 우리나라에는 『행동적 수업목표의 설정』이라는 제목으로 1972년 번역 · 소개되었다. 지금부터는 이 책에서 메이거가 주장하는 내용을 잠시 살펴보도록 하자.

1) 행동용어의 사용

메이거는 주장하기를, 교사는 수업목표를 진술할 때 그 목표에의 도달 여부를 구체적으로 확인할 수 있는 학생의 어떤 '행동'을 명시해야 한다고 하였다. 그러기 위해서는 교육목표에 '대안적인 해석들을 배제하는, 잘못 해석될 여지가 없는' 용어를 사용해야 한다고 말한다. 메이거는 '잘못 해석될 여지가 없

표 6-1 메이거가 제시한 행동용어의 예

잘못 해석될 여지가 '있는' 용어	잘못 해석될 여지가 '없는' 용어
• 안다	• 쓴다
• 이해한다	• 암송한다
• 진실로 이해한다	• 확인한다
• 감상한다	• 구별한다
• 충분히 감상한다	• 푼다
• 중요성을 파악한다	• 작성한다
• 즐긴다	• 열거한다
• 믿는다	• 비교한다
• 믿음을 가진다	• 대조한다

는' 용어와 '잘못 해석될 여지가 있는' 용어의 예를 〈표 6-1〉과 같이 들었다.

이처럼 '잘못 해석될 여지가 없는', 학생의 행동을 구체적으로 명시하여 학생이 그 행동을 보이는지의 여부를 눈으로 직접 확인할 수 있는 용어들을 '행동용어'라고 부르는데, 메이거는 바로 이러한 '행동용어'를 사용하여 교육목표를 진술해야 그 목표가 유용한 목표가 된다고 주장하였다. 메이거의 주장에 따른다면, '구구단을 암송한다' '2차 방정식을 풀 수 있다'와 같은 목표는 적절하고, '컴퓨터의 구조를 안다'와 같은 목표는 부적절하다. 왜냐하면, '안다'는 말은 '여러 가지로 해석될 수 있는' 용어이기 때문이다.

2) 교육목표 진술방법의 구체화

앞에서 우리는, 타일러가 교육목표를 진술할 때는 '현대 한국문학을 감상하는 능력'처럼 '어떤 내용에 관한 어떤 행동'이라는 식으로, '내용'과 '행동'을 2차원으로 명시할 것을 주장했다는 것을 살펴보았다. 메이거는 바로 이러한 타일러의 교육목표 진술방법을 한걸음 더 구체화시켰다. 메이거에 따르면, 유용한 교육목표는 다음과 같은 세 가지 사항을 포함하고 있어야 한다.

① 학습자가 목표에 도달한 증거로 받아들일 수 있는 종착행동의 종류 명시
② 바라는 행동이 일어나리라고 기대되는 중요한 조건의 상술
③ 학생의 종착행동의 성취가 어느 정도로 정확할 때 목표가 달성되었다고 판정할 수 있는가의 기준 제시

이와 같은 조건들을 포함하여 학습목표를 나타낸다면, '10개의 2차 방정식 문제가 주어졌을 때, 학생은 참고서의 도움 없이 그중 8개를 풀 수 있다'와 같은 형식이 될 것이다. 메이거는 교육목표를 진술할 때 이러한 세 가지 조건이 항상 반드시 포함되어야 하는 것은 아니라고 말하였지만, 이 조건들이 포함

된 교육목표라야 그 목표에의 도달 여부를 누구라도 쉽게 판단할 수 있을 것이라고 주장하였다.

'타일러의 논리'가 블룸과 그의 동료들, 그리고 메이거에 의해서 어떻게 발전하였는가에 대한 설명은 이 정도로 접고, 다음 장에서는 진보주의가 우리나라에 도입되는 과정에 대하여 살펴보도록 하자.

제 7 장

진보주의의 우리나라 도입과정: 오천석과 해럴드 벤저민

"교과서는 교육의 한 보조자는 될 수 있어도
교육의 전부가 될 수는 없다. 교과서 만능주의를
청산하는 그때가 곧 우리의 교육이 소생하는 날이다."

–오천석–

1. 해럴드 벤저민의 생애

여러분에게 낯선 어느 미국인 이야기를 하겠다. 그 사람은 해럴드 벤저민(Harold R. W. Benjamin, 1893~1969)이다. 이 미국인 벤저민은 1893년 3월 27일 미국 위스콘신주에서 태어나서, 12세 때인 1904년 가족과 함께 미국 서부 오리건주로 이주해 이곳에서 성장했다. 오리건 대학교를 졸업한 후에 그는 스탠퍼드 대학교 대학원 교육학과에서 1927년 박사학위를 취득했다.

벤저민은 46세 때인 1939년『The Saber Tooth Curriculum』이라는 책을 펴냈다. 이 책은 1995년『검치 호랑이 교육과정』이라는 제목으로 우리말로 번역되었다. '검치'란 '검 모양의 치아'를 뜻하는 말이다.

해럴드 벤저민이 46세 때인 1939년 출판한『검치 호랑이 교육과정』원본과 번역서

2.『검치 호랑이 교육과정』의 내용 요약

『검치 호랑이 교육과정』은 변화를 거부하는 학교 커리큘럼을 비판한 우화다. 이 책을 간략하게 요약하면 이렇다.[1)]

구석기 시대에 '새 주먹'이라는 발명가이자 철학자가 살았습니다. 그는 성능이 뛰어난 사냥용 몽둥이를 발명한 사람이었고, 부족의 집단생활을 향상시킬 방법을 모색하는 실천적 지식인이었습니다. 그는 어느 날 이런 생각을 하게 되었습니다.

"우리 아이들이 의식주와 안전에 보탬이 되는 일을 하도록 가르친다면, 우리 부족이 더 나은 생활을 하는 데 도움이 될 텐데…… 그러면 아이들이 성인이 되었을 때에 더 많은 고기를 먹게 되고, 몸을 따뜻하게 할 가죽을 더 많이 확보할 것이며, 검 모양의 날카로운 이빨(검치)을 가진 호랑이로부터 위협을 덜 받을 텐데……."

생각이 여기에 미친 '새 주먹'은 학교를 만들기로 하였습니다. 그리고 이 학교 커리큘럼에 3개의 과목을 개설했습니다. 첫째는 '맨손으로 물고기 잡기'였습니다. 개울 끝에 있는 큰 웅덩이에서 맨손으로 물고기를 잡는 것은 당시 어른들이 음식을 확보하기 위해 매일 하는 일이었습니다. 두 번째 과목으로는 '몽둥이로 작은 말 때려잡기'였습니다. 이 역시 당시 성인들이 몸에 걸치고 동굴에 깔 가죽을 확보하기 위해 하는 일이었습니다. 세 번째 과목은 '불로 검치 호랑이 몰아내기'였습니다. 당시 검치 호랑이는 부족원들의 안전을 크게 위협했습니다. 그래서 어른들은 밤에 동굴 입구에서 돌아가며 검치 호랑이를 불붙은 나뭇가지로 쫓아내야 했습니다.

처음에는 이 세 과목을 학교에서 가르치는 일에 반대하는 사람이 없잖아 있었지만, 시간이 지남에 따라 '맨손으로 물고기 잡기' '몽둥이로 말 때려잡기'

'불로 호랑이 몰아내기'는 학교의 핵심 커리큘럼으로 잡았습니다. 사람들은 이를 '검치 호랑이 커리큘럼'이라고 불렀습니다. 부족의 모든 아이는 이 '검치 호랑이 커리큘럼'에 따라 체계적으로 공부했습니다. 그 결과, 부족은 허기를 채워 줄 고기와 몸에 걸칠 가죽을 쉽게 확보할 수 있게 되었습니다. 안전도 확보할 수 있게 되었습니다. 부족은 평화로운 생활을 하면서 번성했습니다.

시간이 지나, 새로운 빙하기가 그 지역에 닥쳐왔습니다. 큰 빙하가 북쪽으로 펼쳐진 이웃 산까지 내려왔습니다. 빙하에 깎인 토사가 웅덩이로 밀려왔기에 부족원들이 맨손으로 물고기를 잡던 수정같이 맑은 웅덩이는 탁한 물이 되어 버렸습니다.

흙탕물 속에서는 맨손으로 고기를 잡기가 쉽지 않았습니다. '맨손으로 물고기 잡기' 상급과정을 이수한 학생들도, 심지어 대학에서 '어류학'을 전공한 대학졸업자들도 고기를 잡을 수 없었습니다. 웅덩이가 흙탕물로 변해 물고기가 보이지 않았기 때문입니다.

빙하의 영향으로 말들이 이동했습니다. 건조하고 너른 평원을 찾아 말들은 남쪽으로 떠났습니다. 그 대신 영양이 그 지역을 차지하고 살게 되었습니다. 영양은 매우 온순했지만, 예리한 후각을 가지고 있어서 몽둥이로 때려잡을 만큼 가까이 접근하기가 어려웠습니다. '몽둥이로 말 때려잡기' 심화과목을 이수한 학생들도 빈손으로 돌아왔습니다.

빙하의 영향으로 대기에 습기가 차자 검치 호랑이들은 폐렴에 걸려 대부분 죽었습니다. 살아남은 몇 마리의 검치 호랑이는 건조한 남쪽으로 이동했습니다. 이 빈 공간에 사나운 북극곰들이 나타났습니다. 이 북극곰들은 불을 별로 무서워하지 않았습니다. 횃불로는 곰을 동굴 입구에서 쫓아내기 힘들었습니다.

빙하가 가져온 환경변화로 인해 음식으로 이용할 물고기를 잡을 수도, 옷으로 쓸 가죽을 확보할 수도, 곰으로부터 가족을 지킬 수도 없게 되었습니다. 부족은 큰 위협에 직면했습니다.

그런데 다행히도, 그 부족원 중에는 '새 주먹'의 후손이 살고 있었습니다. 그는 흙탕물 속에서 물고기를 잡기 위한 도구로 '그물'을 발명했습니다. 영양을 잡기 위한 묘책으로 '올가미'를 생각해 냈습니다. 곰을 물리칠 방법으로는 곰이 다니는 길목에 깊은 '함정'을 파고 나뭇가지를 덮어 위장하는 꾀를 냈습니다.

이 새로운 지식이 보급되면서 부족원들은 새로운 생활방식에 익숙해졌습니다. 그물을 만들어 물고기를 잡아 식량을 확보하고, 영양 포획용 올가미를 설치하여 가죽을 얻고, 함정을 파서 곰을 퇴치하면서 부족은 다시 번성했습니다.

그러자 일부 진보 지식인들은 '그물 짜기' '올가미 설치하기' '함정 파기' 등과 같은 과목을 아예 학교 커리큘럼으로 넣어 가르치자고 주장하기에 이르렀습니다. 그러자 부족의 원로들은 이렇게 답했습니다.

"'맨손으로 물고기 잡기' '몽둥이로 말 때려잡기' '불로 호랑이 몰아내기' 등과 같은 기본 교양과목으로 학교 커리큘럼은 지금 포화상태네. 우리는 '그물 짜기' '올가미 설치하기' '함정 파기'와 같이 일시적으로 유행하는 커리큘럼을 학교에 추가할 수 없네."

이러한 반대 논리에 진보 지식인들은 '맨손으로 물고기 잡기' '몽둥이로 말 때려잡기' '불로 호랑이 몰아내기'의 무용성을 지적하면서 폐지를 주장했습니다. 그러자 원로들은 다시 이렇게 답했습니다.

"그런 소리 하지 말게. 우리는 물고기를 잡기 위해 '맨손으로 물고기 잡기'를 가르치는 것이 아니네. 이 과목은 단순한 훈련으로는 발전시킬 수 없는, '일반화된 민첩성'을 발전시키는 역할을 한다네. 우리는 말을 잡기 위해 '몽둥이로 말 때려잡기'를 가르치는 것이 아니라네. 우리는 영양 올가미를 설치하는 것과 같은 평범하면서도 전문화된 직업으로는 얻을 수 없는, '학습자의 일반화된 능력'을 개발하기 위해, '몽둥이로 말 때려잡기'를 가르치네. 우리는 호랑이를 몰아내기 위해 '불로 호랑이 몰아내기'를 가르치는 것이 아니네. 우리는 생활의 모든 일과 관련되면서도 함정 파서 곰 잡기와 같은 일로는 기를 수 없는 '고상한 용기'를 기를 목적으로 '불로 호랑이 몰아내기'를 가르치는 것이라네."

이러한 원로의 주장에 대부분의 진보 지식인은 입을 다물 수밖에 없었습니다. 그러나 용감한 한 사람이 마지막으로 항변했습니다.

"하지만 시대가 변했다는 것을 시인해야 합니다. 그리고 그 시대에 맞는 새로운 커리큘럼이 학교에 들어가야 합니다."

이 항변을 들은 원로는 분개하며 이렇게 말했습니다.

"자네가 교육을 받은 사람이라면 진정한 교육의 본질은 시간을 초월한다는 것을 알 것이네. 교육이란, 거대한 물살 속에서도 당당하게 버티고 서 있는 바위와 같이, 변화하는 조건 속에서도 버티어 내는 그 무엇이네. 학교에서 교육의 이름으로 가르쳐야 할 것은 어떤 영원한 진리이며, 검치 호랑이 커리큘럼은 그중의 하나라는 사실을 명심해야 하네!"

이 우화가 풍자하고 있는 것은 무엇이라고 생각하는가? 한번 잘 생각해 보기 바란다. 내가 이 우화를 소개한 이유는, 이 우화의 저자인 벤저민이 일찍이 우리나라를 방문하여 우리의 학교교육이 지향해야 할 방향을 설정하여 제시한 적이 있기 때문이다.

3. 벤저민의 우리나라 방문

1952년에서 1962년까지 약 10년간 우리의 교육을 재건하기 위해 미국교육사절단이 네 차례에 걸쳐 우리나라를 다녀갔다. 이를 간략하게 요약하면 이렇다.

- 제1차 미국교육사절단: 1952년 9월~1953년 6월. 단장 메리 하비지(Mary Harbage) 외 7명. 현직교육(교사연수)에 주력
- 제2차 미국교육사절단: 1953년 9월~1954년 6월. 단장 멀홀랜드(Malholland) 외 10명. 현직교육(교사연수)에 주력
- 제3차 미국교육사절단: 1954년 9월~1955년 6월. 단장 벤저민(Benjamin) 외 13명. 한국커리큘럼 개혁안 제시
- 제4차 미국교육사절단(조지 피바디 대학 교육사절단): 1956년 10월~1962년 6월. 단장 고슬린(Goslin) 외 다수. 교사양성 및 현직교원 연수

『검치 호랑이 커리큘럼』의 저자인 벤저민은 바로 제3차 미국교육사절단의 단장이었다(이 사실을 아는 사람은 많지 않다). 그는 61세 때인 1954년 미국교육사절단을 이끌고 우리나라에 와서 10개월간 체류하면서 우리의 학교 커리큘럼이 어떻게 개혁되어야 하는지를 분명하게 제시하였다.

벤저민 일행은 1955년 이 땅을 떠나기 전에『Curriculum Handbook for the School of Korea』(앞으로 이를『커리큘럼 핸드북』이라 부르겠다)라는 책을 "한국 학생에게 주는 선물"이라고 이름 붙여 남겼다. 여러분은 이 책에 어떤 내용이 담겨 있을 것으로 예상하는가? '선물'이라는 표현에서 느낄 수 있듯이, 벤저민 일행은 그들이 판단하기에 나름 가장 좋은 커리큘럼 개혁안을 이 책에 담은 것이 분명하다.

해럴드 벤저민을 단장으로 한 제3차 미국교육사절단이 1955년 출판한『커리큘럼 핸드북』원본과 번역서. 당시 해럴드 벤저민은 62세였다.

벤저민 일행은『커리큘럼 핸드북』에 '경험 커리큘럼을 구현하는 방법'을 담았다. 그들은 서문에 이렇게 적었다.[2)]

> 이 책의 주제는 경험 커리큘럼의 구축에 관한 것이다. 경험 커리큘럼을 통해서 한국의 학교는 한국인의 목표, 필요, 태도, 능력, 이상을 보다 잘 충족시킬 수 있을 것이다. …… 만일 한국의 교사들과 행정가들이 한국국가교육과정을 개선하는 일에 이 책이 매우 유용했다고 말한다면, 우리 사절단 일행은 우리가 살면서 이룬 업적 중에서 가장 큰 업적으로 이 책을 꼽을 것이다.

벤저민 일행이 경험 커리큘럼 구축을 위해 당시 한국의 교육자들에게 제시한 사항 몇 가지를 최대한 쉽게 요약하여 제시하면 이렇다.

- 커리큘럼의 본질을 파악하는 데에는 두 가지 견해가 있다. 한 견해는 학생이 암기한 사실, 공부한 과목, 배운 기능을 커리큘럼으로 본다. 다른 견해는 학교가 학습자에게 제공하는 모든 경험을 커리큘럼으로 본다. 전자는 교과목으로 시작해서 경험으로 끝마치고, 후자는 경험으로 시작해서 교과목으로 끝마친다. 전자를 교과 커리큘럼이라 부르고, 후자를 경험 커리큘럼이라 부른다.
- 경험 커리큘럼이 교과 커리큘럼보다 일반적으로 우월하다.
- 경험 커리큘럼에서는 특정 학습활동을 조직할 것을 요구하는데, 이때 기본이 되는 요소를 '단원'이라 부른다.
- 경험 커리큘럼을 구축하기 위해서는 학생, 교사, 장학사, 학부모, 지역사회의 협동이 필요하다.
- 경험 커리큘럼의 구축은 다음과 같은 다섯 단계로 이루어진다.
  - 1단계: 기르고자 하는 인간상을 분명하고 엄밀하게 기술하라.
  - 2단계: 학교에서 경험을 제공하여 기르고자 하는 태도, 능력, 기능을

결정하라.

–3단계: 경험을 선정하고 조직하라.

–4단계: 학생에게 경험을 제공하라.

–5단계: 앞의 네 단계가 제대로 이루어지고 있는지를 판단하라.

4. 경험 커리큘럼 도입을 위한 오천석의 노력

벤저민 일행이 경험 커리큘럼을 구축하는 방법 · 절차를 자세히 기술하여 우리의 선배들에게 제시한 1955년경에 경험 커리큘럼은 당시 우리의 교육자들에게 생소한 것이 전혀 아니었다. 오천석(1901～1987)을 중심으로 한 당시 우리 선배 교육자들은 1945년 광복 직후부터 존 듀이(John Dewey, 1859～1952)의 사상에 기초를 둔 경험 커리큘럼을 근간으로 하여 학교를 개혁하려고 부단히 노력했다.

교육사가들은 진보주의 교육을 이 땅에 최초로 소개한 한국인 학자가 오천석이라는 데에 대체로 동의한다. 오천석은 1921년 가을 미국 아이오와주에 위치한 코넬 대학교에 입학하여 1925년 아주 우수한 성적으로 졸업한 다음, 시카고에 있는 노스웨스턴 대학교 대학원에 입학, 석사학위를 받았다. 이어서 그는 1929년 가을 당시 진보주의의 메카인 컬럼비아 대학교 티처스 칼리지에 입학하여 존 듀이와 킬패트릭(Kipatrick) 등의 당대 쟁쟁한 진보주의 학자들 밑에서 공부한 다음 1931년 박사학위를 취득하였다. 이듬해인 1932년 귀국한 오천석은 이후 약 10여 년 동안 보성전문학교 교수 생활을 하다가, 광복과 함께 찾아온 미군정기(1945～1948)에 미군의 눈에 띄어 활발한 활동을 하였다.[3)]

당시 우리 선배 교육자들이 경험 커리큘럼을 도입하려고 기울인 노력은 오천석이 1956년에 쓴 글에 잘 나타나 있다.[4)]

우리가 옛 교육을 박차고 나와 이른바 민주교육을 뜻하고 첫걸음을 내디딘 지 어느덧 10년이 지났다. 10년이란 세월이 흘러갔으니 우리는 이제 옷깃을 가다듬고 우리의 걸어온 길을 돌아보고 우리의 과업을 음미하여 볼 시기가 왔다고 생각한다.

- 새 교육이란 일시적 유행에 불과하다고 생각하고 있지는 않는가?
- 존 듀이의 생각을 외래적인 사상이라 생각하여 배타적인 태도를 취해 본 일은 없는가?
- 우리의 현재 교육은 아동을 중심으로 한 교육이 되고 있는가?
- 교사가 주동이 되어 모든 교육활동이 영위되고 있지는 않는가?
- 우리의 교육은 주입식 전통을 벗어나 아동의 계발을 목표로 자라고 있는가?
- 아동의 생활은 무시되고 지식의 전수에 우리는 몰두하고 있지는 않는가?
- 교과서를 가르치는 것으로 교육이 완수되는 것으로 우리는 생각하고 있지는 않은가?
- 아동의 개성과 개인차를 무시하고, 획일적 교육의 실행자가 되고 있지는 않은가?
- 교실에서는 정숙과 부동자세만이 요구되고, 벌의 위협과 구령의 위엄만이 아동지도의 요체가 되어 있지 않은가?
- 우리의 교육은 아동의 전인적 성장의 이상에서 이탈하여 입학준비를 그 목표로 하는 교육이 되어 가고 있지 않은가?
- 교사와 학교의 우열은 학생의 훌륭한 인격의 양성에 의하여 판단되지 않고, 그 졸업생의 상급학교 입학률에 의하여 결정되고 있지는 않는가?
- 우리의 교육행정기관들은 일선 교육자에 대하여 얼마나 동정적인 조언자가 되어 왔는가?
- 교육행정가들이 관료적인 경향은 없었는가? 혹시 명령과 권력으로서 그 의사를 강요한 적은 없었는가?
- 교사의 존엄성을 무시하고 행정가의 흔히 빠지기 쉬운 오만한 태도로써 그

들을 대하지는 않았는가?

- 우리의 교육제도는 과연 민주주의적으로 조직 · 운영되어 왔는가?
- 민주주의의 대 원칙인 기회균등의 원리는 얼마나 준수되어 왔는가?
- 자라나는 아동의 개성이 제도라는 이름의 구속으로 말미암아 유린되어 오지는 않았는가?

새 교육을 꿈꾸며 나선 지 10년이 된 오늘, 우리는 손을 가슴에 얹고 이러한 질문들을 생각하며 양심적인 반성을 하여야 할 것이다.

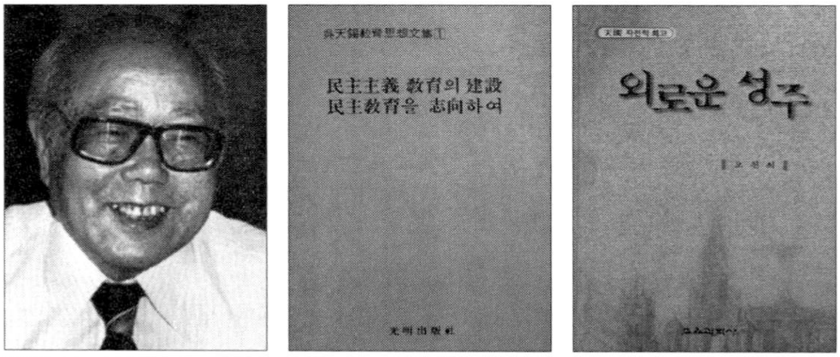

오천석이 새 교육(진보주의 교육)을 이 땅에 도입한 과정과 결과를 기록한 책 『민주주의 교육의 건설 · 민주교육을 지향하여』와 그의 자서전 『외로운 성주』

벤저민 일행의 소원대로, 우리 선배들은 『커리큘럼 핸드북』을 유용하게 활용하여 '경험 커리큘럼'을 구축하는 일에 성공했을까?

이 질문에 대한 대답은, 오천석이 1960년경에 쓴 글에 잘 나타나 있다.[5)]

어찌어찌하여 한번 커리큘럼에 들어가게 된 교과목은 그것이 실생활과 관계가 있든 없든 그 자리를 보전한다. 어찌어찌하여 한번 한 학과목에 들어가게 된 내용은 길이길이 그 기득권을 보유한다. 교사는 맹목적으로 그 맡은 바 과목을 교과서에 씌어 있는 대로 가르치며 그 사명을 다한 것으로 생각한다.

제정된 커리큘럼은 신성불가침의 것이 되고, 교과서는 금과옥조가 된다.

요약하면, 벤저민 일행이 제안한 '경험 커리큘럼'은 '교과 커리큘럼'의 벽을 넘지 못했다. '학생이 활동하게 하라'라는 원리는 교과서의 벽을 넘지 못했다. 교사의 수업은 교과서 내용 설명에서 한 치도 변하지 못했다. 이런 상황을 보고 오천석은 이렇게 한탄했다.[6)]

> 교과서는 교육의 한 보조자는 될 수 있어도 교육의 전부가 될 수 없는 것이다. 교과서의 좁은 울타리를 벗어날 때 우리의 교육은 해방되는 날이다. 교과서 만능주의를 청산하는 그때가 곧 우리의 교육이 소생하는 날인 것이다.

오천석이 지적한 '교과서 만능주의'를 벗어날 방법은 무엇일까? 과연 그런 방법이 있기는 할까? 놀랍게도 '교과서 만능주의'를 벗어날 한 방법은 존 듀이가 1938년에 쓴, 이미 제4장에서 살핀, 『경험과 교육』에 제시되어 있다. 듀이는 이를 '교과의 점진적 조직'이라 불렀다. '교과의 점진적 조직'이란 아직 정리되지 않는 아동의 경험 내용들을 어른들이 학습한 교과의 형태로 접근할 수 있도록 점진적으로 발달시키는 것을 의미한다. 영어권 문헌에 소개된 '교과의 점진적 조직'을 실천하는 교사의 수업 모습 예를 하나 소개하면 이렇다.[7)]

> 중학교 교사로 12년째 근무 중인 박주혜 선생님은 학기 시작 첫 주에 학생들에게 두 가지 질문을 제시한다.
> "여러분 자신에 관해 궁금한 의문은 무엇입니까?"
> "세상에 관해 궁금한 의문은 무엇입니까?"
> 학생들은 의문사항을 늘어놓기 시작하는데, 한 학생이 이렇게 묻는다.
> "그 의문이 사소해도, 어리석어 보여도 괜찮아요?"
> 선생님은 이렇게 대답한다.

"정말 여러분이 알고 싶은 것이라면, 사소하거나 어리석은 의문이란 없는 법입니다."

학생들이 개인별 의문 목록을 완성하면 선생님은 학생들을 몇 개의 소집단으로 나눈다. 학생들은 소집단 속에서 자신이 작성한 의문을 돌아가며 소개하고 공통된 것을 찾는다. 토론을 거쳐 각 소집단은 우선순위가 매겨진 의문 목록을 완성한다.

학생들은 전체로 모여 앉아 각 소집단에서 정한 의문 목록을 공유하고 이를 통합한다. 이 과정에서 학생들은 합의에 의해 우선순위가 매겨진 최종 의문 목록을 완성한다. 이 의문 목록에 포함된 의문은 박주혜 선생님의 한 학기 커리큘럼을 안내하는 기초가 된다. 즉, 박주혜 선생님은 학생들이 의문 목록에 포함된 질문에 답을 찾도록 수업을 하면서 한 학기를 보낸다. 이 목록에 포함된 의문 한 가지는 "나는 100세까지 살 수 있을까?"였다. 이 질문은 학생들이 유전학, 가족 생애사, 보험학, 통계와 확률, 심장질환, 암, 고혈압 등의 분야를 조사하도록 이끌었다. 학생들은 교사를 비롯하여 가족구성원, 친구, 각 분야 전문가, 인터넷, 전문 서적 등에서 정보를 찾는 활동을 하였다. 박주혜 선생님은 학생들이 수행하는 조사활동을 '배움 공동체'(learning community)의 일부가 되는 과정이라 묘사했다. 박주혜 선생님은 이렇게 말한다.

"우리는 지적으로 가장 도전이 되는 이슈를 결정한 다음, 이 이슈를 조사할 방법을 고안하여, 배움 여행(learning journey)을 시작합니다. 우리는 목적지에 때로는 도달하지 못하기도 하고, 때로는 겨우 도달하기도 하지만, 대부분의 경우 우리는 넉넉하게 목적지에 도달합니다. 즉, 우리는 당초 우리가 예상했던 것 보다 훨씬 많은 것을 배웁니다."

조사활동 마무리 단계에서 박주혜 선생님은 학생들이 조사한 내용이 전통적인 교과 영역과 어떤 관련이 있는지를 학생들이 '볼' 수 있도록 돕는다. 박주혜 선생님과 학생들은 하나의 차트를 만들어 거기에 자신들이 했던 경험과 국어, 수학, 과학, 사회, 역사, 음악, 미술 등의 교과와의 관련 여부를 표기한다. 학생들은 자신들이 다양한 분야를 어느새 깊이 배웠다는 사실에 스스로 깜짝 놀란다. 한 학생은 이렇게 말했다.

"저는 우리가 그냥 놀고만 있다고 생각했어요. 뭘 배운다는 생각을 하지는 않았거든요. 그런데 우리가 진짜로 많은 과목을 배웠다는 것을 깨달았어요."

몸에 배어 익숙한 관습을 바꾸기란 정말 어렵다. 나는 요즘 활발하게 논의되고 있는 '거꾸로 수업'이 교과를 점진적으로 조직하여 가르치는 교사가 점진적으로 늘어나게 하는 한 방편이라고 생각한다.

진보주의가 우리나라에 도입되는 과정에 대한 설명은 이 정도로 접고, 다음 장에서는 '지식의 구조'를 중시하는 '학문중심 커리큘럼'이 왜 등장하였고, 그것이 주장하는 것은 무엇인지 자세히 살펴보도록 하자.

제 8 장

학문중심 커리큘럼의 등장

"지식의 최전선에서 새로운 지식을 만들어 내는
학자들이 하는 것이나 초등학교 3학년 학생이 하는 것이거나를 막론하고
모든 지적 활동은 근본적으로 동일하다."

—제롬 브루너—

1957년 10월 4일, 옛 소련(오늘의 러시아)이 발사한 첫 인공위성인 스푸트니크 1호가 이듬해 1월 4일까지 3개월간 지구궤도에 머무는 역사적인 사건이 발생하였다. 우주 시대의 개막을 알리는 이 사건은 인간의 위대한 업적임이 분명했다. 그러나 당시 러시아와 대결 관계에 있던 미국에게 이 사건은 충격이 아닐 수 없었다. 갑자기 바빠진 미국은 1958년 10월 1일 '미항공우주국'(NASA)을 설립하고 러시아와 우주 과학 기술 경쟁에 돌입하였다.

이 스푸트니크 사건은 당시 미국인들에게 '왜 우리가 러시아에게 뒤지게 되었을까?'라는 질문을 제기하였고, 많은 사람은 그 원인이 '잘못된 교육' 때문이라고 생각하였다. 즉, 당시까지의 교육이 존 듀이(John Dewey)의 영향을 받아 사회생활의 필요를 충족시키기 위한 생활 적응 교육중심으로 이루어졌기 때문이라고 판단하였다. 그리하여 1959년 9월 미국 매사추세츠주의 우즈호울이라는 도시에서 당대의 쟁쟁한 학자 34명이 모여 미국 교육의 개혁 방향을 모색하기 위한 회의를 하였다. 이 우즈 호울 회의는 5개의 분과로 나뉘어 진행되었는데, ① 교육과정의 계열, ② 교수 장치, ③ 학습의 동기, ④ 학습과 사고에서 직관의 역할, ⑤ 학습에 있어서 인지 과정 등이었다.

이 회의의 참석자들 대부분은 대학교수였는데, 심리학자가 10명으로 가장 많았고, 그다음으로 수학자 6명, 생물학자 5명, 물리학자 4명, 교육학자 3명, 역사학자 2명, 영화학자 2명, 의학자 1명, 고전문학자 1명 등이었다. 참석자들의 전공별 숫자에서 알 수 있듯이 이 우즈 호울 회의는 심리학자들이 주도하는 가운데 수학, 물리학, 생물학자들이 아주 중요한 역할을 하였고, 당시까지 커리큘럼 개발의 중책을 맡았던 교육과정학자들이나 커리큘럼 개발 전문가들은 단 1명도 초대되지 않았다.

이 우즈 호울 회의의 결과는 당시 하버드 대학교 심리학과 교수이던 제롬 브루너(Jerome Bruner, 1915~2016)에 의해 1960년『교육의 과정』(The Process of Education)이라는 제목으로 출판되었다. 이『교육의 과정』에 의해 촉발된 교육과정학의 동향을 흔히 '학문중심 교육과정'이라고 부르는데, 이 학문중심 교육과정을 강조하는 학자들의 가장 중요한 관심사는 '각 학문의 성격(또는 '지식의 구조')을 밝히는 일과 그것을 학생들에게 이해 가능한 형태로 번역하는 일'이었다.[1)]

이처럼 교육과정학 내에서 '학문중심 교육과정'이라는 하나의 새로운 물줄기를 만들어 낸『교육의 과정』이라는 책에는 어떤 내용이 담겨 있으며, 그 물줄기가 우리나라에 도입된 것은 언제, 누구를 통해서였을까? 지금부터는 이 질문에 대한 답을 찾아보도록 하자.

1. 브루너의 학문적 생애

브루너는 1915년 미국 뉴욕에서 태어났다. 그의 부모는 폴란드에서 이민을 왔으며, 그는 태어날 때 눈에 이상이 있어서 앞을 볼 수 없었는데 영아 때 두 차례의 안과 수술을 받고 시력을 어느 정도 회복할 수 있었다. 1933년 고등학교를 졸업한 그는 듀크 대학교에 입학하여 심리학을 전공하고 1937년 학사학위를 받았다. 이어 하버드 대학교에 진학하여 1939년에 석사학위를, 1941년에 박사학위를 받았다. 브루너는 1952년부터 1972년까지 20년간 하버드 대학교 심리학과 교수로, 1972년부터 1980년까지 8년간은 옥스퍼드 대학교 교수로 근무하였다.

제롬 브루너

브루너는 1960년대 초까지 심리학의 주류였던 행동주의 심리학의 한계를 지적하면서 인지주의 심리학 발전에 큰 공헌을 하였다. 행동주의 심리학자들은 인간의 정신을 측정할 수 없다는 이유로 심리학의 대상에서 제외하였는데, 브루너는 이를 잘못된 것이라고 하였다. 브루너는 우리가 세상을 알아 가는 과정에서 눈으로 볼 수 없고 측정할 수도 없는 '정신'(이를 인지심리학자들은 흔히 '스키마'라고 부른다)이 아주 중요한 역할을 한다는 사실을 역설하였다. 그런데 이 '정신'은 '문화'를 통하여 형성되므로, '문화'가 우리의 '정신'—'인식의 틀'—을 형성하는 데 아주 크고 중요한 역할을 한다. 따라서 심리학자들은 '정신'에 관심을 가지고 연구할 필요가 있는데, 이 분야를 인지심리학이라 부른다.

브루너는 인간이 학습을 할 때 신체적 발달과 함께 다음과 같은 세 단계를 거치며 학습을 한다고 보았다. 첫째는 '감각운동적 단계'(enactive mode)로서 직접 몸으로 체험하고 물체를 조작하며 학습하는 단계를 말한다. 주로 유아들이 학습하는 방식이 이에 해당한다. 둘째는 '영상적 단계'(iconic mode)로서 그림으로 표현해야 쉽게 이해하는 단계를 말한다. 주로 초등학생 시절이 여기에 해당한다. 마지막 셋째는 '상징적 단계'(symbolic mode)로서 시나 복잡한 수학적 기호를 이해하는 단계를 말한다. 청소년기가 여기에 해당한다.

인간의 학습하는 양식에 관한 이와 같은 브루너의 생각은 컴퓨터 기술자들에게도 직접적으로 그 영향을 미쳤다. 1970년대 중반, 미국 캘리포니아주 팔로알토시에 위치한 제록스 연구소 연구진들은 브루너의 생각에 기초하여 마우스와 초보적인 윈도우 시스템을 개발하였는데, 이를 애플사에서 도입하여 유명한 매킨토시 컴퓨터를 만들었다. 다시 이를 모방하여 마이크로소프트사에서 오늘날 우리가 편리하게 사용하고 있는 PC용 윈도우를 개발하였다.

2. 브루너의 『교육의 과정』: 학문중심 교육과정의 모태

『교육의 과정』은 ① 서론, ② 구조의 중요성, ③ 학습의 준비성, ④ 직관적 사고와 분석적 사고, ⑤ 학습 동기, ⑥ 교구(教具) 등의 6개의 장으로 구성되어 있다. 지금부터 『교육의 과정』의 내용을 각 장별로 살펴보도록 하겠다. 사실 가장 좋은 방법은 현재 읽고 있는 이 책 『교육과정학의 이해』를 잠시 내려놓고 『교육의 과정』을 전부 직접 읽어 보는 것이지만, 이 일을 잠시 뒤로 미루고 이 책의 내용을 각 장별로 파악해 보도록 하자.

'우즈 호울' 회의의 보고서 성격으로 브루너에 의해 집필된 『교육의 과정』 원본과 이홍우의 번역본 초판(1973)과 개정판(2017)

1) 서론

이 『교육의 과정』의 제1장인 '서론'에서는 먼저 우즈 호울 회의가 스푸트니크 사건에 의해 열린 것임을 다음과 같이 분명히 하고 있다.

> 시대는 각각 독특한 형태의 꿈을 안고 있으며 이 꿈이 교육의 모양을 결정한다. 오늘날 우리 시대의 특징이라고 할 만한 것은 무엇인가? 그것은 질적으로 우수한 교육, 지적 성취를 위한 교육에 대한 관심이 넓게 새로이 고조되고

> 있다는 것이다. …… 말하자면, 오늘날 미국 교육에서는 상당히 많은 사람이 최근까지만 해도 극소수의 전문가만이 관심을 가졌던 질문에 관심을 가지게 되었다. 그 질문은 바로 "학생에게 무엇을 가르치며 무슨 목적으로 그것을 가르칠 것인가?"다. 이 새로운 시대정신은 아마 현대의 모든 생활영역에서 깊이 스며 있는 과학혁명을 반영하는 것이기도 하지만, 근래 러시아가 스푸트니크를 발사했다는 사건이 이 경향에 더욱 박차를 가하고 있는 것도 틀림없는 사실이다. 왜냐하면 이 사건은 확실히 장기적인 국가안보의 위기를 나타내고 있으며, 이 위기를 극복할 수 있는가는 국민교육의 성패에 달려 있기 때문이다.[2)]

이어서 그는, 당시 미국의 교육 및 심리학계에 일어나던 두 가지 변화를 기술하였다. 첫째는 과학자와 대학교수들이 이전과는 달리 초·중등 교육과정 개발에 적극 참여하고 있다는 사실이었다. 즉, 대학원 교육의 활성화로 일류급의 과학자와 교수들, 즉 학문의 첨단을 걷는 사람들은 그동안, 자기 분야의 교육내용을 재조직하는 데 가장 중요한 공헌을 할 수 있는 집단임에도 불구하고, 학부 고학년과 대학원생을 지도하기에 바빠 초·중·고등학교 교육과정 계획에 전혀 참여하지 않았고, 그 결과 학교의 교육내용이 낡고 부정확한 것으로 채워져 있다는 것이다. 그러나 최근 들어 이러한 경향은 시정되어, 미국의 가장 뛰어난 학자들이 각각 자기 분야의 학교교육 내용을 계획하는 일에, 교과서를 집필하는 일에, 또 교육 보조 자료를 제작하는 일에 적극적으로 참여하고 있다는 것이다.

둘째는, 심리학자들의 관심이 변화하여 그들의 연구에서 '형식도야이론'에 대한 관심이 높아졌다는 것이다. 즉, 19세기 말의 심리학자들은 형식도야의 전이 문제, 즉 분석, 판단, 기억 등의 '능력'을 훈련하면 어떤 결과가 나타나는가를 연구하였던 반면에, 20세기 들어서면서 행동주의 심리학자들의 영향으로 동일요소나 특수한 기술의 전이 현상을 탐구하는 것이 심리학자들의 주된 연구대상이었다.[3)] 그동안 이 그릇된 교육심리학을 통해 거의 40여 년 동안 교과의 형식 도야적 가치가 부정되었고, 그 결과 학교의 교육과정이 '일반적 이해'를 돕는 교과보다는 '특수한 기술'을 가르치는 교과로 채워지게 되었다. 그러나 최근에 다행히도 '교과의 구조에 관한 일반적 이해를 위한 학습'에 새로운 학문적 관심이 심리학자들 사이에서 일고 있다는 것이다.

이 책의 서론에서 또한 브루너는『교육의 과정』에서 자주 사용되는 용어인 '교과의 구조'라는 말이 무슨 뜻인지를 설명하기 위해 생물학, 수학, 그리고 언어의 학습에서 각각 한 가지씩 세 가지 예를 들었다. 브루너에 따르면, "교과의 구조를 파악한다는 것은 곧 한 가지 현상을 여러 가지 현상과의 관련에서 이해할 수 있게 된다는 것을 말한다. 요컨대 구조를 학습하는 것은 사물이나 현상이 어떻게 관련되어 있는가를 학습하는 것이다."[4)]

브루너는 서론의 끝 부분에서 이『교육의 과정』에 어떤 내용들이 들어 있는지를 네 가지로 간략히 열거하였는데 이를 차례대로 요약 · 소개하면 다음과 같다.

① 학습에서 구조는 어떤 역할을 하며 그것을 교수의 핵심내용으로 삼으려면 어떻게 할 것인가?
② 학교교육에서 여러 중요한 교과가 단순히 너무 어렵다는 이유만으로 나중으로 미루고 있는데, 이를 극복할 방법은 없는가?
③ 학교생활뿐만 아니라 일상생활에서도 직관적 사고는 매우 중요한 것인데, 이 직관적 사고를 학교에서 어떻게 가르칠 수 있을까?
④ 배우려는 욕망을 어떻게 하면 자극할 수 있는가?

그런데 이 네 가지 주제 중 처음 세 가지 주제는 모두 한 가지 '핵심적인 확신'에서 풀려 나온 것이라고 브루너는 말하는데, 이 브루너의 '핵심적인 확신'은 다음과 같다.

그 핵심적인 확신이란 곧 '지식의 최전선에서 새로운 지식을 만들어 내는 학자들이 하는 것이거나 초등학교 3학년 학생들이 하는 것이거나를 막론하고 모든 지적 활동은 근본적으로 동일하다'는 것이다. 과학자가 자기 책상이나 실험실에서 하는 일, 문학 평론가가 시를 읽으면서 하는 일은 누구든지 이와 비슷한 활동, 다시 말하면 모종의 이해에 도달하려는 활동을 할 때 그 사람이 하는 일과 본질상 다름이 없다. 이런 활동들에서 차이는 하는 일의 종류에 있는 것이 아니라 지적 활동의 수준에 있는 것이다. 물리학을 배우는 학생은 다름 아닌 바로 '물리학자'이며, 물리학을 배우는 데는 다른 무엇보다도 물리학자가 하는 일과 꼭 같은 일을 하는 것이 훨씬 쉬운 방법일 것이다. 물리학자가 하는 일과 꼭 같은 일을 한다는 것은 물리학자가 하듯이 물리 현상을 탐구한다는 뜻이다. 종래의 교육에서는 이 일을 하지 않고 주로 '다른 무엇'을 해 왔다. 이 '다른 무엇'이란 곧, 예를 들어 물리학의 경우라면, 물리학의 탐구 결과로 얻은 여러 가지 결론에 관하여 교실에서 논의하거나 교과서를 읽는 것이다(이것을 우즈 호울 회의에서는 물리학자의 발견을 학생에게 전달해 주는 언어라는 뜻에서 '중간 언어'라고 부르게 되었다). 탐구라는 관점에서 볼 때, 오늘날 고등학교 물리 교과는 흔히 물리학의 모습을 갖추고 있지 못하고, 사회생활과는 일상 논의되는 사회와 생활의 문제로부터 유리되어 있으며, 수학 역시 수학의 핵심 개념, 즉 서열의 개념과 관련을 맺지 못하고 있다.[5)]

2) 구조의 중요성

『교육의 과정』 제2장은 '구조의 중요성'인데, 여기서 그는 학교에서 '구조', 즉 어떤 교과를 형성하고 있는 '일반적인 생각' '기본적인 생각' '핵심 원리 · 개념' 등을 가르치는 일이 왜 중요한지를 서술하고 있다.

브루너는 학교에서 학생들이 현재 배우는 내용들은 장차 쓸모가 있어야 하는데, 다른 말로 표현하면 전이가 일어나야 하는데, 이를 위해 학교가 취할 수 있는 길은 두 가지가 있다고 하였다. 첫째는 학생들이 학교 또는 다른 사태에서 실제 사용하는 것과 아주 흡사한 것을 가르치는 것으로 이를 '특수적 전이'라고 부른다. 예를 들면, 탁구를 배우면 테니스도 쉽게 배우는 경우가 바로 이 '특수적 전이'다. 브루너는 이 '특수적 전이'의 유용성은 보통 우리가 '기술'이라고 부르는 분야에 국한되어 있다고 보았다. 둘째는 학생들에게 일반적인 생각을 가르쳐서 학생들이 그 생각에 비추어 새로운 문제를 해결하도록 만드는 것으로 이를 '일반적 전이'라고 부르고 있다. 브루너는 "학습한 생각이 기본적이고 일반적인 것일수록 그것이 새로운 문제에 적용되는 범위는 넓을 수밖에 없다."라고 말하면서 학교에서는 '일반적 전이'에 초점을 맞추어야 한다고 주장하였다.

학교에서 '일반적 전이'를 강조할 때 필연적으로 발생하는 문제는 "어떻게 하면 '보통의' 교사가 '보통의' 학생들을 가르침에 있어서 여러 가지 학문 분야의 근저에 있는 기본적인 원리를 명확하게 반영할 수 있도록 교육과정을 구성할 수 있는가?"라는 문제인데, 이 문제는 해당 학문을 가장 잘 이해하고 있는 학자들에게 해당 교과의 커리큘럼을 개발하도록 요청하면 해결된다고 보았다.

학교에서 구조를 가르치는 것이 왜 중요한지에 대한 브루너 자신의 요약을 인용하면 다음과 같다.

> 해당 학문 분야의 폭넓은 기본 구조와 관련을 맺지 않은 특수한 사실이나 기술을 가르치는 것은 몇 가지 근본적인 의미에서 비경제적이다. 첫째, 그런 방식으로 가르치면 학생들은 이미 학습한 것을 앞으로 당면할 사태에 적용하기가 아주 어려울 것이다. 둘째, 일반적인 원리를 파악하는 데까지 미치지 못하는 학습은 지적인 희열이라는 관점에서 볼 때, 아무것도 주는 것이 없다. 교과에 대한 흥미를 일으키는 가장 좋은 방법은 학생들로 하여금 그것이 가치 있는 것임을 느끼도록 하는 것이며, 이것은 다시 학습에서 얻은 지식을

학습 이외의 다른 상황에서도 쓸 수 있도록 할 때 가능하다. 셋째, 학습에서 얻은 지식을 서로 얽매는 구조가 없을 때 그 지식은 쉽게 잊힌다. 서로 단절된 일련의 사실들은 기억 수명이 매우 짧다. 원리나 개념을 중심으로 특수한 사실을 조직하고 그 원리나 개념에서 다시 특수한 사실을 추리해 내는 것만이 인간 기억의 급속한 마모율을 감소시키는, 현재까지 알려진 유일한 방법이다.[6)]

3) 학습의 준비성

『교육의 과정』 제3장인 '학습의 준비성'에서 브루너는 스스로 생각해도 실로 '대담한' 하나의 가설을 제시하였는데, 이 '대담한 가설'이란 '어떤 교과든지 지적으로 올바른 형식으로 표현하면 어떤 발달단계에 있는 아동에게도 효과적으로 가르칠 수 있다'는 것이다. 이 가설의 의미를 밝히기 위하여 그는 세 가지 일반적인 문제, 즉 아동의 지적 발달 과정에 관한 문제, 학습하는 행위에 관한 문제, 나선형 교육과정에 관한 문제를 고찰하였다.

어린이의 사고발달 과정을 자세히 밝힌 스위스의 심리학자 **장 피아제**. 브루너는 피아제의 연구를 자신의 주장을 뒷받침하는 아주 중요한 근거로 인용하였다.

(1) 지적 발달

브루너는 특정한 연령층의 아동에게 교과를 가르치는 문제는 곧 그 아동의 지각 방식에 맞게 교과의 구조를 표현하는 문제라고 보았다. 그리하여 그는 연령에 따라 아동의 지각 방식이 어떻게 다른가를 제시하기 위해 스위스의 생물학자이며 심리학자인 장 피아제(Jean Piaget, 1896~1980)의 '아동의 사고발달 과정'에 관한 연구[7)]를 길게 인용하면서, 그 발달단계에 맞게 가르칠 내용을 적절히 번역하여 가르친다면 가르치지 못할 내용이 없다고 하였다. 이러한 주장을 뒷받침하기 위해 브루너는 우즈 호울 회의 참석자들 중의 하나였던 일리노이 대학교 수학교수인 데이비드 페이지(David Page)의 다음과 같은 경험을 인용하였다.

> 유치원에서 대학까지의 학생들을 가르치는 동안, 나는 연령의 고하를 막론하고 인간의 지적 활동이 비슷하다는 점에 놀람을 금할 수 없었다. …… 내가 보는 바로는, 만약 어린이가 알아듣는 말로 주어지면 어린이들은 거의 무엇이든지 어른들보다 훨씬 빨리 할 수 있는 것 같다. …… 내가 수학자들에게 초등학교 4학년 아동들이 집합론으로 깊이 들어갈 수 있다고 말하면, 몇몇 사람들은 '물론'이라고 하고 대부분의 사람은 깜짝 놀란다. 깜짝 놀라는 사람들은 '집합론'이란 본질적으로 어렵다고 생각하는 사람들이며 이들은 완전히 잘못 생각하는 것이다. 그러나 본질적으로 어렵다는 것은 어불성설이요, 오직 우리가 올바른 관점과 그것을 제시하는 올바른 언어를 모를 뿐이다.[8)]

(2) 학습하는 행위

브루너는 우리가 어떤 교과를 학습하든지 간에 학습은 보통 일련의 일화(episode)를 따라 진행된다고 말한다. 예를 들면, '광합성'은 생물교과의 한 일화다. 따라서 어느 특정 연령층의 아동들에게 이 광합성을 이해시키려면 일화를 그 연령층에 적합하게 꾸며야 하는데, 놀랍게도 이 문제에 대한 연구가 부족하다고 지적하고 있다.

(3) 나선형 교육과정

브루너의 책『교육의 과정』을 통해 널리 알려진 개념들 중의 하나가 바로 이 '나선형 교육과정'(spiral curriculum)이다. 그가 말하는 이 나선형 교육과정이란 교육과정을 조직할 때 사회의 구성원들[9)]이 끊임없이 관심을 가질 가치가 있는 중요한 문제점 · 원리 및 가치를 중심으로 조직하여 초등학교부터 고등학교까지의 모든 학년에 걸쳐 각 발단단계에 알맞은 형태로 표현하여 가르침으로써 이전에 배운 것이 점점 명백하고 성숙한 형태를 취하도록 하는 것을 말한다.

4) 직관적 사고와 분석적 사고

『교육의 과정』 제4장의 제목은 '직관적 사고와 분석적 사고'인데, 여기서 브루너는 직관적 사고의 중요성을 설명하고 있다. 흔히 학교 공부와 시험에서는 명백한 형식으로 언어화하는 능력, 언어적 또는 수학적인 공식을 재생하는 능력이 강조되지만, 직관적 사고는 수학, 물리학, 생물학 등을 공부할 때 아주 중요한 능력이라는 것이다. 예를 들면, 어떤 수학 문제를 풀 때, 그 문제를 가지고 오랫동안 씨름을 한 뒤에 갑자기 해결점에 도달하는 경우가 있는데, 그 해결점을 찾았음에도 불구하고 형식적인 말로 그것을 증명할 수 없는 경우도 있다는 것이다. 또한 우수한 직관을 가진 수학자는 어떤 해답이 과연 옳은 해답인가를 재빨리 잘 추측해 낼 수 있다는 것이다.

그럼 '직관적으로 사고한다'는 무슨 뜻인가? 불행히도 직관적 사고의 성격이나 그것에 영향을 주는 요소가 무엇인가에 대해서는 체계적인 지식이 없다고 브루너는 말한다. 그러나 한 가지 확실한 것은 학습내용을 직관적으로 잘 다루는 데는 그 내용을 완전히 통달하는 일이 절대적으로 중요하다는 것이다. 이를 브루너가 즐겨 사용하는 말로 표현하면, 직관적 사고는 지식의 구조를 기초로 가능하다는 것이다. 이에 대한 브루너의 말을 들어 보도록 하자.

> [지식의] 구조야말로 사고의 도약—사고에서 거쳐야 할 단계들을 뛰어넘고 지름길로 질러가는 것—을 가능하게 한다. 그리고 이때 얻은 결론은 나중에 분석적 사고(연역 내지 귀납)에 의하여 다시 점검되어야 한다. 우리는 직관적 사고와 분석적 사고가 서로 상부상조한다는 것을 인식할 필요가 있다.

직관적 사고를 통하여 사람들은 흔히 분석적 사고로는 도저히 해결할 수 없는 문제 또는 해결한다고 해도 아주 오랜 시간이 걸려야 해결하는 문제를 해결할 수 있다. …… 불행하게도 학교의 학습은 형식을 갖춘 내용을 다룬다는 사실 때문에 직관의 중요성이 과소평가되는 결과를 초래하였다.[10)]

5) 학습동기

『교육의 과정』 제5장은 '학습동기'에 대해 다루었다. 이 장의 핵심은 '어떻게 아동의 지식에 대한 동경을 일깨울 수 있을 것인가?'다. 브루너의 제안은, 외적인 보상에 의존하기보다는 학습내용에 대한 내재적 흥미를 북돋고, 학생들에게 '발견의 기쁨'을 느끼도록 하며, 가르치려는 내용을 아동의 사고방식에 알맞도록 '번역'하라는 것이다.

이 장에서는 또한 당시 미국인들의 교육관이 '실용적'인 것보다는 '학구적'인 것을 중요시하는 방향으로 변하고 있음을 언급하면서, 이 때문에 자칫 잘못하면 나타날 수 있는 '실력지상주의'의 위험을 경고하였다. 즉, 전통적으로 미국의 문화적 풍토는 지적인 가치를 그다지 높이 평가하지 않았는데, 1950년대 중반부터 대다수 미국 사람이 단순히 '교육의 실제적 효과'가 아니라 '교육의 내용과 질'에 주의를 기울이기 시작했다는 것이다. 이렇게 미국인들이 '교육의 내용과 질'에 관심을 기울이게 된 이유로 그는 ① 미국의 제2차 산업혁명기 돌입, ② 러시아의 인공위성 개발로 인한 국가 안보 위협, ③ 미국 인구 중 대학 졸업자들의 비율 증가 등 세 가지를 지적하고 있다.

이와 같은 분위기에 의해 학교교육에서 '과학 기술 진보', 즉 국제 경쟁에서 승리하기 위하여 '지적인 것'을 강조하는 현상이 나타날 것인데, 이것은 미국의 생활 전반에 틀림없이 중요한 결과를 초래할 것이므로 이 사태에 대비하는 일을 소홀히 해서는 안 된다고 강조하였다. 다시 말하면, 학교에서 수월성 교육을 강조하고 학창 시절 어떤 학교를 다녔고 성적은 어떠했는지를 사회에서 너무 중시하면, 사회 전반에 아주 부정적인 영향이 나타날 수 있음을 경고하였다. 여기서 다시 브루너의 말을 직접 들어 보도록 하자.

> 앞으로는 유능한 학생을 더 빨리 진출시키려는 경향이 강해질 것이며, 그 중에서도 특히 과학과 기술 분야에서 일찍부터 능력이 촉망되는 학생들을 진출시키려는 경향이 강해질 것이다. 잘 계획만 한다면 이러한 방안은 학생을 위해서나 국가를 위해서 좋은 일이다. 그러나 또 한편 실력지상주의는 경쟁제도를 내포한다. 학생들은 학업성적을 기초로 빨리 진출할 수 있고 또 기회를 더 많이 가지게 된다. 나중에 사회에서의 지위는 점점 더 학교성적에 따라 결정되며, 일단 지위가 결정되면 학교성적을 돌이킬 수 없는 이상 점점 더 회복할 수 없게 된다. 나중의 교육기회나 취업기회가 모두 학교성적 때문에 고정되어 버리는 것이다. 뒤늦게 머리가 트이는 학생, 뒤늦게 사람 구실을 하는 학생, 교육에 대하여 무관심한 가정에서 자란 학생들은 실력지상주의 사회에서 무자비한 단계적 결정의 희생양이 된다.[11]

특히 브루너가 앞에서 염려한 사항은 '학력지상주의'에 푹 빠진 우리 문화에서 정확히 나타났던 것이기에, 브루너의 통찰력이 얼마나 뛰어난 것인가를 새삼 느끼게 하는 대목이라 할 수 있다.

6) 교구

『교육의 과정』 마지막 장인 제6장은 '교구', 즉 '수업 보조물'에 대한 내용이다. 『교육의 과정』을 즐겨 인용하는 사람들조차도 별로 신경을 쓰지 않는 장이지만, 이 장에는 현재 미국 등의 서방국가뿐만 아니라 우리나라 교육계에서도 지대한 관심을 쏟고 있는 교육정보화, 즉 컴퓨터를 이용한 교육의 질적 개선 작업을 어떻게 추진하는 것이 좋을지에 대한 아주 중요한 시사점이 들어 있다.

브루너는 교구, 즉 수업 보조물의 종류를 간접 경험을 위한 교구, 모형 교구, 극화 교구, 자동화 교구 등의 네 가지로 분류하고 있다.

(1) 간접 경험을 위한 교구

간접 경험을 위한 교구란 영화, 텔레비전 등처럼 보통 학교에서는 구할 수 없는 자료를 학생들에게 보여 주기 위하여 사용되는 교구를 말한다.

(2) 모형 교구

모형 교구란 학생들이 한 현상의 내면에 숨어 있는 구조를 파악하도록 도와주는 교구를 말한다. 잘 계획된 실험이나 시범, 수학의 원리를 가르치기 위한 나무토막, 어떤 과목의 핵심적 아이디어에 가장 효과적으로 도달하도록 그 과목의 학습내용이나 제시 순서를 이상적으로 계열화한 프로그램 등이 이 부류에 속한다.

(3) 극화 교구

학생들로 하여금 현상이나 생각과 긴밀한 일체감을 느끼도록 하는 데 극적인 효과를 가진 교구인데, 사실에 충실한 역사소설, 생태 그대로 동물의 생존경쟁을 극적으로 보여 주는 기록 영화 등이 여기에 속한다.

(4) 자동화 교구

세밀히 계획된 순서에 따라 기계가 학생들에게 연습문제를 한 단계씩 제시하는 티칭 머신(teaching machine)을 말하는 것으로, 오늘날의 컴퓨터 보조 수업도 이 부류에 해당한다.

그는 이처럼 교구를 네 가지로 분류하여 설명한 다음 이러한 교구들이 결코 교사를 대치할 수는 없으며, 교사가 특정한 목적 달성을 위해 세밀히 준비한 수업을 도와주는 보조 수단으로 사용되어야 함을 강조하고 있다. 브루너의 말을 들어 보자.

> 어떤 특정한 교구를 사용하는 목적이 무엇인가 하는 문제는 어디서나 제기되는 문제다. …… 우리가 알아야 할 것은 교구 그 자체가 목적을 결정하지 않는다는 것이다. 시청각 교구나 티칭 머신을 만병통치약으로 생각하고 무조건 그것을 찬성하는 사람들은 그것으로 어떤 목적을 달성하려고 하는지가 가장 중요하다는 사실을 간과하고 있다. 이 세상에서 가장 좋은 교육 영화들로 끝없는 향연을 베푼다 해도, 그것이 다른 교수방법과 아무 관련을 맺지 못하면, 관람석에 가만히 붙어 있는 관객을 만들어 낼 뿐이다. …… 교육과정의 목표와 그 목표를 달성하기 위한 균형 잡힌 수단을 강구하는 데서 사용 방법이 모색되어야 한다.[12)]

끝으로 그는, 교사 자신이야말로 사실상 학교수업 실제에서 수업의 주된 '교구'라고 지적하면서 교사의 중요성을 강조하였다. 앞에서 언급한 교구의 사용 여부와는 상관없이 전달하려는 지식을 교사가 통달하고 있으면 교사의 지식 전달 능력은 크게 달라진다는 것이다. 이처럼 브루너는 교사의 중요성을 크게 강조하면서 다음과 같이 끝맺고 있다.

> 결국, 지식의 전달자로서, 학문의 모범으로서, 또 동일시 모형으로서의 교사의 과업은 경험의 폭을 넓히고 그 경험을 명료화하며 그 경험에 개인적인 의미를 부여하는 여러 가지 교구를 잘 활용함으로써 훨씬 효과적으로 완수될 수 있다. 교사와 교구 사이에 반드시 갈등이 있어야 할 아무런 이유가 없다. 교육의 목적과 필요한 조건을 고려하여 교구를 개발한다면 교사와 교구 사이에는 아무런 갈등이 없을 것이다. 오직 순간적인 호기심을 자극하는 수단으

로서의 영화와 텔레비전, 아무런 내용도 품위도 없는 텔레비전 프로그램, 전혀 배울 가치가 없는 내용을 생생하게 그려 내는 그림 등은 교사에게나 학생에게나 아무런 도움도 되지 못한다. 교육과정의 질의 문제는 16mm 영사기[오늘날에는 전자칠판이나 프로젝터]를 구입하는 것으로 회피할 수 있는 문제가 아니다.[13)]

3. 학문중심 교육과정의 국내 도입

지금까지 자세히 살펴본 것처럼, 브루너의 『교육의 과정』에 제시된 '지식의 구조'를 중시하는 '학문중심 교육과정'은 우리나라에 언제 누구에 의해 소개되었을까?

문헌에 따르면, 브루너의 생각이 국내에 소개된 것은 미국에서 『교육의 과정』이 출판된 지 약 10년쯤 지난 1970년 전후였다. 브루너의 '지식의 구조' 개념을 가장 먼저 소개한 논문으로는 이경섭이 1968년 경북대학교 논문집에 발표한 「Discipline in the curriculum: On the structure of discipline」이라고 알려져 있다.[14)]

이어서 대학생용 교육과정 교재에도 학문중심 교육과정이 언급 · 소개되기 시작하였는데, 대표적인 책으로는 김성권의 『현대 교육과정 원론』(1968), 이규환의 『학교의 교육과정』(1971), 김제중의 『교육과정의 이론과 실제』(1972), 이영덕의 『교육의 과정』(1969), 홍웅선의 『새 교육과정의 이론적 기저』(1971), 이경섭의 『현대 교육과정론』(1972) 등을 들 수 있다.[15)]

그러나 브루너의 생각이 우리나라 교육계에 널리 알려지게 된 결정적인 계기는, 서울대학교 교육학과 이홍우 교수(1939~)가 1973년 『교육의 과정』을 번역 · 소개하고, 4년 후인 1977년 『교육과정 탐구』를 출판하면서부터라 할 수 있다. 이홍우 교수가 38세 때에 쓴 이 책은 아마도 국내 교육과정학 분야에서 가장 널리, 그리고 가장 꾸준히 읽히는 명저임이 분명한데, 이 책에서 이홍우 교수는 프랭클린 보비트(Franklin Bobbitt), 랠프 타일러(Ralph Tyler), 벤저민 블룸(Benjamin Bloom), 로버트 메이거(Robert Mager) 등으로 이어지는 교육과정학 전통을 '목표 모형'으로, 그리고 '지식의 구조'를 강조하는 제롬 브루너의 생각을 따르는 입장을 '내용 모형'으로 분류하고, 브루너의 생각을 자세히 소개한 다음 이를 적극 옹호하였다.

총 343쪽으로 구성된 이홍우 교수의 『교육과정 탐구』 초판은 1992년 증보판이 되면서 551쪽으로 그 분량이 늘어났는데, 이 증보판에서 그는 학교에서 가르칠 것은 '생활에 필요한 그 무엇'도 아니고 '이상적인 어른이 되기 위해 필요한 그 무엇'도 아닌 바로 '학문(교과)'이라는 주장을 아주 치밀하고 세심한 논리로 펼치고 있다. 만일 현재 손에 들고 있는 이 책『교육과정학의 이해』를 읽고 교육과정학에 심각한 관심을 가지게 된다면, 바로 이어서 또는 좀 더 교육과정학 분야에 대한 기초지식을 쌓은 후에 이홍우 교수의 『교육과정 탐구』를 꼼꼼히 읽어 보기 바란다.

이제 제8장을 마무리할 때가 되었다. '타일러의 논리'가 벤저민 블룸과 로버트 메이거를 거치면서 어떻게 발전하는지를 제6장에서 살펴보았는데, 이들의 생각을 요약하면, '교육목표를 진술할 때에는 반드시 이루어질 평가를 고려하여 아주 구체적으로 진술하라'는 것이다. 즉, 이들은 '무엇을 가르

1977년에 출판된 『교육과정탐구』와 1992년에 출판된 『증보 교육과정탐구』. 교육과정학을 전공하는 사람들은 꼭 읽어 보아야 할 책이다.

칠 것인가'라는 교육과정학의 근본적인 질문에 대하여 '평가할 내용'을 '목표로 삼아' 가르치라고 말하고 있는 것이다. 이홍우 교수는 타일러, 블룸, 메이거로 이어지는 이러한 전통을 '목표 모형'이라고 부르고 있다. 한편, 1950년대 후반기에는 심리학자들이 주도하는 가운데 위기에 빠진 미국 교육을 구원하려는 노력이 일어났는데, 그 노력을 요약한 책이 제롬 브루너의 『교육의 과정』이다. 이 책에서 브루너는 학교에서 가르칠 것은 바로 '지식의 구조', 즉 '학문(교과)의 구조'라고 역설하였다. 이러한 입장, 즉 '무엇을 가르칠 것인가'라는 질문에 대하여 '학문(교과)의 구조'라는 대답을 하는 입장을 교육과정학에서는 '학문중심 교육과정'이라고 부른다. 이런 입장의 대표적인 옹호자인 이홍우 교수는 이를 위의 '목표 모형'과 대비시켜 '내용 모형'이라고 명명하였다.

이처럼 교육과정학의 학문활동이 타일러의 논리를 보충 · 심화시키거나 또는 브루너와 같은 심리학자들의 손으로 그 주도권이 넘어가자 "교육과정학은 죽어 가고 있다."라는 말이 1960년대 말에 번지기 시작하였다. 교육과정학 분야에서는 이를 '재개념화 운동'이라고 부르는데, 다음 장에서는 이 재개념화 운동에 대하여 살펴보도록 하자.

읽고 토론해 봅시다

이동성: 많은 사람이 학교교육에서 다루는 내용들이 실제 생활과는 너무 거리가 멀다고 불평하면서도, 왜 그러한 일이 생기는지는 별로 생각하지 않는 것 같다. 학생들은 학교에서 셰익스피어의 작품을 읽도록 강요받고 있지만, 집에서는 누가 시키지 않아도 스스로 만화책이나 통속 소설을 즐겨 읽는다. 학교에서는 음악 시간에 교향곡이나 오페라를 듣도록 요구하지만, 학교를 나서면 학생들의 귀에 들어오는 것은 대중가요나 외국의 팝송들뿐이다. 미술품은 박물관이나 화랑에만 전시되어 있는 것이 아니다. 우리의 생활 주변에서 보는 수많은 광고물이나 건물의 모습, 심지어 상품의 디자인과 그 포장까지가 모두 아름다운 미술이다. 일부 현대 전위미술가들이 보여 주는 작품이나 신문 · 잡지에 게재되는 연재만화는 미술이 아니라고 할 수 있는가? 왜 학교에서는 학생

들에게 그들이 가진 풍부하고 다양한 문화를 무시한 채, 오히려 인위적이고 친숙하지 못한 문화를 강요하고 있는 것일까? 왜 학교는 학생들이 살고 있는 실제 세계의 생활문화를 직접 다루어 줌으로써 그들의 생활이 보다 의미 있도록 도와주려고 하지 않는 것인가?

서유진: 그것은 바로 셰익스피어나 베토벤 또는 렘브란트와 같은 사람들이 우리 모두의 삶을 의미 있도록 만들어 주기 때문이다. 이들은 우리 인류가 성취한 최고의 경지를 대표하는 사람들이며, 이들의 작품은 대중문화에서는 찾아보기 어려운 인간의 보편적인 정서와 감정을 웅변적으로 말하고 있는 것이다. 이처럼 인간의 미적인 감성과 정서를 가르쳐주는 훌륭한 본보기가 있는데도 왜 우리가 평범하고 의미 없는 자료들을 교육에서 사용하여야 한단 말인가?

이동성: 천만에. 나는 그렇게 생각하지 않는다. 왜 청소년들이 즐기는 대중문화가 의미 없는 것이란 말인가? 그것은 본래부터 의미 없고 하찮은 것이 아니라, 단지 우리 성인들이 그것을 교양 없고 저속한 것이라고 여기고 있을 뿐이다. 그리고 학생들에게도 그렇게 생각하도록 가르침으로써, 그들 자신이 청소년 문화는 그냥 한번 거쳐 지나가는 감각적이고 하찮은 것으로 여기도록 만들고 있는 것이다. 청소년의 대중문화는 그들의 깊은 감성과 욕구를 반영하는 것으로서 그들에게는 상당히 중요한 것임에도 불구하고, 그것을 사소하고 의미 없는 것으로 만드는 사람은 바로 우리 성인이다.

서유진: 인간의 문화나 .예술이 추구하는 것은 감성이 아니라 문화를 창조하고 감상할 줄 아는 최고 수준의 지성이다. 따라서 학교의 일차적인 책임은 학생들에게 지성을 계발시켜 주는 일이지 제멋대로 감정을 표현하도록 가르치는 일이 아니다. 그러한 비천한 정서나 행동 또는 비지성적인 자극은 텔레비전에서 얼마든지 제공해 주고 있다. 우리 학교교육에서 필요한 것은 그러한 부정적인 문화 세례에 대처할 수 있는 고급문화인 것이다.

이동성: 왜 그것을 부정적인 것이라고 보는가? 왜 대다수의 열심히 일하며 선량하게 살아가는 보통 사람이 갖는 문화는 부정적인 것이 되고, 자신을 엘리트라고 보는 오직 소수의 사람이 갖는 문화가 긍정적인 것이 되는가? 우리 인간의 지적인 능력 수준은 서로 다를지 모르지만, 그러나 사랑과 분노, 기쁨, 슬픔 등을 느끼는 감성은 모든 인간이 똑같이 공유하고 있다고 본다. 따라서 학교의 교육과정은 마땅히 실생활 속에 나타나는 대중적인 예술의 형태를 이용함으로써 이러한 인간의 공통적인 능력을 강조하여야 한다. 그래야만 학교교육과 실생활 간의 괴리를 막을 수 있고, 젊은 학생들에게 우리 인류가 갖는 공통의 인간성을 가르칠 수 있는 것이다.

서유진: 그래그래! 네 말이 옳다. 이제 서점이나 도서관에 있는 모든 책을 치우고 만화책이나 주간지로 바꿔 놓도록 하자. 국어 시간에는 어려운 고전 문학의 작품보다 흥미 있는 탐정소설이나 최신 연애소설을 읽도록 하자. 음악실에 있는 고전악기나 레코드들은 모두 없애고 대신 기타나 전자 악기들, 최신 유행 가요를 준비하도록 하자. 그리고 미술 교육을 위해서는…….

이동성: 잠깐만! 너무 그렇게 억지를 부리지 마라. 이 문제는 우리가 한번 냉정하게 생각해 보아야 할 문제가 아닌가?

여러분은 어떻게 생각하는가? 대중문화도 학교의 교육과정에 포함될 수 있다고 보는가? 학교에서 고급문화만을 가르침으로써 학생들이 자신의 문화를 열등한 것이라고 느끼도록 만들고 있다는 주장에 동의하는가? 고급문화와 대중문화를 구분하는 기준은 무엇인가?

출처: 허숙 · 박승배 역, 『교육과정과 목적』(경기: 교육과학사, 2017), 272~275쪽.

제 9 장

타일러의 논리로부터의 탈출: 교육과정학의 재개념화

"교육과정 개발: 출생 1918, 사망 1969"

–윌리엄 파이나–

"교육과정학 분야는 죽어 가고 있으며,
현재의 방법론과 원리들을 가지고는 그 작업을 계속해 나갈 수 없어
새롭고 보다 효과적인 방법론과 원리가 절실히 필요하다."

–조지프 슈와브–

이 책의 제2장부터 제6장까지에서 살펴보았듯이, 전통적으로 교육과정학자들이 수행한 일은 일선 교사들이 따라야 할 커리큘럼을 편성하는 절차를 개발하는 일이었다. 교육과정학의 주춧돌을 놓은 사람인 보비트(Bobbitt)부터 시작하여 지금까지 그 위력이 남아 있는 타일러(Tyler)의 논리에 이르기까지 이들의 공통점은 '커리큘럼 편성 절차'를 아주 구체적으로 명시하려고 했다는 데에 있다. 즉, 기간으로 보아서 1920년대에서 1960년대 초반까지의 교육과정학자들은 '커리큘럼 편성 절차 개발'이라는 오직 실용적인 일에 매달려 있었다.

그러나 1950년대 후반에 접어들면서 이와 같은 교육과정학자들의 전통적인 역할은 큰 도전을 받게 되었다. 그리고 이러한 도전에 대한 대응으로 교육과정학자들은 새로운 역할을 모색할 수밖에 없었는데, 그 결과 교육과정학 분야에는 '재개념화'라 불리는 하나의 운동이 나타나게 되었다. 이 장에서는 교육과정학자들의 전통적인 역할이 어떤 도전을 받았는지, 그리고 그에 대한 대응으로 부상한 재개념화 운동이란 무엇이며 어떻게 발전하는지 등을 자세히 살펴보도록 하자.

1. 교육과정학의 위기

대학에서 교육과정학을 전공한 사람들은 '커리큘럼 개발' 작업에서 중추적인 역할을 하고 있었는데, 이러한 교육과정학 전공자들의 위상이 도전받게 되는 사건이 1950년대 후반에 일어났다. 그 사건은 바로 러시아의 스푸트니크 발사였다. 제8장에서 살펴본 것처럼, 1957년 10월 4일 러시아가 먼저 인공위성을 발사하자 이에 당황한 미국 정부는 과학 기술 경쟁에서 미국이 뒤진 책임을 교육에 돌리면서 커리큘럼 개혁 운동을 대대적으로 전개하였다. 이를 위해 당시 아이젠하워 정부는 1958년 「국방교육법」(National Defense Education Act)을 제정하여 커리큘럼 개발을 위해 연방정부가 막대한 예산을 지원할 수 있는 길을 터 주었다. 그런데 커리큘럼 개발을 위한 이 예산은 교육과정학을 전공한 커리큘럼 전문가들에게 제공되지 않고 각 학문(교과)의 전공자들에게 제공되었다. 그 이유는 생활중심 교육을 너무 강조하여 미국의 국제 경쟁력을 상실하게 한 주범이 바로 교육과정학 전공자들이라는 인식이 널리 퍼져 있었기 때문이다.[1)]

이처럼 커리큘럼 개혁의 주도권이, 앞서 살펴본 우즈 호울 회의에서와 같이, 대학에서 교육과정학을 전공한 커리큘럼 전문가로부터 실제 각 교과를 전공한 학자들, 예를 들면 물리학자, 생물학자, 수학자 등에게로 넘어가자 교육과정학자들은 더 이상 수행할 역할이 없었다. 우즈 호울 회의에는 교육과정학자가 1명도 초대되지 않았다. 이런 현상은 1960년대 말에 접어들면서 교육과정학을 전공하려는 대학원생들의 감소를 초래하였다.[2)] 어느 분야나 그렇듯이, 그 분야의 진로가 불투명하면 그 분야에 매력을 느끼고 공부하려는 학생들이 줄어들게 마련이고, 결과적으로 그 분야의 학문적 정체성이 도전받게 된다.

이처럼 1960년을 전후하여 '커리큘럼 개발'이라는 극히 실용적인 작업의 주도권이 교과 전문가에게로 넘어가고, 또한 교육과정학자들의 학문적 활동이 '타일러의 논리'를 수정 · 보완하는 수준을 넘어서지 못하자 급기야 1960년대 말에는 "교육과정학 분야는 죽어 가고 있다."라는 말이 교육과정학계에 나돌게 되었다.

'교육과정학 분야는 죽어 가고 있다'는 말을 처음 입에 올린 사람은 당시 시카고 대학교 교수였던 조지프 슈와브(Joseph Schwab, 1909~1988)였다. 슈와브는 21세 때인 1930년 시카고 대학교에서 영문학과 물리학을 전공하고 학사학위를 받은 다음, 대학원에 진학하여 생물학을 공부하였고, 박사학위는 그의 나이 29세 때인 1938년 유전학을 전공하여 받았다. 박사학위를 취득하자 그는 곧 시카고 대학교 생물학과 교수가 되었고, 이후 교육학에도 관심을 가져 1974년 은퇴할 당시에는 그는 교육학 및 자연과학 분야의 교수를 겸하고 있었다.[3)]

비록 슈와브가 교육학보다는 자연과학 분야의 학문적 배경을 가지고 있었지만, 60세 때인 1969년 시카고 대학교 출판부에서 발행하는 『School Review』라는 학술지에 「실제적인 것: 교육과정학을 위한 언어」(The Practical: A Language for Curriculum)라는 논문을 실었다. 이 논문은 곧 유명해졌는데, 그 이유는 '교육과정학 분야는 죽어 가고 있다'는 충격적인 선언이 담겨 있기 때문이었다. 이 논문은 당시 교육과정학계에 적지 않은 파문을 일으켰고 교육과정학의 재개념화라고 하는 하나의 새로운 물결을 일으키는 기폭제의 역할을 하였다.

슈와브는 이 논문에서, 어떤 학문 분야든지 그것이 위기를 맞을 때 나타나는 여섯 가지 징후가 있는데, 이 징후가 바로 교육과정학 분야에 나타나고 있다고 지적하였다. 슈와브가 말하는 여섯 가지 징후는 다음과 같다.

① 어떤 학문 분야 내의 문제와 이를 해결하는 작업이 그 분야의 전공자에게서 타 분야 전공자에게로 넘어가는 현상
② 어떤 학문 분야의 '주제'에 관한 담화에서 그 학문 분야의 '담화'에 관한 담화로, 원리와 방법의 '사용'에서 이들에 관한 '언급'으로, 기초가 튼튼한 결론 도출 작업에서 모델의 형성 작업으로, 이론에서 메타이론으로, 메타이론에서 메타메타이론으로 넘어가는 현상
③ 어떤 분야의 전공자들이 그 분야를 있는 그대로 새롭게 조명하기 위하

여 그 분야 내의 현재 및 과거의 모든 원리를 버리고 순수한 상태로 바라보는 현상

④ 어떤 분야의 전공자들이 국외자로, 관찰자로, 논평을 하는 사람으로, 역사가로, 타 분야 전공자들이 그 분야에 가져온 공헌을 비평하는 비평가로 바뀌는 현상

⑤ 옛 지식에 새로운 것을 별로 추가하지 않은 채 새로운 언어로 반복하는 현상 또는 옛 공식을 단순히 비평하거나 극히 일부분만을 수정하여 반복하는 일이 현저히 증가하는 현상

⑥ 논쟁적이고, 논란의 여지가 많고, 인신 공격적인 토론이 현저히 증가하는 현상

슈와브가 어떠한 근거로 이와 같은 여섯 가지 징후가 1960년대 당시의 교육과정학계 내에 일어나고 있다고 보았는지는 설명하지 않는다. 이 책을 차분히 읽은 독자라면 어렵지 않게 슈와브의 주장을 이해할 수 있을 것이다.

이렇듯 '죽어 가고 있는' 교육과정학을 다시 살려 내려면 교육과정학 내에 어떤 변화가 있어야 하는가? 슈와브는 이 질문에 대한 답변을 이 논문에서 시도하였는데, 슈와브의 답변을 살펴보기 위해 이 논문의 서두를 직접 읽어 보도록 하자.

> 내가 이 논문에서 말하려는 요점은 세 가지다. 첫째, 교육과정학 분야는 죽어 가고 있으며, 현재의 방법론과 원리들을 가지고는 그 작업을 계속할 수 없게 되자 보다 새로운 효과적인 방법론과 원리들을 절망적으로 찾아 헤매고 있다는 것이다.
>
> 둘째, 교육과정학 분야는 일차적으로 이론이 필요 없는 분야인데도 불구하고, 설령 이론이 필요하다 하더라도 현존 이론이 그 분야의 문제를 해결하는 데 부적절함에도 불구하고, 오랫동안 검토 없이 어떤 이론에 의존하여 불

행한 사태를 맞이하게 되었다는 것이다…….

셋째, 이것이 바로 내가 이 논문에서 말하려는 것인데, 오직 교육과정학 분야의 많은 에너지가 이론적인 것에서 실제적인 것, 실제적인 것과 비슷한 것, 그리고 절충적인 것으로 옮겨 갈 때에만 교육과정학 분야는 미국 교육의 질적인 개선에 공헌할 수 있고 르네상스를 맞이할 것이라는 것이다.[4)]

앞의 인용문을 이해하기 위해서는 몇 가지 보충 설명이 필요하다. 먼저 슈와브는 "교육과정학 분야가 죽어 가고 있다."라고 말할 때 '죽어 가고' 있다는 표현으로 moribund라는 단어를 쓰고 있다. 이 단어의 뜻은 '어떤 가치 있는 기능을 더 이상 수행하지 않아서 종말에 가까워진 상태'를 뜻한다. 따라서 '교육과정학 분야가 죽어 가고 있다'는 말은 커리큘럼 개발을 주요 임무로 삼았던 교육과정학자들이 교육 현장의 개선 작업에서 소외되어 더 이상 설 자리가 없었음을 나타낸 말이다.

다음으로, 슈와브가 그동안 교육과정학자들이 '이론적'인 작업에 얽매여 있었다고 비판하면서 '이론적'인 것을 지양하라는 말의 진의는, 통상적인 이론이나 철학을 비난하는 것이 아니라, 그동안 교육 상황에 활용하기 위한 연구가 모든 맥락적 변인을 포함한 실제 상황에서 출발하기보다는 여러 상황의 추상적 일부분에서 문제를 취해 왔음을 지적하는 것이다. 즉, 교육과정학자들이 그동안 출판될 수 있는 일반화된 법칙을 추구한 나머지 실제 교실 상황에서 분리되는 현상을 지적한 것으로, 이론 그 자체를 비난하는 것이라기보다는 연구방법론이 잘못되었음을 지적하는 것이다.[5)]

끝으로, 슈와브가 말하는 '실제적'(practical)이라는 용어의 의미를 살펴보자. 슈와브가 커리큘럼 탐구나 개발과 관련하여 '실제적' 탐구를 수행하라고 말할 때 그 의미는, 커리큘럼 탐구나 개발이 바로 그 커리큘럼에 의해 영향을 받은 바로 그 사람들이 주체가 된 가운데 이루어져야 한다는 것이다. 대학 세미나실이나 어떤 유명한 위원회 등에서 이루어진 커리큘럼 개발에 관한 연구

결과는 그것이 적용될 특정 상황에서 분리된 것이기 때문에 구체적 상황에 잘 들어맞지 않는다. 물론 연구진들은 실제 상황을 파악하기 위해 현장을 방문하기도 한다. 그러나 이들이 초능력을 가지고 있지 않은 바에는 잠깐 동안의 수업 참관만으로 매일 교실에서 생활하는 교사들보다 그 현장을 보다 잘 파악할 수 있는 것은 아니라는 것이다.

슈와브가 말하는 '실제적'이라는 말의 의미가 아직도 정확히 이해되지 않는 사람들을 위하여 미국에서 널리 읽히는 교육과정학 교재를 집필한 슈베르트(Schubert) 교수의 설명을 잠시 인용한다.

> 통상 중앙행정관서의 공무원들에 의해 소집된 [커리큘럼 개발에 관한] 위원회는 목적, 내용, 조직, 평가의 문제에 대한 대책을 고안한다. 그 결과로 도출되는 지침들은 목적과 목표, 포함될 내용, 충족되어야 할 기준, 교과서와 기타 활용될 자료, 검사지 및 평가 방법 등으로서 아주 명시적이고 구체적이다. 이와 같은 교육과정 설계를 위해 사용되는 방법은 합리적이고 직접적인 것이 아니라 정치적이고 우회적이다. 교사, 학부모, 심지어 학생들도 중앙행정관서의 공무원들이나 장학사들과 함께 그러한 위원회에 참석하도록 가끔 요청받는다. 이러한 위원회가 학교 차원의 커리큘럼 개발의 일반적 방향을 설정하는 데 기여할 수 있다는 것은 의심의 여지가 없지만, 이러한 접근 방식은 실제적 탐구의 원리에 어긋나는 것이다. …… 교사, 학부모, 학생, 교장들이 다른 지역에 영향을 미치는 결정을 하기 위해 자신들의 현장을 떠나는 순간 그들의 상호작용적 전문성은 상실된다. 그들은 다른 지역에 자신들의 요구, 문제, 관심을 반영시키게 된다. 커리큘럼 수혜자의 동의가 무시될 때, 커리큘럼에 대한 숙고는 결코 실제적인 것이 될 수 없다.[6)]

지금까지 살펴보았듯이 슈와브는, 심각한 위기를 맞은 교육과정학 연구 분야가 다시 살아나기 위해서는 일반적인 원리나 보편적인 법칙을 찾는 이론적 작업에 매달리기보다는 실제적이고 절충적인 방향으로 그 접근 방법을 바꾸어야 한다고 주장하였다. 이러한 슈와브의 위기의식에 당시 미국 위스콘신 대학교 밀워키 캠퍼스의 교육학 교수인 맥도널드(MacDonald), 컬럼비아 대학교 티처스 칼리지의 교육학 교수인 휴브너(Huebner) 등과 같은 젊은 교육과정학자들이 동조하면서, 1950년대와 1960년대를 지배한 행동주의적이고 기술공학적인 접근에 대한 비판과 함께 새로운 교육과정학 탐구의 토대를 구축하는 일이 시작되었는데, 이들의 이러한 움직임을 '재개념화'라고 한다.

2. 재개념화 운동의 발전 과정

슈와브의 위기의식에 동조하고 교육과정학 분야의 새로운 토대를 구축하기 위해 1960년대 말 여러 명의 젊은 교육과정학자는 각자 열심히 노력하였다. 그 대표적인 학자들이 바로 앞에서 언급한 휴브너와 맥도널드다. 그러나 재개념화 운동에 뜻을 같이하는 학자들이 한자리에 모여 학술회의를 갖게 된 것은 1973년이었다.

재개념화에 동조하는 학자들은 1973년 5월 3일부터 5일까지 미국 뉴욕주의 로체스터 대학교에서 학술회의를 가졌는데, 이 학술회의를 준비한 사람은 윌리엄 파이나(William Pinar)라고 하는 아주 젊은 교수였다.

파이나는 휴브너와 맥도널드를 포함하여 교육과정학 분야의 재개념화에서 핵심이 되는 생각과 방법론을 개진하고 있다고 생각되는 주요 학자들을 초청하였고, 이 학술회의에 참석하기 위해 미국과 캐나다에서 모여든 학자들은 거의 100여 명에 이르렀다. 이들은 학술회의에서 교육과정학이 나아가야 할 방향을 허심탄회하게 논의하였는데, 당시 한 소분과 모임을 이끈 어느 학자는 그 분위기를 다음과 같이 기술하였다.

> 우리는 개인적인 고뇌, 절망, 혼돈, 흥분, 답을 모르는 무수한 질문을 볼 수 있었다. 이러한 고뇌를 느끼면서 우리 자신이 순례자가 되는 데 필요한 용기를 얻기도 하였다. 여기에 모인 모든 사람이 순례자가 되기를 원하지는 않겠지만, 우리들 중 몇몇은 기꺼이 순례자가 될 것이다. 함께 손을 잡고 앞으로 나아가기를 원하는 사람들에게 무엇을 더 요구할 수 있단 말인가? 그 길은 매우 불투명하지만, 로체스터 학술회의는 우리에게 나아갈 방향을 어느 정도 제시해 주었다.[7)]

파이나는 다음 해인 1974년 이 학술회의에서 논의된 내용들을 정리하여 단행본『Heightened Consciousness, Cultural Revolution, and Curriculum Theory: The Proceedings of the Rochester Conference』를 출판하였다. 이 로체스터 학술회의는 재개념주의적 접근을 갖는 사람들이 결속하는 계기가 되어 그 이후 매년 정기적인 학술 행사를 개최하였다.

또한 파이나는 1975년 자신과 비슷한 생각을 가진 여러 학자의 논문을 묶어『Curriculum Theorizing: The Reconceptualists』를 출판하여 '재개념주의자'라는 용어를 처음으로 공론화하였다. 그뿐만 아니라, 파이나는 1978년 재개념주의자들의 전문학술지인『The Journal of Curriculum Theorizing』을 창간하였는데, 이 학술지는 1990년『JCT: An Interdisciplinary Journal of Curriculum Studies』로 이름이 바뀌어 지금까지 발행되고 있다.

파이나는 1995년에 동료들과 함께 쓴『교육과정학의 이해』에서 1970년부터 1979년까지의 10년간을 교육과정학의 재개념화 시기로 규정하고, 이 시기를 거치면서 교육과정학 분야는 '타일러의 논리'를 기초로 한 '교육과정 개발'(curriculum development)이라는 극히 실용적인 작업에서 '교육과정 이해'(understanding curriculum)라는 이론적이면서 실용적인 작업으로 그 패러다임이 완전히 바뀌게 되었다고 주장하였다.

한편, 1970년대에 출판된 교육과정학 개론서들은 이전에 출판된 개론서들과는 약간 차이를 보이기 시작하였다. 무엇보다 당시에 출판된 개론서에는 일선 현장에 대한 처방을 할 목적으로 제시된 원리나 지침들을 장황하게 늘어놓은 일이 사라졌다. 대신 당시의 책들에는 교육과정의 개념 분석, 교육과정학의 역사 등에 관한 내용이 자세하게 취급되었다. 달리 표현하면, '교육과정의 개발'에 관한 내용보다는 '교육과정의 이해'에 관한 책들이 나타났다는 것이다.

3. 재개념주의자들의 탐구 영역

'교육과정 개발'보다는 '교육과정 이해'에 초점을 맞춘 재개념주의자들은 도대체 그 관심사가 구체적으로 무엇이었을까? 파이나는 1988년에 편저한 『Contemporary Curriculum Discourses』에서 1980년대 이후 재개념주의자들의 관심과 탐구 영역을 여섯 가지로 구분하여 그들의 글을 묶어 소개하였다. 그 여섯 가지 영역이란 ① 커리큘럼에 대한 역사적 연구, ② 이론과 실제의 의미와 그 관련성에 대한 연구, ③ 정치적 관점에서의 커리큘럼 연구, ④ 미학적 관점에서의 커리큘럼 탐구, ⑤ 현상학적 관점에서의 커리큘럼 탐구, ⑥ 남녀간의 사회적 불평등 문제 탐구 등이었다. 이 여섯 가지 영역의 내용을 간략히 살펴보면 다음과 같다.[8)]

1) 커리큘럼에 대한 역사적 연구

이 분야에 관심을 가진 학자들은 기술공학적이고 행동주의적인 교육과정학의 연구모형에 대한 역사적인 비판을 통하여 전통적 관점이 갖는 탈역사성과 가치중립성의 허구를 지적하고 그 문제점을 부각시키는 일에 주된 관심을 가졌다. 이 분야의 대표적인 학자로는 로체스터 대학교의 시어도어 브라운

(Theodore Brown), 유타 주립대학교의 배리 프랭클린(Barry Franklin), 메릴랜드 대학교의 스티븐 셀던(Steven Selden), 위스콘신 대학교 매디슨 캠퍼스에서 교수로 재직하다가 은퇴한 허버트 클리바드(Herbert Kliebard) 등을 들 수 있다.

2) 이론과 실제의 의미와 그 관련성에 대한 연구

이 영역에 관심을 가지는 학자들은 말 그대로 이론과 실제의 의미를 탐구하고 둘 사이의 관련성을 밝히기 위해 노력하였는데, 대표적인 인물로는 노스캐롤라이나 대학교 그린스보로 캠퍼스의 교수를 지내다가 1983년 11월 21일에 세상을 떠난 제임스 맥도널드(James MacDonald)와 현재 캐나다 브리티시 컬럼비아 대학교 교수인 파이나를 들 수 있다. 파이나의 생각에 대해서는 다음 장에서 자세히 살펴볼 것이다.

3) 정치적 관점에서의 커리큘럼 연구

이 분야를 이끄는 대표적인 학자들로는 위스콘신 대학교 메디슨 캠퍼스 교수인 마이클 애플(Michael Apple)과 캐나다 맥매스터 대학교의 헨리 지루(Henry Giroux) 등을 들 수 있는데, 이들의 공통점은 카를 마르크스(Karl Marx)의 사상을 토대로 커리큘럼을 정치적 · 사회적 · 경제적 배경에서 분석하고 비판한다는 것이다. 애플의 사상에 대해서도 다음 장에서 파이나의 생각과 함께 자세히 살펴볼 것이다.

4) 미학적 관점에서의 커리큘럼 탐구

이 분야에 관심을 가진 학자들은 커리큘럼에 대한 미학적 비판을 시도하였는데, 이들의 공통적인 관심사는 교수와 학습의 과정이 단순히 목표와 방법을 연결하는 기계적이고 공학적인 관계가 아니라, 개인적인 의미의 형성을 통한 보다 실존적이고 창조적인 과정이라는 점을 밝히려는 것이다. 이 분야의 대표적인 학자로서는 컬럼비아 대학교 티처스 칼리지 교수를 지낸 맥신 그린(Maxine Greene), 스탠퍼드 대학교 교수를 지낸 엘리엇 아이스너(Elliot Eisner) 등을 들 수 있다. 아이스너에 대해서는 제11장에서 자세히 살펴볼 것이다.

5) 현상학적 관점에서의 커리큘럼 탐구

이 분야는 캐나다 앨버타 대학교를 중심으로 이루어지는 커리큘럼에 대한 현상학적, 해석학적 탐구의 경향을 가리킨다. 지금은 은퇴한 캐나다 앨버타 대학교의 테드 아오키(Ted Aoki)와 맥스 반 매넌(Max van Manen) 등이 대표적인 학자들이다.

6) 남녀 간의 사회적 불평등 문제 탐구

이 분야는 크게 보면 정치적 · 사회적 관점에서 커리큘럼을 분석하는 분야에 속하는 것이지만 파이나는 이를 따로 분리하여 강조하고 있다. 대표적인 학자로는 매들린 그루메(Madeleine Grumet), 재닛 밀러(Janet Miller), 조 앤 파가노(Jo Anne Pagano) 등의 페미니스트 등을 들 수 있는데, 이들의 관심은 남녀 간의 사회적 불평등 문제를 탐구하는 것이다.

이상과 같은 여섯 가지 탐구 영역 외에, 파이나는 인종적, 신학적, 포스트모던적, 제도적, 국제적 등의 영역을 포함하여 모두 열한 가지로 재개념주의자들의 담론을 분류, 정리하였다.[9] 재개념주의자들의 다양한 담론 모두를 이해하기 쉽게 살피는 작업은 교육과정학 개론서 성격인 이 책의 범위를 벗어나는 일이다. 따라서 파이나와 애플, 그리고 아이스너의 생각만을 제10장과 제11장에서 살펴보고자 한다. 그럼 캐나다 브리티시 컬럼비아 대학교 교육학 교수인 윌리엄 파이나와 미국 위스콘신 대학교 매디슨 캠퍼스 교육학 교수인 마이클 애플을 다음 장에서 만나 보도록 하자.

제 **10** 장

교육과정학 탐구의 실존적, 구조적 재개념화

"교육은 권력을 가진 사람에게 방해가 되지 않도록
학생에게 특정한 사회적 통념에 순응하는 법을 먼저 가르치고,
그런 다음 나머지 것들을 가르친다."

—노암 촘스키—

"교육과정이란 서로 대립하는 세력들 사이에서 도출되는
사회적 산물이다."

—마이클 애플—

교육과정학의 재개념화에 대해 찬성하는 사람들은 대개 '타일러의 논리'에 기초한 전통적인 교육과정학 이론이 학교에서 효율성이라는 이름으로 개인의 희생을 강요한다는 데에 인식을 같이한다. 그리하여 이들은 이러한 학교체제의 문제점을 분석하여 개인의 해방을 추구하는데, 이 문제해결의 출발점과 방법론에서는 상당한 차이를 보인다. 캐나다 브리티시 컬럼비아 대학교 교수인 윌리엄 파이나(William Pinar)는 개인의 내부 세계로부터 그 현상과 원인을 찾으려고 하였으며, 미국 위스콘신 대학교 매디슨 캠퍼스 교수인 마이클 애플(Michael Apple)은 개인에 영향을 주는 외부 세계의 제 조건에 탐구의 초점을 맞추고 있다. 즉, 파이나의 접근법은 개인이 갖는 '의식'에, 애플의 접근법은 '사회구조'에 각각 초점을 맞추고 있다. 맥도널드(MacDonald)는 이 두 사람의 접근 방식을 각각 '실존적 접근'과 '구조적 접근'이라고 구분하고 이 양자가 대립적이 아닌 보완적 관계에 있다고 지적하였다.[1)]

이 제10장에서는 바로 실존적 접근을 대표하는 파이나의 생각과 구조적 접근을 대표하는 애플의 생각에 대하여 알아보도록 하자.[2)]

1. 교육과정학 탐구의 실존적 재개념화: 윌리엄 파이나

1) 기본적인 주제: 인간의 실존적 해방

파이나(1947~　)의 교육과정이론은 오늘날 우리가 처하고 있는 사회적 ·

윌리엄 파이나

문화적 현실 속에서 개인이 갖는 경험과 의미를 파헤치고 이해하는 일에 초점이 주어진다. 우리가 처한 사회적 현실이란 기계문명의 발달과 산업화·정보화에 따른 새로운 인간 소외의 문제, 경제적인 불안정, 사회적 갈등, 그리고 일상생활에서 점차 증가되는 관료적 체제의 문제 등과 같은 상황을 의미한다.

1960년대 후반에 파이나가 오하이오 주립대학교에 다니고 있을 때에는 월남전에 대한 심한 갈등, 대도시에서의 빈번한 폭력 사태, 그리고 새로운 좌파 이론(new left)의 등장으로 미국 사회는 몹시 혼란스러웠다. 클로(Klohr), 베이트먼(Bateman), 휴브너(Huebner), 그린(Greene) 등의 지도로 철학(현상학과 실존주의), 영문학, 교육과정이론, 심리학(정신분석학) 등을 공부한 파이나의 관심은 자연히 학교교육의 지배적인 굴레 속에서 정서적으로 억압되고, 심리적·사회적으로 미성숙하며, 도덕적으로 미발달된 아동들을 해방시키는 일에 집중하게 되었다.

파이나는 스스로 자신의 모든 학문적 노력이 궁극적으로 추구하는 기본 목표는 인간의 해방이라고 규정하고, 해방이란 '정치적·경제적·심리적 불공정성에서 자신과 타인을 자유롭게 하는 과정'이라고 말하였다.[3] 그러나 이러한 해방의 과정은 다면적인 연속의 과정이기 때문에 어느 한 가지 조건의 해결로 한순간에 이루어지는 것이 아니다. 그것은 개인이 갖는 여러 가지 상황과 조건들을 종합적으로 고려함으로써 그를 구속하는 현상이나 거짓된 인식을 걷어 내고 자신의 진실된 본래의 모습으로 회복함으로써만이 가능한 것이다.

보다 구체적으로 말하면, 인간의 해방은 그를 추상적으로 이론화하고 표준화시켜 놓은 관념적 인식에서 벗어나서 생동적이고 구체적인 개인의 직접적 경험의 세계를 회복함으로써 이루어질 수 있다고 본다. 인간에 대한 개념적 추상화는 인간의 삶 자체를 왜곡시킬 뿐이다. 어떤 구체적 현상에 대한 이론이 추상화되면, 그 관념은 구체적인 현상보다 더 옳고 정확한 것으로 여겨져서, 결국은 현상을 설명하는 중요한 근거로 작용하게 된다. 마찬가지로 인간에 대한 관념적 이론은 구체적인 개인보다 더 강력한 힘을 갖고 모든 구체적 인간에게 보편화된 관념에 따르도록 요구함으로써 오히려 인간의 희생을 강요하는 것이다.

교육과정의 이론에서 교육과정이나 수업에 보편적으로 적용되는 일반적 '원리'를 추구하는 전통주의자들이나, 변인과 변인 사이에 상존한다고 믿는 과학적 체제와 '법칙'을 찾는 개념적 경험주의자들, 심지어 사회구조 속에 존재하는 인간 구속의 조건들을 정치적 · 경제적으로 분석하려는 구조적 재개념주의자들까지도 구체적인 인간의 직접적 경험을 일정한 추상적 개념의 틀로 파악하는 점에서 인간의 경험을 왜곡시키기는 마찬가지다. 파이나의 입장에서 보면 인간의 경험을 이해하는 가장 올바른 방법은 그 경험이 갖는 개별적 특수성을 강조하는 것이다.

따라서 파이나에게 있어서 교육과정의 관심은 당연히 '개인'에게로 주어지고, 각 개인이 교육 속에서 갖는 내적 경험의 탐구에 초점을 모으는 일이 교육과정 탐구의 새로운 출발점이 되는 것으로 생각하게 된다. 우리가 교육과정의 이론가나 실천가로서 행동할 때, 우리는 먼저 자신이 가진 편견과 가치, 그리고 개인적인 행동에 대해 자기비판적으로 성찰하지 않으면 안 된다. 그런 자기성찰(self-critical awareness)의 과정은 자신의 생활이나 교육경험을 되돌아봄으로써 자신의 진정한 내적 의식의 세계(biographical consciousness)를 알게 되고, 그것은 나아가 자기를 구속하는 여러 가지 문화적 · 사회적 제약들이 무엇인지를 깨닫게 함으로써 자신은 물론 타인까지도 진정한 인간의 모습으로 해방시킬 수 있는 것이다. 이것이 바로 인간의 정신적 · 실존적 해방이 되는 것이다.[4)]

2) 학교교육의 정신 분석

파이나의 많은 논문이 교육과정의 이론이나 이론화의 과정에 대해 언급하고 있지만, 그의 초기의 글 중에서 「Sanity, Madness, and the School」은 실제로 실존주의적 · 정신분석학적 바탕을 배경으로 학교교육의 본질을 분석하려고 시도한 대표적인 글이다. 그의 학교교육 비판은 브라질의 급진적 교육론자인 프레이리(Freire)나 정신분석학자인 융(Jung), 랭(Laing), 쿠퍼(Cooper), 그리고 실존주의 철학자 사르트르(Sartre)의 생각을 바탕으로 이루어져 있다. 그는 이 글에서 학교교육이 어떻게 아동을 비인간화시키고 있으며, 정신적 파괴를 가져오고 있는지를 날카롭게 분석하였다.

학교교육에서는 아동들을 길들여지고 훈육되어야만 하는 거친 망나니들, 채워져야만 하는 빈 그릇으로 여기므로, 교육은 마땅히 아동을 사회적으로 통제하고 성인의 가치를 아동에게 일방적으로 주입시키는 과정으로 생각된다. 이러한 교육의 모습은 프레이리의 용어로는 '은행저축식'(banking) 교육, 사르트르의 말로는 '소화흡수식'(digestive) 교육, '영양섭취식'(nutritive) 교육인 것이다. 이러한 교육은 결국 아동들을 반쪽 밖에 모르는 분열된 인간으로 만듦으로써 학교교육의 누적된 결과로 남는 것은 오직 광기뿐이다.

학교교육의 현상을 실존적 · 정신분석학적으로 분석한 파이나는 그 결과를 열두 가지의 문제로 제시하였다.[5)]

(1) 공상적인 세계로의 도피와 거부

학교교육의 특성인 통제성과 엄격성은 모든 아동에게 획일적으로 적용된다. 따라서 제약에 견딜 수 없는 일부 아동들은 학교생활 중에 많은 시간을 개인적인 공상의 세계로 도피하는 경험을 가지며, 또 다른 일부 아이들은 자신의 자연스러운 공상까지도 억누르면서 억지로 현실에 집착하기 위해 애쓰게 된다. 그 어떤 경우도 아동들이 완전한 개인으로 성장해 가는 데 도움이 되지 못한다.

(2) 타인의 모방을 통한 자아의 분열과 상실

학교생활을 통하여 아동들은 끊임없이 타인을 모방하도록 강요받는다. 한 아동이 다른 사람을 모방하는 것은 동시에 자신에 대한 불만족과 거부를 학습하는 일이다. 아동들은 학교에서 자신을 타인의 눈으로 보는 법을 배우고 있는 것이다.

(3) 자율성의 위축과 의존성의 증대

아동이 학교에서 가장 먼저 배우게 되는 것은 스스로를 아무것도 모른다고 생각하는 것이다. 따라서 아동은 당연히 교사로부터 교육을 받아야 한다고 생각하게 되고, 그러한 생각은 자신의 필요나 욕구 자체도 잊어버린 채 맹목적인 의존과 복종의 심리만을 증대시키도록 만든다.

(4) 타인으로부터의 평가와 자기애의 상실

학교생활은 끊임없는 평가와 비판의 연속으로 이루어진다. 학생들은 시험에서 자신이 옳다고 생각하는 답을 찾는 것이 아니라, 선생님이 옳다고 생각하는 답을 맞추어야만 한다. 학교교육의 체계는 모든 아동이 모든 분야에서 동시에 '수'를 받을 수는 없으므로 어차피 아동들은 학교에서 실패를 경험한다. 계속적인 실패의 경험은 결국 아동들로 하여금 자아존중감, 자신에 대한 사랑을 잃어버리도록 강요하고 있다.

(5) 인간관계 욕구의 왜곡

아동이 갖는 자연스러운 인간관계의 욕구는 학교생활 속에서 방해받는 정도가 아니라 오히려 무참히 억압되고 있다. 교사와 학생 간의 인간관계는 수직적이고 제한적일 뿐이며, 아동 간의 관계에서는 협동보다는 경쟁이 강조된다. 교육 활동 속에서는 애정보다는 훈육이나 벌이 더 좋은 교육 방식으로 여겨지기도 한다. 이러한 상황은 결국 분노를 유발하고, 표출될 수 없는 분노는 자신과 동료에 대한 심리적 공격으로 전환된다.

(6) 자기소외와 감각 마비 현상

학교생활은 아동들에게 신체적 · 정신적으로 고달픔을 준다. 끝없이 계속되는 이러한 고달픔은 아동들의 신체적 · 정신적 감각을 마비시키고 결국 잠재적인 불안으로 이끈다. 또한 학교생활에서 강조되는 지적 긴장은 아동들로 하여금 감정을 무시하고 머리만을 중시하게 함으로써 자신의 내면세계로부터 들려오는 소리에 무감각해지도록 만들고 있다.

(7) 자기 기준의 상실과 타인 지향성

학교생활을 통하여 아동들은 자기 기준을 버리고 타인 지향적 행동을 배우게 된다. 따라서 행동의 내적 동기는 사라지고 외적 동기가 지배하는 동기의 전도 현상이 벌어진다. 그 결과 아동은 부모나 선생님을 위해서 공부하고, 점수를 얻기 위해 책을 읽는다. 젊은이들이 돈을 보고 결혼을 하고, 출세를 위해 공부해야 된다고 생각하는 것은 이러한 타인 지향성의 누적된 학습 결과인 것이다.

(8) 참된 자아의 상실과 객관화된 자아의 수용

학교생활 속에서 아동들은 참된 '자기'가 되기보다는 '착한 학생' '공부 잘하는 학생' 또는 '문제아' 등으로 불리고 취급된다. 이러한 분류와 명명은 참된 주관적 존재로서의 아동을 객관화된 사물로 전환시킨다. 객관화된 자아는 안정된 모습으로 보일지 모르나, 그것은 죽어 있는 것이다. 한 사물로서 객관화된 인간은 자신의 주체적인 목적을 갖지 못하고, 오직 다른 사람의 지시에 응하며 움직일 뿐이다.

(9) 지배자의 논리 수용과 거짓된 자아의 형성

학교생활 속에서 아동들은 교사와의 사이에서 생기는 갈등과 마찰을 피하고 그로부터 스스로를 보호하기 위해 교사의 논리를 일방적으로 받아들이거나, 가면을 쓰고 거짓된 행동을 하지 않으면 안 된다. 그것은 아동들에게는 교사와 벌이는 한판의 게임과도 같은 것이다. 학교생활의 이러한 연속적인 게임적 특성은 아동들로 하여금 거짓된 자아를 형성하도록 만들며, 나아가 인생 전체를 진지한 참여의 관계가 아닌 하나의 가식적 게임으로 여기게 만드는 원인이 된다.

(10) 학교교육의 집단성과 개인적 세계의 상실

아동들의 학교생활은 교사의 주도로 집단 속에서 이루어진다. 이러한 집단 속에서 아동들은 개인적인 세계를 가질 수 없으며, 오직 무리에서 쫓아다니는 양떼가 되어야 한다. 집단에서 맘대로 벗어날 수도 없다. 무리 속에서 조용히 외롭게 부지런히 쫓아다녀야만 하는 아동들로서는 자신을 돌아볼 겨를도 없고, 동료들과 친근한 관계를 맺는 일도 어렵게 된다.

(11) 무관심과 존재 확인의 기회 상실

한 인간이 타인에게서 인정을 받을 때, 그것은 자기를 알고 자기에 대한 애정을 갖도록 하는 데에 결정적인 도움이 된다. 그러나 학교생활은 흔히 아동을 무시하고, 의심하며, 일방적으로 지시하거나 심지어 체벌을 가하는 일이 빈번히 일어난다. 아동들은 교사로부터 관심을 끌기 위하여 전략적인 행동을 하지만, 그것은 자신의 참된 모습이 아니다. 학교에서는 아무도 자신을 알아주지 않기에 아동들은 심지어 벌을 받으면서 자신의 존재를 확인하기도 한다.

(12) 미적 · 감각적 지각 능력의 둔화

미적 측면은 전혀 고려하지 않고 오직 효율성만을 따져 지어진 학교 건축물, 딱딱한 의자와 직선들, 획일적이고 기계적인 교과 학습 등, 이러한 것들의 지속적인 반복은 아동의 미적 · 감각적 감수성을 둔화시킨다. 오늘날 학교교육은 모든 것을 생명 없는 객관화된 사물로만 취급하고, 모든 지식은 죽어 있는 돌과 같은 것으로만 다루고 있다.

이러한 학교교육의 경험이 아동들 속에 누적된 결과는 무엇인가? 그것은 바로 인간의 파괴인 것이다.

3) 쿠레레: 교육과정의 탐구

학교교육이 이러한 인간 파괴적인 '광기'(madness)로부터 벗어날 수 있는 길은 무엇인가? 이러한 문제의 해결을 위해 먼저 우리의 의식 속으로 관심을 돌려 스스로를 충분히 살펴볼 수 있어야 한다. 그리하여 우리의 참된 존재를 구속하는 허구를 알고 그 굴레로부터 벗어남으로써 스스로를 자유롭게 해방시킬 수 있는 것이다. 자신의 정신세계에 대한 철저한 이해를 바탕으로 할 때, 우리의 사회적 · 정치적 · 교육적인 문제에 대해 보다 종합적인 이해가 가능해지기 때문이다.[6)]

'나는 누구인가?' '나는 왜 이런 생각을 가지고 있는가?' '어떤 조건이, 어떤 사람이 나의 이러한 생각과 행동에 영향을 주고 있는가?' 이러한 질문은 교육과정을 탐구하는 사람이 무엇보다 먼저 스스로에게 던져 보아야 할 것들이다. 자신에게 관심을 돌려 자신의 내면세계를 밝혀 볼 수 있을 때, 비로소 우리가 진정한 자아와 분리되어 조각나 있을 뿐만 아니라 그렇게 분리되어 있다는 사실 자체도 인식하지 못하는 무지로 덮여 있음을 알게 된다.

이러한 자아의 분리와 무지는 흔히 우리를 둘러싼 '생활 세계'의 수많은 가정(假定)에 의해 형성되는데, 이러한 가정들은 실생활 속에 상당히 체제화되어 있기 때문에 우리는 그것에 대해 별로 의심을 갖지 않는다. 그러나 교육과정을 탐구하는 사람이라면 우선 자신이 처한 생활 세계에 대해 깊이 성찰해 보아야 한다. 그리하여 자신의 행동에 당연시 여겼던 무의식적 가정들이 무엇인지를 살피고, 그 속에서 참다운 자아의 모습을 발견할 수 있어야 한다. 참다운 자아의 목소리를 따라 교육 현상을 다시 살필 때, 그것이 곧 교육과정을 재개념화하는 일이 되는 것이다.

파이나는 이러한 자아 성찰을 통한 교육과정 재개념화의 방법으로 세 가지 단계를 제시하였다. 첫째는 자신의 교육 경험을 있는 그대로 표현하는 방법의 단계요, 둘째는 그 경험 속에서 자신의 행동과 사고를 결정하는 데 작용했던 가정이나 논리가 무엇이었는지를 비판적으로 살펴보는 일이며, 셋째는 다른 사람의 교육 경험을 자서전적으로 분석함으로써 타인과 함께 교육이 갖는 기본적인 구조와 과정을 인식하고 공감하는 단계다. 이와 같은 과정을 거쳤을 때, 오늘날 우리 교육이 가진 기본 구조를 볼 수 있게 된다. 우리가 행하는 교육의 모습과 그 현실 뒤에 가려진 본래의 모습, 즉 일정한 틀로 이론화되거나 개념화되기 이전의 모습에 바탕을 두어야 한다. 교육과정의 이론이란 결국 우리의 실존적 경험을 정교화하는 일이기 때문이다.

파이나는 오늘날 교육과정이론이 너무나 인간 실존의 문제를 잃어 가고 있다고 개탄한다. 그것은 오늘날 교육과정 탐구에서 흔히 교육과정을 정의하여 '학교에서 가르치는 교과목'이나 '관찰 가능한 행동으로서의 의도된 학습 결과'라고 부르는 것만 보아도 알 수 있다. 이러한 정의에서 강조되는 것은 언제나 관찰 가능하고, 측정 및 검증할 수 있는 외현적인 행동일 뿐, 아동의 내면세계나 그가 갖는 개인적 의미는 전혀 고려되지 않는다.

따라서 파이나는 교육과정의 의미로서 그 말의 영어(curriculum)의 어원인 라틴어의 '쿠레레'(currere)가 갖는 본래의 의미, 즉 '교육에 대한 개인적 경험이 갖는 본질적 의미'를 제안하고 있다.[7] 우리는 흔히 '쿠레레'의 의미를 마차

경주에서 말들이 따라 달려야 하는 일정하게 정해진 경주로로만 생각하는 경우가 많지만, 오히려 '쿠레레'는 경주에서 각각의 말들이 경주로를 따라 달리는 개인적인 경험을 지칭하는 것이기도 하다.

'쿠레레'는 외부로부터 미리 마련되어 교육 속에서 아동들에게 일방적으로 주어지는 내용이 아니다. 그것은 교육활동 속에서 아동 개개인이 갖는 경험의 본질인 것이다. 'curriculum'이 외부에서 나에게 주어지는 하나의 자료라면, 내가 그 자료를 접하고, 읽고, 생각하고, 느끼며, 배우는 나의 모든 생생한 경험들이 바로 '쿠레레'인 것이다. 따라서 '쿠레레'로서의 교육과정 탐구는 목표를 설정하고, 과정을 설계하고, 결과를 평가하고 하는 일과는 거리가 먼 활동들이다. 그것은 오히려 그 자체의 독특한 탐구 방식을 동원하여 교육 경험의 본질을 규명함으로써 스스로 교육과정의 지식을 만들어 가는 활동인 것이다. 자신의 경험 속에서 교육과정의 자료를 보는 사람은 응당 외부에서 주어지는 공식적인 가정들을 넘어서서 자기 나름의 의문을 찾게 되며, 그것은 곧 교육과정을 재개념화하고 재창조하는 계기가 되는 것이다.

'쿠레레'가 갖는 한 가지 중요한 측면은 정치적인 것이다. 우리가 갖는 교육경험의 많은 부분은 우리 스스로 선택한 것이기보다는 외부로부터 주어진 상황에서의 경험이 많기 때문이다. 또한 한 개인이 갖는 실존적 자유의 인식도 사회적 · 정치적 맥락 속에서 의미 지워지는 경우가 많다. 따라서 우리의 삶이 갖는 정치적 · 경제적 · 사회적 맥락과 그 의미를 생각하는 일도 중요하다. 이러한 점에서 뒤에서 살펴볼 애플의 교육과정에 대한 탐구는 우리에게 주는 시사가 크다. 그러나 이러한 정치적 · 사회적 불평등을 인식하는 일도 궁극적으로는 자신의 의식에 대한 탐구, 즉 '쿠레레'의 탐구 과정을 통해서만 가능한 것이다.

우리가 갖는 교육경험의 본질을 분석하여 그 실존적 의미를 찾는 작업, 이것을 파이나는 '쿠레레의 방법론'이라 부른다. 쿠레레의 방법을 통하여 우리는 보다 깊은 의식에 도달할 수 있고, 교육 현상을 보다 넓은 지혜로 가질 수 있다. 특히 오늘날과 같이 실증주의적이고 행동과학적인 방법론이 교육 연구의 주류를 이루는 상황하에서 이 쿠레레의 방법은 교육 연구에서 우리가 그동안 간과하던 부분, 즉 교육 속에 존재하는 개인적 경험과 그 의미의 중요성을 회복시키는 계기가 될 것이다.

이러한 쿠레레의 방법론은 유럽의 전통적인 현상학이나 실존주의, 그리고 정신분석학 등의 이론에 토대를 두고 자신의 과거와 현재, 그리고 미래를 연결함으로써 오늘의 교육 현실이 갖는 사회적 · 문화적 맥락을 분석적이면서도 종합적인 방식으로 파악할 수 있다는 특징을 갖는다. 그것은 자신의 과거 교육 경험을 기술한다는 점에서 과거지향적이지만, 동시에 미래의 예상과 연결 짓는다는 점에서 미래지향적이다. 또한 자신의 과거나 현재의 경험을 현상학적으로 또는 정신분석학적으로 따진다는 점에서 분석적이지만, 동시에 분석의 결과를 보다 넓은 정치적 · 사회적 맥락 속에서 재이해하려고 한다는 점에서 종합적이라고 할 수 있다. 이것이 곧 파이나가 자서전적 방법론(autobiographical method)으로 발전시키는 교육과정의 질적 방법론인 것이다.[8)]

2. 교육과정학 탐구의 구조적 재개념화: 마이클 애플

1) 기본적인 주제: 인간의 정치적 해방

마이클 애플

애플(1942~)의 교육과정에 대한 새로운 개념화 작업은 파이나와 마찬가지로 자신이 하는 일에 대한 깊은 성찰에서 시작된다. 교사로서 학생들을 가르치며 얻은 많은 경험으로부터, 그리고 교육학 교수가 되어 교사들이나 교육행정가들과 함께 일하면서 그는 자신이 하던 일에 대한 많은 의문을 갖게 되었다. 그중에서도 그를 가장 괴롭힌 의문은 학생의 실패에 대한 책임의 소재 문제였다. 처음에는 학생의 책임을 묻기도 하고 또는 자신이나 교사들의 책임을 따져 보기도 하였다. 그러나 결국 학생의 선천적인 능력이나 교사들의 노력 부족에서 비롯되는 것보다는 그들이 속한 기관이나 사회 체제로부터 주어진 인식이나 제도에 더 큰 원인이 있음을 알게 되었다. 따라서 학생이나 교사 개인을 탓하기보다는 사회적 · 제도적 체제가 왜, 어떻게 학생이나 교사 개인의 행동을 제한하는지를 분석하고 이해하는 일이 교육의 탐구에서 무엇보다 중요한 과제라는 인식을 갖게 되었다.

그러나 애플이 파이나와 출발점에서 서로 다른 점은 이러한 교육 현실의 문제를 인식함에 있어 파이나는 그 관심을 실존적 의식의 세계로 돌려 우리가 갖는 교육경험의 의미와 본질을 파헤치는 일에 초점을 맞추었지만, 애플은 신마르크스주의에 바탕을 두고 그러한 의식을 형성하게 하는 외부적인 조건과 제약이 무엇인지를 따지는 데에 더 큰 관심을 두었다는 것이다. 애플이 보기에 한 역사적 시점에서 사는 인간의 활동을 이해하기 위해서는 그를 둘러싸고 있는 정치적 · 경제적 · 사회적 · 이념적 상황과 갈등을 함께 고려하지 않으면 안 된다. 따라서 교육의 문제를 해결하기 위한 노력은 응당 교육과 관련되는 지식의 문제, 이념의 문제, 경제 체제의 문제, 그리고 권력 관계의 문제 등에 대한 상황 관련을 분석하는 일부터 시작하여야 한다는 것이다.[9)]

이러한 분석을 통하여 우리는 학교의 교육과정 속에 내재적 · 지배적 이념이 무엇이며, 그 이념은 우리의 사회적 · 경제적 삶을 어떻게 통제하고 있는지, 그리고 그것이 학교교육을 통하여 어떻게 재생산되고 있는지를 알게 된다. 그리하여 교육과정의 이론과 실제에 대한 숨은 의미를 사회와의 관련 속에서 파악하게 함으로써 교육 문제의 사회적 · 정치적 배경을 이해하는 도구를 제시해 주고, 우리를 지배하는 신화적인 믿음들을 비판적으로 꿰뚫어 보게 하는 것이다. 이것은 결국 불평등한 사회 구조 속에서 정치적 · 경제적 ·

사회적으로 구속받는 인간의 삶을 해방시키는 중요한 과제가 되는 것이다.

2) 학교교육과 교육과정에 대한 비판

애플은 그의 대표적인 저서『이데올로기와 교육과정』에서 오늘날의 학교는 기성세대가 갖는 사회체제와 권력 관계를 다음 세대에 그대로 전달하는 '문화재생산'(cultural reproduction)의 기능을 한다고 비판한다.[10] 애플이 보기에 현대의 사회질서는 자본과 경제력이 지배하는 체제다. 따라서 미국과 같은 자본주의 사회는 자본을 가진 대기업의 이익을 위해 움직이게 되고, 대기업들은 매체를 통제하고 재화의 생산은 물론 분배와 소비까지도 조정할 수 있게 된다. 이러한 자본의 힘은 자신들의 이익을 위해 지배나 권위를 의미하는 '주도권'(hegemony)을 행사함으로써 그 사회의 구성원들에게 큰 영향력을 미치는데, 학교가 바로 그 역할을 대행한다는 것이다.

애플은 오늘날의 학교가 정의롭지 못하고 불공정하게 왜곡된 사회 권력의 배분 관계를 그대로 유지 계승시키는 역할을 한다고 비판한다. 즉, 학교교육은 권력을 가진 사람에게는 그 권력을 더 오래 유지할 수 있도록 도와주고, 권력을 갖지 못한 사람에게는 그들의 무능함을 스스로 인정하고 받아들이도록 훈련시킨다는 것이다. 이러한 일은 학교에서 지식을 선택적으로 배분하여 가르침으로써 이루어지는데, 부분적이고 편파적인 지식이 마치 완전하고 중립적이며 객관적인 진리인 것처럼 제공되기도 한다. 예컨대 역사는 지도자를 따르는 사람은 찬양하고 그렇지 않은 사람은 비방하도록 가르쳐지며, 과학은 기술공학적인 경제 체제에 적합한 노동자를 양성하기 위해 가르쳐진다.

또한 학교라고 하는 조직 구조 자체도 은연중에 이러한 기능을 수행하고 있다. 교사와 학생들은 일상적인 일로 바삐 움직이다 보면 자신도 모르게 관료적인 통제 속에 말려들고, 권위의 주체가 요구하는 길로 나아가도록 계획과 자료를 통해 요구받는 것이다. 학교에서 이러한 주어진 역할과 지위에 대해 의문을 품거나 도전하는 학생이 있다면 그들에게는 곧 제재와 훈육이 가해지고, 이러한 교사들에게는 나쁜 평점이 매겨지거나 징계가 주어진다. 따라서 학생들은 학교에서 인간의 사회적 관계를 형성하는 근원적인 논리를 배우기보다는 기존의 권위 체제 속에서 자신에게 주어진 역할이 무엇인지를 배우고, 그들은 다시 사회의 기계적인 한 부분이 되고 마는 것이다.

지식은 곧 '문화적 자본'(cultural capital)이라고 애플은 주장한다. 학교는 형식적인 교육과정을 통하여 특정한 지식을 적법화시켜 준다. 교육과정은 모든 사람이 배우도록 요구되는 지식을 선정함에 있어 지배 집단의 이익에 도움이 되는 지식에는 특수한 지위를 부여하고, 그렇지 않은 지식은 하찮은 것으로 규정하여 무시한다. 따라서 오늘날 학교의 교육과정에서는 예술이나 공예보다는 과학이나 직업교육 교과가 중시되고, 역사나 사회과학의 내용에서는 갈등 상황보다는 조화와 합의가 강조된다. 그 결과 학생들은 사회의 모든 사람이 만족스럽고 행복하며 거의 모든 문제에서 의견의 일치를 보이고 있다고 믿게 된다. 학교는 결국 이러한 식으로 그 사회의 지배적인 경제 세력이 갖는 문화자본을 유지 계승시키는 일에 핵심적인 역할을 하는 것이다.

학교는 또한 '잠재적 교육과정'을 통하여 그 사회가 갖는 기존의 권력 관계를 유지시키는 데 기여하기도 한다. 예를 들면, 유치원에 입학한 아동이 갖는 첫 학교 경험을 분석한 애플은 아동이 학교에서 처음으로 배우는 중요한 기능은 역할을 분배받는 일, 조용히 듣는 일, 물건을 제자리에 치우는 일, 그리고 학급의 일과를 따르는 일이라고 지적하였다. 그런데 이러한 역할과 기능은 아동들에게 가르쳐야 할 표면적인 내용이 아니고, 그들을 통제하고 사회화시키기 위한 과정이며 노력이라는 것이다.

애플의 관찰에 따르면 아동들은 학급 활동을 조직하는 일에 참여할 수 없었으며, 그 활동 자체에 영향을 줄 수도 없었다.[11] 아동들에게 흥미로운 자료가 주어졌어도 교사가 지시하는 시간과 활동의 통제 속에서 그것은 개인적인 의미를 잃고 만다. 몇 주일이 안 가서 유치원의 아동들은 학급에서의 일과 놀이를 구분하게 되었다. 놀이는 자기가 원해서 자유롭게 선택한 활동이며, 일은 누군가가 시켜서 감독을 받아 가며 마지못해 해야 하는 것으로 여기게 되었다는 것이다. 이러한 것은 결국 아동들을 현대 산업 사회의 노동자로 성장하도록 준비시키는 과정이 되고 있는지도 모른다.

애플은 또한『교육과 권력』(Education and Power)에서 이러한 문제들을 더욱 발전시킴으로써 교육과정의 내용과 형식의 문제를 한 사회의 정치적 · 경제적 구조와 관련하여 분석하고 있을 뿐 아니라, 교육과정을 제작하고 운영하는 사람들과 학교 현장의 교사들이 이러한 구조적 부조리를 어떻게 해결해 나갈 수 있을지의 해결 방안을 모색하려고 시도하고 있다.[12] 교사들은 오늘날 학교 교실 속에 기업 경영의 이념과 실제가 어떻게 우리의 사고와 행동을 기술적으로 통제하는지에 대해서도 질문을 제기하여야 한다. 그리고 학교를 포함하는 여러 사회적 · 문화적 기관들을 민주적으로 재건할 수 있는 방안에 관해서도 우리 모두가 비판적 대화를 끊임없이 계속해 나가도록 애플은 권하고 있다.

3) 기술공학적 논리의 비판과 교육과정 탐구

교육 업무에 종사하는 사람들은 자신들이 하는 일의 이론적 · 실제적 활동 속에 내재된 가치와 논리가 무엇인지를 바르게 인식할 필요가 있다. 그러나 교육자들은 그러한 가치와 논리를 제대로 인식하지 못한 채 일상적인 일과 속에 파묻혀 지내는 경우가 많다. 그것은 학교가 갖는 지배적인 속성 때문에 체제가 교사들로 하여금 그 논리를 당연한 것으로 받아들이게 하기 때문이다. 비록 교사들이 분명히 인식하지 못한다 하더라도 오늘날의 학교 체제가 갖는 가정과 논리는 그들이 학교에서 사용하는 언어 체계나 행동의 규범 또는 교육연구의 모형 속에 그대로 반영되어 있다.

애플이 보기에 오늘날 학교교육과정의 설계나 연구에서 많은 사람의 사고와 행동을 지배하는 무의식적 가정은 소위 '과학적 방법'이라고 일컫는 실증주의적이고 기술공학적인 논리다.[13] 이러한 기술공학적 논리에 따르면 인간의 모든 행동은 일정한 법칙적 관계로 이해되고 설명될 수 있다고 본다. 따라서 교육의 중요한 역할은 학생의 행동을 결정하는 일반적인 원리를 찾아 그것을 과학적으로 조작하고 통제하는 일로 여기게 된다. 교육연구에서는 가치중립적인 객관성이 강조되며, 실증적이고 수량적인 방법이 선호된다. 교육의 절차 면에서 이러한 기술공학적인 논리를 가장 잘 대변하는 것이 바로 '체제적 관리'라는 것이다. 체제적 관리에서는 학생들이 성취해야 할 학습경험의 결과가 목표로서 사전에 분명하게 명시되고, 그러한 목표 달성을 위한 최적의 환경과 조건, 행동들을 찾아 조직적으로 통제함으로써 최상의 목표 달성을 추구하는 것이다.

기술공학적 논리에서는 주어진 목표 달성을 위한 효율성과 생산성의 추구가 유일한 중요 관심사이기 때문에, 그 자체가 지닌 논리나 가치에 대해 성찰하거나 비판하는 일을 허용하지 않는다. '과학적' 탐구 절차에서 비판이란 단지 하찮은 공론에 불과한 것으로 여긴다. 이러한 모습은 기술공학적 관점이 참다운 과학이 되지 못함을 말해 주는 것이다. 과학이란 단지 사실의 발견이나 가설을 설정하는 단순한 지식이나 기술을 의미하는 것이 아니다. 그것은 오히려 일정한 규범과 가치 또는 원칙에 따라 세상을 탐구하는 사람의 집합체인 것이며, 그 집단 속에서 상호 간에 발생하는 지적 갈등의 연속으로 과학은 학문으로 성장하게 되는 것이다.[14]

기술공학적인 과학의 개념에 대한 대안 제시를 위하여 애플은 하버마스(Habermas)가 분류한 세 가지 과학의 개념을 제시한다.[15] 그것의 첫째는 확실성과 기술적 통제에 일차적 관심을 두는 '경험-분석적 과학'이요, 둘째는 생활 속에서의 상호 주관적 의미의 이해에 관심을 갖는 '해석학적 과학'이며, 그리고 셋째는 인간의 허구적인 의식과 제도에 대한 비판을 통해 인간 해방을 목적으로 하는 '비판적 과학'이다. 애플은 세 번째로 분류된 비판적 과학만

이 현대 사회의 문제를 해결하고 학교교육이 갖는 억압적 요소를 밝혀 인간 해방을 위한 윤리적 소명을 다할 수 있게 해 준다고 믿고 있다.

애플이 보기에 학교교육 속에서의 '갈등'은 사회의 변화와 발전, 그리고 교육의 개혁을 위해 중요한 요소가 된다. 그러나 오늘날의 학교교육과정 속에서는 자연과학이나 사회과학 모두가 이러한 갈등을 무시하거나 배척하도록 명시적 또는 묵시적으로 강조함으로써 기존 사회체제의 유지와 조화만을 꾀하고 있다고 본다. 즉, 오늘날 학교의 교육과정은 가치수용적이고 가치전달적인 측면은 강조하지만, 가치변화적이고 가치창조적인 측면은 도외시하고 있다는 비판이다.

이러한 가치전달적인 교육과정에서는 흔히 지식은 학생들에게 판매되는 상품으로 여겨지며, 가르치는 일은 지식을 전달하는 단순 노동으로, 그리고 학생들의 학업성취는 제품 생산의 결과로 이해되기도 한다. 이러한 생각은 기업의 경영이나 공장의 생산 논리가 교육에 그대로 적용되어 나타난 결과인데, 특히 현대 산업사회에서는 기업의 요구와 논리가 단지 교육과정의 내용만이 아니라 교육과정이 조직되고 운영되는 형태까지 지배한다는 한 가지 예다.[16)]

기업에서는 생산성 제고를 위하여 노동자를 통제하게 된다. 이러한 통제는 탈숙련화(deskilling)와 재숙련화(reskilling)의 과정을 거쳐 이루어지게 되는데, 학교에서도 이러한 과정이 그대로 적용되고 있다. 최근 점차 증가하는 현상으로서 학교 외부에서 제작된 표준화된 교육과정의 도입과 사용이 그 대표적인 경우다. 표준화된 교육과정 자료는 미리 제시된 교육목표에 따라 외부 전문가가 교육내용을 선정하고 구성하여 그것을 프로그램화하여 교사에게 전달하면, 교사는 규정된 절차에 따라 이를 학생들에게 제공하고, 미리 마련된 기준에 따라 학생들의 성취 정도가 평가되는 과정을 따른다. 이러한 과정 속에서 교사는 교육과정에 대한 지식이나 관점이 불필요하게 되는 탈숙련화의 기제를 겪게 되고, 과학적 교수활동이란 이름하에 외부에서 마련된 지침에 따라 자료를 전달하는 기법으로 재숙련화되는 것이다. 이러한 과정 속에서 교사는 스스로 교육의 실천가가 되기보다는 일종의 관리자로 전락하여 학생이나 동료 교사들로부터 소외되고, 심지어는 교육 자체로부터 점점 소외되는 것이다. 여기서 애플의 말을 직접 들어 보도록 하자.

> 기술적 통제 절차의 [교육에의] 침입의 가장 좋은 예는 '이미 만들어져 배포되는 교과 교재들'의 사용이 매우 빠르게 증가한다는 것이다. 미국의 교실에 들어서면, 과학, 사회, 수학, 읽기 등의 교과용 교재—때로는 '체제'(system)라고 불리는—상자들이 책꽂이에 있거나 사용되는 것을 쉽게 목격할 수 있다. 학교에서는 '한 벌의 표준화된 교과 교재'를 일괄 구입하여 사용하는데, 여기에는 교육목표, 가르칠 내용 및 필요한 자료, 미리 명세화된 교사들의 행동과 학생들의 반응, 진단평가 · 성취도평가 문항 등이 포함되어 있다. …… [그리하여 이런 '한 벌의 표준화된 교과 교재'는] 교사들이 이전에는 필요로 했던 기능을 더 이상 필요 없게 만든다.[17]

이러한 기술적 통제와 탈숙련화의 현상에 직면하는 것은 교사만이 아니라 학생들도 마찬가지다. 기술적 통제를 받는 교육과정 자료에서는 학생들의 반응과 행동도 사전에 상세하게 계획되고 명시된다. 구체적으로 명시된 교육의 목표와 학생의 활동은 곧 일정한 능력이나 기술의 습득으로 생각되고, 그것은 교육과정 자료를 생산하는 기업체의 중요한 상품이 되는 것이다. 만일에 교육과정상의 모든 지식이 상품화될 수만 있다면, 경제적 자본처럼 지식도 자본이 될 수 있다고 본다. 따라서 이러한 교육과정의 기술적 통제 과정에서 보면 우수한 학생이란 바로 많은 지식과 기술을 축적한 결과 많은 자본을 소유한 상태인 것이다.

우리는 어떻게 이러한 교육과정의 기술적 통제로부터 자유로워질 수 있는가? 애플의 생각을 교육과정의 탐구에 적용시켜 보았을 때, 자연히 우리가 관심을 갖는 것은 한 사회 속에서 이루어지는 교육의 구조와 그 속에 내재된 이념이나 권력 관계를 밝히는 일이다.[18] 이제 그것은 단지 학교의 사회적 · 경제적 체제 분석을 넘어서서, 학교교육 속에 존재하는 계층 간, 성별 간 또는 세대 간의 불평등을 확인하고 개선하는 일이 되어야 할 것이다. 애플의 입장에서 보면 갈등과 모순의 원칙에 입각한 비판적 교육과정 탐구만이 사회 현실 속에서 인간에게 주어지는 억압의 굴레를 벗어날 수 있는 길이기 때문이다.

4) 컴퓨터 교육에 대한 비판

애플은 컴퓨터 교육, 즉 학생들이 졸업 후 직장을 구하려면 컴퓨터를 능숙하게 다룰 줄 알아야 하므로 학교에서 컴퓨터를 가르쳐야 한다는 생각(컴퓨터에 관한 교육)과 교사의 수업의 질을 향상시키기 위한 수단으로 컴퓨터를 이용하려는 시도(컴퓨터를 이용한 교육)를 비판한다. 그는 자신의 저서들, 예를 들면 1986년에 출판한 『교사와 교과서』(Teachers and Texts), 1993년에 출판한 『공식적 지식』(Official Knowledge), 1998년에 출판한 『교육과정학의 제문제』(The Curriculum: Problems, Politics, and Possibilities), 역시 1998년에 출판한 『교육, 테크놀로지, 권력』(Education/ Technology/Power) 등의 책에서 교실에 침투한 테크놀로지가 교사와 학생들에게 미칠 부작용을 일관되게 지적하였다.

애플은 교실 속의 컴퓨터가 교사들에게 미칠 부정적 영향을 설명하기 위하여, 그가 일찍이 『이념과 교육과정』, 『교육과 권력』 등의 책에서 자세히 논의한 '계획과 실행의 분리'(separation of conception from execution)라는 개념을 다시 사용하였다. 애플에 따르면, 교사들이 수업시간에 컴퓨터를 많이 이용할수록 교사들은 '타인의 생각을 단순히 실행이나 하는 단순 노동자'로 전락한다는 것이다. 교사 개개인이 자신의 힘으로 제작하려면 시간이 많이 걸리는 좋은 수업자료들을 테크놀로지를 통해 서로 공유하면 수업의 질을 손쉽게 향상시킬 수 있다고 교사들은 생각할 수 있다. 그러나 교과내용을 전달하는 교육용 소프트웨어를 사용하든지 아니면 인터넷상에 올라온 다양한 학습자료들을 활용할 경우, 교사들은 수업자료를 만드는 과정과 분리되어 결국 교사들의 전문성이 서서히 녹슬게 된다는—즉, 탈숙련화 된다는—것이다. 그리하여 시간이 지남에 따라 교사들은 대기업에서 만든 교육용 소프트웨어, 즉 타인의 생각을 단순히 실행이나 하는 단순노동자 또는 수업의 관리자 정도로 전락한다는 것이다.

한편, 애플은 학교에 도입된 컴퓨터가 아동들에게 미칠 부정적 영향으로서, 계층 간, 성별 간의 차별을 개선하기보다는 심화시킬 위험성이 크다는 점을 지적한다. 아무리 컴퓨터의 가격이 낮아지더라도 가난한 가정의 아동들은 컴퓨터에의 접근가능성이 떨어질 수밖에 없고, 그 결과 학교에서 제공하는 컴퓨터 관련 교과의 학습이나 컴퓨터를 이용한 교과의 학습에서 불리한 위치에 서게 된다는 것이다.

애플의 이러한 주장에 대하여 교사들은, '그럼 우리더러 컴퓨터를 모두 교실 밖으로 내다 버리라는 것입니까?'라고 반문하며 애플의 주장을 의아해할 수 있다. 이와 같은 교사들의 의구심에 대하여 애플은 다음과 같이 답변하고 있다.

> 내 주장의 핵심은, 내 말을 듣는 모든 사람을 '신-러다이트'(Neo-Luddites)[19]로 만들어서 우리들의 직장과 자녀들을 위협하는 컴퓨터를 당장 때려 부수도록 하려는 것이 아니다. 새로운 테크놀로지는 우리 곁에 존재한다. 그것은 결코 어디로 사라지지 않을 것이다. 교육자로서의 우리의 임무는, 그것이 교실에 들어올 때에 어떤 힘을 지닌 집단이 그들의 이미지에 따라 우리들의 주된 교육의 목적을 재정의 한 결과로 들어오는 것이 아니라, 정치적으로, 경제적으로, 교육적으로 현명한 이유를 가지고 들어오도록 하는 것이다.[20]

지금까지 교육과정의 탐구를 재개념화하려고 시도하는 두 대표적인 인물로서 파이나와 애플의 관점을『실존적 재개념화』와『구조적 재개념화』라는 명칭으로 살펴보았다. 두 사람은 분명 교육과정 탐구 분야의 현실을 이해하는 과정에서 상당히 많은 부분 생각을 같이하고 있는 것으로 보인다.

특히 오늘날 교육과정의 탐구 분야에서 주류를 형성한다고 보는 타일러 중심의 전통적 관점에 대한 비판에서는 두 사람이 공통적인 목소리를 내고 있다. 우선 전통주의자들의 모형이 그동안 너무 무비판적으로 수용되어 왔다는 점과, 그들이 교육과정 탐구에서 탈역사적이고 무이론적이었다는 점에 대한 비판, 그리고 즉각적인 필요성만을 강조하여 목적과 수단을 연결하는 생산성과 효율성만을 강조하기 때문에 교육과정의 설계와 운영에서 기업의 논리와 관료적 모형이 지배해 왔다고 비판하는 점, 또한 오늘날 학교가 지식을 생산하고 분배하는 과정에서 행동주의 심리학이나 기능이론 또는 체제모형 등에 입각하여 실증주의적 과학의 논리를 취해 왔기 때문에 교육으로부터 인간의 주관적 의미와 가치는 사라지고 오직 객관성과 측정가능성의 논리가 지배하여 왔다는 점에 대한 비판적 지적, 그리고 이러한 논리가 지배하는 교육체제 속에서 인간은 그 본질을 상실하고 비인간화되어 왔다는 분석에서도 두 사람의 생각은 일치한다.

그러나 이러한 교육과정 탐구의 문제점에 대한 처방을 내리는 이론적 바탕이나 그 접근법에서는 두 사람이 서로 다른 입장을 보인다. 앞에서의 논의에서 충분히 살펴본 대로 파이나는 실존주의, 정신분석학, 문학이론, 그리고 비판적 교육이론 등을 바탕으로 개인의 실존적 자아성찰을 통한 인간의 해방으로 문제해결의 초점을 맞추고 있는 반면에, 애플은 주로 신마르크스주의의 비판이론을 바탕으로 개인을 구속하는 사회적 · 경제적 · 정치적 조건들을 파헤침으로써 인간의 불평등을 개선하려는 방향으로 관심을 두고 있다.

윌리엄 파이나와 마이클 애플의 사상에 대한 설명은 이 정도로 마무리하고, 다음 장에서는 미학적 관점에서 교육과정학을 재개념화하려고 노력하는 학자들, 특히 스탠퍼드 대학교 교수를 지내다가 2006년 은퇴한 아이스너(Eisner)의 작업을 중점적으로 살펴보도록 하자.

읽고 토론해 봅시다

정부의 'ICT 활용 수업' 권장 정책에 따라 초등교실에서 인터넷 사이트에 접속하여 수업을 하는 일이 늘어나고 있다. 다음의 인터뷰 기사는 이러한 현실을 잘 보여 주고 있다.

> 솔직히 같은 교사 입장에서 봐도 저러면 안 되는데 하는 생각이 들 정도로 성의 없는 수업을 하는 교사도 있어. 요즈음 교육을 염려하는 사람들 사이에서 회자되고 있는 티나라가 대표적인 것 아니겠어? 마우스만 클릭! 하면 교과서 내용이 그대로 진행되니 편하기로 따지면 그보다 더 편한 것이 어디 있어. 하지만 그러다 보면 교사 자신이 설 곳이 없어진다는 것을 왜 모르는지 몰라. 우리 교사들의 전문성을 의심받게 만드는 대표적인 사례라고 생각해. 학생들의 입장에서 봐도 문제야. 한번 생각해 봐. 하루 종일 TV만 보다가 가는 거잖아. [김미숙(가명), 42세, 교직경력 22년].

이와 같은 'ICT 활용 수업' 또는 '이러닝'(e-learning)의 부작용을 마이클 애플의 시각에서 논의해 보라.

제 11 장

교육과정학 탐구의 미학적 재개념화

"화가는 자신이 볼 수 있는 것을 그리는 것이 아니라

그릴 수 있는 것을 본다."

–에른스트 곰브리치–

"인간의 모든 지적 활동은 미학의 도장을 찍어야 완성된다."

–존 듀이–

커리큘럼을 미학적 관점에서 재개념화하려고 노력하는 학자들은, '의미의 추구'가 인간의 가장 중요한 관심사이며 그 의미는 이미 주어진 것을 발견하는 것이 아니라 인간 스스로 구성하는 것임을 강조한다. 또한 의미는 다양한 형식으로 표상되고, 그 의미를 표상하는 각각의 형식은 매우 독특하며, 학교의 커리큘럼은 이들 형식 안에서 '어떤 깨우침'이 일어날 수 있도록 계획되어야 한다고 주장한다.

이들은 현행 학교교육과정을 비판하기를, 아동들의 생존 기술을 향상시켜야 한다고 외치면서도, 커리큘럼에서는 흑백, 진위, 정답과 오답의 구분이 명백한 구문론적 구조를 가진 표상 형식만을 강조하는 것은 정말 이상한 일이라고 말한다. 학생들이 학교를 졸업하고 인생을 살아가면서 겪게 되는 수많은 문제는 그 정답을 질적인 판단 없이 쉽게 찾아낼 수 있는 것들이 결코 아닌데, 학교에서는 애매하지 않고 판단할 필요가 없는 문제들을 주로 가르치면서 어떻게 아동들에게 생존 기술을 가르친다고 말할 수 있느냐는 것이다.

이들은 또한 국가의 경쟁력을 높인다는 취지로 기초교과를 강조하는 운동이 일어날 때면 예외 없이 예술과목의 가치가 평가절하되는 현상을 비판한다. 예술과목은 비지적인 과목, 즉 국 · 영 · 수 중심의 소위 지적인 과목을 공부하고 난 다음, 휴식처럼 제공되는 과목이라고 생각하는 풍토를 강하게 비판하였다. 예술은 인간이 의미를 구성하고 전달하는 한 방법이며, 예술 형식을 창조하기 위해서는 판단, 감수성, 독창성, 의도, 지능을 많이 사용해야 하는데, 어떻게 예술과목을 비지적인 과목으로 내몰 수 있느냐는 것이다. 이들은 자신들의 이러한 입장을 뒷받침하는 증거로서 존 듀이(John Dewey)가

75세 때인 1934년에 쓴 『경험으로서의 예술』(Art as Experience)에서 밝힌 다음과 같은 소신을 즐겨 인용한다.

> 예술 작품을 만드는 과정에서 지능이 아주 중요한 역할을 한다는 것을 무시하는 것은, 지능은 어떤 특별한 종류의 자료나 언어적 기호와 단어들을 사용하여 확인 가능한 것이라고 믿기 때문이다. 질적인 것들의 관련성의 관점에서 효과적으로 사고하는 것은 기호나 언어나 수학과 같은 관점에서 사고하는 것 못지않게 깊은 사고를 요구한다. 사실, 단어들은 기계적인 방법으로 쉽게 조작될 수 있기 때문에, 아마도 훌륭한 예술품을 만드는 일은 '지성인'이라고 자랑하는 사람들이 수행하는 사고 활동보다 더 많은 지능을 요구한다.[1)]

이처럼 커리큘럼을 미학적인 관점에서 재개념화하려는 학자들은 질적인 사유의 중요성과 세상을 파악하는 방식의 다양성을 강조하면서 학교에서 예술교과를 중요시해야 한다고 주장한다.

아이스너가 그의 예술이론을 펼 때에 많이 의존하는 듀이의 『경험으로서의 예술』. 초판은 1934년에 출판되었다.

커리큘럼의 미학적 차원을 이해하려고 노력하는 학자들은 크게 7개의 그룹으로 나뉠 수 있다.[2)] 이 장에서는 네 그룹으로 나누어 이들의 생각을 살펴보도록 하겠다. 먼저, 예술교과를 중요시하는 교육과정학자들의 생각을 살펴보고, 이어서 지식을 탐구하는 과정에서 미학적 인식론의 중요성을 강조하는 학자들을 생각을 살펴보도록 하겠다. 그다음에는 20세기 미술사조적 입장에서 커리큘럼을 조명하는 학자들의 노력을 간략히 설명하도록 하겠다. 그리고 끝으로는, 커리큘럼의 미학적 재개념화 운동의 대표자라 할 수 있는 엘리엇 아이스너(Elliot Eisner)의 생각을 자세히 알아보도록 하겠다.

1. 예술교과의 중요성

커리큘럼 내에서 예술교과를 강조하는 학자 중 대표적인 학자로는 해리 브루디(Harry Broudy)를 들 수 있다. 사회에서는 전통적으로 예술교과를 중요하지 않은 교과로 간주하며 학교보다는 학원이나 개인 교습을 통하여 더 잘 배울 수 있는 것으로 생각한다. 그리하여 커리큘럼 개편 때마다 가장 먼저 도마 위에 오르는 것이 바로 예술교과인데, 브루디는 이 예술교과가 커리큘럼에서 아주 중요하게 취급되어야 한다는 주장을 펴고 있다.

브루디는 현상학적 인식론에 근거하여, 지성의 계발, 즉 개념을 생성하고 분석하고 종합하는 능력의 계발은 반드시 '심상(image)을 만드는 능력'의 계발을 필요로 한다고 주장한다. 하나의 상징체계인 언어는 그 성격상 심상과 밀접하게 관련되어 있어서, 머릿속에 풍부한 심상들이 저장되지 않은 아동들은 지각 능력과 개념 파악 능력이 약해서 결과적으로 언어능력도 떨어지게 된다는 것이다. 즉, '미학적 문해력'(aesthetic literacies)이야말로 '언어적 문해력'(linguistic literacies)의 본질적인 것이므로 학교에서는 예술교과를 더욱 강조하여야 한다고 브루디는 주장한다.[3)]

2. 미학적 인식론

커리큘럼의 미학적 재개념화를 시도하는 학자들 중에는 예술교과가 사고와 정서 발달에 필요한 '미학적 문해력'뿐만 아니라, 우리가 지식을 획득하는 방식 자체를 제공한다고 주장하는 학자들이 있다. 이런 입장의 대표적인 학자로는, 아이스너 밑에서 공부를 한 엘리자베스 밸런스(Elizabeth Vallance)를 들 수 있다.

밸런스는 아이스너가 교육과정학 내의 여러 문제를 이해하기 위한 하나의 도구로서 발전시킨 '교육비평'이라는 '미학적 탐구법'이 교육학과 심리학에서 전통적으로 사용하는 '양적 연구방법'과 마찬가지로 '현상의 이해'라는 목적을 달성하기 위해 노력하고 있다고 말한다.[4] 그러나 '미학적 탐구법'은 구체적이고 특수한 사상에 초점을 맞추고 있으며, 일반화할 수 있는 규칙을 찾는 일에 별로 관심이 없는데, 바로 이 점이 '미학적 탐구법'의 큰 장점이라고 그녀는 주장한다. 왜냐하면 '미학적 탐구법'을 통하여 교육 현실을 있는 그대로 파악할 수 있기 때문이다.

실험중심의 전통적인 연구방법론에서는 '기준'을 설정하고 이 기준에 맞추려고 노력하지만, 예술 분야에서는 미술 평론가들에게 전시회에서 관람한 동일한 그림에 대하여 동일한 비평을 기대하지 않는다. 즉, 예술 분야에서는 평론가들이 서로 다른 통찰을 우리에게 제공하여 우리가 그 작품을 가능한 한 다양하게 파악할 수 있도록 도와주는 것을 환영한다는 것이다.

한편, 밸런스는 예술과 커리큘럼의 유사점을 다음과 같이 열 가지로 나열하고 있다.[5] 즉, '예술'과 '교육과정' 모두 다음의 내용에 해당된다.

① 인간 의식의 산물이다.
② 만든 사람과 청중과의 대화를 위한 수단이다.
③ 지식의 변형이다.
④ 문제해결 과정의 산물이다.
⑤ 의미 전달을 위해서 청중과의 만남을 필요로 한다.
⑥ 청중의 반응을 청취하고 수용하는 상황을 제공한다.
⑦ 청중의 경험에 대한 한계를 제공한다.
⑧ 강한 반응을 자극할 수 있다.
⑨ 역사와 양식(style)의 전통 속에서 조정된다.
⑩ 비판과 평가의 대상이 된다.

3. 20세기 미술사조와 교육과정이론의 상응

20세기 미술, 특히 20세기 회화의 가장 큰 특징은 '실재에 대한 사진적 묘사'로부터 탈출하여 '상상된 실재'를 그렸다는 데에 있다. 이러한 미술 사조를 가지고 교육과정이론을 고찰한 대표적인 학자는 로널드 패드검(Ronald Padgham)이다. 패드검은, 20세기 화가들은 '나무' '꽃' '시냇물' 등과 같이 명사로 존재하는 정적인 실재의 개념에 더 이상 관심을 갖지 않고, '자라나고' '피고' '흐르고' 등처럼 동사로 표현되는 동적인 실재를 탐구한다고 말하면서, 마찬가지로 교육과정학자들도 커리큘럼을 명사가 아닌 동사로 파악하는 작업이 필요하다고 주장한다. 즉, 지식은 어떤 단순한 방식으로 획득되는 정적 개념이 아니라 학생의 입장에서 끊임없이 변경되는 동적 개념으로 파악되어야 한다는 것이다.[6)]

현대의 화가들은 자신 밖에 존재하는 실재(reality)를 지각하고 복사하기 위하여 더 이상 자신의 감각기관에 의존하지 않고, 자신 안에서 형성된 실재를 그리기 때문에, 실재란 알고 있는 것, 느낀 것, 기억하는 것의 종합이라고 패드검은 말한다. 따라서 실재는 과거, 현재, 미래의 통합인 것이다. 그러므로 인간의 삶이란 것도 과거와 미래를 현재의 한순간으로 끌어와 만들어지는 것이라고 이들은 파악한다. 패드검은 바로 20세기 미술의 이러한 세계관을 가지고 오늘날의 커리큘럼을 조명하고 있다. 즉, 교육과정학자들은 이러한 견해를 존중하는 커리큘럼을 개발하여, 학생의 과거와 미래가 학생의 현재 속에서 잘 구현되도록 하여 학생 개개인의 가능성이 최대한 실현되도록 해야만 한다는 것이다.

4. 행동목표 비판과 질적 연구 · 평가의 강조

교육과정학의 미학적 재개념화를 시도하는 네 번째 그룹은, 보비트(Bobbitt)로부터 시작하여 타일러(Tyler)를 거쳐 블룸(Bloom)과 메이거(Mager)에 의해 완성된 '행동목표'를 비판하면서 질적 평가의 중요성을 강조하는 학자들인데, 이 그룹의 대표자는 엘리엇 아이스너(1933~2014)다.

아이스너는 본래 미술대학을 졸업한 화가였는데, 화가로서의 그의 경험은 그의 교육과정학 이론, 특히 질적 평가와 질적 연구에 대한 그의 견해에 지대한 영향을 미쳤다고 스스로 회고하였다.[7)]

엘리엇 아이스너

아이스너는 학자로서 초년 시절이던 1966년 행동목표를 비판하는 논문을 발표하여 주목을 끌었고, 그 후 '영 교육과정'(null curriculum)이란 개념과 '교육적 감식안' '교육비평'이라는 독특한 질적 연구방법론을 교육과정학에 도입하였다. 아이스너의 생각은『학교 프로그램의 설계와 평가에 관한 교육적 상상』에 수록되어 있는데, 현재 이 책은 미국에서 가장 널리 사용되는 교육과정학 강좌 교재들 중의 하나다. 지금부터 아이스너의 생각을 하나씩 살펴보도록 하자.

1) 행동목표 비판

아이스너는 1966년 2월 시카고에서 개최된 '미국교육연구협회'(AERA) 제15차 연례 학회에서 「교육목표: 조력자인가 아니면 방해꾼인가」라는 논문을 발표하였다.[8)] 이 논문에서 그는, 우리가 제2장부터 제5장까지 자세히 살펴본 것처럼, 커리큘럼을 편성할 때에 교육목표를 설정하는 것이 중요한 작업으로 부상하는 배경과 그것이 '행동목표'로 발전하는 과정을 역사적으로 고찰한 다음, 당시 학계에서 별 시비 없이 그 유용성을 널리 인정받던 행동적 교육목표의 기능을 네 가지로 비판하였다.

아이스너의 대표작인 『학교 프로그램의 설계와 평가에 관한 교육적 상상』 제3판(1994)

첫째, 수업은 아주 복잡하고 역동적인 과정을 거치면서 진행되는 것이므로 이 수업이 끝난 후 학생들에게 나타날 수 있는 '모든' 것을 수업을 시작하기 전에 미리 행동목표의 형태로 구체화하여 진술하는 것은 불가능하다.

둘째, '행동목표' 진술 운동은 과목의 특성을 전혀 고려하지 않고 있다. 수학, 언어, 과학 등의 과목은 학생들이 수업 후에 나타내 보여야 할 행동이나 조작을 아주 상세하게 구체화할 수 있을지 모르지만, 예술 영역에서는 이러한 구체화가 가능하지도 않고 바람직하지도 않다. 수학이나 언어 영역에서는 학생들의 반응이 서로 유사한 것이 바람직할지 모르지만, 창의성을 중요시하는 예술교과에서는 학생들이 독창적인 반응을 나타내도록 격려한다.

셋째, 행동목표를 주장하는 사람들은 행동목표가 학생들의 성취도를 측정할 때 필요한 측정의 기준으로 사용될 수 있다고 말하는데, 이는 '기준을 적용하는 일'과 '판단하는 일'을 구분하지 못한 소치다. 학교에서 학생들에게 가장 강조하는 것은 호기심, 창조성, 독창성 등의 계발인데, 이러한 특성들이 학생들에게 길러졌는지 아닌지는 어떤 '기준을 적용하여' 측정할 수 있는 것이 아니고 교사들의 '질적인 눈으로' 판단할 수밖에 없는 것이다.

넷째, 행동목표를 중요시하는 학자들은 교육목표를 세분화할 것과 이 교육목표가 교육내용을 선정하기 전에 확정되어야만 할 것을 강조하는데 이는 옳지 않다. 얼핏 생각하기에는, 커리큘럼을 구성하기 전에 목표가 아주 상세하게 설정되어야 어디로 나아가야 할지 그 방향을 알 수 있는 것 아니냐고 말할 수 있다. 논리적으로 그럴듯한 말이다. 그러나 교사들은 교육적으로 유익하리라고 생각되는 활동을 선정하여 학생들에게 적용해 보고, 그 결과를 토대로 하여 그 활동의 목표나 결과를 확인할 수도 있는 것이다. 실제 많은 교사는 이런 식으로 수업하고 있다. 따라서 교육목표는 교육내용을 선정하고 조직하기 전에 명시되어야 한다는 것은 자연스럽지 않은 것, 즉 심리적으로 옳지 않은 것이다. 우리는 학교 밖에서 무엇을 배울때 행동목표를 정해 놓고 질서 정연한 순서에 따라 배우지 않는다. 분명한 목적을 항상 가지고 있는 것도 아니다. 실제 우리는 목적이 무엇인지도 모르고 무엇인가를 학습하고 있다.

아이스너는 '행동목표'에 대한 자신의 비판을 다듬어서, 그의 유명한 책 『학교 프로그램의 설계와 평가에 관한 교육적 상상』에서 교육목표에는 전통적인 '행동목표' 외에 두 가지 형태가 더 존재할 수 있다고 주장하였다. 첫째는 '문제해결 목표'로서, 수업 시 문제해결을 요구하는 형태로 수업목표가 진술될 수 있음을 지적하였다. 둘째는 '표현적 결과'로서, 우리는 심지어 목표를 미리 설정하지 않고 어떤 활동이나 경험을 할 수 있는 것이며 그러는 가운데에서도 우리는 무엇인가 유익한 것을 배울 수 있다는 것이다.

(1) 문제해결 목표

문제해결 목표란 어떤 문제와 그 문제를 해결할 때 지켜야 할 조건이 주어지면, 그 조건을 충족시키면서 문제를 해결해야만 하는 경우를 말한다. 예를 들면, '20만 원의 예산으로 최소한 책 100권을 갖춘 학급문고를 꾸미기'와 같은 것으로 이 목표는 문제와 따라야 할 조건은 분명하지만 그 해결책은 여러 가지일 수 있다. 행동목표의 경우처럼, 미리 정해진 해결책을 학생이 찾아내도록 요구하는 것이 아니라, 정해지지 않은 수많은 해결책 중 하나 또는 그 이상을 학생 각자가 찾아내도록 유도하는 것이다.

(2) 표현적 결과

학생들은 학교에서 목표를 정하지 않고 무엇인가 재미있고 유익할 것으로 생각되는 활동을 하면서 배운다고 아이스너는 지적한다. 우리의 일상생활에서는 이러한 경우가 많다. 예를 들면, 영화를 보러 갈 때 행동용어를 써서 아주 구체적으로 행동목표를 설정하거나 몇 가지 조건이 주어진 문제해결 목표를 미리 정해 놓고 이 목표에 도달하기 위하여 극장에 가는 사람은 아무도 없다. 우리는 정해진 목표 없이도 그저 그 영화를 보면 뭔가 재미있을 것 같은 막연한 느낌을 가지고 극장에 가서 유익한 그 무엇을 배울 수 있다.

이처럼 목표를 미리 정하지 않고 어떤 활동을 하는 도중이나 끝낸 후에 교육적으로 바람직한 그 무엇을 얻을 수도 있으므로 이를 아이스너는 행동목표나 문제해결 목표와 구별하여 '표현적 결과'(expressive outcomes)라 부르고 있다. 아이스너는 '표현적 결과'를 처음에는 '표현적 목표'라고 불렀으나,[9] 목표라는 말은 성격상 미리 정해진 것을 의미하기 때문에 이 경우에 합당하지 않은 표현이라 생각하여 최근에는 '표현적 결과'라 부르고 있다.[10] 요약하면, '표현적 결과'란 우리가 어떤 활동을 하는 도중 또는 종료한 후에 얻게 되는 것을 말한다.

학교에서 이러한 표현적 결과를 기대하면서 수업을 하는 경우는 주로 음악, 미술, 체육 등의 과목에서 많이 나타난다. 미술 시간에 학생들에게 수채화를 그리도록 요구하는 미술 교사는 행동목표를 제시하거나 문제해결 목표를 제시하지 않는다. 물감을 가지고 종이 위에 무엇인가 표현하도록 학생들에게 요구하고 교사는 학생들의 작품이 진행되는 과정을 지켜보면서 필요한 경우 가끔 지도를 한다. 미리 정해진 목표가 없지만 학생들은 미술 시간을 통하여 무엇인가 유익한 것을 배우고 있음은 분명하다. 음악 시간에 노래를 부르거나 악기를 연주할 때, 체육 시간에 무용을 하거나 운동을 할 때 학생들은 행동목표나 문제해결 목표 없이 그저 즐거워서 그 활동을 하고 뭔가 유익한 것을 결과적으로 얻는다.

표 11-1 교육목표의 세 가지 형태

종류	특징	평가방식
행동목표 (behavioral objectives)	• 학생의 입장에서 진술 • 행동용어 사용 • 정답이 미리 정해져 있음	• 양적 평가 • 결과의 평가 • 준거지향 검사 사용
문제해결 목표 (problem-solving objectives)	• 일정한 조건 내에서 문제의 해결책을 발견 • 정답이 정해져 있지 않음	• 질적 평가 • 결과 및 과정의 평가 • 교육적 감식안 사용
표현적 결과 (expressive outcomes)	• 조건 없음 • 정답 없음 • 활동의 목표가 사전에 정해지지 않고 활동하는 도중 형성 가능	• 질적 평가 • 결과 및 과정의 평가 • 교육적 감식안 사용

지금까지 설명한 아이스너의 생각을 표로 간략하게 요약하면 〈표 11-1〉과 같다. 표에서 사용한 용어 중 '교육적 감식안'이라는 낯선 용어는 후에 자세히 설명할 것이다.

2) 참 평가

이미 살펴본 대로 '타일러의 논리', 즉 학교를 공장으로 보는 입장에서의 교육평가란 미리 정해진 기준을 가지고 학생의 수행을 재는 것을 의미한다. 즉, 공장에서는 생산된 완제품의 질을 평가할 때 그 제품의 설계도를 참조하듯 학교에서는 학생의 성취도를 미리 정해진 목표에 비추어 달성 여부를 판단한다. 이때 중요한 것은 누가 평가해도 학생의 성취도를 동일하게 확인할 수 있는 방법을 사용하는 것이다. 따라서 교사의 질적인 판단은 최소화하고, 관찰 가능한 정보에 근거해서 학생의 성취도를 양적으로 파악하기 위해서는 선다형 시험이 가장 현실적인 선택이 될 수밖에 없었다. 이와 같이 '타일러의 논리'를 기초로 한 행동목표를 사용한 수업은 결국 선다형 시험의 형태를 보편화시켰고, 이러한 모범 답안이 미리 정해진 선다형 시험은 학생들로 하여금 교과서에 실린 단편적인 지식을 효과적으로 암기하고 재생하도록 학습의 방향을 유도하였다. 즉, 공부 잘하는 학생의 대열에 끼는 방법은 곧 책에 실린 지식을 잘 외우고 이를 선다형 시험을 통해 잘 재생하는 것이었다.

아이스너는 이와 같은 평가 방식이 진정한 평가, 참된 평가가 아니라고 비판한다. 우리가 학교에서 접한 선다형 시험을 학교 밖에서 접할 기회가 있던가? 아마 운전면허시험을 제외하고는 일상생활에서 선다형 시험을 보는 일은 거의 없을 것이다. 단편적인 지식을 외우도록 유도하는 선다형 시험은 실생활과 아주 동떨어진 것이다.

그렇다면 대체 선다형 시험 말고 어떤 형식의 평가 문항을 이용하는 것이 학생들에게 단편적인 지식을 암기하도록 유도하지 않고 실생활과 밀접한 관련이 있는 지식과 기능을 재미있게 학습하도록 안내하는 길인가? 문제해결력을 신장시키려면 평가 문항이 어떤 모습을 띠어야 할까? 아이스너는 '타일러의 논리'에 기초한 평가 방식은 학생들이 실생활에서 필요로 하는 능력, 즉 문제해결력을 학습하는 데 별로 도움이 되지 않는다고 지적하면서, 학교에서 행하는 평가가 '참 평가'(authentic assessment)가 되려면 다음과 같은 여덟 가지 기준을 따라야 한다고 주장하고 있다.[11)]

(1) 학생들이 알고 있는 것, 할 수 있는 것을 평가하기 위한 과제는 학교 내에만 국한된 것이 아닌 학교 밖의 세계에서 부딪힐 수 있는 것이어야 한다.

오늘날 우리의 학교 내에서 행해지는 평가의 문항 또는 과제의 특성은 그것이 실생활의 문제와 전혀 또는 거의 관련이 없다는 데 있다. 학교를 졸업하고 사회에 나가서 선다형의 문제를 풀게 되는 경우는 아마 운전면허시험밖에 없을 것이다. 학교에서 수학, 과학 등을 가르친 후 평가를 할 때 사용하는 문제는 배운 지식을 이용하여 실생활의 문제를 푸는 능력과 관계있는 것이어야 한다. 일상생활에서는 일생을 통해 전혀 접할 가능성이 없는 그런 형식의 평가 과제는 학교에서 사용되지 않는 것이 바람직하다.

(2) 학생들을 평가하기 위해 사용된 과제는 결과뿐만 아니라 문제를 해결하는 과정도 보여 줄 수 있는 것이어야 한다.

그동안 학교에서 흔히 사용한 평가 문항의 형태는 소위 객관식이라고 불리는 선다형 또는 단답형이었다. 이런 문항의 특징은 학생이 그 정답에 이르는 과정을 전혀 보여 주지 않는다는 것이다. 학생들은 주어진 답지에서 하나를 고르거나 낱말 1~2개를 쓰면 되기 때문에 학생의 사고 과정, 즉 논리적 추리력의 질을 알아낼 길이 없었다. 학생이 어떤 과정을 거쳐 정답 또는 오답에 이르렀는가에 대한 정보는 교사로 하여금 자신의 교수법을 정정하게 하는 중요한 자료가 될 뿐만 아니라, 학생이 어느 면에서 결함이 있는지도 보여 주기 때문에 개별적 학습지도에 매우 귀중한 자료가 된다. 따라서 '참 평가'가 되려면 학생이 문제를 해결하는 과정을 보여 줄 수 있어야 한다.

(3) 평가에 사용된 과제는 그 과제를 만든 지적 공동체의 가치를 반영하여야 한다.

학교에서 가르치는 지식의 조각들은 학자들, 즉 그 지식을 만든 지적 공동체가 만들어 낸 지식의 일부다. 이러한 지식의 조각들은 본래 서로 연결되어서 하나의 거대한 의미 있는 구조를 이룬다. 따라서 학교에서는 학생들로 하여금 자신들이 조각 내어 배우는 어떤 지식이 학자들 사이에서 역사적으로 어떤 의미가 있으며 그 조각을 포함하는 지식의 전체는 과연 어떤 모습인가를 알게 해 줄 필요가 있다. 이런 식으로 가르쳐야 학생들은 자신이 배우는 지식을 의미 없는 단편적인 지식으로 만들지 않고, 그 지식을 만든 지적 공동체의 활동을 이해하게 되어 학습의 즐거움을 맛보게 된다.

(4) 평가의 과제는 한 사람의 활동에만 국한될 필요는 없다. 우리가 부딪히는 많은 과제는 집단의 노력을 필요로 한다.

학생들이 학교를 졸업하고 사회에 나가 일을 할 때는 대부분 다른 사람과 협력하여 일하게 된다. 학교에서 이처럼 실제 사회에서 반드시 필요한 협동심을 길러 주려면 학생들이 서로 협동하여 어떤 일을 성취하는 경험을 교육과정을 통해 많이 제공할 필요가 있다. 따라서 학교에서는 개인별 평가와 함께 집단별 평가가 동시에 사용되어야 한다. 지금처럼 한 학생의 A학점은 다른 학생의 B라는 식의 철저한 개인별 상대평가보다는 집단의 협동을 강조하는 방향으로 평가의 방향을 바꾸는 것이 바람직하다.

(5) 평가의 과제는 그 문제 또는 질문에 대한 해결책 또는 답이 한 가지 이상이도록 구성되어야만 한다.

학교에서 우리가 푸는 문제들은 오직 한 가지 답만을 가지는 경우가 대부분이다. 따라서 학생들은 이 세상 모든 문제에는 소위 하나의 정답이 있다는 생각을 은연중 발전시킨다. 결과적으로 이들은 어떤 문제를 만나면, 그 문제를 자신의 생각으로 풀기보다는 이 세상 어딘가 존재하는 정답을 찾으려고 노력한다. 그러나 일상생활에서 우리가 부딪히는 문제들의 정답은 어느 참고서에 수록되어 있지 않다. 한 가지 답만 가지고 있는 경우가 매우 드물다. 실생활에서 우리는 그럴듯한 여러 가지 답들 중에서 하나를 선택할 뿐이다. 따라서 학생들의 사고력과 추리력을 자극하고 문제해결력을 키우기 위해서는 한 가지 답만을 가진 평가 과제보다는 답이 여러 개일 수 있는 평가 과제가 사용되어야 한다.

(6) 평가 과제는 수업 시간에 배운 것을 그대로 측정하는 것이어서는 안 되고 학생으로 하여금 배운 것을 새로운 상황에 적용하도록 요구하는 것이어야 한다.

우리가 평가 문항을 제작할 때 고려해야 할 것들 중의 하나는 '내용 타당도'라는 것이다. '내용 타당도'란 학생들이 실제 배운 것을 그 평가 문항이 측정하고 있는지의 정도를 따지는 것이다. 학생들이 전혀 배우지 않은 내용을 측정한다면 이는 '내용 타당도'가 낮은 시험이고 분명 학생들을 당황하게 할 것임에 틀림이 없다. 그러나 학교교육의 한 가지 중요한 목적이 학생들로 하여금 배운 것을 새로운 상황에 적용하여 문제를 해결하는 능력을 길러 주는 것임을 생각하면 수업 시간에 가르친 내용만을 포함하여 평가 문항을 제작하는 것은 바람직하지 않다. 학생들이 배운 지식을 그 모습 그대로 직장에서 사용하는 경우는 극히 드물다. 학생들은 그 배운 지식을 구체적 상황 속에서 적절히 수정하여 적용하여야만 한다. 학생들의 적용력을 길러 주기 위해서는 평가 문항이 단순 암기보다는 적용을 요구하는 방식으로 구성되어야만 한다.

(7) 평가의 과제는 학생들이 단편적인 사실과 함께 보다 전체적인 맥락에 신경을 쓰도록 하는 것이어야 한다.

사람의 두상을 조각하는 조각가의 활동을 생각해 보는 것은 이 말을 이해하는 데 도움이 된다. 그는 자신이 만들려는 모양의 전체 모습을 머리에 떠올린 다음 대충 윤곽을 만들고 이어서 눈, 코, 귀와 같은 구체적인 부분을 깎는다. 조각가는 또한 구체적인 부분을 형상화시켜 나가는 도중 항상 그 두상의 전체적인 모습을 보려고 노력한다. 컴퓨터 프로그래머도 조각가와 동일한 절차를 밟는다. 자신이 만들려는 프로그램의 전체적인 모습을 먼저 머리에 그리고 이를 하나씩 구체화시켜 나간다. 프로그램의 각 요소를 구체화시키는 도중 그는 늘 이러한 요소들이 모여 하나의 전체로서 완성된 프로그램이 어떻게 작동할까를 생각한다. 이처럼 부분과 전체를 늘 관련시켜 보는 능력은 실생활에서 매우 중요하므로 학교에서도 이러한 능력의 배양을 강조하여야 할 것이다.

(8) 평가의 과제는 학생들이 배운 것을 표현하기 위해 사용하는 제시 형태를 다양하게 선택할 수 있도록 허용하는 것이어야 한다.

현재 우리는 모든 학생에게 똑같은 시험문제가 주어져야 한다고 생각하고 있다. 그 이유는 간단하다. 시험문제가 동일해야 학생들 간의 비교가 가능하고 선발이 가능하기 때문이다. 이는 100미터 달리기의 우승자를 가리려면 출발선이 같아야 하고 그 코스가 같아야 한다는 논리와 같다. 그러나 교육은 운동경기에서 우승자를 가리는 것과는 거리가 멀다. '누가 잘하나'보다는 '누가 무엇을 할 수 있나'를 강조하는 것이 교육의 본질에 가깝다. 그렇다면 학생을 평가할 때 교사가 일방적으로 준비한 획일적인 자(대부분 선다형 시험)보다는 학생들 각자가 잘할 수 있는 수단, 즉 표현 방법을 통해 자신이 학습한 내용을 보이도록 하는 것은 권장할 만한 일이 아닐까? 예를 들면, 학생들은 국어 시간에 배운 것을 표현하기 위해 시를 쓸 수도 있고, 음악을 작곡할 수도 있으며, 단편소설을 쓸 수도 있을 것이다. 생물 수업을 마친 후 이것을 이용해 3차원 모형을 만들 수도 있고 진화에 관한 글을 쓸 수도 있을 것이다. 지리산에 다녀온 학생들이 자신의 느낌을 표현하는 수단은 학생마다 다를 수 있다. 어떤 학생은 시로, 어떤 학생은 사진으로, 어떤 학생은 그림으로, 어떤 학생은 수필로서 지리산 여행에서 배운 것을 표현할 수 있지 않을까? '지리산에서 고사목이 처음 나타나는 지점은 해발 몇 미터인가'라는 문제와 함께 4개의 답지가 주어지는 식의 선다형 문제에 대한 정답을 아는 것은 교육의 본질에 비추어 볼 때 별로 중요하지 않다. 한 학급 20~30명의 학생 전원에게 똑같은 시험문제를 주고 똑같은 반응을 유도하는 시험은 이제 사라져야 한다.

3) 교육적 감식안과 교육비평

지금까지 살펴본 대로 여덟 가지의 특성을 가지는 '참 평가'(authentic assessment) 과제에 대한 학생들의 성취 형태를 평가하는 일은, 그 성격상 양적이기보다는 질적인 작업이다. 따라서 교사들은 새로운 형태의 학생 평가 기술이 필요한데, 이를 위하여 아이스너는 '교육적 감식안'(educational connoisseurship)과 '교육비평'(educational criticism)이라는 방법을 제안하고 있다. '교육적 감식안'이란 포도주의 맛을 감식하는 사람, 즉 '포도주 감식가'가 오랫동안 포도주의 맛을 보는 경험과 훈련을 통하여 포도주들의 미묘한 질의 차이를 구별해 낼 수 있듯이, 학생들의 성취 형태를 평가하는 일을 오랫동안 주의 깊게 경험한 사람은 학생들의 성취 형태들 사이의 미묘한 차이를 감지할 수 있게 되는 것을 말한다. 이를 교육 분야에 적용시켜 보면, 일선 교단에서 수업을 오랫동안 해 본 교사는 갓 발령이 난 초임 교사보다 어떤 수업이 좋은 수업인지를 구별할 수 있는 감식안을 가지고 있을 가능성이 높다. 따라서 경험이 풍부한 교사가 교육실습생의 수업을 참관한 후 말하는 내용은 신규 교사의 말보다 그 무게가 더 있을 뿐만 아니라 공감의 폭이 넓다.

'교육적 감식안'이란 말을 학생들의 학업 성취를 평가하는 일과 관련시켜 좀 더 구체적으로 설명하면, 미술 교사가 학생들의 작품을 감상할 때 그 미묘한 질의 차이를 구별할 수 있는 감식안을 가지고 있듯이, 다른 교과를 가르치는 교사들도 자신들이 가르치는 교과에 대한 학생들의 수행(performances) 사이의 미묘한 차이를 구별할 수 있는 감식안을 가질 수 있다는 것이다.

감식가가 자신이 느끼는 미묘한 질의 차이를 일반인들, 예컨대 학생과 학부모도 볼 수 있도록 언어로 표현한다면, 이 언어적 표현은 '교육비평'이 된다. 어느 분야에 대한 감식안을 가진 사람만이 감지할 수 있는 미묘한 차이를 그 분야의 비전문가가 이해할 수 있도록 언어로 표현하는 일은 결코 쉬운 일이 아니어서 비평가들은 흔히 직유, 은유, 유추, 시적 표현 등을 자주 사용하게 된다.

요약하면, 감식안이란 '감상하는 기술'이고 '개인적인' 성격이 강한 반면에, 비평이란 '남에게 전달하는 기술'이고 '공적인' 성격이 강하다. 교사는 이러한 '교육적 감식안'과 '교육비평'이라는 질적인 평가 기술(arts)을 터득하기 위하여 학생들의 성취도를 유심히 관찰하고 이를 언어로 형상화하려는 노력을 꾸준히 기울여야 한다고 아이스너는 주장하고 있다.[12)]

4) 질적 탐구

아이스너의 업적 중 빼놓을 수 없는 것은, '질적 탐구'라는 새로운 형태의 연구방법론을 일찍이 주장하여 이것이 교육학자들에게 널리 받아들여지도록 줄기차게 노력한 것을 들 수 있다. 아이스너는 1975년 미국교육학회의 주관으로 열린 한 학회에서 「계몽된 시야: 교육평가의 개혁을 위하여」라는 논문을 발표한 적이 있는데, 이 논문에서 그는 질적 탐구에 이바지하는 학술지와 질적 연구자를 길러 내는 교육 프로그램이 필요하다는 희망을 피력하였다. 그는 이 희망을 현실로 바꾸기 위하여 꾸준히 노력하였고, 10여 년이 지난 1985년, 마침내 그가 재직하던 스탠퍼드 대학교에 '질적 연구방법론'을 가르치는 강좌가 개설되었다. 그리고 3년 후인 1988년에는 '질적 연구방법론'을 주된 연구방법론으로 사용한 박사학위 논문이 처음으로 탄생하였다. 1988년에는 또한 『The International Journal of Qualitative Studies in Education』이라는 전문학술지가 창간되어 질적 연구방법을 사용하는 학자들의 논문이 출판될 수 있는 길이 열렸다.

도대체 아이스너가 강조하는 '질적 탐구'란 무엇인가? '질적 탐구' 또는 '질적 연구'를 이해하려면 이것과 대비되는 개념인 '양적 연구'를 먼저 살펴보아야 한다. 전통적으로 교육학 특히 교육심리학 분야 내에는 'A라는 요인이 B라는 요인에 미치는 효과'라는 식의 연구가 주종을 이루고 있는데, 이러한 연구는 한결같이 실험에 참가한 사람들을 어떤 실험처치를 가하는 '실험집단'과 아무런 실험처치도 가하지 않는 '통제집단'으로 나눈다. 그리고 일정한 시간이 지난 후에 이 두 집단 간에 어떤 변화가 일어났는지를 알아보기 위하여 모종의 '검사'를 실시하는데, 이 '검사'의 결과치가 과연 통계적으로 의미 있는 것인지를 결정하기 위하여 여러 가지 '통계적 분석'을 실시한다. 연구자들은 이 '통계적 분석'의 결과 값, 즉 '양적인' 데이터를 기초로 'A라는 요인이 B라는 요인에 영향을 미친다 또는 미치지 않는다'와 같은 결론을 이끌어 낸다.

이와 같은 전통적인 '양적 연구'는 주로 대학교수들에 의해 행해졌다. 즉, 대학교수들은 실험을 동반한 '양적 연구'를 통하여 변인들 간의 '인과관계'를 밝히거나, 이것이 여의치 않을 때는 '상관관계'를 밝혀 '변인 A와 변인 B는 아주 밀접한 관련이 있으므로 변인 A를 조작하면 변인 B에 이러 저러한 변화를 초래할 수 있다'는 식의 연구결과를 내놓곤 하였다. 그리고 이러한 연구결과들은 대학의 강의, 현직 연수, 학술지, 학회에서의 발표 등을 통해 '일선 교사'들에게 전달되었고, '일선 교사'들은 자신이 근무하는 학교에 가서 이 새로운 지식을 널리 보급하여 현장을 개선할 수 있을 것으로 기대되었다. 이는 마치 농업 분야의 기초 연구결과를 영농후계자들에게 먼저 전수하면, 이 영농후계자들이 각자 자신의 마을로 돌아가 새로 배운 지식을 주민들에게 전수하는 방식과 흡사하다.

아이스너는 이와 같은 교육 분야의 '양적 연구'가 전혀 불필요한 것은 아니지만, 그동안 교육 현장을 실제로 개선하는 데는 별 도움이 되지 않았다고 비판하였다. 그러면서 아이스너는 학교 현장을 실질적으로 개선하려면 '학교 현장에 직접 들어가서 그곳에서 실제 무슨 일이 일어나고 있는지를 자세히 관찰하는 연구', 즉 '질적 탐구'가 필요하다고 역설하였다. '질적 탐구'란 본래 문화인류학 등의 분야에서 널리 사용하고 있는 연구방법론으로서 '자연스러운 탐구'(naturalistic inquiry), '해석적 연구'(interpretive inquiry), '문화기술지'(ethnography) 등의 이름으로도 불리고 있는데, 그 특징은 연구자가 연구 대상을 인위적으로 조작하지 않고 있는 그대로 존재하는 현장에 직접 들어가서 일어나는 일을 질적인 시각으로 관찰하고 판단한다는 데에 있다.

아이스너는 '질적 탐구'는 전혀 새로운 방법론이 아니라, 교육학 이외의 영역에서 그동안 널리 사용되어 왔음을 강조하면서 우리가 학교를 진정으로 개선하기를 원한다면 '질적 탐구'를 통하여 실제 현장을 파악하는 일이 아주 중요하다고 강조하고 있다. 여기서 잠깐 아이스너의 말을 들어 보도록 하자.

> 예술과 인문학은 세상을 기술하고, 해석하고, 평가하는 방법을 제공하는 오래된 전통이다. 역사, 예술, 문학, 무용, 연극, 시, 음악 등은 이들을 통해 인간이 자신의 경험을 형성하고 제시하는 가장 중요한 형식들이다. 이러한 형식은 교육적 탐구 영역에서는 별로 중요시되지 못했는데, 그 이유는 이러한 형식들이 '제한된 지식의 개념'(limited conception of knowledge)과 관련이 있었을 뿐만 아니라 '지식의 개념을 제한하는 것'(limiting conception of knowledge)과 관련이 있었기 때문이다. [예술, 문학 등의 영역에서 사용하는 질적 탐구는] 우리들의 학교와 교실을 보다 잘 이해하도록 도울 수 있는 방법이다. ……
>
> 나는 학교를 개선하려면 학교가 가진 문제로부터 멀리 떨어져서는 안 된다고 굳게 믿고 있다. 거리를 두거나 분리되는 것은 '가르치는 일'과 같은 미묘한 작업을 향상시키는 데 결코 덕이 되지 않는다. 실제 현장을 파악하는 것은 매우 중요하다. 학교와 같은 기관의 현장은 여러 가지 상호작용을 하는 요인들이 혼재되어 있기 때문에 학교를 개선하는 일은 학교의 여러 특징과 차원들이 어떻게 상호작용하는가를 파악하는 것을 의미한다. 인간의 췌장을 이해하려고 할 때 만일 그것을 신체의 다른 부분과 분리하여 연구한다면 결코 췌장을 바로 이해할 수 없다. 그것은 조직의 한 부분으로서 파악될 수 있을 뿐이다. 교실도 근본적으로 이와 다르지 않다.[13]

이처럼 아이스너는 우리가 학교를 실질적으로 개선하기 원한다면, 변인들 간의 관계를 실험실적 상황하에서 밝히는 전통적인 '양적 연구', 즉 '생태학적 타당도'(ecological validity)가 별로 없는 연구에 의존하기보다는 실제 학교에서 일어나는 것과의 친밀한 접촉을 늘일 필요가 있음을 강조하고 있다. 학교교육은 직접적이고 친밀한 접촉을 시도하는 사람에게만 그 진면목을 '나타내는데', 이는 마치 구약성서에서 여호와가 직접적이고 친밀한 접촉을 통해서만 자신을 '나타낸' 것과 비슷하다고 그는 말하였다.

5) 영 교육과정

아이스너는 그의 대표적인 교육과정학 저서인『학교 프로그램의 설계와 평가에 관한 교육적 상상』에서, 모든 학교에서는 세 가지 교육과정을 가르치고 있다고 파악하고 있다.[14] 첫째는 '명시적 교육과정'으로서, 이는 학교가 목표를 세우고 의도적으로 가르치는 교육과정, 즉 국어, 영어, 수학, 과학, 사회, 음악, 미술, 체육 등의 과목들을 가리킨다.

둘째는 '잠재적 교육과정'으로서, 학교에서 의도적으로 학생들에게 가르치려고 하지는 않았지만 학생들이 학교를 다니는 동안에 배우는 것들이 이 부류에 속한다.[15] 예를 들면, 교사가 원하거나 기대하는 것을 교사에게 제공하는 것, 권위에 복종하는 태도, 경쟁 등은 학교가 학생들에게 의도적으로 가르치고자 한 것은 아니지만, 학생들은 학교를 다니는 동안 자연스럽게 이와 같은 특성을 배운다는 것이다.

또 하나의 예를 들면, 학교에서는 예체능 교과를 하루 중 주로 오후에, 일주일 중 주로 주말에 가까운 시간대에 편성하여 가르친다. 교사들은 정신이 맑은 오전 시간대에는 어려운 과목을 편성하고, 점심을 먹고 졸린 오후 시간대에는 음악, 미술, 체육 교과를 주로 편성한다. 그뿐만 아니라 예체능 교과는 주초보다는 학생들의 마음이 들뜨기 시작하는 주말에 가까운 요일에 편성되어 일종의 휴식 성격으로 제공된다. 예체능 교과의 이와 같은 시간표상의 위치는 교사들의 예체능 교과에 대한 교과관, 즉 예체능 교과는 '머리를 적게 쓰는' 주변 교과라는 생각을 학생들에게 은연중에 전달하는 역할을 한다고 아이스너는 보고 있다.

셋째는 '영 교육과정'(null curriculum)인데, 이는 학교에서 무심코 또는 의도적으로 소홀히 하여 학생들이 계발하지 못하는 기능이나 배우지 못하는 과목 등을 가리킨다. 예를 들면, 학교에서는 주로 좌뇌를 사용하는 과목이나 기능을 중요시하기 때문에 학생들은 우뇌를 적절히 발달시킬 수 없다는 것이다. 앞서 설명한 것처럼, 학교 밖에서 우리는 해답이 분명치 않은 수많은 문제를 해결하며 살아가게 되는데, 이 문제해결과정은 잘 정립된 기준을 단순히 적용하는 과정으로 이루어지는 것이 아니라 질적인 판단을 요하는 것이 많다. 그런데 이러한 '질적인 판단력'은 대개 우뇌의 영역에 속하는 것으로서 수학이나 과학 등의 과목보다는 예술 과목을 통하여 더 잘 배양된다. 그럼에도 불구하고 학교에서는 이러한 예술 과목을 푸대접하며 결과적으로 우뇌를 사용할 기회가 줄어 예술작품이나 시를 감상할 때뿐만 아니라 일상생활 모든 분야에서 널리 쓰이는 '질적인 판단력'이 계발되지 못한다는 것이다.

또한 학교에서는 경제학, 법학, 시각예술, 문화인류학 등의 과목을 가르치고는 있지만 그 과목들에 배당하는 시간수는 국어, 영어, 수학, 과학 등의 교과에 비하여 형편없이 적다. 이러한 과목들이 학교에서 소홀히 취급된 이유는, 그 과목들의 중요성이 떨어지기 때문이 아니라 뿌리 깊은 전통의 영향 때문이라고 아이스너는 파악하고 있다. 아이스너의 표현을 빌리면, "전통은 기대를 만들어 내고, 미래를 예측하게 해 주며, 안정을 유지하는 역할을 하고 있다."[16] 이와 더불어, 전통적으로 학교에서 가르치는 교과는 그 교과의 전문가로 자처하는 교사들의 보호를 받아 지속적으로 학교교육과정에 중요 과목으로 포함되지만, 경제학, 법학, 시각 예술 등의 교과는 이와 같은 울타리가 없어 학교교육과정에서 중요한 위치로 올라가지 못한다. 그 결과 학생들은 학교 밖에서 생활하는 데 실질적으로 필요한 과목을 학교 안에서 배우지 못하게 되는 것이다.

이제 제11장을 마무리하자. 지금까지 우리는 교육과정학 탐구를 미학적 관점에서 재개념화하려고 노력하는 학자들의 작업을 살펴보았다. 이들의 작업은 조금씩 그 강조점이 다르지만, 크게 보면 대동소이하다. 이들은 한결같이 예술교과가 그 가치에 비하여 학교교육과정에서 과소평가되고 있으며, 이에 따라서 학생들은 세상을 파악하고 표상하는 또 하나의 유력한 수단을 제대로 터득하지 못한 채 학교를 떠나고 있다고 지적하고 있다.

'교육과정학의 재개념화'에 대한 논의는 이 정도로 마무리하고 다음 장에서는 18세기 중·후반과 1930년대에 상당히 널리 논의되던 고전중심의 교육과정이 어떻게 부활하는지에 대하여 살펴보도록 하자.

읽고 토론해 봅시다

아이스너가 주장하는 '참 평가'를 활용할 경우, 『동물학교』(The Animal School)라는 동화책에 나오는 다음 우화가 꼬집는 일선 학교의 평가 관행이 어떻게 개선될 수 있을지에 대하여 토론해 보자.

옛날에 동물들이 '신세계'에서 직면하게 될 문제들을 해결하기 위해서 어떤 훌륭한 일을 해야겠다고 결정하고 학교를 만들었다. 그들은 달리기, 오르기, 수영, 날기 등으로 짜인 교과목을 채택하였다. 또 이 학교의 행정을 좀 더 쉽게 하기 위해 동물들 모두가 똑같은 과목들을 수강하도록 하였다.

오리는 수영에 있어선 교사보다도 더 잘했고, 날기에서도 꽤 훌륭한 점수를 받았다. 그렇지만 그는 달리기에서는 매우 부진했다. 오리는 달리기에서 낮은 점수를 받았기 때문에 학교가 끝난 후에도 남아야 했고, 달리기를 연습하느라 수영 수업을 빠지게 되었다. 이렇게 달리기 연습에 열중하다 보니 그의 물갈퀴는 닳아서 약하게 되었고, 이제는 수영에서조차 겨우 평균점수밖에 못 받게 되었다. 그러나 학교에서는 평균성적을 받으면 괜찮았으므로 오리를 제외하고는 누구도 그것에 대해 걱정하지 않았다.

토끼는 달리기에 있어 첫째가는 실력으로 시작했으나, 수영에 많은 시간을 연습하느라 신경쇠약에 걸렸다.

다람쥐는 오르기에는 뛰어났지만, 날기반의 교사가 땅에서 위로 날아오르게 했기 때문에 좌절감에 빠졌다. 또 그는 지나친 연습으로 경련이 생기는 바람에 오르기에서는 C를 받았고, 달리기에서는 D를 받았다.

독수리는 문제아였다. 그래서 그는 심하게 훈계를 받아야 했다. 오르기반에서는 독수리가 나무꼭대기에 오르는 데 다른 모든 동물들을 제치고 앞장섰지만, 거기에 도달하는 데 자기 방식대로 할 것을 고집하였다.

뱀장어는 수영은 아주 잘했지만, 달리기, 오르기, 날기는 결코 뛰어나지 못했다. 그러나 그는 가장 높은 평균점수를 받았기 때문에 다른 동물들을 제치고 학년 말에 졸업생 대표가 되었다.

들개들은 학교에 가지 않고 학교 당국이 교과과정에 땅파기와 굴파기를 추가하지 않는다고 교육세 징수에 반대 투쟁을 벌였다. 이들은 자기 새끼들을 오소리에게 제자로 보냈고, 나중에 성공적인 사립학교를 시작하기 위해 그라운드 호그, 들쥐들과 손을 잡았다.

출처: George H. Reavis, 『The Animal School』(Peterborough, NH: Crystal Spring Books, 1999).

제 12 장

파이데이아 제안: 고전 교육과정의 부활

"교육은 평등으로 안내하는 통로다."

—호레이스 맨—

"가르칠 수 없는 아동은 없다. 오직 아동을 가르치는 데 실패하는 학교, 교사, 학부모가 있을 뿐이다."

—모티머 아들러—

이 책의 제3장에서 언급하였듯이, 19세기 당시에 널리 받아들여졌던 고전 교육과정은 20세기부터 힘을 얻기 시작한 진보주의가 교육과정학의 주류 이념으로 자리를 잡음에 따라 근근이 그 명맥을 유지하여 오다가 1982년에 화려하게 부활하였다. 부활의 직접적인 원인은 미국 철학연구소 소장이자 브리태니커 백과사전 편집위원회 위원장인 모티머 아들러(Mortimer J. Adler)가 대표로 집필한 『파이데이아 제안』이라고 하는 총 84쪽에 불과한 책 때문이었다.

'파이데이아'(paideia)는 본래 그리스어의 파이스(pais)와 파이도스(paidos)에서 유래된 것으로 '어린이의 양육'을 의미한다. 넓은 의미로는 라틴어에서 인문학을 뜻하는 humanitas에 해당하는 것으로서 '모든 인류가 소유해야만 하는 일반적인 학습'을 가리킨다.

이 『파이데이아 제안』에 제시된 생각은 아들러 개인에 의해서 구상된 것이 아니고, 당시 미국 내의 훌륭한 교육자 22명이 모여 만든 '파이데이아 그룹'에서 논의된 내용을 아들러가 정리한 것이다. 이는 우즈 호울 회의에서 논의된 내용을 브루너가 정리하여 1960년에 『교육의 과정』이라는 작은 책을 펴낸 것과 매우 유사하다.

1982년에 출판된 『파이데이아 제안』은, 1983년 미국 '교육의 수월성 추구 위원회'가 펴낸 「위기에 처한 국가」(A Nation at Risk)라는 보고서로 큰 주목을 받았다. 「위기에 처한 국가」 보고서는 '미국 공립학교가 학생들을 제대로 가르치는 일에 실패함으로써 국제 경쟁에서 미국인이 뒤처지고 있다'는 내용을 실어 당시 미국 교육계뿐만 아니라 전 미국인들에게 심각한 위기의식을 고취시켰다.

그리하여 1983년부터 1988년까지 약 5년 동안 미국 교육의 병을 고칠 방안을 제시하는 10여 개의 연구가 이루어졌는데, 이 연구 보고서들은 한결같이 『파이데이아 제안』에 따라 미국 교육을 개혁할 것을 추천하였다. 그 결과 많은 학교가 『파이데이아 제안』을 실천하려고 노력하였고, 지금도 이러한 학교들이 곳곳에 존재하고 있다.

아들러는 『파이데이아 제안』에서 어떤 학교교육을 제안하였는가? 이 질문에 답하기 위하여 『파이데이아 제안』을 각 장별로 살피면서 아들러의 제안을 차분히 알아볼 것이다. 먼저 이 작업을 하기 전에 『파이데이아 제안』이 나온 역사적 배경을 잠깐 살펴보도록 하자.

1. 『파이데이아 제안』의 역사적 배경

『파이데이아 제안』을 만드는 데 주도적인 역할을 한 모티머 아들러(1902~2001)는 14세 때에 뉴욕시의 어느 공립학교를 중퇴하고 New York Sun 신문사에 취직하여 일하면서 야간에는 컬럼비아 대학교에서 강의를 들었다. 그가 야간 강의를 들은 이유는 신문사 일에 도움이 되는 작문 실력을 키우기 위해서였다. 야간 강의를 듣는 과정에서 그는 존 스튜어트 밀(John Stuart Mill)의 자서전을 읽게 되었는데 여기서 자극을 받은 그는 컬럼비아 대학교 정식 학생으로 지원하였고, 고등학교 졸업장도 없이 그는 2학년에 입학허가를 받았다. 그러나 그는 수영을 배우지 않았고 필수과목인 체육 강좌 출석을 거부하였다는 이유로 학사학위를 받지 못하였다. 그러나 컬럼비

『파이데이아 제안』을 집필한 모티머 아들러

아 대학교에서는 그의 뛰어난 글솜씨를 인정하여 박사학위를 수여하였고, 심리학과 교수로 부임하여 1920년대까지 컬럼비아 대학교에서 근무하였다.

컬럼비아 대학교 재학 중 아들러는 영문학자 존 어스킨(John Erskine)이 개설한 고전 읽기 강좌를 수강하였는데 이 강좌를 통해서 고전의 가치를 깨닫고 이것의 열렬한 옹호자가 되었다.

컬럼비아 대학교 교수가 되어 수년 동안 학생을 가르쳤지만 유대교라는 그의 종교적 배경과 다투기 좋아하는 성격으로 교수 정년을 보장받을 수 없었던 그는 그보다 3세 많은 30세의 시카고 대학 총장 로버트 허친스(Robert M. Hutchins, 1899~1977)의 초빙으로 1930년 시카고 대학교 교수가 되었다.[1] 시카고 대학교에서 아들러는 총장인 허친스의 전폭적인 지지를 받아 '위대한 저서 읽기 프로그램'(Great Books Program)을 실시하였다.

이들은 당시 미국의 주된 교육과정학 이념이던 진보주의를 통렬히 비판하면서, 미국 교육이 직업주의와 전문주의로 전락한 것, 즉 교육의 주된 목적이 직업을 얻어 생계를 유지케 하는 것으로 변질된 것은 바로 진보주의 때문이라고 공격하였다. 아들러와 허친스는 이러한 미국 교육을 구원하기 위해서는 인간의 존엄을 지키고 시민의 질을 향상시키는 교양교육이 강화되어야 한다고 생각하였다. 즉, 교양교육이야말로 모든 사람이 받아야 할 최상의 교육으로서 직업적으로 전문화되기 전에 반드시 받아야 할 교육이라고 이들은 주장하였다.

1929년부터 1951년까지 시카고 대학교 총장을 지낸 **로버트 허친스**. 64세경 찍은 사진

그러나 허친스와 아들러의 생각은 대학교수들 사이에 쉽게 수용되지 않았다. 이들은 대학교수를 비롯한 지식인들이 기득권과 아집의 노예가 되어 새로운 제도를 받아들일 준비가 되어 있지 않다고 개탄하였다. 당시 시카고 대학교 교수들은 총장인 허친스의 권위 때문에 마지못해 그의 일

반교양 위주 대학교육에 동조하는 듯했으나 그가 총장직을 물러나자 반대 의사를 숨기지 않았다.

아들러는 자신의 절친한 친구이자 학문적 동료인 허친스가 1977년 세상을 떠나자 왜 자신들의 교육사상이 큰 호응을 얻지 못했는지를 검토하기 시작하였다. 그는 전문화와 직업주의에 매료된 성인들에게 교양교육을 시도하는 일이 얼마나 어려운 일인가를 절감하였다. 그리하여 그는 그동안 비교적 소홀히 했던 초·중등교육에 관심을 갖게 되었는데, 그 이유는 초·중등교육을 개혁하여 성인교육에 변화를 가져오려는 의도 때문이었다.

이 일을 위하여 그는 자신과 교육적 신념을 같이하는 학자들과 함께 1977년 '파이데이아 그룹'을 만들어 초·중등교육의 개혁안을 만들기 시작하였다. 이 개혁안을 만드는 과정에서 그가 스스로에게 줄곧 하였던 질문은 '왜 나와 허친스가 시도한 대학 교양교육이 실패했으며 어떻게 이것을 근본적으로 치유할 것인가?'였다. 이 물음에 대한 답을 찾는 과정에서 그는 대학교육 기간이 청년 후기, 즉 결혼을 하고 직장을 잡아 돈을 벌기 시작해야 하는 시기와 근접하기 때문에 교양교육 위주의 대학교육은 학생과 학부모에게 매력을 주지 못한다는 사실을 깨달았다.

그리하여 아들러는 12년간의 국민 공통 기본 학교교육 기간을 교양교육 기간으로 이용하려고 하였고, 이 동안에 제공되어야 할 교양교육의 내용을 총 84쪽으로 정리하여 1982년 소책자의 형태로 펴냈는데, 이것이 바로『파이데이아 제안』이다. 이 책의 분량을 적게 한 것은 다분히 의도적인 것이었는데, 아들러는 카를 마르크스(Karl Marx)와 엥겔스(Engels)의『공산당 선언』이 만일 두꺼운 책이었다면 혁명은 결코 성공하지 못했을 것이라고 말한 적이 있다. 대부분의 독자는 읽는 데 많은 시간을 필요로 하는 두꺼운 책은 외면하기 때문이다.

2. 『파이데이아 제안』 요약

지금부터는 『파이데이아 제안』의 내용을 각 장별로 차분히 살펴보도록 하자.[2] 이에 앞서 이 책의 전반적인 구성을 알 수 있도록 그 목차를 소개하면 다음과 같다.

1982년에 출판된 『파이데이아 제안』 원본과 번역본

- 제1부 국민의 학교교육
  - 제1장 민주주의와 교육
  - 제2장 오직 교육의 일부에 불과한 학교교육
- 제2부 국민 공통 기본 학교교육
  - 제3장 모든 학생에 대한 동일한 목표
  - 제4장 모든 학생에 대한 동일한 교육과정
  - 제5장 초기 장애의 극복
  - 제6장 개인차
- 제3부 수업과 학습
  - 제7장 문제의 본질
  - 제8장 교사교육

–제9장 교장

• 제4부 국민 공통 기본 학교교육을 넘어서

–제10장 고등교육

–제11장 생계유지와 잘 산다는 것

–제12장 자유로운 제도들의 미래

먼저 '제1부 국민의 학교교육'의 제1장과 제2장을 살펴보도록 하자.

1) 제1장 민주주의와 교육

아들러는 먼저 20세기에 들어서서 미국이 만들어 낸 '민주주의'라는 제도를 유지 · 발전시키기 위해서는 12년간의 공교육이 복선제가 아닌 단선제로 운영되어야 함을 강조하였다. 복선제란 직업을 위한 교육을 담당하는 학교와 대학 입학을 목표로 하여 일반교양을 가르치는 학교를 분리 · 설치하거나 또는 어느 한 학교 내에 직업준비반과 진학준비반을 분리하여 서로 다른 내용을 가르치는 것을 의미한다. 쉽게 말하면, 인문계 고등학교와 실업계 고등학교를 설치하여 운영하는 것이 복선제다. 이에 반하여 단선제란 모든 학교에서 교양교육을 시키는 것을 의미한다. 아들러가 왜 단선제를 주장하는지 그의 말을 직접 들어 보도록 하자.

> 우리는 2개 또는 그 이상의 복선제가 아닌 단선제 학교교육제도를 가져야만 한다. 단선제만이 우리 사회가 만인에게 개방된 목표를 향하도록 할 수 있으며 다른 제도들은 젊은이들로 하여금 목표를 빗나가도록 한다. 사회적 평등의 가장 심오한 의미는 그것이 본질적으로 모든 사람에 대한 동일한 삶의 질을 의미한다는 것이다. 이것은 모든 학생에 대한 동일한 질의 학교교육을 요청하고 있다. ……

우리 국민의 일부는 많은 아동이 충분히 교육될 수 없다는 견해를 가지고 있다. 아동들은 1~2개의 직업을 위해 훈련될 수 있을 뿐이지 선한 인간 생활을 하는 데 필요한 자율적인 시민의 의무를 위하여, 그리고 지적이고 영적인 것들을 향유하도록 교육될 수 없다는 것이다. ……

치유될 수 없는 뇌의 손상으로 고통받는 소수의 아동을 제외한 다른 모든 아동들은 자신의 능력에 이르도록 교육될 수 있다. 직업을 위한 훈련이 아닌 교육이 가능하다. 존 듀이(John Dewey)가 거의 1세기 전에 말한 것처럼 직업 훈련, 특정한 직업을 위한 훈련은 자유인의 교육이 아니다. ……

가르칠 수 없는 아동은 없다. 오직 아동을 가르치는 데 실패하는 학교, 교사, 학부모가 있을 뿐이다.[3)]

2) 제2장 오직 교육의 일부에 불과한 학교교육

아들러는 교육의 과정의 궁극적인 목표는 인간을 교육받은 사람이 되도록 도와주는 것인데, 학교교육은 이것의 준비 단계에 불과하다고 지적하였다. 즉, 학교교육은 학습하는 습관을 형성해 주며 모든 학교교육이 끝난 후 계속해서 학습할 수 있도록 수단을 제공할 뿐이라는 것이다.

인간의 신체는 출생 후 18~20세에 이르면 성장이 멈추고 쇠퇴하기 시작하지만, 지적, 도덕적, 영적 성장은 일생 동안 계속될 수 있으며 계속되어야만 한다고 하였다. 따라서 학교가 해야 할 일은 모든 학생에게 학습의 기술을 전달하고, 학문 세계의 문을 열어 주고 학문 세계를 탐구하기 위한 지침들을 마련해 주는 일이지, 노동에만 적합한 아동들과 더 많은 학교교육을 받는 데 적합한 아동들을 분리하여 서로 다른 종류의 교육을 제공하는 것이 아니라고 아들러는 제1장에 이어 거듭 주장하였다.

다음은 '제2부 국민 공통 기본 학교교육'의 제3~6장을 살펴보도록 하자.

제2부가 바로『파이데이아 제안』의 핵심 내용이다.

3) 제3장 모든 학생에 대한 동일한 목표

아들러는 '국민 공통 기본 학교교육'(basic schooling)은 다음과 같은 세 가지의 목표를 달성하기 위해 모든 노력을 다해야 한다고 하였다. 첫째, 모든 아동은 단지 신체적 성장뿐만 아니라 일생을 통하여 모든 인간적 차원에서 계속 성장할 수 있도록 기대되어야 한다. 즉, '국민 공통 기본 학교교육'은 개인적 발달을 위해 우리 사회가 제공하는 모든 기회를 이용하도록 아동들을 준비시켜야만 한다는 것이다.

둘째, 민주주의를 유지 · 발전시키기 위해서는 시민의 의무와 책임을 수행하도록 '국민 공통 기본 학교교육'을 통하여 아동을 적절하게 준비시켜야 한다.

셋째, '국민 공통 기본 학교교육'은 아동들로 하여금 생계를 꾸려 나갈 수 있는 길을 열어 주어야 한다. 그런데 이는 1~2개의 직업 훈련을 시켜서 실현되는 것이 아니라 모든 노동에 공통적으로 사용되는 기본적인 기능을 전달함으로써 실현되어야 한다고 아들러는 강조하였다.

이 세 가지 목표를 가장 잘 달성하는 길은 무엇인가? 이 질문에 대해 아들러는 '국민 공통 기본 학교교육'에서 일반적이고 교양적인 교과를 가르치는 일이라고 말한다. 어떤 사람들은 일반적이고 교양적인 교과를 가르치는 일이 생계를 유지하기 위한 일과 어떤 관련이 있느냐고 의아해할지 모르지만, 일반적이고 교양적인 교과를 가르치는 일이야말로 확장된 의미에서 더욱 직업적이라고 아들러는 주장하였다. 왜냐하면 이러한 교육을 받은 사람들은 변화의 충격에 영속적으로 잘 적응할 수 있기 때문이다. 이에 대한 아들러의 말을 직접 들어 보자.

'국민 공통 기본 학교교육'의 단계에서 실시되는 전문적이고 특수한 종류의 직업 훈련은 항상 변화하고 진보하는 사회에서는 비실제적이고 비효과적이다. 특수한 직업 훈련을 받은 사람들은 그들이 직업을 갖게 될 때 재훈련되어야만 한다. 학교에서 훈련을 받는 동안 기술과 공학은 더욱 발달할 것이기 때문이다. ……

특수한 직업을 위한 편협하고 전문적인 훈련과 비교할 때 일반적인 학교교육은 가장 실제적인 가치를 지닌다. 일반적 학교교육은 시민정신을 준비시키는 것에, 그리고 개인적 발달과 지속적인 성장을 준비시키는 것에 좋을 뿐만 아니라 생계 수단을 준비시키는 것에도 좋다.[4)]

이처럼 아들러는 일반적이고 비전문적인 학교교육이 다른 어떤 종류의 교육보다도 실제성과 유용성의 견지에서 바람직하다고 역설하였다.

4) 제4장 모든 학생에 대한 동일한 교육과정

아들러는 국민 공통 기본 학교교육, 즉 유치원부터 고등학교 3학년까지의 교육에서는 모든 복선제와 선택과목제도를 배제하여야 한다고 주장하였다. 선택과목제도와 전공제도는 대학에서나 적절한 것이지 국민 공통 기본 학교교육 기간에는 전적으로 부적절하다는 것이다.

아들러는 모든 학생이 12년 동안의 국민 공통 기본 학교교육 기간 동안에 배워야 할 필수과목, 조작, 활동들을 〈표 12-1〉과 같이 요약하여 제시하였다.

아들러는 이러한 세 가지 영역의 필수적인 교육과정에 부가하여 3개의 보조과목을 포함시켰는데, 그것은 ① 체육과 건강, ② 수공예, ③ 노동과 직업 세계의 이해다. '체육과 건강'은 12년 동안 계속해서 학습할 과목으로, '수공예'는 수년간 학습할 과목으로, '노동과 직업 세계의 이해'는 고등학교 2~3학년에 배울 과목으로 제시하고 있다.

표 12-1 아들러가 제시한 '모든 학생에 대한 동일한 교육과정'

구분	제1열	제2열	제3열
목표	• 조직화된 지식의 획득을 위하여	• 지적 기능(학습 기능)의 발달을 위하여	• 여러 사상과 가치에 대한 확장된 이해를 위하여
수단	• 설교적인 수업 • 강의와 응답 • 교과서와 교구 등을 수단으로 하여	• 코치, 연습 • 지도가 뒤따르는 실습 등을 수단으로 하여	• 산파술, 즉 소크라테스식 질문 • 능동적 참여 등을 수단으로 하여
영역 조작 활동	• 언어, 문학, 예술 • 수학, 자연과학 • 역사, 지리, 사회 등의 세 가지 영역을 가르친다.	• 읽기, 쓰기, 말하기 • 계산하기, 문제해결하기 • 관찰하기, 측정하기 • 비판적 판단력 훈련하기 등과 같은 조작을 가르친다.	• (교과서 이외의) 책들과 예술 작품에 대한 토론 • 예술 활동(음악, 연극, 시각예술)에의 참여 등과 같은 활동을 하도록 한다.

(1) 제1열: 지식의 획득

아들러는 국민 공통 기본 학교교육에서는 3개의 교과영역, 즉 ① 언어, 문학, 예술, ② 수학, 자연과학, ③ 역사, 지리, 사회 등을 가르쳐야 한다고 주장하였다. 그 이유는 이 세 가지 영역이 우리의 사회제도와 우리 자신에 관한 필수적인 지식을 제공해 주기 때문이다. 따라서 이 세 가지에 친숙하지 못한 사람은 그 누구도 교육받은 사람이라고 볼 수 없다고 아들러는 주장하였다. 이 세 가지 영역을 가르칠 때 교사들이 사용할 수 있는 방법은, 전통적으로 '설교적인 수업'(didactic instruction)이라 불리는 것으로서 이는 '학생들이 흥미를 느끼지 않더라도 교사가 이에 아랑곳하지 않고 강제로라도 가르치는 것'을 의미한다.

(2) 제2열: 기능의 발달

제2열에는 국민 공통 기본 학교교육에서 가르쳐야 할 기능들이 제시되어 있다. 〈표 12-1〉에 요약된 것처럼, 그것들은 읽기, 쓰기, 말하기, 듣기, 관찰하기, 측정 · 평가하기, 계산하기 등과 같은 언어적 · 수학적 · 과학적 기능들이다. 이 기능들은 학교에서 또는 다른 어느 곳에서 무엇을 배우려고 할 때 반드시 필요한 기능들이다. 이런 기능을 학교에서 배우지 않고서는 후에 스스로 학습하는 일은 불가능하다.

수학과 언어가 제1열에도 포함되어 있고 제2열에도 포함되어 있지만 그 성격은 다르다. 제1열에서는 수학과 언어에 관한 지식(심리학자들은 '명제적 지식'이라 부른다)을 배우지만, 제2열에서는 수학적 조작을 정확하게 하는 방법과 언어를 사용하는 방법(심리학자들은 '절차적 지식'이라고 부른다)을 배운다는 것이다.

이처럼 제2열에 포함된 것들은 무엇인가를 직접 수행할 수 있는 기능들이기 때문에, 이것들을 가르치기 위해서는 교사중심의 설교적인 수업이나, 강의, 시범 등보다는 운동을 가르칠 때 사용하는 '코칭'과 같은 방법이 적절하다고 아들러는 말하였다. 코치는 단지 방법만을 나열하지 않고 그 동작을 학습자가 직접 행할 수 있도록 옆에서 일일이 도와주기 때문이다.

아들러는 국민 공통 기본 학교교육의 핵심은 바로 이 제2열에서 제시한 지적 기능들의 습득이라고 하였다. 왜냐하면, 제2열에 제시된 기능들을 완전히 배워야 제1열에 포함된 교과목들을 효과적으로 가르치고 배울 수 있고 또한 제3열에 포함된 것들도 가르치고 배울 수 있기 때문이다.

아들러는, 앞에서 이미 언급하였듯이, 국민 공통 기본 학교교육 기간 동안에는 선택과목제도를 철저히 부정하고 있는데, 단 한 과목만은 예외로 두었다. 그 예외는 바로 제1외국어로서 이를 아들러는 제2열의 선택과목으로 제안하였다.

(3) 제3열: 이해의 확장

제3열의 목표는 여러 위대한 사상과 가치에 대한 확장된 이해인데, 이를 위해서 아들러는 교과서 이외의 책들, 즉 역사, 과학, 철학, 시, 소설, 수필 등의 책들을 읽고 토론할 것을 제안하였다. 이 토론 과정에서 교사들이 사용해야 할 방법은 산파술이라고 불리는 소크라테스식 교수법이다. 소크라테스식 교수법이란 교사가 학생에게 무엇인가를 '가르쳐 주는 것'이 아니라, 학생의 마음속에 이미 들어 있는 관념을, 마치 산부인과 의사가 아이를 받아내듯이, 밖으로 끌어내는 것이다. 이때 교사는 질문을 하고 학생은 답변을 하게 되므로 이를 '대화법'이라고도 부른다.[5)]

제3열에서 제시한 책들을 읽고 토론하는 것은 두 가지 목적에 기여한다고 아들러는 말하였다. 첫째, 학생들은 토론을 하여 제2열에 포함된 읽기, 쓰기, 말하기, 듣기 기능을 발달시킬 뿐만 아니라, 명료하고, 비판적이고, 반성적으로 사고할 수 있는 능력을 연마하도록 그 기술들을 사용하게 된다. 즉, 토론은 학생들로 하여금 타인의 생각은 물론 자신의 정신을 분석하는 방법을 가르쳐 준다는 것이다. 둘째, 토론은 제1열에서 제시한 교과목들 속에 들어 있는 기본적인 사상들, 특히 우리의 정부 형태와 사회제도들의 기초가 되는 사상들로 학생들을 안내해 준다.

끝으로 아들러는 위대한 사상과 가치에 대한 확장된 이해를 위해서 음악, 시각예술, 희곡, 무용 등을 실제 경험해 볼 것을 제안하였다. 즉, 음악 작품을 연주해 보고, 춤을 추어 보고, 연극을 해 볼 것을 제안하였다.

(4) 보조 교과목

지금까지 살펴본 제1, 2, 3열의 내용에 부가하여 아들러는 세 가지 보조 교과목을 제안하고 있다. 첫째, 체육과 건강으로서 이는 국민 공통 기본 학교교육 기간 내내 포함되어야 한다. 둘째, 요리, 바느질, 목재 및 금속 공예, 자동차 운전과 수리, 전기 및 기타 가정용품의 수리 등과 같은 실용적인 기술들로서 이는 국민 공통 기본 학교교육 기간 내내 포함될 필요는 없지만 수년 동안 가르쳐야 한다. 셋째, 노동과 직업 세계를 이해시키기 위한 과목으로서 고등학교 2~3학년에 걸쳐 가르쳐야 한다. 그리고 여기에 제시되지 않은 모든 활동과 관심은 모두 특별활동으로 간주되며 방과 후에 자발적으로 참여할 수 있도록 해야 한다고 아들러는 제안하였다.

5) 제5장 초기 장애의 극복

지금까지 아들러의 제안을 읽은 독자는 당연히 다음과 같은 의문이 생길 수 있다. “아들러식 학교교육 프로그램은 풍부한 환경에서 자란 어린이들에게는 유리하고 빈곤한 환경에서 자란 어린이들에게는 명백히 불리한 것 아닌가?”

이 의문에 아들러는 동의하였다. 그래서 그는 학교교육의 시작 단계에서 모든 어린이가 서로 비슷한 정도의 준비를 갖출 수 있도록 불우한 환경의 어린이들에게는 최소한 1년, 바람직하게는 2~3년의 취학 전 교육이 국가 차원에서 제공되어야 한다고 제안하였다. 만일 그렇지 않으면, 아동들은 취학 전에 입은 결손으로 학교에서 실패하게 될 가능성이 높은데, 이는 다시 어린이들의 능력에 관한 그릇된 신념, 즉 교육이 가능한 아동들과 그렇지 못한 아동들이 있다는 신념을 고착시킨다는 것이다.

6) 제6장 개인차

“아동들은 타고난 능력, 흥미와 소질, 기질, 가정의 양육, 경제적 지위와 기회 등에서 개인차가 있는데 어떻게 이러한 단선제의 획일적인 보통 교양교육을 모든 학생에게 요구할 수 있다는 말인가?”라는 회의론자들의 질문에 대하여 아들러는 단호하게 다음과 같이 대답하였다. “개인차는 언제나 있지만 정도의 차이일 뿐이지 결코 종류의 차이는 아니다. 개인차가 있음에도 불구하고 아동들은 그들의 인간성에서는 동일하다. 따라서 각 아동의 개인차를 고려한다는 것은, 프로그램을 탄력적으로 운영하고 보충적인 수업을 제공할 필요가 있다는 것이지 서로 질이 다른 교육을 국민 공통 기본 학교교육에서 제공해야 하는 것을 의미하지는 않는다." 여기서 아들러는 '교육이 불가능한 아동, 가르치기에 불가능한 아동은 없고 오직 아동의 개인적 조건에 적합한 방식으로 가르침을 받지 못한 아동들만이 있을 뿐'이라고 강조하였다.

제2부에 대한 요약은 이 정도로 마무리하고 다음은 '제3부 수업과 학습'의 내용을 간략히 살펴보도록 하자. 제3부는 '제7장 문제의 본질' '제8장 교사교육' '제9장 교장' 등으로 구성되어 있다. 제7장 문제의 본질에서 아들러는 '모든 학생에 대한 동일한 교육과정'을 설정하는 것이 바람직한 국민 공통 기본 학교교육을 실현하는 데 하나의 필요조건은 되지만 충분조건일 수는 없다고 하였다. 문제의 핵심은 수업시간과 숙제를 하는 시간에 일어나는 학습의 질이라고 그는 지적하였다. 여기서 다시 아들러의 말을 한번 들어 보도록 하자.

> 커리큘럼은 일련의 통로, 즉 도관에 불과하다. 아동은 한쪽 끝에서 들어와 다른 쪽 끝으로 나가게 된다. 들어갈 때와 나올 때의 차이는 통로 안에서 일어나는 학습과 수업의 질에 달려 있다. 학습의 질은 수업, 즉 교실에서의 학습을 안내하고 고무시키며 숙제를 통하여 이루어져야 하는 학습을 지도하고 동기화시키는 활동의 질에 크게 달려 있다.[6)]

이처럼 학교교육과정이 아무리 잘 편성되었더라도 결국 학생들이 학교에서 실제로 배우는 것은 교사가 수업을 어떻게 하느냐에 따라서 달라진다는 점을 강조하였다. 이는 곧 학생의 학습의 질은 교사들의 질에 의존한다는 것으로서, 학생을 제대로 가르치기 위해서는 제대로 배운 교사가 필요하다는 논리로 이어진다.

그리하여 아들러는 '제8장 교사교육'에서 이 문제를 논의하고 있는데, 그는 현재와 같은 교사 양성 제도, 즉 가르칠 교과 내용학과 교육학을 대학 4학년 동안 병행하여 이수하는 제도하에서는 이 『파이데이아 제안』에서 제시한

국민 공통 기본 학교교육을 지도할 교사를 제대로 양성할 수 없다고 하였다. 『파이데이아 제안』이 추구하는 12년간의 국민 공통 기본 학교교육에 적합한 교사는, 4년간 대학에서 일반 교양교육을 수료한 이후에 대학원에서 교사 자격증을 위한 과목을 이수하거나, 아니면 전문의가 되기 위해 인턴으로 병원에서 훈련을 받듯이 학교에 가서 현직 교사의 지도 감독하에 훈련을 받아 양성된 사람이어야 한다고 주장하였다.

제3부의 마지막 장은 '교장'에 대한 것인데, 아들러는 학생들이 제대로 배우기 위해서는 교사도 중요하지만, 교사들의 리더 격인 교장도 매우 중요하다고 하였다. 교장은 principal인데 이 단어의 형용사적 의미는 '중요한'이다. 따라서 '중요한' 교사, 영국식으로 말하면 '교사 중의 교사'(head teacher)가 곧 교장이 되어야 한다. 특히 교장에게는 강력한 교육적 지도력이 요청되는데 이를 위해서 교장은 교사 채용 및 해고의 권한과 학생들이 마땅히 따라야 할 행동 규칙을 만들어 강제할 수 있는 권한을 가져야 한다고 아들러는 말하였다.

지금까지 우리는 『파이데이아 제안』의 제1~3부를 살펴보았다. 우리의 목표는 아들러가 『파이데이아 제안』에서 유치원부터 고등학교 3학년까지의 국민 공통 기본 학교교육에서 어떤 것들을 가르쳐야 한다고 주장했는가를 알아보는 것이었으므로, 이 책의 마지막 부분인 '제4부 국민 공통 기본 학교교육을 넘어서'는 여기서 살펴보지 않고 넘어가도록 하겠다.

한편, 『파이데이아 제안』의 끝부분에는 이 제안을 당장 실천하려는 사람들이 궁금해할 사항에 대한 아들러의 답변이 실려 있는데, 요약 삼아 이를 직접 읽어 보면서 『파이데이아 제안』의 내용 파악을 마무리하도록 하자.

> 여러분은 우리에게 이렇게 물을 것입니다. "파이데이아 제안에 따라 국민 공통 기본 학교교육을 개혁하려면 당장 다음 월요일 아침부터 무엇을 해야만 합니까?"

우리는 대답을 다음 열 가지로 정리할 수 있습니다.

① 모든 학교의 1학년부터 12학년까지 3개의 열에 나타난 세 종류의 학습과 교수활동이 있으며 이들은 상호작용하고 있다는 것을 확신하십시오.

② 3개의 열 안에 있는 것, 즉 조직화된 지식의 획득, 지적 기능(학습 기능)의 발달, 다양한 사상과 가치에 대한 확장된 이해에 대해 여러분이 학생들과 교사들에 대해 가지는 높은 기대를 성취하기 위해 자극을 줄 수 있는 성공의 표준을 설정하십시오.

③ 수업시간에 모든 비본질적인 일을 제거하십시오. 만일 그것이 꼭 필요하다면 특별활동으로 돌리십시오.

④ 교육과정에서 특수한 직업을 준비하기 위한 모든 훈련을 제거하십시오.

⑤ 제1외국어를 도입하여 유창하게 사용할 수 있도록 충분한 수업시간을 할애하십시오.

⑥ 제1외국어의 선택을 제외하고는 교육과정에서 모든 선택과목을 제거하십시오.

⑦ 수업과 학습을 위해 하루의 시간을 가능한 한 많이 사용하십시오.

⑧ 집에서 해야 할 숙제 및 과학과 예술 과목의 프로젝트를 부과하되 학년이 높아질수록 그 양을 증가시키십시오.

⑨ 취학 전 준비 교육이 필요한 아동들을 위해서는 적절한 방법을 마련하여 실천하십시오.

⑩ 파이데이아 그룹이 의미하는 보충수업이 필요한 학생들에게는 개인적으로든 소집단으로든 보충수업을 실시하십시오.[7]

3.『파이데이아 제안』에 대한 비평 · 비판과 아들러의 답변

1982년 출판된『파이데이아 제안』은 미국교육계에 '평등과 수월성이라는 두 마리의 토끼를 한꺼번에 잡기 위해서는 어떤 식의 교육개혁을 추진해야 하는가?'라는 질문을 제기하면서 1980년대의 최대 논쟁거리가 되었다. 특히 이듬해인 1983년 발표된「위기에 처한 국가」라는 보고서로『파이데이아 제안』에 대한 관심은 빠르게 증폭되었다.『파이데이아 제안』에 따라 당장 미국 교육을 뜯어 고쳐야 한다는 사람들도 있었고,『파이데이아 제안』은 도저히 실현 불가능한 비현실적 대안이라고 주장하는 사람들도 있었다.

이처럼『파이데이아 제안』에 대한 토론이 뜨거워지자, 하버드 대학교에서 펴내는 교육학 분야의 저명한 학술지인『Harvard Educational Review』 편집진은 '『파이데이아 제안』에 대한 지상 심포지엄'(이하 '파이데이아 심포지엄')을 개최하기로 결정하고, 당시 유명한 교육자와 정책 입안가 6명에게 '미국 사회의 모든 학생에 대한 적절한 처방으로서 파이데이아 그룹이 제시한 아이디어대로 실천하기를 원하는지'에 대하여 물으면서『파이데이아 제안』에 대해 비평해 줄 것을 요청하였다. 그리고 아들러에게는 이 6명이 쓴 글을 읽고 이에 대한 반론을 써 달라고 요청하였다.

파이데이아 심포지엄에 초대받은 6명의 토론자가『파이데이아 제안』에 어떤 비평 · 비판을 했으며 이들의 비판을 읽고 아들러는 어떤 반응을 보였는지를 살펴보도록 하자.

1) 토론자들의 비평 · 비판 내용

(1)『파이데이아 제안』은 존 듀이와의 진정한 화해의 시도

파이데이아 심포지엄의 첫 번째 토론자는 당시 컬럼비아 대학교 티처스 칼리지 교수이던 다이앤 래비치(Diane Ravitch)였다. 1983년 래비치는 『파이데이아 제안』을 역사적 관점에서 조명하였는데, 그녀의 비평을 한마디로 요약하면 '『파이데이아 제안』은 존 듀이와의 진정한 화해의 시도'라고 표현할 수 있다. 앞에서 언급한 것같이, 아들러와 허친스는 1930~1940년대에 존 듀이가 주도하던 진보주의 운동을 열렬히 반대한 대표적 인물이다. 그럼에도 불구하고 아들러는 이 『파이데이아 제안』을 호레이스 맨(Horace Mann, 1796~1859),[8)] 존 듀이, 로버트 허친스에게 헌정하고 있다. 미국 공교육의 아버지 호레이스 맨과 자신의 절친한 친구이자 동료였던 허친스를 헌사에 포함시킨 것은 당연한 일이지만, 평생 갈등 관계에 있던 존 듀이를 헌사에 포함시킨 것은 매우 이례적인 일이라는 것이다. 래비치는 이러한 아들러의 변화를, 아들러가 존 듀이의 추종자들을 달래기 위해서 교활한 술책을 부리는 것이 아니라, 미국 교육의 질을 진정으로 걱정하는 마음에서 과거의 적대감을 청산하고자 노력하고 있다고 해석하였다. 이러한 그의 태도는 『파이데이아 제안』 전반에 걸쳐 나타나는데, 옛날과 달리 그는 진보주의자들을 통렬하게 공격하지 않고, 오직 자신의 견해를 명백히 밝히고만 있다는 것이다.

래비치는 진보주의가 1930년대의 시대 정신에 부합되어 당시 널리 전파되었듯이, 아들러의 『파이데이아 제안』도 1980년대의 시대 정신—평등과 수월성의 동시 추구—에 상당히 부합된다고 평하고 있다. 그러나 래비치는 이처럼 아들러의 생각에 대해 비교적 긍정적인 비평을 하면서도 『파이데이아 제안』은 아들러가 희망하는 대로 대대적인 성공을 거두기는 힘들 것으로 예상하였다. 이는 십계명이 옳은 줄 알면서도 실천하는 사람들은 그리 많지 않은 것과 흡사하다고 래비치는 말한다. 다시 말하면, 『파이데이아 제안』은 미국의 교육이 추구해야 할 이상을 제시하고 있기는 하나 실제 일선 현장에서 실천되기는 힘들다는 것이다. 그리고 이러한 사실을 아들러 자신도 알고 있을 것이라고 래비치는 말하였다.

(2) 『파이데이아 제안』은 현실을 무시한 순진한 발상

두 번째 토론자인 로널드 그위아즈다(Ronald Gwiazda)는 『파이데이아 제안』이 현실에 전혀 부합되지 않고 오직 공상 속에서나 가능할 제안이라는 뜻으로 '피터 팬 계획'(Peter Pan Proposal)이라고 부르며 혹평하였다. 『파이데이아 제안』은 공교육제도를 사회 개혁의 근본적인 도구로 간주하면서, 만일 공교육이 성공하면 그 나라는 천국이 될 것이고, 실패하면 지옥이 될 것처럼 이야기하고 있지만, 사실 학교는 사회 변화에 그리 큰 영향을 미치지 않는다. 따라서 교육계에 종사하는 사람들이 학교를 변화시키면 궁극적으로 사회도 변할 것이라는 아들러의 생각은 너무 순진하다는 것이다.

그위아즈다는 또한 아들러의 단선제 주장을 반박하였다. 『파이데이아 제안』처럼 학생들에 대한 기대치를 높게 설정하고 일반교양 과목 위주로 수업을 할 경우, 실패하는 학생들이 엄청나게 늘어날 것은 뻔한데도 아들러는 단선제를 고집한다는 것이다. 아들러는 선택과목제도와 복선제가 궁극적으로 각 개인이 받는 교육의 질을 향상시키기보다는 떨어뜨릴 것이기 때문에 '모든 학생에게 동일한 교육', 즉 단선제를 추구하는 것이 각 개인에게 '가장 좋은 교육'을 제공할 수 있다고 주장하지만, 이는 전혀 검증되지 않은 가정에 불과하다고 비판하였다.

모든 환자에게 '동일한 처방'을 적용하는 의사를 '최상의 처방'을 내리는 의사로 볼 수 없듯이 모든 학생에게 동일한 내용을 가르친다고 해서 최상의 교육을 제공한다고 말할 수 없다. 따라서 학생들의 개인차를 고려하여 학생들이 서로 다른 내용을, 서로 다른 속도로, 인생의 서로 다른 시간에 배우도록 허용하는 제도는 차별을 심화시키는 것이 아니라 오히려 기회를 제공하는 것이라고 하였다.

그위아즈다는 또한, 아들러가 개인차 문제를 보충교육(remedial education)으로 해결할 수 있다고 여기는데, 보충교육은 뒤처지는 학생들의 속도를 조금 늦출 수는 있어도 결코 앞에 있는 학생들을 따라잡게 할 수는 없다고 하였다. 따라서 복선제는 불가피한 현실적 대안이라고 주장하였다.

세 번째 토론자인 플로레타 맥켄지(Floretta D. McKenzie)도 『파이데이아 제안』이 교육의 현실을 너무 무시하고 있다고 비판하였다. 그녀는 아들러가 ① 아동의 교육 가능성을 믿은 나머지 수업의 획일화를 시도한 점, ② 기업체에서는 기술을 가진 인력을 원하는데도 직업교육을 철저히 배제한 점, ③『파이데이아 제안』대로 교육을 개혁하려면 엄청난 돈이 필요할 텐데 이 재원을 어떻게 마련할 것인지를 전혀 언급하지 않은 점 등을 지적하였다.

그녀는 또한 '가장 뛰어난 사람들을 위한 가장 좋은 교육이 곧 모든 사람을 위한 가장 좋은 교육'(The best education for the best is the best education for the all)이라는 아들러와 허친스의 생각은 아주 위험한 엘리트주의로서 많은 아동의 가능성을 파괴한다고 비판하였다.

네 번째 토론자인 메리 베리(Mary F. Berry)도 맥켄지가 제기한 비판과 유사한 비판을 하였다. 아들러는 취학 전 교육이 필요한 아동들에게 이를 정부가 재원을 부담하여 제공해야 한다고 말하는데, 이는 다른 분야로 투입되는 예산을 줄여야 하기 때문에 결코 쉽지 않다는 것이다. 그녀는 또한 '가장 뛰어난 사람들을 위한 가장 좋은 교육이 곧 모든 사람을 위한 가장 좋은 교육'이라는 전제도 비판하였다. '도대체 누가 가장 뛰어난 사람들이며, 무엇이 가장 좋은 교육이란 말인가?'라고 그녀는 반문하였다. 특히 베리는 『파이데이아 제안』의 기본 가정, 즉 '미국의 교육은 엉망이다'에 동의하지 않았다.

(3) 교육자들의 힘만 가지고는 불가능한 교육개혁

다섯 번째 토론자인 스탠퍼드 대학교의 마틴 카노이(Martin Carnoy)는 학교교육의 질이 누구에게나 동일해야 한다는 아들러의 입장에 대해서는 동의를 하면서도 그의 교육개혁에 대한 접근 방식은 잘못되었다고 비판하였다. 교육제도는 사회적 갈등의 응축으로서 이를 개혁하려면 수많은 교육 외적 요인을 고려하여야 하는데, 아들러는 이러한 고려를 전혀 하지 않고 있다는 것이다.

아들러가 민주주의의 유지 · 발전을 위해서는 미국 교육이 달라져야 한다는 주장을 주로 지식인과 교육자들을 향해 외치고 있는 것도 카노이에게는 너무 소극적으로 보였다. 민주주의는 사회운동에 의해 발달되었으므로 지식인과 교육자들만의 힘만으로는 결코 목표를 달성할 수 없다는 것이다.

(4)『파이데이아 제안』은 훌륭한 교육개혁안

지금까지의 토론자들과는 달리, 마지막 토론자인 뉴욕 시립대학교 교수 스티븐 칸(Steven M. Cahn)은『파이데이아 제안』에 찬사를 보냈다. 비록『파이데이아 제안』이 특별한 재능을 가진 영재에 대한 교육에 무관심하고, 직업교육과 직업 훈련을 동일시하면서 직업교육의 가치를 과소평가하고 있지만, 이러한 단점들은 다음과 같은 장점들, 즉 ① 사실적 지식의 획득을 강조한 점, ② 외국어의 중요성을 부각한 점, ③ 시험의 교육적 가치를 옹호한 점, ④ 학생들이 성취해야 할 수준을 높게 설정한 점, ⑤ 교육받은 유권자의 중요성을 아주 강조한 점 등에 비추어 보면 그리 문제 삼을 것은 못 된다는 것이다.

2) 토론자들에 대한 아들러의 반응

토론자들의 글을 읽은 아들러는 매우 실망스러운 표정을 지었다. 그는 먼저 대부분의 토론자가『파이데이아 제안』을 자세히, 정확히 읽지 않은 것 같다며 유감을 표시하였다. 그리고『파이데이아 제안』에서 주장하는 것을 제대로 파악하지도 못하고 제기한 문제들에 대해서는 답변할 가치를 못 느낀다고 말하였다. 그는 또한 대부분의 토론자가『파이데이아 제안』의 내용을 자신과 허친스가 1930년대에 주장했던 내용의 연장선상에서 이해하고 있는 것에 대해 불만을 표시하였다. 그뿐만 아니라, 아들러는 "일선 교육 현장을 아주 잘 알고 있는 학자들이 장고하여 만든 개혁안을 토론자들이 '피터 팬 계획'이라고 한다."라고 매우 불편한 심기를 노출하였다.

아들러는 토론자들이 제기한 비평들 중 대답할 가치가 있는 것은 다음의 여섯 가지라고 말하면서 간단히 답변하였다. 이 여섯 가지의 논점은 직업훈련, 수공예 훈련, 사회 및 경제 개혁, 보충교육, 개인차, 파이데이아 제안을 실천하는 데 필요한 비용 등이다. 이 논점들에 대한 그의 답변은 새로운 것이라기보다는 『파이데이아 제안』의 내용을 부연 설명하거나, 파이데이아 심포지엄이 열리기 2개월 전인 1983년 9월에 아들러와 그의 그룹이 완성한 『파이데이아 제안의 문제와 가능성』이라는 새로운 책을 참고하라는 것이었다.[9)]

끝으로 아들러는 『파이데이아 제안』에 호의적인 논평을 한 래비치와 칸을 제외한 4명의 토론자들에게 '당신들은 현재와 같은 우리의 12년간의 국민 공통 기본 교육의 상태가 아동들의 미래와 미국의 안정과 번영을 위해 만족스러운 것이라고 믿고 있는가?'라고 묻고 '만일 믿고 있지 않다면 이 참담한 현실을 개선하기 위해 『파이데이아 제안』을 대신할 어떤 대안을 제시하겠는가?'라고 물었다.

이제 제12장을 마무리하도록 하자. 지금까지 우리는 아들러와 그의 그룹이 미국의 국민 공통 기본 학교교육을 개혁하기 위해 제시한 『파이데이아 제안』의 내용을 자세히 살펴보았고, 이에 대한 몇몇 학자들의 비판도 살펴보았다. 아들러의 생각은 분명 19세기 중반에 널리 실천되었던 고전교육과정, 그리고 1930년대 후반에 당시 시카고 대학교 총장인 허친스와 아들러에 의해 주도된 '위대한 저서 읽기 프로그램'의 부활이라 할 수 있다. 당시 허친스와 아들러 등의 생각에 동조하는 사람들을 '본질주의'라고 불렀기 때문에, 『파이데이아 제안』은 본질주의의 부활이라고 말할 수도 있다. 물론 아들러 자신은 『파이데이아 제안』을 이러한 역사적 시각에서 조명하는 것을 별로 달가워하지 않는다. 그 이유는 아마 『파이데이아 제안』의 성격을 역사적으로 분석하다 보면, 결국 그의 생각이 '진보주의'와 대립하는 것으로 부각될 것이고, 이는 그가 평생 동안 심혈을 기울여 강조하는 '일반교양 중심의 학교교육'이라

아들러가 90세가 넘어 펴낸 책

는 이상을 실현하는 데 결코 도움이 되지 않을 것이기 때문이다.

1902년에 태어난 아들러는 2001년 99세로 세상을 떠날 때까지 활발한 저술 활동을 계속하였다. 그가 90세가 넘어서 펴낸 책으로는 『모든 사람을 위한 아리스토텔레스』(1997)와 『위대한 사상 읽기』(2000) 등이 있다. 책의 제목에서 알 수 있듯이 그의 관심사는 노년에도 여전히 '교양교육'에 놓여 있었다. 일생을 통하여 이처럼 시종일관 동일한 생각의 실현을 위하여 줄기차게 노력하는 교육학자는 그리 많지 않은데, 아들러가 바로 그런 사람들 중의 하나였다.

읽고 토론해 봅시다

황학고등학교는 오랜 전통을 자랑하는 명문 사학이다. 설립된 지 50년이 넘는 이 학교의 교육목적은 폭넓은 지식과 덕망과 교양을 갖춘 사회의 지도자를 양성하는 데 있다. 따라서 교과내용에서는 전통적 주지교과를 중심으로 인문 교양을 중시하였으며, 학교생활의 규범과 훈육이 엄격한 것으로도 널리 알려져 있다. 사실 그동안 이 학교의 많은 졸업생이 명문대학에 진학하였고, 그 결과 사회의 각 분야에서 지도적인 역할을 하고 있는 동문들의 수는 헤아릴 수 없을 정도다.

그러나 고등학교 평준화 정책이 실시된 이후 황학고등학교의 상황은 많이 달라졌다. 지역별 추첨으로 학생들을 배당받게 되니, 학생들의 지적인 능력뿐만 아니라 가정 배경도 다양한 계층이 섞이게 되었다. 이제는 졸업생 중에서 대학에 진학하는 비율이 절반도 되지 못하며, 많은 수의 학생들이 졸업 후 곧 사회로 진출하게 되었다. 대학에 진학하지 못하는 학생들을 중심으로 학교의 규칙과 훈육을 완화해 달라는 요구도 나오게 되었고, 학교교육과정을 대학 입시 준비 일변도에서 보다 실제 생활과 관련되는 내용으로 개편해 달라는 요청도 있었다. 이러한 요구들은 그동안 학교의 오랜 전통에 밀려 받아들여지지 않고 있었는데, 몇 년 전 이 학교 출신의 박종민 선생님이 교장으로 부임하면서부터 학교는 달라지기 시작했다. 박종민 교장선생님은 시대의 변화에 따라 학교도 달라져야 한다고 믿었다. 교장으로 부임한 후 우선 학생들이 요구하는 훈육상의 규율을 완화해 주었고, 미진학 학생들을 위한 진로 지도를 대폭 강화하였다. 교육과정에 컴퓨터 사용법과 직업교육 과목을 늘려 개설하였고, 진학반 학생들에게도 환경론이나 미래학 또는 성교육 등의 강좌를 포함시키기도 하였다.

박종민 교장선생님의 이러한 개혁은 많은 논란의 대상이 되었다. 우선 학생들과 학부모들은 진학반의 입장과 비진학반의 입장으로 갈라져 이에 대한 의견이 대립되었고, 교사 집단과 동문들도 의견이 나뉘었다. 먼저 교장선생님의 개혁에 찬성하는 사람들의 주장은, 학교교육은 마땅히 그 수요자들의 요구를 만족시켜 주어야 하며, 변화하는 사회 상황에 맞추어 그 내용과 방법을 끊임없이 바꾸어 가야 한다는 것이다. 그러나 일부 근무 경력이 많은 교사들과 동문회에서는 이러한 개혁은 곧 황학고등학교의 설립 정신에 위배되는 일이라고 말하면서, 지금은 학교 전통의 위기라고 주장하였다. 통일되고 잘 다듬어진 주지교과 중심의 교육에 익숙해 있던 사람들이 보기에 현재의 교육과정은 그야말로 잡다한 뷔페식의 쓸모없는 것으로 보이는 것이 당연하였다. 그것은 아무런 체계도 없이 도움도 되지 않는 내용들을 단지 학생들의 미성숙한 취향에 야합함으로써 오히려 학생들을 잘못된 방향으로 교육하고 있다는 것이다. 반대자들은 그 증거로서 최근 점점 떨어지고 있는 명문대학에의 입학률을 제시하였다. 또한 그들은 이제 학교가 교양 인문교육은 물론 도덕교육까지도 포기하고 있다고 비판하면서 점점 증가하고 있는 학생지도상의 문제들을 열거하기도 하였다.

박종민 교장선생님의 개혁에 반대하는 사람들은 교장의 지도력을 문제 삼으면서, 그의 '저속한' 교육방침은 마땅히 하루 빨리 폐지되어야 한다고 요구하고 나섰다. 학생들의 과목 선택제를 취소하고, 일부 생활교과목을 교육과정에서 제외시켜야 한다고 제안하였다. 그들은 황학고등학교의 전통을 살려 엄격한 생활규범과 주지 인문교과 중심의 통일된 교육과정을 다시 확립하지 않으면 박종민 교장선생님에 대한 불신임 운동까지 벌이겠다고 통보하기도 하였다. 그들은 여전히 학교교육은 인문 주지교과를 가르침으로써 직업 기술보다는 교양적 덕망을 길러 주는 일에 우선적으로 노력을 기울여야 한다고 믿는 것이다.

앞의 이야기에서 만약 여러분이 교장선생님이라면 어떤 결정을 내리겠는가? 누구의 입장이 학교교육에서 가장 중요하게 고려되어야 하는가? 학교는 인문 주지교과를 가르침으로써 상류 문화를 전달하는 역할을 하는 것이 정당한가? 혹은 사회의 변화에 따라 보다 많은 학생의 필요와 요구를 반영하여야 하는가? 혹은 학교교육과정은 이 두 가지 갈등적인 관점을 절충할 수 있는 가능성이 있는가?

출처: 허숙 · 박승배 역, 『교육과정과 목적』(경기: 교육과학사, 2017), 307~310쪽.

제 13 장

열린교육: 진보주의의 재등장

"모든 것을 이미 과거에 논의하였지만,

누구도 귀 기울여 듣는 사람이 없으므로,

우리는 과거로 돌아가 계속 같은 이야기를 되풀이해야만 한다."

–앙드레 지드–

대략 1995년에서 1999년까지 우리나라 교육계를 강하게 휩쓸고 지나갔던 바람은 한마디로 '열린교육'이라 할 수 있다. 이 기간 동안 많은 수의 대학교수, 장학사, 그리고 일선 교사들은 '열린교육 운동이야말로 수렁에 빠진 우리 교육을 구원할 수 있는 가장 현실적인 대안'이라고 역설하면서 열린교육의 '전도사' 역할을 자임하였다. 교육행정적으로도 열린교육은 집중적인 지원을 받아 전국 곳곳에 열린교육 시범학교가 운영되었으며, 여러 가지 이름의 열린교육 관계 연수가 시 · 군 교육청 주관으로 개설되어 일선 교사들은 쉴 틈이 없었다.

그런데 2000년에 접어들면서 이러한 열린교육 운동은 더 이상 '열린교육'이라고 불리지 않고 '교수-학습 방법 개선'이라고 불리기 시작하였다. 이처럼 이름이 바뀐 이유는, 짐작건대 열린교육에 대한 일선 교사들의 거부감 또는 저항감을 감지한 교육행정 당국이 열린교육 정신에 교사들을 계속 동참시키기 위해 생각해 낸 것일 가능성이 크다. 이유야 어떻든 열린교육이라는 용어는 점차 공식 문서에서 사라지게 되었고, 열린교육에 상당한 조예를 가지는 교사나 학자들도 열린교육의 퇴장에 별로 아쉬워하지 않았다.

이 장에서는 이러한 상식적인 설명을 넘어서서 20세기 말에 우리나라 교육계를 강타했던 열린교육 태풍이 과연 어디에 근원을 두고 있었는지, 그리고 왜 소멸했는지를 살펴본다. 특히 열린교육의 등장과 퇴조의 이면에 어떠한 정치적 · 사회적 · 경제적 요인들이 서로 얽혀 있는지를 풀어내고자 한다.

1. 열린교육의 성격

열린교육은 open education의 번역으로서, 이것이 우리나라 대학교수들 사이에서 활발히 논의되기 전인 1980년대 중반경에는 '개방교육'이라는 이름으로 번역되기도 하였다.[1] 그러다가 1990년대가 되면서 현재처럼 '열린교육'이라는 이름으로 통일되었다.

도대체 열린교육이란 무엇인가? 열린교육은 그 외양이 비형식적(informal)이라는 것이 대표적인 특징이다. 길거리를 지나가는 사람 누구라도 붙잡고 '학교' 하면 떠오르는 것이 무엇이냐고 묻는다면, 아마 다음과 같은 특징들, 즉 교실 전면에 부착된 수업 시간표, 40~50분 단위의 교사 위주의 수업, 연령에 따른 학년 편성, 분필과 교과서, 중간 · 기말고사 등을 떠올릴 것이다. 이와 같은 것들이 현행 학교 문화를 구성하는 중요한 특징들인데 여기에 잘 들어맞는 학교를 우리는 '형식적' 학교라 부르고, 이러한 특징들을 따르지 않는 학교를 '비형식적' 학교라 부른다. 따라서 비형식적인 교육이란 나름대로 체계가 잡힌 기존의 교육에 대해 의문을 제기하고 좀 더 우리의 일상생활과 유사한 형태로 이루어지는 교육을 말한다.

이러한 비형식적인 교육은 그 이름이 다양해서, 열린교육, 열린교실, 자유학교, 대안학교, 학교 내 학교, 개별화된 교육, 인간적인 교육, 작은 학교 등의 이름으로 문헌에 나타나 있다. 미국의 경우, 이러한 비형식적 교육의 열풍은 1967년부터 1973년 사이에 절정을 이루었는데, 초등학교에서는 '열린교육'이라는 이름으로, 중 · 고등학교에서는 '대안학교'라는 이름으로 불렸다.

이러한 열린교육이 확산되는 과정에서 그 성격적 모호성 때문에 미국과 우리나라 모두에서 상당한 논란이 수반되었다. 미국의 경우, 열린교육을 강조하는 학자나 교사들은 이를 하나의 수업 모델로 파악하고, 열린교육을 우리가 성취해야 할 목표인 것처럼 제시하기도 하였다. 이러한 움직임에 대하여

『교실의 위기』로 널리 알려진 찰스 실버맨(Charles Silberman)은, 열린교육에 관한 자신의 책에서 열린교육을 무비판적으로 맹종하는 사람들을 알코올 중독자가 생각 없이 술을 마시는 것에 비유하면서 다음과 같이 경고하였다.

> 교실 공간을 학생들의 흥미에 따라 여러 개의 학습 센터로 나누는 것이 열린교육을 실현하는 것은 아니다. 넓은 열린 공간을 만드는 것이 열린교육을 만드는 것이 아니다. 개별화된 수업을 하는 것이 열린교육을 형성하는 것도 아니다. 왜냐하면 열린교실이란 하나의 모델이나 일련의 수업 기법이 아니고 수업과 학습에 대한 하나의 접근 방법이기 때문이다. 따라서 열린교실에서 활용하는 요소들—학생들의 흥미영역에 따라 여러 개의 소집단으로 분반하기, 구체적인 자료를 활용하기, 벽에 붙여 전시하기—은 그 자체가 결코 목적이 아니라 다른 목적을 위한 수단이다. 다시 말하면, 열린교육이란 다음과 같은 활동, 즉 수동적 학습보다는 능동적 학습, 종이와 연필과 말만 사용하기보다는 다양한 매체를 사용한 학습과 표현, 교사중심 수업보다는 학생주도적(자기주도적) 학습 등을 격려하기 위한 하나의 방편일 뿐이다.[2)]

이 열린교육이 약 20여 년 뒤 우리나라에 들어와서도 이와 같은 성격적 모호성은 그대로 반복되었다. 종래의 전통적인 방법만을 벗어나면 어느 것이나 열린교육이라고 주장하는 '열린' 사람들도 있었고, 열린교육에는 부각 또는 사용되어야 할 최소한의 어떤 특성 또는 방법들이 있는데 이를 체득하고 충실히 실천하는 교육만이 열린교육이라고 주장하는 '닫힌' 사람들도 있었다. 이와 같은 열린교육의 성격적 모호성이 열린교육의 확산에 대한 장애물이 될 것을 염려하여 열린교육이 확산 일로에 있던 1997년경 서울대학교 이돈희 교수는 열린교육이 '지양'하는 것과 '지향'하는 것을 각각 다섯 가지로 정리하였는데, 이를 간략히 살펴보고 넘어가도록 하자.[3)]

이돈희 교수는 먼저 열린교육이 지양해야 할 점으로 다음과 같은 다섯 가지를 지적하였다.

① 획일성: 그동안 우리의 교육은 획일적인 기준을 지나치게 강조하였다. 즉, 다양한 잠재력을 가진 학생들을 동일한 기준에 맞추다 보니 학생들이 가진 다양한 잠재력이 무시되고 그들의 성장이 규격화되었다.
② 기계적 학습: 우리는 또한 오늘 외워서 내일 잊어버리거나 외워도 어떤 목적으로든지 별로 쓸모가 없는 지식을 기계적으로 외우도록 강요해 왔다. 예컨대, 수학을 가르칠 때 수학적 사고과정은 빼고 오직 문제를 푸는 기법만이 강조되었다.
③ 권위주의적 교사주도식 교육: 교사와 부모들은 그동안 학생들을 힘으로 다스리고 자신의 의지대로 다루었다.
④ 타율적 통제식 훈련: 학생은 자신의 의지나 의사와는 상관없이 주어지는 모든 규칙을 준수하도록 강요받았다. 학교생활에서 학생들을 다스리는 규칙이 학생들 스스로에 의해 만들어진 것이 아니라 전적으로 밖에서 주어진 것이다.
⑤ 학습 기회의 불평등: 현실적으로 학교에는 여러 가지 이유로 교사의 진도를 따라가지 못하는 학생들이 존재한다. 그러나 이들을 위한 학교 측의 배려는 너무 소극적이어서 이들에게 학교는 성장을 위한 유의미한 학습의 장이 되지 못하고 있다.

이돈희 교수는 이어서 열린교육이 지향해야 할 점을 다음의 다섯 가지로 나열하고 있다.

① 인간의 본연적 가치 존중: 인간은 어떤 것의 목적이나 도구가 아니고 그 자체로서 목적적 존재이므로, 학생들 각자가 추구하는 이상과 가치를 존중하고, 그들이 자유로운 의지에 따른 선택을 행사하면서 성장하도

록 학교는 도와주어야 한다.

② **총체적 성장:** 이성이 감성의 도움을 받지 못하면 추진력을 잃어버리며, 감성이 이성의 도움을 받지 못하면 난폭해진다. 신체적 활동도 이성의 인도와 감성의 지원을 받아야 세련된 기동성을 발휘하게 된다. 즉, 이성, 감성, 신체의 구분은 별개로 존재하는 기관이나 실체의 구분이 아닌 만큼 학교에서는 학생들이 하나의 전체로서 균형 있게 성장하도록 도와주어야 한다.

③ **개별화 교육:** 각기 다른 대상을 똑같은 하나의 방법으로 교육하는 것은 평등 원칙을 실현하는 것도 아니고, 교육적 효율성을 가져오는 것도 아니다. 그것은 단지 커다란 소외집단을 생산할 뿐이다. 학생들 각자가 지닌 천부적 능력, 남다른 취미, 특수한 기능, 특별한 심성, 독특한 환경, 특별한 경험 등을 최대한 고려하는 교육이 이루어져야 한다.

④ **공동체적 삶의 경험:** 학생들이 함께 생각하고, 함께 행동하고, 함께 규칙을 정하는 일 등을 경험하게 하여 인간의 공동체적 삶의 맥락을 학습하게 해야 한다.

⑤ **자율성과 창조성:** 학생들 각자가 스스로 생각하고, 스스로 행동하고, 스스로 자신의 성장을 주도할 수 있도록 도와주는 학교교육이 되어야 한다.

이상과 같은 이돈희 교수가 열거한 지양점과 지향점을 읽은 독자들은 열린교육이 교사중심 교육으로부터 학생중심 교육으로의 전환을 추구하고 있음을 어렵지 않게 파악할 수 있을 것이다. 그리고 이러한 사고의 연장선상에서 다음과 같은 두 가지 질문을 생각해 낼 수 있을 것이다. 첫째는 열린교육의 성격과 관련된 질문으로, "이러한 열린교육은 1930년대에 진보주의자들이 주장했던 교육과 같은 것 아닌가?"다. 둘째는 열린교육의 운명과 관련된 질문으로, "이러한 열린교육은 현장에서 과연 얼마나 지속될 수 있을까?"다. 이제부터는 이 두 질문에 대한 답변을 생각해 보도록 하자.

2. 열린교육과 진보주의와의 관계

먼저 '열린교육은 일찍이 1930년대의 진보주의자들이 주장했던 교육과 같은 것 아닌가?'에 대한 답을 먼저 찾아보도록 하자. 결론부터 말하면, 1967~1973년 사이에 미국에서 번창했던 열린교육 운동은 1920~1930년대 미국 전역을 휩쓸었던 진보주의 운동의 부활이었다. 열린교육 옹호자들이 소리 높여 외치는 융통성 있는 수업 방법 사용, 교실 공간의 다양한 활용, 학습 활동 선택 시 학생 의견 존중, 교실 내에 학생들이 직접 만질 수 있는 풍부한 자료 구비, 통합된 교육과정 운영 등은 20세기 초 진보주의자들이 외쳤던 것과 정확히 일치한다.

1972년, 미국에서 열린교육 열풍이 휘몰아칠 당시 한 대학교수가 전교생이 180명인 어느 초등학교를 방문하여 2학년을 맡은 교사를 인터뷰한 다음의 내용은 열린교육과 진보주의와의 관계를 잘 보여 준다.

> 질문자: 선생님은 교실에서 하루를 어떻게 보내시는지 말씀해 주시겠습니까?
>
> 교문사: 오전에는 학생들이 스스로 만든 자신의 계획표에 따라 각자 자율적인 활동을 합니다. 점심 후에 학생들은 항상 그룹별로 모이고 나는 그들에게 책을 읽어 줍니다. 오후 시간에 만일 연극을 공연하거나 다른 보여 주고 싶은 것이 있는 학생들이 있으면 이런 활동을 위해 오후 일정한 시간을 할애합니다. 다른 학생들은 이런 활동에 참여를 할 것인지 아닌지 스스로 결정합니다. 만일 참여하기를 원한다면 이를 자신의 계획표에 넣게 합니다.
>
> 질문자: 그렇습니까? 그럼 이제 교실에 대해서 좀 설명해 주시겠습니까?
>
> 교문사: 교실문을 열고 들어서면, 바로 입구에 약간 높다란 책상이 있는데, 그것은 방문객과 학생들을 위해 방명록, 커피, 주스, 과자들을 놓아두

는 일종의 안내석입니다. 이 안내석 반대편에 있는 것은 수학 코너이고, 게시판은 바로 저기 있습니다. 쓰기 코너는 바로 저쪽에 있는데 거기에는 타자기가 있습니다. 이곳은 연극 코너인데 여러 종류의 모자, 옷, 지팡이 등과 같은 소품이 놓여 있습니다. 180센티미터짜리 책상이 놓여 있는 이곳은 듣기 코너로서 시청각 자재들이 있습니다. 저쪽에는 넓은 카펫이 깔려 있고, 많은 수의 베개와 동물 인형이 놓여 있습니다. 책장은 저쪽에 있고, 과학 센터는 저곳에 있습니다. 저기 보이는 곳이 요리 센터입니다.

질문자: 통상 하루에 몇 명의 학생들이 읽기와 쓰기 활동에 참여합니까?

교문사: 우리가 모두 모여서 수업하는 시간은 묵독 시간뿐입니다. 그렇지만 학생들은 자신의 계획표에 읽기를 포함시켜 스스로 읽기 활동을 합니다. 학생들은 자신들의 계획표에 따라 급우 또는 교실에 있는 다른 어른들을 듣는 사람으로 삼아 읽기 활동을 합니다.[4)]

이와 같은 '열린교육'을 표방한 1970년대 초반의 미국 교실의 모습이 당시로부터 약 40~50년 전 진보주의가 미국 전역을 휩쓸 당시의 교실의 모습과 얼마나 비슷한 것인가를 생생하게 느끼기 위해서는 진보주의가 등장하는 과정에 대한 약간의 보충 설명이 필요하다. 이 책 제3장에서 이미 진보주의의 등장 과정을 살펴보았는데, 거기서는 주로 학교에서 가르칠 것은 '고전'이라고 주장하는 지적 전통주의에 대한 반발로서, 진보주의라는 교육과정학 이념이 등장하는 과정에 초점을 맞추었다. 여기서는, 전통적인 교실의 구조와 교사들의 전통적인 수업 방법과 관련하여, 당시의 수업이 어떠했기에 진보주의자들이 반기를 들었는지에 초점을 맞추어 진보주의의 등장 과정을 잠깐 살펴보도록 하자. 제3장에서 설명한 내용과 중복되는 부분도 있다.

오늘 현재 우리가 보는 학교 조직 및 수업 형태는 대체로 1900년경에 완성되었다. 학년 및 학급의 구분이 이 당시에 이루어졌으며, 교사 1인당 한 학급

1900년도 미국 어느 초등학교 교실의 모습

씩 분담되었다. 바닥에 고정된 책상들은 열을 지어 배치되었다. 이동식 책상들이 있긴 했지만 1900년경에는 별로 이용되지 않았고 그것이 미국에 널리 퍼지기 시작한 것은 1930년대였다. 성적표, 숙제, 교과서, 교사의 강의, 학생들의 교과 내용 암송 등이 이 당시의 학교를 특징짓는 것이었다.

이러한 교실 환경 속에서 교사들은 어떤 식으로 수업을 진행하였을까? 당시의 수업 방식을 비판했던 비판가들에 따르면, 수업은 획일화되어 있었고 기계적이었다. 교사는 학생들에게 앉을 때, 일어설 때, 겉옷을 걸어 놓을 곳, 고개를 돌릴 때 등을 하나하나 지시하였다. 학생들은 한 사람이 움직이듯이 교실에 들어오고 나갔으며, 쓰고 말하였다. 이 당시 미국 어느 교육대학의 교수는 교사들이 수업시간에 학생들에게 사용하는 질문에 대한 연구를 위해, 1907년부터 1911년 사이에 100여 개의 인문계 고등학교를 방문하여 교사들의 수업을 관찰하였는데, 그는 교사들이 1분당 평균 2~3개의 질문을 학생들에게 하고 있음을 발견하였다. 이 교수는, "45분간의 수업 동안 100~200개의 질문과 답을 줄줄 외워 대는 능력을 발전시킨 한 교사는 학생들을 숨 막히게 하는 그 수업 방식을 진심으로 따르고 있었다."라고 묘사하였다. 이 교수의 연구에 따르면, 수업시간의 64%를 교사가 이야기하였고 나머지 시간은 학생들이 이야기하였는데, 학생들의 응답은 주로 한 단어나 짧은 문장으로

1939년 미국 어느 초등학교 1학년 교실의 모습

된 것들이었다.

진보주의는 바로 이러한 형식적이고, 기계적이며, 군대를 연상케 하는 생명 없는 수업 방식에 도전장을 던졌다. 진보주의 교육자들은, 학생들의 흥미에 기초한 수업, 교실의 창문을 넓은 세계를 향해 열어 주는 수업, 지적이고 사회적인 성과를 가진 '활동'에 학생들을 참여시키는 수업을 외쳤다. 교사들의 역할은 코치나 조언자이어야지 신병들을 훈련시키는 교관이어서는 안 된다고 주장하였다. 교실 내에서의 활동은, 교사와 학생이 협조하여 탐구하는 프로젝트 방식이 채택되었고, 학생들 간의 상호작용이 강조되었으며, 책상의 배열도 학생들이 마주 볼 수 있도록 배치되었고, 학생들은 교실 내에서 자유롭게 돌아다닐 수 있게 되었다.

이 당시 새로운 수업 방법으로 각광을 받은 것은, 이미 제3장에서 소개한 소위 '프로젝트 방법'(project method)이라는 것이었다. 이것의 기원은 듀이(Dewey)와 그의 아내 앨리스(Alice)가 1896년에 시카고 대학교 내에 세워, 듀이가 1904년 뉴욕의 컬럼비아 대학교 교수로 자리를 옮길 때까지 직접 운영한 '실험학교'(laboratory school)에서 비롯되었으나, 이를 체계적으로 정리하여 교사들에게 널리 보급한 사람은 티처스 칼리지 교육학 교수 윌리엄 킬패트릭(William Kilpatrick)이었다. 킬패트릭은 1918년 컬럼비아 대학교의 티처스 칼리지에서 펴내는『Teachers College Record』라는 저명한 학술지에「프로젝트 방법」이라는 논문을 발표하였는데, 이 논문은 이후 25년 동안 약 6만 부 이상이 복사되어 미국의 모든 교육 현장에 배포될 만큼 폭발적인 인기를 끌었다.

이처럼 진보주의는 학교교육의 방법을 획기적으로 개선하려고 하였다. 그러나 이러한 진보주의 운동은 1930년대 말부터 수그러들기 시작하여 1940년대에는 사실상 그 주체 세력이 와해되었다. 와해의 직접적인 원인은 진보주의 교육자들 간에 존재했던 두 그룹, 즉 아동 연구를 선호하는 그룹과 사회 개선을 주장하는 그룹 간의 갈등 때문이었다.

비록 진보주의 운동이 미국 내에서는 뒨서리를 맞았지만, 이것이 지구상에서 완전히 사라진 것은 아니었다. 이 진보주의는 대서양을 건너가 미국과 심리적으로 가장 가까운 나라인 영국의 유아 교육기관 및 초등학교에서 '비형식적 교육'이라는 이름으로 1950~1960년대에 꽃을 피웠다. 그리고 영국의 이러한 비형식적 교육은 다시 미국에 영향을 미쳐, 미국이 스푸트니크 사건의 충격에서 벗어날 즈음인 1960년대 후반 '열린교육'이라는 이름으로 부활하였다. 현재 미국에서 열린교육에 대한 논의는 전혀 이루어지지 않지만, 미국 교육 전반에는 아직도 진보주의 교육사상이 그 저변에 흐르고 있다고 주

1977년 미국 어느 초등학교 교실의 모습

장하는 학자들도 있다.[5)]

열린교육 운동이 한창이던 시절의 미국의 초등학교 교실 모습(280쪽 사진 참조)을 살펴보면, 책상의 모습이 좀 달라졌고 교실 공간의 활용이 다양해졌을 뿐 학생중심의 유연한 수업을 지향하고 있다는 점에서 진보주의 시대의 그것과 아주 비슷함을 알 수 있다.

3. 진보주의는 왜 부침을 반복하는가?

이제 앞서 제기했던 두 번째 질문에 대한 답을 생각해 보자. 우리는 열린교육의 운명과 관련된 질문으로서, "열린교육은 현장에서 얼마나 지속될 수 있을까?"라는 질문을 제기하였다. 이 질문에 대한 답을 찾기 위해서 우리는 방금 전에 살펴본 '열린교육은 진보주의의 부활'이라는 사실을 상기할 필요가 있다. 그리고 왜 진보주의는 이처럼 부침을 반복하는가에 대한 지식을 조금만 가진다면 열린교육의 운명에 대한 답도 그리 어렵지 않게 찾을 수 있다.

교사중심 교육이라는 기성의 틀을 거부하고 학생중심 교육이라는 개혁의 깃발 아래서 1920~1930년대 미국 전역을 휩쓸었던 진보주의 교육은 '8년 연구'에 의해 효과가 입증되었음에도 불구하고, 왜 1940년대부터 시들해지기 시작하여 1960년대 초반까지 자취를 감추었다가, 1960년대 후반부터 1970년대 초반까지 '열린교육'이라는 이름으로 부활했던 것일까?

이 질문에 대한 답은 그리 간단한 것이 아니지만, 대략 다음의 두 가지 측면에서 찾아볼 수 있다. 첫째는 학교 외적인 요인으로서, 진보주의식 교육의 부침이 당시의 경제 상황 및 정권을 잡은 정당의 성격과 밀접한 관련이 있다는 것인데 이를 '정치경제적 요인'으로 부르겠다. 둘째는 학교 내적인 요인으로서, 학교 내에 붙박여 존재하는 전통 또는 관행이 열린교육과 같은 새로운 생각의 정착을 어렵게 만들고 있다는 것인데 이를 '학교 문법적 요인'이라고 부르겠다.

1) 정치경제적 요인

(1) 미국의 경우

미국의 경우, 국가 경쟁력에서 미국이 뒤진다는 보고가 있을 때면 어김없이 교사중심 교육으로 그 축이 기울곤 하였다. 예를 들어, 1890년대에는 독일과의 경쟁에서, 1950년대에는 러시아와의 경쟁에서, 그리고 1980년대에는 일본과의 경쟁에서 미국이 뒤처지고 있다는 사회적, 경제적 징후가 나타나자 이에 위기를 느낀 정치가들은 강력한 미국 건설을 위하여 '교육의 수월성'을 추구하게 되었고, 결과적으로 교사중심 교육이 힘을 얻었다. 미국 스탠퍼드 대학교의 교육학 교수인 래리 쿠반(Larry Cuban)은 이를 다음과 같이 재미있게 표현하였다. "1950년대 미국 대중 잡지에 실린 미국 교육을 반성하는 글들은 '러시아'라는 단어 대신 '일본'이라는 단어로 대체한다면 1980년대에 그대로 다시 출판해도 전혀 낯설지 않다."[6] 이처럼 교사중심 교육은 국가의 위기나 사회의 문제를 단기간에 해결하는 데 학생중심 교육보다 훨씬 효과적이라는 인식이 사회 밑바닥에 깊이 깔려 있기 때문에 좀처럼 사라지지 않고 지속되는 경향이 있다.

한편, 보수적인 성격의 공화당이 정권을 잡았을 때는 교과중심의 전통적인 교육, 즉 교사중심의 교육이 강조되었고, 진보적인 성격의 민주당이 정권을 잡았을 때는 지식의 실용적 가치를 중시한 수업 또는 학생중심의 수업이 강조되었다. 예컨대, 교과중심 교육이 강조되었던 1890년대, 1950년대, 1980년대는 보수적 성격의 정당이 정권을 잡았던 때이고, 진보주의와 이것의 부활인 열린교육이 각각 번창했던 1930년대, 1960년대는 진보적 성격의 정당이 정권을 잡았던 때다. 진보적 성격의 정당은 교육의 수월성이나 경쟁에서의 승리와 같은 개념보다는 평등, 기회균등, 인권 등과 같은 이념을 중시하기 때

섬머힐 학교의 모습

문에 아무래도 학생중심 교육 쪽으로 기울게 된다.

열린교육이 교육 개혁의 무대 위로 등장하던 민주당 정권하의 1960년대의 미국은 정부의 정책에 대한 시민들의 반성적 각성이 전국적으로 확대되던 시기였다. "나는 꿈을 가지고 있다."(I have a dream.)라는 연설로 전 세계에 널리 알려진 노벨 평화상 수상자 마틴 루터 킹(Martin Luther King, Jr. 1929~1968) 목사에 의해 주도된 흑인 민권 운동, 젊은이들의 월남 전쟁 반대 시위 등은 이 시대의 분위기를 나타내는 대표적인 사건들이라 할 수 있다. 이 당시의 미국 사회 분위기는 1994년 제작된 영화 〈포레스트 검프〉에 잘 묘사되어 있다. 흔히 이 당시의 문화를 히피 문화라 일컫는데, 이 문화의 핵심에는 기성의 질서에 순종하기보다는 자유롭게 행동하고 사고하는 것이 인간 본연의 모습을 더 잘 드러낼 수 있다는 신념이 자리하고 있었다.

이처럼 사회의 분위기가 획일에서 다양으로, 억압에서 해방으로, 권력 집중에서 분산으로 흐르자 교육계에도 이러한 영향을 반영한 책들이 인기를 얻었다. 대표적인 책으로는, 영국의 교육자 알렉산더 닐(Alexander Neill, 1883~1973)의 초기 저서들의 중요 내용을 미국의 한 출판업자가 발췌하여 한 권으로 엮고 닐의 감수를 받아 1960년에 펴낸『섬머힐: 아동 양육의 한 혁명적 방법』이 있는데, 이 책은 당시 미국 내에서 매년 20만 부 이상이 팔리는 베스

알렉산더 닐

트셀러가 되었다.

이 책은 닐이 '아동을 학교에 맞추기보다는 학교를 아동에게 맞출 목적'으로 1921년 세워 운영한 섬머힐 학교에서의 경험을 정리한 것인데, 이 책에서 그는 학교 문화에 붙박여 존재하는 '숨 막히게 하는 규칙들, 독재에 가까운 교사의 권위, 수동적인 학습' 등으로부터 아동을 해방하여 상상력과 창의력을 키워 주는 학교교육으로의 전환을 역설하였다.

이러던 차에, 영국 정부에서 발간한 「어린이와 그들의 학교」라는 열린교육을 표방한 영국 초등학교의 모습을 그린 보고서가 미국에서 읽히고, 그 결과 기존의 교사중심의 형식적 교육에서 벗어나 아동중심의 비형식적 교육으로 나아가야 한다는 열기가 더욱 확산되었다.

이와 같은 비형식적인 교육, 즉 열린교육에 매료되었던 미국의 한 사립학교 교사는 영국으로 건너가 초등학교의 모습을 관찰하고 이곳에서의 경험을 열정적인 글로 표현하였는데, 이 글을 읽은 많은 미국의 교육자는 앞을 다투어 영국으로 건너가 열린교육 현장을 직접 견학하고 이를 미국에 도입, 확산시켰다.

(2) 우리나라의 경우

우리의 교육사를 살펴보면, 열린교육의 뿌리인 진보주의 교육이 우리나라에 최초로 소개된 것은, 제3장 '교육과정학 이념 논쟁'에서 짧게 언급한 대로 1920년대 초엽이었다. 당시 우리를 강점하고 있던 일본에서는 '아동 개개인의 개인차를 존중한 수업법'인 '달톤 플랜'을 만든 헬렌 파크허스트(Helen Parkhurst)를 우리나라에 초청하여 '달톤안의 이론과 실제'라는 제목의 강연회를 개최하였다. 그러나 당시 우리는 일제강점기였기 때문에 헬렌 파크허스트의 초청 강연은 우리 교육계에 어떠한 의미 있는 영향도 미치지 못하였다.

광복 후 미군정청은 오천석 등과 같은 미국 유학 경험이 있는 학자들을 전면에 배치하고 이 땅에 진보주의식 교육, 즉 새교육 운동을 전개하였는데, 이 새교육 운동이 공식적으로 시작된 것은 문교부가 '신교육연구협회'를 창설한 1946년 9월 12일이라 할 수 있다.[7] '신교육연구협회'의 창설에 대해 당시 조선일보는 다음과 같이 보도하였다.

> 새 조선 건설에 있어서 무엇보다도 긴급을 요하는 새교육 실시의 만전을 기하기 위한 방도로서 문교부에서는 이번에 남조선 내의 교육자를 망라하여 신교육연구협회를 창설하기로 하였다. 우선 중요한 행사로서 인천, 개성, 춘천을 비롯하여 각 도청 소재지에 강사를 파견하여 신교육의 취지와 의의를 부연시키는 한편, 『새교육』이라는 기관지를 발간하여 새로 조직될 교원조합 또는 교육가협회에 배부하리라 한다.[8]

제7장에서 자세히 살폈듯이, 오천석 박사를 중심으로 한 당시 우리 교육계의 주도 세력은 일제가 남긴 유산인 권위주의적 군대식 교육을 깨끗이 청소할 수 있는 유일한 대안이 진보주의 교육이라고 굳게 믿었다. 이 당시 오천석 등이 기울인 노력이 구체적으로 어떤 것들이었는지를 당시로부터 약 14년 후인 1960년 오천석은 다음과 같이 회고하고 있다.

> 첫째, 우리는 전통적 교육의 계급주의 · 차별주의를 배격하였다. 일본인이 우리 땅에 남기고 간 봉건사상의 잔재인 교육제도의 전반을 지배한 것은 지배자와 피지배자를 차별하는 계급 사상이었다. 다스리는 사람이 따로 있고, 다스림을 받는 사람이 따로 있는 독재국가에서는 이러한 차별 교육이 필요하였지만, 민주사회의 건설을 지향하는 우리로서는 절대로 용납할 수 없는 사상이었다. 그러므로 우리는 이와 같은 봉건사회의 잔재를 배격하고, 민주주

의 정신에 터를 둔 새로운 교육제도를 희망하였던 것이다.

둘째, 우리는 인간을 도구화하는 것으로 목적을 삼는 교육에 반항한 것이다. 일제강점기의 교육은 일본의 충량한 신민을 만드는 데 그 목표가 있었다. 그들은 교육을 통하여 일본의 목적을 도달하는 데 쓰일 연장을 만들려고 한 것이다. 교육은 어디까지나 사람을 최상의 가치로 삼아 행해지는 것이 되지 않으면 안 된다. 그리하여 우리는 사람을 수단화하려는 교육을 배척하고, 사람 자체를 위한 교육을 제일주의적 목적으로 하는 교육을 제창했던 것이다.

셋째, 우리는 옛 교육의 특색인 억압주의적 교육에 반기를 들고, 자유에 기반을 둔 교육을 기도한 것이다. 복종자의 교육이 아니라, '자유인'의 교육을, 채찍과 명령과 규율에 의하여 행해지는 교육이 아니라, 자연스러운 분위기 속에서 존경과 온정과 활동을 통하여 이루어지는 교육을 원한 것이다.

넷째, 우리는 모든 어린이를 오뚝이 모양으로 똑같이 다루는 획일주의적 교육을 거부하고, 각 사람의 개인차를 인정하고, 그 개성을 살려 북돋는 교육을 내세웠던 것이다. 민주주의의 기본 정신은 각 사람의 개인적 존엄성을 존경하는 데 있다. 그러므로 각 개인의 가치를 무시하는 전체주의적 사고방식에 젖은 옛 교육에 우리는 추종할 수 없었던 것이다. 우리가 원하였던 것은 개인의 권리가 중요시되고, 그의 개인적 능력·성격·취미·희망 등이 존중되는 교육방식이었다.

다섯째, 우리는 과거의 문화적 유산을 전달하는 것을 목적으로 삼는 지식 중심의 교육을 배격하고, 사람 전체의 발달 향상을 목표로 하는, 현실과 따뜻한 교섭을 갖는 산교육을 지향하였던 것이다. 지식도 물론 중요한 것이지만, 그것은 어디까지나 그보다 더 높은 가치를 위한 수단으로서 값이 있는 것이다. 그보다 더 높은 가치란 곧 사람의 생활 자체와 사람의 생활을 풍요하게 만드는 데 도움이 되는 교육이야말로 참된 의미의 교육으로 생각되었던 것이다.[9]

미군정하의 새교육 운동은 주로 초등교육을 대상으로 하였으며, 그 주안점은 교사들의 교수법 개선에 놓여 있었다. 오천석이 학자로서 또는 교육행정가로서 새교육 운동을 이끈 대표적인 사람이라면, 일선 교육현장에서 새교육 운동을 실천한 대표적인 사람은 당시 서울 효제초등학교 교장 윤재천이었다. 윤재천은 1946년『신교육 서설』을 집필하여 교사들에게 킬패트릭의 프로젝트 방법을 널리 보급하려고 노력하였다. 특히 1946년 10월 25일 남한의 각급 학교 교장 · 교사 · 학부모 · 사범대학생 등 700여 명이 모인 가운데, 우리나라에서는 처음으로 새로운 교수법을 소개하는 연구회를 개최하였다. 이 연구회를 취재한 당시 어느 기자는 그 내용을 다음과 같이 소개하였다.

> 이 새 교수법은 교과의 배당 시간을 80분씩으로 하여 점심시간 60분을 전후하여 오전 오후에는 두 시간씩 수업을 한다. 이 80분간에는 두 과목 내지 세 과목을 수업할 자유를 가졌기 때문에, 담당 교원은 임의로 국어 · 국사 · 산술 · 이과 등을 80분간에 수업함으로써 능률을 크게 올린다.[10)]

이처럼 당시 미군정의 주도하에 우리나라에서는 진보주의식 교육이 활발히 소개되었다. 그리고 일선 교사들은 진보주의식 교육을 실천하는 것처럼 보였다. 그러나 그 이후의 우리의 정치 · 경제 · 사회적 상황으로 진보주의는 우리의 토양 위에 확고한 뿌리를 내리고 꽃을 피울 수가 없었다. 한국전쟁, 기아, 경제적 빈곤, 이승만, 박정희, 전두환, 노태우로 이어지는 독재정권은 '학생중심 교육'을 외치는 진보주의가 뿌리를 내릴 수 있는 토양이 결코 될 수 없었다.

이와 같은 진보주의가 1980년대 후반부터 열린교육이라는 이름으로 부활하여, 1990년대 초 문민정부 들어서면서 전국적으로 확산되기 시작한 것은 당시 우리 사회의 분위기가 기나긴 독재의 터널을 지나 민주의 햇볕을 쬐기 시작했기 때문이다. 이는 또한 여러 독재 정권하에서 지속된 권위적이고 통제적인 교사중심의 획일적 교육에 대한 누적된 불만이 마침내 민주적 정치 환경하에서 겉으로 표출된 결과라 할 수 있다.

이와 병행하여 당시 우리의 경제 형편이 이전에 비해 현저히 나아진 것도 열린교육이라는 이름의 진보주의가 수면 위로 부상한 원인이다. 경제적으로 빈곤한 상태에서는 사회나 국가가 교육에 요구하는 역할이 국가 발전에 기여할 수 있는 인력 양성에 맞추어질 수밖에 없고, 결과적으로 교사중심 교육이 학생중심 교육보다 효율적이고 효과적인 수단으로 부각될 수밖에 없는 것이다. 또한 경제적으로 부유해지면 사람들은 그 이전에는 유보하고 살았던 것들, 예컨대, 삶의 질, 인권, 평등, 자아실현 등에 관심을 가지게 마련이고, 결과적으로 이러한 것들에 관심을 가지는 진보주의식 교육이 힘을 얻게 된다.

지금까지의 내용을 요약하면, 진보주의 사상에 기초를 둔 교육개혁에 대한 생각이 등장하고 사라지는 것은 그 생각 자체의 좋고 나쁨보다는 그 사회가 그것을 받아들일 수 있는 정치적 · 경제적 여건이 조성되어 있느냐에 따라 결정된다는 것이다. 경제적으로 어려울 때는 '교사중심 교육'(전통적인 교육)이 힘을 얻고, 살기가 편해지면 '학생중심 교육'(진보주의식 교육)에 힘이 실린다. 정치적으로는, 보수적 성격의 정당이 정권을 잡으면 '교사중심 교육'이, 진보적 성격의 정권이 들어서면 '학생중심 교육'이 강조된다. 이러한 현상은 미국과 우리나라 모두에서 일어나고 있다.

2) 학교교육의 문법적 요인

기존의 교육을 바꾸어 보려는 열린교육과 같은 시도가 오래가지 못하고 사라지는 또 하나의 이유로 '학교교육의 문법'(the grammar of schooling)을 들 수 있다. '학교교육의 문법'이란 학교 조직 또는 문화 속에서 당연시되어 널리 통용되는 관행이나 제도 등을 가리킨다.[11] 예를 들면, 연령에 따라 학년을 편성하는 것, 수업시간을 40~50분 단위로 나누는 것, 초등학교는 모든 과목을 담임교사가, 중등학교는 각 과목을 각기 다른 교사가 가르치는 것, 학생들에게 번호를 붙여 군대식으로 통솔하는 것, 수업시간에 말하는 사람은 주로 교사이고 학생들은 조용히 앉아서 경청하는 것 등이 모두 '학교교육의 문법'에 속한다. 우리는 이러한 '학교교육의 문법'에 잘 부합되는 학교가 '학교다운 학교'(real school)라는 인상을 가지고 있어서 이 문법에 어긋나는 학교를 받아들이는 데 어려움을 느낀다.

그런데 열린교육 옹호자들이 주장하는 학교교육의 모습은 이와 같은 '학교교육의 문법'에 정면으로 상치되는 것이었다. "모든 학생은 상대평가도 없고 외적인 압력이 최소화되는 자유롭고 비구조적 환경 속에서 가장 잘 학습할 수 있다."라고 믿는 열린교육 신봉자들에게 교사중심의 지시적 교육은 군대에서나 허용될 수 있는 지극히 억압적이고 몰개성적인 교육으로 비쳤다. 그리하여 이들은 기꺼이 '학교교육의 문법'을 벗어난 새로운 시도를 '교육개혁'이라는 이름으로 펼치게 되는데, 열린교육도 바로 이러한 개혁의 연장선상에 놓여 있는 것이다.

그러나 열린교육이라는 이름의 개혁이 '모든' 학생에게 좋은 것은 아니었다. 열린교육이 학생들에게 어떤 영향을 미쳤는지는 학생들을 대략 세 그룹으로 나누어 살펴볼 수 있다. 먼저, 아주 창의적이고 혼자서도 할 수 있는 소수의 학생들에게 이러한 새로운 교육방법은 별문제 없이 잘 정착되었다. 그러나 교사의 지시적 환경 속에서 공부를 할 수 있었던 많은 학생은, 이제 교사가 더 이상 '무엇을 하라'는 지시를 하지 않게 되자 좌절하기 시작하였다. 그리고 세 번째 그룹인, 기초가 없어 현재의 수업내용을 잘 이해하지 못해 학교에서 열등감을 가지고 아무런 즐거움 없이 학교 생활을 하던 학생들은, 아예 수업시간에 교실에서 나와 복도를 서성이거나 수업에 빠지기 일쑤였다. 교사의 간섭과 지시가 사라지자 세 번째 그룹에 속한 학생들은 사회생활에 필요한 최소한의 지식도 갖추지 않은 채 학교를 졸업하게 되었다.[12)]

미국의 경우, 이와 같은 열린교육의 부작용을 교장, 교사, 그리고 학부모들이 깨닫기 시작한 것은 미국에 열린교육이 도입되어 시행된 지 약 3년쯤 되던 해인 1970년부터였다. 먼저 학부모들은 학교가 학생들에게 권위와 규칙을 존중하는 법, 기초 학력, 효과적인 시간 사용법 등을 가르치지 않고 있으며, 극도의 자기중심적 사고, 자기기만, 혼란만을 가르치고 있다고 불평하였다. 교장들은 수업에 빠지는 학생들의 증가, 교사와 학생과의 친밀하고 개별적인 접촉이 예상 밖으로 저조한 사실, 여전히 교사중심의 수업이 소집단 속에서도 계속되고 있음을 지적하였다. 수업의 당사자인 교사들은 무엇보다도 엄청나게 불어난 수업 준비 및 사무 처리 부담을 호소하며 불만을 표시하였다.

이러한 교사, 교장, 학부모들의 불만이 널리 확산되자 '학교교육의 문법'을 타파하려던 열린교육이라는 '실험'은 그 지지 세력이 약해졌다. '학교교육의 문법'이라는 전통의 틀을 깨고 뭔가 획기적으로 향상된 학교교육의 모습을 희구했던 사람들은, '구관이 명관이다'라는 속담이 옳았음을 확인하면서 이전의 좋았던 시절로 돌아가기를 희망하였다. 그리하여 결국 열린교육이라는 이름의 교육개혁은 1974년경 사실상 중지되었고 '학교교육의 문법'에 충실한 옛날 방식의 학교교육이 복원되었다. 열린교육에 대한 학자들의 연구도 1972~1974년경에는 아주 활발하였으나, 1975년부터 감소하기 시작하여 1970년대 말부터는 열린교육에 대한 연구물이 눈에 띄지 않게 되었다.[13)]

우리나라의 경우도 열린교육에 대한 불만은 미국과 별다를 바가 없었다. 교사들은 무엇보다도 열린교육을 실시하는 데에 따르는 엄청난 수업준비 부담을 호소하였다. 우리나라 교사들은 과중한 수업 외 업무에 시달리고 있었는데, 열린교육은 그들의 상황을 더욱 악화시킨 것이었다. 중·고등학생의 학부모들은 학교가 과거처럼 학생들을 학교에 오래 붙잡아 놓고 상급학교 입시에 필요한 지식을 가르쳐 주기를 기대하고 있었으나, 열린교육을 실시하는 학교에서는 학생들에게 스스로의 소질을 개발할 기회를 주어야 했기 때문에 아무래도 상급학교 입시준비에 불리할 수밖에 없었다. 이와 병행하여 1999년경부터 심각해진 소위 '학교 붕괴현상', 즉 교사들이 학생들을 과거처럼 통제할 수 없게 된 현상도 교육부 주도의 열린교육과 관련이 있다는 교사들의 시각이 확산되면서 열린교육은 교사들에게서 냉대를 받았다.

4. 요약

이 장에서 우리는 열린교육의 성격, 열린교육과 진보주의와의 관계, 그리고 미국과 우리나라에서 열린교육의 등장 및 쇠퇴 배경 등을 살펴보았다. 1967년부터 1973년까지 약 6년 동안 미국에서, 그리고 1990년대 우리나라에서 번창했던 열린교육이란 현재 우리가 익숙해 있는 교사중심의 형식적 교육을 지양하고 학생중심의 비형식적 교육을 지향하는 교육방법에 관한 이념으로서 1920~1930년대 미국 전역을 휩쓴 진보주의 운동의 부활이다. 열린교육, 즉 학생중심 교육은 평등, 기회균등, 인권 등과 같은 이념을 중시하는 진보적 성격의 정권하에서, 그리고 경제적으로 넉넉할 때 수용되기 쉬운 교육이념으로서 정권의 성격과 경제 상황에 따라 교육 개혁의 무대 위로 올라왔다 사라졌다 하곤 하였다.

열린교육과 같은 교육개혁적 생각이 일선 교육현장에 쉽게 정착하지 못하는 또 하나의 이유로 '학교교육의 문법'을 지적하였다. 우리가 사용하는 언어가 쉽사리 변하지 않는 것이 언어의 문법 때문이듯이, 학교교육의 모습이 쉽게 변하지 않는 것도 바로 '학교교육의 문법' 때문이다. '학교교육의 문법'은 그동안 교육개혁가들이 줄기차게 추진해 오고 있는 무학년제의 도입, 팀 티칭, 통합교육의 확산, 개인차를 존중한 수업, 초등학교에서의 교과전담제 실시 등이 일선 학교에 뿌리내리지 못하게 하는 역할을 하고 있다.

읽고 토론해 봅시다

공립 초등학교에서 5년의 교육 경력이 있는 이현근 선생은 이번 학기부터 시내의 한 사립 초등학교로 옮겨 근무하고 있다. 이 학교는 공립학교에 비해 사정이 좋아 학급당 학생 수도 적고, 교수법에 있어서도 새로운 이론을 적극적으로 받아들이고 있다. 이현근 선생은 이 학교에서 4학년을 맞게 되었는데, 많은 교과의 수업이 탐구학습이나 개별학습의 형식으로 이루어지도록 되어 있었다. 특히 수학 수업은 철저한 능력별 개별학습의 방식을 따르도록 프로그램이 마련되어 있는데, 그 절차는 대체로 다음과 같다.

우선 교사는 학생들 각자의 수준을 평가하고, 그 수준에 알맞은 내용이 프로그램되어 있는 컴퓨터 디스크를 각기 달리 제공한다. 그러면 학생들은 컴퓨터 단말기를 통해 자신이 공부해야 할 내용을 스스로 학습한다. 주어진 내용의 학습이 끝나면 교사는 다시 그 결과를 평가하고, 성공적인 학습이 확인되면 다음 단계의 과제를 준다. 그러한 절차가 반복되면서 학생들은 자신의 학습 능력과 속도에 맞춰 개별학습을 하고, 교사는 필요한 학생에게 수시로 개별적인 도움을 주면서 한 과제가 끝나면 그 결과에 따라 학생들에게 보상을 제공하는 역할을 한다. 그러한 방식의 수업을 처음으로 시도해 보는 이현근 선생은 개별학습이 참 의미 있고 좋은 수업 방식이라고 생각하였다. 학생들도 이 방식에 익숙해 있었으며, 그 과정이나 결과에 만족해하는 것 같았다.

그러나 새 학교에서의 생활이 1년쯤 지나고 마음의 여유가 생기면서, 이현근 선생은 여러 가지를 돌이켜 생각해 보게 되었다. 특히 수학 시간에 이루어진 개별학습을 생각하면 많은 문제점을 느끼게 된다. 지난 1년간 수학 시간을 이끌면서 이 선생이 갖게 된 느낌은 학생들 스스로 공부할 뿐, 자신이 학생들을 가르치고 있다는 생각이 들지 않았다는 것이다. 물론 개별학습이란 집단적 일제수업이 아니라, 학생들과 1:1의 개인적인 만남으로 지도가 이루어지는 것임을 잘 알고 있고, 또 그렇게 해 왔다고 생각한다. 그런데도 곰곰이 생각해 보면 실제로 어느 학생에게도 충분한 지도를 해 줄 수 있었던 것 같지 않다. 언제나 5~6명의 아동이 질문을 하거나 과제를 점검받기 위해서 줄을 서서 선생님과 이야기할 차례를 기다리고 있었기에, 어느 한 학생하고만 오래 시간을 보낼 수가 없었다. 과제를 마친 학생에게는 간단히 칭찬 몇 마디 해 주고 다음 과제를 제시해 주며, 질문이 있는 학생들은 가급적 자기 스스로 해결해 보도록 권할 수밖에 없었다. 이 경우 많은 학생이 문제를 해결하기는 하였지만, 자기 혼자 서너 차례의 시행착오를 거친 후에야 정답을 알아낼 수 있었다. 더구나 이 선생은 수업시간 중 학교의 업무를 처리해야 하는 일도 있어서, 학생들이 제대로 해 나가고 있는지를 모두 제때에 확인해 보기도 어려웠다. 따라서 일부 학생들은 과제 학습의 진전 속도가 상당히 느렸으며, 우수 학생과의 차이가 점점 크게 벌어지는 것을 발견할 수 있었다. 가

만히 생각해 보니 자신은 가르치는 교사라기보다는 프로그램 전달자와 같다는 느낌이 들었다.

이러한 이 선생의 염려는 얼마 안 가서 총괄평가라는 사실적 자료로 입증되었다. 이현근 선생은 학생들의 학습결과를 알아보기 위해 모든 학생이 진도를 마친 공통 부분에서 필수적인 내용의 문제를 출제하여 시험을 보게 되었는데, 그 결과는 기대와는 크게 다른 것이었다. 많은 수의 학생들이 기본적인 문제들을 제대로 해결하지 못했으며, 상위 집단조차도 만족스러운 결과를 보여 주지 못하였다. 이런 결과를 보며 이현근 선생은 개별학습의 의미와 효과에 대해 다시 생각해 보지 않을 수가 없었다.

여러분은 이 학교의 수학교육에 어떤 문제가 있다고 보는가? 이러한 학습법을 지지하는 이론과 반박할 수 있는 이론을 찾아 논의해 보라. 이현근 선생의 학생들이 자기 스스로 프로그램을 마쳤다고 할 때, 그들은 정말 학습했다고 말할 수 있는가? 교육과정은 학생이 갖는 능력과 특성에 따라 서로 달라야만 하는가?

출처: 허숙 · 박승배 역, 『교육과정과 목적』(경기: 교육과학사, 2017), 281~284쪽.

제 14 장

교육정보화: 신진보주의의 등장

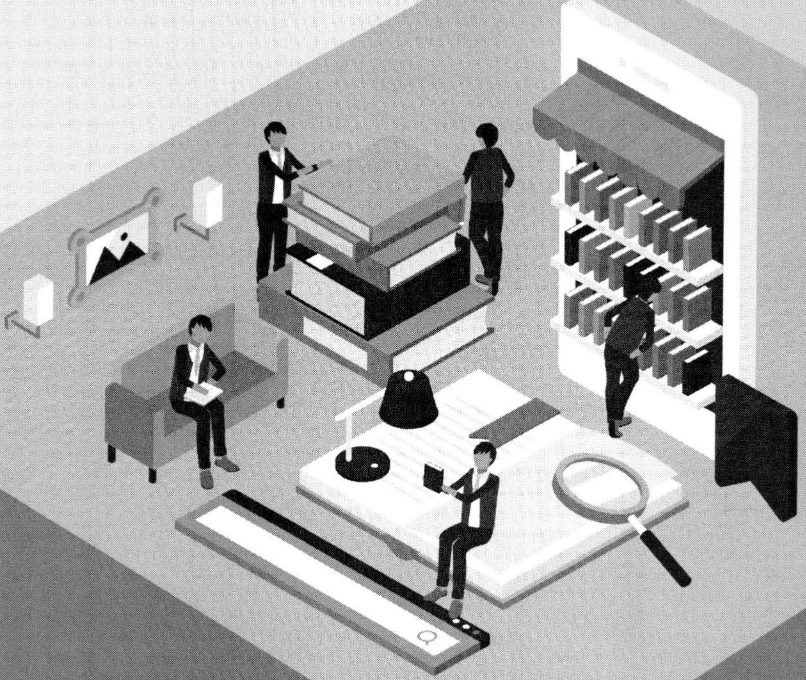

"미래에는 학교가 사라질 것이다. 나는 컴퓨터가 학교를 해체할 것이라고 생각한다.
즉, 학급, 시험을 요구하는 교사, 연령에 따른 학년, 일정한 교육과정 따르기 등으로
규정되는 학교는 사라질 것이다. 현 학교체제는 컴퓨터와는 양립할 수 없는
구조적 개념에 근거하고 있다."

–시모어 패퍼트–

"이 세상에서 가장 좋은 교육 영화들로 끝없는 향연을 베푼다 해도,
그것이 다른 교수방법과 아무런 관련을 맺지 못하면,
관람석에 가만히 붙어 있는 관객을 만들어 낼 뿐이다."

–제롬 브루너–

2000년에 들어서자 21세기는 정보사회이므로 학교에서도 이에 발맞추어 교육정보화를 추진해야 한다는 논의가 본격화되었다. 교육정보화를 강조하는 사람들—이들은 대부분 일선 교사가 아니라 교육공학이나 컴퓨터 공학을 전공한 대학교수, 컴퓨터 통신 관련 업체 종사자, 교육행정가들이었다—은 인터넷으로 대표되는 컴퓨터 통신의 발달이 사회를 어떻게 변화시키고 있는지 그 예를 제시하면서, 이러한 사회 변화를 주도하는 컴퓨터 통신 기술을 교육에서도 적극 활용하여 교육의 생산성을 높여야 한다고 주장하였다.

그런데 정보 통신 기술을 이용하면 교육의 질과 생산성을 현저하게 높일 수 있다고 주장하는, 다시 말하여 교육정보화를 주장하는 '과학 기술(technology) 전도사'의 외침은 결코 새로운 것이 아니다. 과학 기술을 이용하여 교육의 질과 생산성을 높여 보겠다는 생각은 그 기원이 1920년대까지 거슬러 올라가며 그 뿌리가 진보주의에 닿아 있다. 이 장에서는 바로 교육정보화란 무엇이고, 그 운동과 진보주의와는 어떤 관련이 있으며, 그것이 역사적으로 어떻게 전개되어 왔는지, 그리고 앞으로의 전망은 어떤지 등에 대하여 살펴보도록 하자.

1. 교육정보화란 무엇인가?

우리는 '정보화 시대' '정보화 사회' '교육정보화'라는 말을 자주 듣고 또 사용하고 있지만, 사실 이 말 자체에서 그 의미를 파악하기란 쉽지 않다.

그 의미는 고사하고 우선 번역부터 잘못되어 있다. '정보화 시대'는 영어로 'information age'이고 '정보화 사회'는 'information society'다. 따라서 정확한 번역은 '정보시대'와 '정보사회'가 되어야 할 것이다. 이는 우리가 agricultural society를 농경 사회로, industrial society를 산업 사회로 부르는 이치와 같다. 그러나 언제부턴가 우리 사회에서는 '정보시대'와 '정보화 시대'를 같은 의미로 사용하기 시작하였는데, 그 배경을 어느 학자는 다음과 같이 설명하고 있다.

> 정보사회에 대한 최초의 개념화는 1960년대 일본의 학자들에 의해 이루어졌으며, 1968년 도쿄에서 개최된 미국과 일본의 미래학자 심포지엄에서 후기 산업사회를 가리켜 '정보화 사회'라고 부르자는 일본 측 학자의 제안이 채택되어 세계적으로 통용되기 시작하였다. 그들이 '정보사회'가 아닌 '정보화 사회'라는 개념을 채택한 이유는 그 당시의 일본 사회가 이제 막 정보화가 시작되는 단계로서 아직 본격적인 정보화가 이루어지지 않은 상태였으므로 과도기적 특징을 강조하기 위한 것으로 보인다. 우리나라에서도 일본의 용어를 받아들여서 종래에는 정보화 사회라는 용어가 지배적으로 사용되어 왔다. 그러나 '정보화 사회'라는 용어가 갖는 의미의 모호성으로 그것이 '정보화가 이루어진 사회'(informatized society)라는 의미와 '정보화가 진행 중인 사회'(a society being informatized)라는 의미가 혼용되어 왔다. 한편, 영어권 문헌에서는 이러한 정보화 사회를 표현하는 단어가 사용되지 않고 있으며, 그에 대응하는 용어로서 'information society'가 공통적으로 사용되고 있다.[1)]

그렇다면 정보사회란 무슨 뜻인가? 정보사회란 육체 노동자의 수보다는 머리를 써서 일하는 사무직 근로자의 수가 많은 사회를 말한다. 이런 의미에서 '정보사회' 또는 '지식 · 정보사회'란 곧 후기 산업사회를 가리킨다.

정보사회의 본래 의미는 이러하지만, 이 정의는 우리가 상식적으로 파악하는 정보사회의 정의와는 상당히 거리가 있다. 우리는 정보사회 하면 곧 떠올리는 것이 컴퓨터와 인터넷의 보편적 사용이다. 따라서 상식선에서 '언제 어디서나 누구라도 자신이 원하는 정보를 손쉽게 얻을 수 있는 사회'를 정보사회로 재정의해도 틀린 것이라 할 수 없다. 모두 경험하는 것같이, 인터넷이라고 하는 정보 통신 기술을 이용하여 자신이 원하는 정보를 손쉽게 얻을 수 있는 시대에 살고 있으므로 우리도 정보사회 속에서 살아가는 것은 분명하다.

한편, '교육정보화'도 의미 파악이 쉽지 않은 개념이다. 이를 영어로 표현하면 'educational uses of information technologies' 정도 된다. 즉, '정보 테크놀로지의 교육적 이용'이 '교육정보화'라는 말이 의미하는 것이다. 그런데 '정보 테크놀로지의 교육적 이용'이라고 표현하면 그 용어의 간결성이 떨어지므로 누군가가 이를 '정보화 시대'란 말에서 힌트를 얻어 '교육정보화'라고 부르기 시작하였다. 그리하여 '정보화 시대'란 용어와 함께 '교육정보화'도 그 개념이 선뜻 다가오지 않게 되어 버렸다. 어찌 되었건 '교육정보화'라는 말은 '컴퓨터, 인터넷 등과 같은 정보 통신 기술을 교육적으로 이용할 수 있도록 환경을 조성하는 것' 정도로 이해하면 될 듯싶다. "세밀한 정의는 호기심을 충족시켜 줄 뿐 별 의미가 없다."라는 베이컨(Bacon)의 말은 바로 이 경우에 해당된다.

우리 사회에서 추진한 또는 추진하고 있는 교육정보화는 크게 두 가지로 나누어 논의할 수 있다. 첫째는 학교에서 교사가 학생들을 가르칠 때 컴퓨터를 이용해 보자는 것으로서 이를 '미시적 교육정보화' 또는 피아제(Piaget)의 용어로 '동화적 교육정보화'라고 부를 수 있다. 이는 1990년대 중반부터 '교단 선진화' 또는 '교수매체 현대화 사업'이라는 이름으로 교실에 도입된 컴퓨터 관련 기자재(컴퓨터, 컴퓨터와 연결된 대형 TV, 실물 화상기 등)를 교사들이 '교실의 문법'에 맞게 적절히 변화시켜 사용하는 것을 의미한다.

둘째는 컴퓨터를 이용하여 현재의 학교라는 조직을 근본적으로 바꾸어 보자는 것으로 '거시적 교육정보화' 또는 피아제의 용어를 써서 '조절적 교육정보화'라고 부를 수 있다. 인터넷이라는 통신 수단이 보편적으로 사용되는 사회 현실에 맞추어, 현재와 같이 일정한 물리적 공간에 존재하는 학교의 개념과, 교실에서의 교수-학습 양상에 근본적인 변화를 일으키려고 하는 것, 예를 들어 사이버대학 또는 디지털대학, 원격교육, 재택수업 등을 현실화하려는 노력이 바로 이 경우에 해당한다.

2. 교육정보화 운동과 신진보주의적 전망

교육정보화를 소리 높여 외치는 '과학 기술 전도사'들은 대부분 21세기 교육의 패러다임은 〈표 14-1〉처럼 바뀔 것으로 예언하거나 또는 바뀌어야만 한다고 강력히 주장한다. 즉, 이들은 정보 통신 기술을 잘 이용하면 교육의 방법에 획기적 변화가 일어날 수 있어 그동안 우리가 꿈꾸어 왔던 이상적인 교육, 즉 이상향에 마침내 다다를 수 있다고 예측한다.

'과학 기술 전도사'들이 외치는 교육을 한마디로 요약하면 '학생중심 교육'

표 14-1 산업시대 교육과 정보시대 교육의 비교

옛 패러다임	새 패러다임
• 강의중심	• 자원중심
• 공급자중심 교육	• 수요자중심 교육
• 단편적 사고 중시	• 통합적 사고 중시
• 국가적 관점	• 세계적 관점
• 암기 및 회상능력 강조	• 창의적 사고력 강조
• 현재 및 과거 현상 이해	• 미래 예측 및 대응
• 통제적 분위기	• 허용적 분위기
• 학벌 중시	• 능력 중시
• 폐쇄적 시스템	• 개방적 시스템

이라 할 수 있다. 따라서 이들이 주장하는 내용은 1920~1930년대의 진보주의자들, 그리고 1967~1973년 사이에 미국 열린교육 옹호자들이 외쳤던 교육과 별로 그 내용이 다르지 않다.

컴퓨터 과학 기술을 이용하면 교사중심의 전통적인 교육이 사라질 것이라고 예언한 대표적인 학자로는 미국 매사추세츠 공과대학(MIT) 교수를 지냈던 시모어 패퍼트(Seymour Papert, 1928~2016)를 들 수 있다. 패퍼트는 1970년대 중반 '로고(Logo)'[2]라는 어린이용 컴퓨터 언어를 만들어 세상에 내놓은 사람으로 유명한데, 그는 1980년에 쓴 『마인드 스톰: 어린이, 컴퓨터, 그리고 강력한 생각』이라는 책에서 다음과 같이 예언하였다.

> 컴퓨터의 존재는 교실 밖의 학습 환경을 바꿀 것이라고 나는 확신한다. 그리하여 [어린이들은] 현재 학교에서 배우는 많은 지식, 즉 많은 비용을 들여 성공의 보장도 없이 힘겹게 배우고 있는 많은 지식을, 어린이들이 말을 배울 때 조직적인 수업과 고통 없이 성공적으로 배우듯이, 배우게 될 것이다.[3]

이처럼 패퍼트는 미래에는 컴퓨터로 현재와 같은 교사-학생 관계가 달라질 것이라고 예언하였다. 미래에는 교사와 학생들이 서로 협동하여 '실생활 주변'에서 지식을 찾을 수 있게 될 것인데, 이는 일찍이 존 듀이(John Dewey)가 추구했던 꿈을 실현시키는 것이라고 말하고 있다. 이에 대한 패퍼트의 주장을 다시 한번 들어 보도록 하자.

시모어 패퍼트. 그는 컴퓨터를 이용하여 전통적인 교사중심 교육을 개혁할 수 있다고 믿는 대표적인 신진보주의자다.

> 존 듀이는 어린이가 직접 참여하고 [어른들의 생활을] 재미있게 모방함으로써 사냥꾼이 될 수 있었던 초기 사회에 대한 향수를 나타내었다. 오늘날 우리의 학

> 교에서의 학습은 즐겁고 의미 있게 참여하도록 되지 않았다. 어린이가 수학 문제를 풀 때 그들은 재미있고 가치 있는 어른의 생활을 모방하고 있지 않다. 그러나 컴퓨터 그래픽이나 컴퓨터 음악, 날아다니는 우주선을 만들기 위해 코딩하는 일은 [어린이들이 재미있게 모방할 수 있는] 어른들의 실제 활동의 한 부분이며, 이런 일을 하는 어른들은 야심이 큰 어린이들의 영웅이나 역할 모델이 될 수도 있다.[4)]

이처럼 패퍼트를 중심으로 하는 '과학 기술 전도사'들의 꿈은 진보주의자들의 꿈과 아주 유사한데, 이를 미국 스탠퍼드 대학교 교육학 교수로 재직하다가 2001년 퇴직한 래리 쿠반(Larry Cuban, 1934~)은 '신진보주의 전망'(neoprogressive visions)이라고 부르고 있다.[5)] 즉, 오늘날의 컴퓨터 과학 기술을 이용하여 끈질긴 교사중심 교육을 개혁하고 교육의 효율성을 높이려고 노력하는 사람들을 신진보주의자라 부르는 것이다.

3. 교육정보화 운동은 언제 일어났는가?

정보 통신 과학 기술을 이용하여 학교교육에 이용해 보려는 노력은 오늘날의 컴퓨터가 등장하기 이전부터 꾸준히 시도되었다. 미국의 경우, 1920~1940년대에는 영화와 라디오를 이용해 교육의 질을 개선하려고 하였고, 1950~1980년대까지는 텔레비전을 이용해 수업의 질을 획기적으로 개선하려고 하였다. 그리고 오늘날에는 그 자리에 컴퓨터가 위치해 있다.

지금부터는 바로 이러한 과학 기술—영화, 라디오, 텔레비전, 그리고 컴퓨터—의 교실 도입 과정 및 사용 실태에 대하여 살펴볼 것인데, 이 분야를 가장 명쾌하게 분석한 사람은 미국 스탠퍼드 대학교 교육학 교수를 지낸 래리 쿠반이다.

래리 쿠반은 1986년에 집필한 『교사와 기계: 1920년 이래 교실에서의 기계 이용』에서 이러한 과학 기술을 이용하여 교육의 생산성을 높이려는 교육개혁가들의 노력이 어떻게 전개되었으며, 교사들은 어떤 반응을 보였는지를 역사가적인 시각으로 분석 · 정리하였다.[6] 이 책의 내용을 요약하여 소개하면 다음과 같다.

래리 쿠반. 1980년부터 2001년까지 스탠퍼드 대학교 교수를 지냈으며 『교육방법의 변천사』를 집중적으로 연구하였다.

1) 영화

19세기 말 영화가 발명되자 토머스 에디슨(Thomas Edison)은 다음과 같이 영화의 교육적 이용 가능성을 예언하였다.

> 나는 영화가 우리의 교육체제를 혁신할 것과 수년 내에 교과서를 대부분 대치할 것이라고 믿는다. 나는 현재 우리가 사용하는 교과서는 2% 정도의 교육 효과밖에 없다고 생각한다. 내가 보기로는, 미래의 교육은 영화를 통해서 이루어질 것이다. 영화를 통하여 우리는 100%의 교육 효과를 얻을 수 있다.

이처럼 영화라는 과학 기술이 세상에 등장하자 이 영화의 교육적 이용 가능성이 대대적으로 논의되기 시작하였다. 영화는 생생하고, 구체적이고, 수업시간을 적게 들이면서 학생들의 정서와 흥미를 유발하는 매체로 인식되었다. 그리하여 영화 홍보자들과 학교 행정가들은 당시의 진보주의 개혁가들과 함께 영화를 교실에 도입하는 데 합류하게 되었다. 이를 위하여, 많은 영화가 제작되었고 그 영화들이 학교에서 이용하기에 적절한지 여부를 평가하는 작업이 이루어졌다. 토머스 에디슨 자신도 영화 대출 도서관 하나를 소유하고 있었다.

쿠반의 『교사와 기계』 원본과 우리말 번역본

영화가 학교에 보급되기 시작하자 학자들은 영화를 이용한 수업과 영화를 이용하지 않은 수업 간의 차이를 연구하였다. '통제 집단'에게는 전통적인 수업을 하고 '실험 집단'에게는 영화를 이용한 수업을 한 다음, 학생들의 성취도를 검사하였다. 이러한 연구들은 대부분, 수업시간에 영화를 본 집단이 영화를 보지 않은 집단보다 성적이 높거나 비슷하다는 결론을 제시하였다.

이러한 연구결과를 기초로 당시의 많은 연구자, 정책 입안가, 장학사, 그리고 영화 이용에 열성적인 교사들은 수업의 도구로서의 영화의 우월성을 굳게 믿고 있었다.

그러나 교실에서 실제로 수업을 진행하는 대부분의 교사는 영화를 수업시간에 별로 사용하지 않았다. 교사들이 영화를 자주 이용하지 않은 이유로는 대개 다음과 같은 것들이 지적되었다.

- 교사의 영화 및 장비 사용 기술 부족
- 영화 장비 구입 및 유지 비용이 높음
- 필요시 장비의 사용이 쉽지 않음
- 수업에 꼭 맞는 영화를 찾기가 쉽지 않음

2) 라디오

영화의 뒤를 이어 라디오를 이용한 수업(방송 수업)도 1930~1940년대에 대대적으로 시도되었다. 미국 오하이오 방송 학교의 창시자이며 책임자였던 벤저민 대로(Benjamin Darrow)는 1932년에 쓴 『라디오: 보조교사』에서, "라디오에 의한 교육의 주된 목적은 교실 속으로 세계를 가져오고, 가장 잘 가르치는 교사의 수업을 널리 보급하는 데 있다."라고 역설하였다. 그리고 대로의 후계자인 윌리엄 레벤슨(William Ravenson)은 1945년에 쓴 글에서 "교실의 칠판처럼 휴대용 라디오가 교실에서 아주 흔한 날이 올 것이다. 라디오를 이용한 수업은 잘 정착된 교육용 매체의 하나로서 학교생활에 통합될 것이다."라고 예견하였다.

이와 같은 예언 속에서, 수업용 매체로서의 라디오에 대한 열정을 전국적으로 확산시키는 데 가장 큰 걸림돌은 '라디오를 보급하는 일'과 '방송 프로그램을 제작 · 방송하는 일'이었다. 그리하여 교육행정가들과 기업, 그리고 대학들은 이 문제를 해결하기 위해 예산을 확보하여 라디오를 구입, 일선 학교에 보급하고 교육방송 프로그램을 제작 · 송출하였다.

그럼 과연 라디오는 당시에 얼마나 학교에서 이용되었을까? 당시 수행된 연구에 따르면, 당시 교실에서 라디오를 듣는 데 보낸 시간은 극히 적은 것으로 밝혀졌다. 라디오 보급에 앞장섰던 윌리엄 레벤슨의 조사에 따르면, 90%의 미국 가정이 라디오를 정규적으로 청취하는 데 비하여, 5%의 학급에서만 라디오를 정규적으로 청취하는 것으로 확인되었다. 또한 오하이오 주립대학교의 교육연구소가 6년에 걸쳐 수행한 연구의 결론에 따르면, 1943년 당시 라디오는 둥지를 떠날 수 있는 성숙한 교육 가족의 한 구성원으로 받아들여지지 못한 채 교육의 양자로 머물고 있었다.

왜 라디오가 수업 매체로서 교사들의 수업에 통합되지 못하였을까? 영화와 마찬가지로, 대략 다음과 같은 이유들이 지적되었다.

- 라디오가 없어서
- 학교 스케줄상의 어려움 때문에
- 전파가 잘 잡히지 않아서
- 교육방송의 내용이 교육과정과 달라서
- 교실에서의 활동이 보다 가치 있다고 생각하므로

이와 같은 이유들 중에서 '라디오가 없기 때문'이라는 항목은, 라디오 전도사들의 눈에 괜한 핑계로 비쳤다. 1930~1940년대에는 라디오의 대량생산이 이루어짐에 따라 값이 현저하게 떨어져 아주 가난한 몇몇 농촌학교를 제외하고는 대부분의 학교가 라디오를 구입할 수 있었다. 그리하여 일부 개혁가들은 라디오라는 혁신적인 통신수단에 대해 교사들이 무관심하고 무감각하며 심지어 적대적이기까지 하다고 교사들을 비난하였다.

이와 같은 개혁가의 교사들에 대한 비난에도 불구하고, '교실의 지붕이 제거되고 세계가 교실 속으로 들어올 수 있다'는 흥분과 함께 시작된 수업용 도구로서의 라디오는 교실 내에서 칠판처럼 흔한 것이 되는 데 실패하였다. 그리고 한때 활발하였던 '교육방송 활용 수업에 대한 연구'들도 자취를 감추었다.

3) 텔레비전

라디오의 뒤를 이어 교실에 들어온 과학 기술은 텔레비전이었다. 한때 라디오의 열렬한 옹호자이었던 벤저민 대로는 "눈과 귀가 텔레비전 안에서 다시 결혼할 때 우리는 학교의 문을 활짝 열도록 도전받게 될 것"이라며, 다시 한번 텔레비전이라는 새로운 과학 기술의 교육적 이용 가능성을 예언하였다. 많은 사람이 교실에서 텔레비전이 최초로 사용된 날을 텍사스주의 휴스턴시에 있는 한 방송국에서 교육방송을 처음 송출한 1953년 5월 23일이라고 생각한다.

1950년대 초, 당시 미국은 전국적으로 과밀 학급이 아주 많았는데, 이를 해결할 방안으로 텔레비전에 주의를 기울이게 되었다. 앞에서 살펴본 영화와 라디오는 공립 · 사립 기관들로부터 산발적인 지지를 받은 반면에 수업용 텔레비전은 1950~1960년대에 걸쳐 포드 재단의 엄청난 지원을 받았다. 1961년까지 포드 재단은 2,000만 달러(오늘날 화폐가치로 약 4,000억 원에 상당함) 이상의 돈을 미국 전역에 걸쳐 초 · 중 · 고등학교 및 대학에 투자하였다. 1962년 당시 대통령이던 케네디(Kennedy)는 수업용 텔레비전의 보급을 위해 3,200만 달러(오늘날 화폐가치로 약 6,400억 원)를 교육부가 쓸 수 있도록 국회의 동의를 얻어 확보하였다.

이처럼 포드 재단을 비롯하여 수많은 후원 단체의 지원 속에서 교실에 등장한 텔레비전은 대략 다음과 같은 세 가지 방식으로 교실에서 이용되었다.

① **전적으로 텔레비전에 의한 수업**: 텔레비전이 완전히 교사를 대치한 수업이다. 교사는 학생들이 프로그램을 시청하는 동안 감독자의 역할을 하였다.

② **텔레비전 보조수업**: 교사가 학생들에게 프로그램을 시청하게 하고 이를 토대로 토론을 유도하고 과제를 내 주는 수업이다.

③ **수업의 한 도구로서 텔레비전**: 교사가 학생들이 시청할 내용과 시간을 정하여, 주 1회 또는 월 1회 정도 시청하게 하는 경우다. 대부분의 교사가 텔레비전을 사용한 방식은 바로 이 방식이다.

텔레비전이 교실에서 어떻게 이용되었는지를 연구한 여러 논문을 분석하고 참여 관찰을 통하여, 한 연구자는 교실에서의 텔레비전 이용 실태에 관하여 다음과 같은 결론을 얻었다.

• 교사들은 수업용 텔레비전을 하루의 아주 적은 시간 동안만 이용하였

다. 텔레비전은 수업의 주된 도구라기보다는 하나의 액세서리에 불과하였다.

- 오직 아주 적은 수의 교사만이 이 도구를 기꺼이, 일관되게, 열정을 가지고 이용하였다.
- 전반적으로 텔레비전은 중 · 고등학교보다는 초등학교에서 더 많이 이용되었다.
- 텔레비전은 오전보다는 오후에 훨씬 더 이용되었다.

교실에 텔레비전이 도입된 이래 엄청난 예산이 장비 구입, 프로그램 개발, 전문가 교육 및 양성에 투입되었지만, 교사들은 수업시간에 텔레비전을 별로 사용하지 않았다. 이 매체를 열렬히 지지했던 한 사람은 텔레비전이 교실에 도입되어 10년쯤 지났을 때에, 이러한 현실을 "만일 내일 교실에서 텔레비전이 모두 사라지는 어떤 사건이 일어난다 해도 미국의 초 · 중 · 고등학교 및 대학에서는 그것이 사라졌는지도 모를 것이다."라고 표현하였다.

4) 컴퓨터와 인터넷

래리 쿠반이 쓴『교사와 기계』는 1986년에 출판된 것이기 때문에, 이 책에는 이제 막 학교에 보급되기 시작한 컴퓨터가 하나의 수업 도구로서 교실에 잘 정착되고 있는지를 검토하는 내용을 포함할 수 없었다.

쿠반은 컴퓨터가 교실에서 성공적으로 사용되는지를 조사하여 2001년에 발표하였다. 쿠반은 1986년에 집필한『교사와 기계』의 연장선으로 교실에 널리 보급된 컴퓨터가 과연 교육의 질을 향상시켰는지를 확인하는 연구를 수행하고 이를『Oversold and Underused: Computers in the Classroom』라는 다분히 비판적인 제목을 붙여 출판하였다.

이 책에서 쿠반은 교육정보화 전도사들이 내세우는 다음과 같은 가정 또는 믿음, 즉 '모든 학교에 컴퓨터를 보급하면 교사와 학생들이 이를 더욱 많이 사용하게 될 것이고, 교사와 학생들이 컴퓨터를 더욱 많이 사용하면 교사들의 수업의 질과 학생들의 학습의 질이 향상될 것이어서 결과적으로 지식·정보사회에서 경쟁력을 갖춘 인력을 배출하는 방편이 된다'는 가정이 과연 정확한 것인지를 조사하였다.

이 가정의 정확성을 밝히기 위하여 쿠반은 다음과 같은 세 가지 연구문제를 설정하였다.

래리 쿠반이 『교사와 기계』의 연장선으로 교실에서 컴퓨터의 이용실태를 조사하여 2001년 출판한 책

① 컴퓨터가 충분히 보급된 학교에서 교사와 학생들은 수업시간에 컴퓨터를 어떻게 이용하고 있는가?
② 지난 20년간 컴퓨터와 기타 정보 관련 기계를 집중적으로 보급하고 홍보한 결과, 교사의 수업과 학생의 학습이 변하였는가? 변하였다면 그 변화를 일으킨 요인은 무엇인가? 변하지 않았다면 그 안정성은 어떻게 설명할 수 있는가?
③ 컴퓨터 및 기타 과학 기술에 투자한 것이 그 투자 비용에 비추어 볼 때에 과연 가치가 있는 것인가?

이 세 가지 연구문제에 답하기 위하여 쿠반은 미국 캘리포니아주 실리콘밸리 지역에 위치한 유아원·유치원 11곳, 고등학교 2곳, 대학교 1곳(자신이 근무하는 스탠퍼드 대학교)를 직접 방문 관찰하였다. 그가 실리콘 밸리 지역에 위치한 학교를 관찰대상으로 선택한 이유는, 이 지역은 미국 내에서 컴퓨터 한 대당 학생 수가 가장 낮을 뿐만 아니라 '최신 컴퓨터'가 다른 어느 지역보다 가장 먼저 학교에 보급되는 곳이기 때문이었다.

첫 번째 연구문제인 "컴퓨터가 충분히 보급된 학교에서 교사와 학생들은 수업시간에 컴퓨터를 어떻게 이용하고 있는가?"에 대해 쿠반이 발견한 답은

"교사들은 자신들의 교실에서 행하는 관행에 들어맞도록 조절하여 컴퓨터를 사용하고 있으며, 컴퓨터를 이용하여 자신들이 행하는 관행을 뜯어고친 경우는 없다."라는 것이었다. 이러한 양상은 유아원 · 유치원, 고등학교, 대학교 등의 학교급별에 관계없이 동일하게 나타났다.

두 번째 연구문제인 "지난 20년간 컴퓨터와 기타 정보 관련 기계를 집중적으로 보급하고 홍보한 결과 교사의 수업과 학생의 학습이 변하였는가? 변하였다면 그 변화를 일으킨 요인은 무엇인가? 변하지 않았다면 그 안정성은 어떻게 설명할 수 있는가?"에 대하여 쿠반은 실리콘 밸리 지역 교사들의 교수-학습 방법이 거의 변하지 않았다는 사실을 확인하였다. 이 지역 교사들은 과거 선배 교사들이 당시의 새로운 기계들에 보였던 반응의 역사를 그대로 반복하고 있었다. 즉, 이들은 집에서는 컴퓨터를 아주 많이 사용하면서도 학교에서 수업을 할 때에는 컴퓨터를 별로 사용하지 않는 것으로 관찰되었다.

세 번째 연구문제는 "컴퓨터 및 기타 과학 기술에 투자한 것이 그 투자비용에 비추어 볼 때에 과연 가치가 있는 것인가?"라는 것이었다. 이 문제에 대하여 쿠반은 '가치가 없다'고 잘라 답하지는 않고 "신중하게 재고할 때가 되었다."라고 말하고 있다. 과학 기술 전도사들의 희망대로 언젠가 모든 교사와 학생들이 학교와 가정에서 컴퓨터를 자유롭게 접근할 날은 올 것이지만, 그렇다 해도 교사의 수업 방법에 근본적인 변화가 일어나지는 않을 것이라는 것이 그의 예언이다. 이 예언대로라면 지식 · 정보사회에서 경쟁력을 갖춘 인력을 양성한다는 교육목표를 설정하고 이를 달성하기 위하여 교사와 학생들에게 교실에서 컴퓨터를 집중적으로 사용하게 만들려는 시도는 결국 엄청난 비용을 소모한 실패한 정책으로 끝날 것이다.

이런 예측을 바탕으로 하여 쿠반은 이제 과학 기술 전도사들의 가정을 비판적으로 검토할 때가 되었다고 주장하였다. 만일 이러한 비판적 검토가 이루어지지 않는다면 다음 세대들은 '과학 기술 전도사들은 왜 민주사회에서 학교가 수행해야 할 가장 중요한 역할인 민주시민 양성이라는 작업을 그처럼 소홀히 취급하였을까?'라고 의아해하면서 과학 기술 전도사들의 지혜를 의심할 것이라는 것이다. 쿠반의 결론을 들어 보도록 하자.

> 컴퓨터를 구입하여 학교에 보급하는 일을 맡은 사람들에게 충고한다. 이제는 과학 기술을 통하여 교육이 앓고 있는 병을 고쳐 보려는 가정을 재고할 때가 되었다. 이제는 다음과 같은 질문들을 물어야 할 때가 되었다. 컴퓨터 구입에 소요되는 예산이 우리의 보다 넓은 사회적 · 시민적 목표를 달성하는데 어떤 도움을 주는가? 보다 살기 좋은 지역사회와 훌륭한 시민을 양성하기 위하여 교사들은 어떤 방식으로 컴퓨터를 사용할 수 있는가? 내가 지금까지 논의한 것같이 이러한 질문들에 대한 답변은 교육의 밑그림을 그리는 교사, 정책 입안가, 공무원, 기업체 간부, 학부모들 모두가 생각해 보아야 한다. 교사의 근무 환경에 대해 주의를 기울이는 일이 없이는, 교사의 전문성에 대한 존경심 없이는 새로운 과학 기술은 결코 교수-학습에 별 영향을 미치지 못할 것이다. 그리고 민주사회에서 학교가 수행해야만 하는 사회적 · 시민적 역할에 대한 보다 광범위한 전망 없이는 오늘날 우리의 교육개혁 수단으로서의 과도한 과학 기술 사용은 우리나라의 핵심이 되는 이상을 하찮은 것으로 만들어 버릴 위험을 안고 있다.[7)]

4. 교육정보화 운동은 어떤 과정을 순환하는가?

래리 쿠반에 따르면, 교육정보화 운동은 '열광 → 과학적 지지 → 실망 → 교사 비난'이라는 과정을 순환하고 있다. 이 네 가지 순환 과정을 간략히 살펴보도록 하자.

1) 열광

기술적으로 획기적인 기계가 등장하면 교육 개혁가들과 정책 입안가들, 그리고 기계를 생산하는 기업가들은 기계를 이용하여 교육을 혁신할 수 있다고 외치면서, 막대한 재원을 들여 이를 교실에 도입한다. 대학의 교사 양성 과정에서도 이러한 과학 기술을 이용하는 방법이 논의되고, 각종 현직 교사 연수 때에도 이 새로운 기계를 수업시간에 활용하는 방법이 전달된다.

2) 과학적 지지

이러한 열광의 결과로 새로운 기계가 교실에 도입되어 사용된 지 얼마의 시간이 지나면, 새 기계를 이용한 수업과 기존의 수업 간에는 어떠한 차이가 있는지를 밝히는 대학교수들 중심의 학문적 연구가 뒤따른다. 아울러 일선 교사들의 석사학위 논문으로도 이 분야가 연구되고, 또한 교사들의 각종 연구대회 논문 주제로도 다루어진다. 대부분의 경우, 이러한 연구들은 새로운 과학 기술을 이용한 수업이 전통적인 수업보다 학생들의 학업성취도 면에서 우월하거나 최소한 비슷하다는 결론을 제시하면서 교사들의 적극적 활용을 권장하는 주장으로 끝을 맺는다.

3) 실망

조금 시간이 더 지나면, 정부와 기업체의 막대한 지원, 그리고 대학교수들의 학문적 증명에도 불구하고 일선 교사들이 새로운 기계를 여전히 멀리하고 있다는 조사보고서가 발표된다. 장학사들이 현장에 나가 독려를 하면 일선 교사들은 장학사들 앞에서는 사용하는 척하지만 실제 자신의 수업에서는 시큰둥하다는 소문도 들린다. 이러한 여러 가지 보고서와 소문은 개혁가들과 교육행정가들을 실망시킨다.

4) 교사 비난

막대한 예산을 들여 교실에 도입된 기계를 교사들이 제대로 활용하지 않는다는 사실을 접하고 실망한 개혁가들과 교육행정가들, 그리고 과학 기술 전도사들은 밥상을 차려 주어도 교사들이 수저를 들려 하지 않는다고 비난하기 시작한다. 교사들은 게으르고 시대의 변화에 둔감하며, 교육을 개선하려는 의지도 없는 타성에 빠진 집단일 뿐만 아니라, 교육개혁의 최대 걸림돌은 바로 교사 자신들이라는 공격이 이어진다. 이러한 공격에 교사들은 나름대로 할 말이 있지만, 공개적으로 표현하면 자신만 손해 볼 뿐이며 시간이 모든 것을 해결해 준다는 것을 경험으로 체득했기 때문에 비난의 폭풍이 잠잠해질 때까지 최소한의 '보여 주기 위한 복종'을 하면서 참아 낸다.

5. 우리나라의 교육정보화

지금까지 우리는 영화–라디오–텔레비전–컴퓨터로 이어지는 교육정보화 운동의 역사를 래리 쿠반의 연구를 중심으로 살펴보았다. 그렇다면 우리나라의 교육정보화 운동은 어떤 역사적 배경을 가지고 있으며, 어떻게 전개되었을까? 미국에서 발생했던 현상들이 우리나라에서도 일어나고 있을까? 지금부터는 이 질문에 대해 살펴보도록 하겠다.

1945년 광복 이후 우리의 교육은 미국 교육의 영향을 직접적·간접적으로 엄청나게 많이 받았다. 그럼에도 불구하고 미국처럼 수업매체로서 영화, 라디오, 텔레비전을 대대적으로 이용하려는 시도는 발생하지 않았다. 그 이유는 아마도 우리나라의 경제 사정이 좋지 못하여 교실에 수업용 매체를 공급할 여유가 없었기 때문일 것이다. 따라서 그동안 우리의 교육은 교사에 의한 교과서 내용 전달이 주를 이룰 수밖에 없었고, 이를 사회에서는 '주입식' 교육, '19세기식 교육'이라고 비판하였다. "21세기에 살아갈 학생을 20세기 교실에서 19세기 방식으로 가르친다."라는 표현은 이러한 비판을 가장 잘 드러내는 말이다.

우리나라 정보화 정책은 1980년대 이후 세계자본주의 시장의 변화, 통치권자의 의지, 그리고 기술발전이라는 세 가지 요인에 의하여 추진되었다. 미국을 중심으로 한 서방세계에서는 첨단 정보 통신 산업을 중심으로 산업 구조를 개편하면서 미래의 경제를 이끌어 갈 주력 상품은 정보 통신 제품임을 강조하였다. 특히 인터넷과 개인 휴대 전화로 대표되는 정보 통신 산업은 이제 막 시작된 관계로 산업화의 경험이 없는 국가들도 노력만 하면 성공을 거둘 수 있는 21세기형 산업으로 인식되었다. 그리하여 세계 여러 나라에서는 정보 통신 산업에 국가의 총 역량을 기울이게 되었고, 이 산업을 육성하기 위해 정보화에 막대한 투자를 하기 시작하였다.

이러한 외국의 정보화 물결은 우리 사회에 상당한 위기의식을 불러일으켰다. 이 위기의식을 가장 잘 보여 주는 표현은 '산업화에는 뒤졌지만 정보화에는 뒤지지 말자'라는 말이었다. 그리하여 이러한 정보화의 물결은 1998년 '국민의 정부'를 표방하고 나섰던 김대중 정권에 들어와 구체적인 정책 형태로 제시되기에 이르렀다. '국민의 정부'에서는 IMF 위기 극복을 위한 국가 개혁과 구조 조정의 핵심 수단으로 정보화가 채택되고 국가 경쟁력 강화를 위해 정보화 프로젝트와 정보화 전략회의가 개최되었다. 김대중 대통령은 정보화가 될수록 세계화가 가속화되며, 세계화의 진전에 따른 무한경쟁의 시대에 대비하기 위하여 정보산업을 일으켜야 한다고 보았다.

학교 현장에 컴퓨터가 도입된 배경에는 이와 같은 김대중 정부의 현실 인식이 크게 작용하였다. 김대중 정부는 국가 경쟁력을 키우기 위해서는 정보산업을 육성해야 하고, 정보 산업을 육성하기 위해서는 초등학교부터 컴퓨터를 가르쳐야 한다고 보았다. 당시 정부는 열린교육과 평생학습사회를 실현하기 위한 사이버 학습체제의 구현을 통해 지식 · 정보사회를 대비한 창조적 인재를 육성하자는 목표를 세우고 많은 예산을 교육정보화에 쏟아부었다. 그 결과 2001년 4월 20일 전국 각급 교실에 인터넷 망이 들어가게 되었고 정부는 이를 제1단계 교육정보화 사업의 완결로 평가하였다.

교육부의 2단계 교육정보화 종합발전 방안은 2001년 완료한 물적 기반의 인프라를 교사들과 학생들이 널리 사용하도록 하는 데 초점을 맞추었다. 그리고 이는 'ICT 활용 학교교육 활성화 계획'이라는 이름으로 구체화되었다. 이 계획서에 따르면 매년 전체 교원의 33% 이상을 대상으로 정보화 연수를 실시하여 모든 교사가 평균 3년마다 1회 이상 정보화 연수를 이수하고, 연수 방향을 수업개선을 위한 ICT 활용 교육으로 전환하여 전체 연수과정에서의 ICT 활용 교육 비율을 2001년 10.8%에서 2005년까지 50%로 확대하도록 하였다.[8)]

학교에서 컴퓨터를 가르치게 된 배경에는 '컴퓨터를 배우는 것은 미래사회를 살아가는 데 매우 중요하다'라는 사회적 분위기를 조성한 언론의 힘 또한 매우 컸다. 언론은 정보화에 관한 각종 담론을 대중들이 가장 실감나게 인식할 수 있도록 경쟁적으로 제공하였다. 정보활용능력 육성은 광복 이후 제2의 문맹퇴치운동으로까지 표현될 만큼 신문사들은 경쟁적으로 교육정보화운동을 전개해 나갔다. 특히 조선일보의 'KidNet—어린이에게 인터넷을', 중앙일보의 'IIE(Internet In Education)—학교정보화운동', 한국일보의 'GreenNet(New Media, New Life)', 동아일보의 'IYC(Internet Youth Camp)—대학정보화' 등은 정보화 담론을 활성화함으로써 정보화의 확산에 큰 역할을 하였다.[9)]

현재 우리나라의 교육정보화 사업은 교단 선진화 운동, ICT 활용 수업, e-러닝, u-러닝, 코딩교육 등으로 이름이 바뀌면서 1990년대 중반 이래 꾸준히 지속되고 있다. 최근 교육부에서는 한 걸음 더 나아가 교육정보화 정책의 일환으로 전자교과서를 개발하여 초등학교부터 널리 보급할 계획을 발표하였다. 전자교과서가 본격 도입되면 교사의 강의에 의존하는 일방적 수업 관행에서 탈피해 쌍방향 학습과 자기주도적 학습이 가능할 것이고, 이는 전통적인 우리의 교육 환경에 큰 변화를 일으킬 것으로 관련자들은 전망하고 있다. 만일 이 사업이 성공을 거둔다면 미래에는 교과서가 든 무거운 가방을 들고 등교하는 학생의 모습도 사라질 것으로 이 정책을 추진하는 사람들은 예상한다.

6. 신진보주의자들의 이상은 실현될까?

테크놀로지를 통해 교사들의 수업은 크게 바뀌게 될까? 이 질문에 대한 대답은 대체로 부정적이다. 교사의 교수법은 예나 지금이나 거의 달라진 것이 없다. 전통적으로 학교는 변화를 초래하는 힘에 대항하여 안정을 유지하는 힘이 항상 승리해 온 조직이다. 우리가 30년 전에 다닌 고등학교를 다닌 방문하여 수업을 참관해 보아도 그 분위기가 전혀 낯설지 않은 것은 바로 이러한 학교의 안정성(항상성, 불변성)에 기인한다.

학교가 얼마나 안정 지향적인 조직인지를 잘 보여 주기 위하여 래리 쿠반은 [그림 14-1]과 같은 폭풍우 비유를 든다.[10)]

> 맑은 하늘에 한 오라기의 빛조차 들어올 수 없는 검은 먹구름이 짙게 깔리면 그 구름에서 번개가 치고 천둥소리가 울리기 시작한다. 이내 바다에는 폭풍우가 몰아치고 미처 대피하지 못한 선박은 폭풍우에 휩싸여 방향을 잡지 못한 채 이리저리 표류하고 수면 위에는 일대 혼란이 일어난다. 그러나 바다 속 깊고 깊은 곳은 수면 위의 혼란과는 전혀 상관없이 항상 고요하고 물고기들은 평상시처럼 평화롭게 살아가고 있다.

그림 14-1 학교의 항상성을 나타내기 위한 폭풍우 비유

이 폭풍우 비유는 '변화 속의 항상성'이라는 일선 교직 현실을 보여 주려는 것으로서, 그 의미는 이렇다. 먹구름 속의 천둥과 번개는 서로 견해를 달리하는 교육학자들의 갑론을박을 가리킨다. 학생중심의 거꾸로 수업을 해야 한다. 아니다. 교사중심의 기초학력 신장 수업을 해야 한다. 초등학교 때부터 코딩교육을 별도의 교과를 통해 실시해야 한다. 아니다. 코딩교육은 기존의 교과에서 해도 된다. 이러한 다양한 논의가 바로 천둥과 번개에 해당한다. 천둥과 번개가 치면 이내 폭풍우가 몰아친다. 이 폭풍우는 학자들의 논쟁과 주장의 결과물로서 각종 논문, 책, 강연, 신문기사, 저녁뉴스의 대대적인 보도에 해당한다. 이러한 폭풍우가 휘몰아치면 바다에 떠 있는 선박은 이리저리 흔들리며 방향을 자주 바꾸게 되는데, 이 선박이 바로 '교육 정책'이다. 이처럼 바다 위는 일대 혼란이 일어나고 있지만, 바다 깊은 곳은 여전히 고요하고 그 속에서 살아가는 생물들은 예전의 생활을 계속한다. 이 깊은 바다 속이 바

로 '학교 교실'이다.

이 비유는 학교가 변화에 아주 소극적인 집단이라는 사실을 극적으로 부각시켜 교사들의 경각심을 일깨우기 위한 것처럼 보일 수 있다. 이 비유는 또한 교사들의 필요를 진솔하게 청취하지 않고 대학의 연구실이나 관청의 사무실에 앉아 온갖 아이디어를 만들어서 일방적으로 쏟아붓는 개혁가들의 '하향식 개혁 관행'의 불합리성과 비효과성을 꼬집기 위한 것으로 해석할 수도 있다.

여러분은 어떻게 생각하는가? 학교 교실을 바꾸려면 어떻게 해야 한다고 생각하는가? 테크놀로지의 존재로 인하여 학교가 정말 바뀌게 될까?

제 15 장

우리 학교교육과정의 원형을 찾아서 I: 조선시대~일제강점기

"학교에서 학생들은 중국의 책을 펼쳐 놓고 마루 위에 앉아
상체를 앞뒤로 난폭하게 움직이면서 아침부터 저녁까지 크고 높은 소리로
중국의 한자를 외우고 고전을 공부했다."

—이사벨라 비숍의『한국과 그 이웃나라들』—

지금까지 우리는 '학교에서 가르칠 가장 중요한 지식은 무엇인가?'라는 교육과정학의 근본적인 질문을 놓고 학자들이 어떤 논의와 논쟁을 하였는지를 주로 미국에서 벌어진 일을 중심으로 살펴보았다. 시간적으로 따져 보면 19세기 후반부터 오늘날까지이므로 대략 150년 동안 벌어진 일을 자세히 살펴본 셈이다.

그렇다면 이 기간 동안 우리나라에서는 같은 질문을 놓고 어떤 고민을 하였을까? 이 질문은 매우 흥미로운 것임에 틀림이 없는데, 불행히도 이 질문에 답하기 위해서 우리가 참고할 수 있는 문헌을 찾기란 매우 어렵다. 우리나라 교육사 또는 교육사상사를 자세히 다룬 책[1)]을 읽어 보아도 이 질문을 놓고 우리의 선조들이 논쟁을 벌인 흔적을 찾아보기 어렵다.

따라서 나는 이 장에서 '학교에서 가르칠 가장 중요한 지식은 무엇인가?'에 대하여 우리 선조들이 어떻게 답변했는지를 직접적으로 살피는 대신, 다음과 같은 질문, 즉 '19세기 후반의 우리의 교육기관의 모습은 어떠하였을까? 오늘날과 같은 학교가 당시에도 존재하였을까? 우리 조상들이 학교에서 배운 내용은 무엇일까? 우리가 현재 학교에서 배우고 있는 내용들, 즉 국어, 영어, 수학, 과학, 사회, 도덕(윤리), 체육, 미술, 음악, 실과 등의 과목은 언제부터 우리의 학교에서 가르치기 시작하였을까?' 등에 답을 하면서 간접적으로 교육과정학의 근본적인 질문에 대한 우리 조상들의 사유를 살펴보고자 한다.

1. 조선시대 선비들은 무엇을 배웠을까?

선비란 '성리학을 공부한 조선시대 지식인'을 일컫는 말이다. 이들은 신분적으로는 양인이었고 경제적으로는 중소지주층이었다. 성리학을 공부한 선비들은 당시 고급공무원 채용시험인 과거를 통해 관직에 진출하였다. 선비들은 과거라는 시험을 통하지 않고 평생 초야에서 공부에 전념하다가 관직에 특채되는 경우도 있었는데 이들을 산림이라고 불렀다. 이처럼 학자이면서 관직에 진출한 선비들을 사대부라고 불렀다. 선비들 중에는 또한 자신이 태어난 시대를 난세로 규정하고 관직을 스스로 멀리하며 오직 학문에만 정진한 사람들도 있었는데 이들의 선택을 은일이라고 불렀다.[2] 관직에 진출했건 안 했건 선비의 공통점은 '성리학'을 공부했다는 것과 '정치 지향적'이라는 특징이 있다.

그렇다면 선비들이 공부한 성리학은 어떤 내용들로 구성되었을까? 다시 말하면, 선비를 양성하는 교육과정은 어떤 과목들로 구성되었을까?

선비가 되려는 사람들, 즉 당시 지식인의 반열에 끼려는 사람들은 먼저 『소학』을 읽었다. 『소학』은 어린이의 수신 교과서 성격의 책으로서 청소하는 법, 어른을 모시는 법 등을 수록한 책으로서 오늘날의 초등학교 『바른생활』에 해당한다고 볼 수 있다. 본래 『소학』은 중국 송나라 때 주자가 제자 유자징을 시켜 만든 책으로 1185년에 착수하여 2년 뒤인 1187년 완성되었다. 율곡 이이(1536~1584)는 이를 조선 현실에 맞게 고쳐서 『격몽요결』이라는 이름으로 출판하였다.

『격몽요결』은 총 10장으로 구성되어 있었는데, 각 장의 내용을 간략히 살펴보면 다음과 같다.

- 제1장 입지에는 학문에 뜻을 둔 모든 사람이 성인이 되기를 목표로 하여

물러서지 말고 나아가라는 권고가 실려 있다.

- 제2장 혁구습에서는 학문 성취를 향해 용감히 나아가기 위해 떨쳐 버려야 할 사항 8개를 설명하고 있다.
- 제3장 지신에서는 충신 등 몸을 지키는 방도를 제시하여 뜻을 어지럽히지 말고 학문의 기초를 마련하도록 하였다.
- 제4장 독서는 단정한 자세로 깊이 정독할 것을 가르치고 독서의 순서를 제시하였다. 이이가 제시한 독서의 순서는 대개 『소학』, 『대학』, 『논어』, 『맹자』, 『중용』, 『시경』, 『예경』, 『서경』, 『역경』, 『춘추』 등의 순이었다.
- 제5장 사친에는 평상시의 부모 섬기기를 비롯하여 부모의 뜻이 의리에 어긋날 때 자식이 부드럽게 아뢰어 뜻을 바꾸게 하라는 것 등의 내용이 실려 있다.
- 제6장 상제와 제7장 제례에는 그것들을 주희의 『가례』에 따라서 할 것과 반드시 사당을 갖추라는 내용 등이 실려 있다.

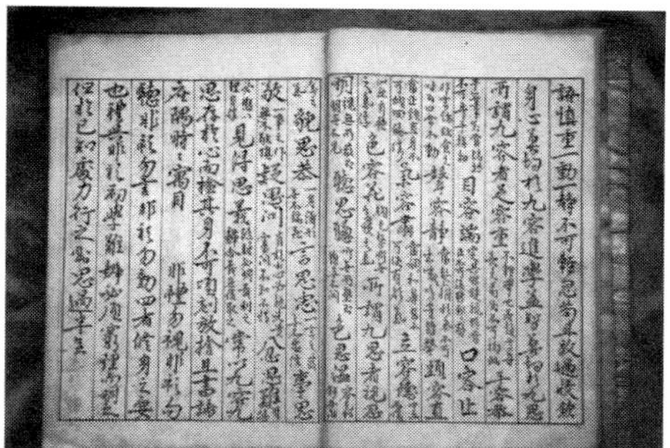

주자의 『소학』을 율곡 이이가 당시 조선의 실정에 맞게 편찬한 『격몽요결』. 어린이의 수신 교과서 역할을 한 이 책의 제4장에는 선비가 읽어야 할 책이 순서적으로 나열되어 있어 조선시대 선비 양성 교육과정이 어떠했는지를 잘 보여 준다.

- 제8장 거가에는 부부간의 예를 비롯하여 집안을 다스리고 가산을 관리하는 방법을 설명하고 있다.
- 제9장 접인에는 사회생활을 하는 데 필요한 기본적인 사항을 다루고 있다.
- 제10장 처세에는 과거를 거쳐 벼슬생활을 하는 데 필요한 자세가 실려 있다.

우리나라에서 선비가 되려는 사람들은 이처럼『소학』을 읽은 다음에『대학』,『논어』,『맹자』등으로 이어지는 중국의 고전을 읽어야 했는데, 이러한 선비교육과정은 공식적으로 1894년 갑오개혁으로 과거제도가 폐지될 때까지 지속되었다. 이러한 선비들의 교육과정을 영국의 지리학자 이사벨라 비숍(Isabella Bishop)은 1894년부터 1897년까지 한국을 여행하며 수집한 자료를 바탕으로 쓴『한국과 그 이웃나라들』에 다음처럼 간략하지만 정확하게 기술하였다.

> 한국의 교육은 다음과 같이 실시되어 왔다. 학교에서 학생들은 그들 앞에 중국의 책들을 펼쳐 놓고 마루 위에 앉아 상체를 좌우로 난폭하게 움직이면서 또는 앞뒤로 움직이면서 아침부터 저녁까지 크고 높은 소리로 중국의 한자를 외우고 고전을 공부했다. 그리고 중국 현인들과 신비로운 중국의 역사를 외웠다. 10년 또는 그 이상 걸리는 이러한 교육은 보통 젊은이의 문학적 소양을 고취시킬 수 있고, 1894년까지 서울에서 실시된 국가고시(과거)에 응시할 수 있는 능력을 주었다.[3)]

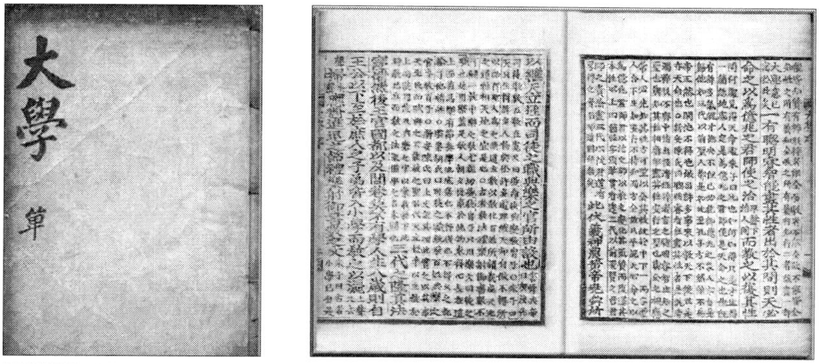

『소학』을 읽은 다음 읽는 『대학』

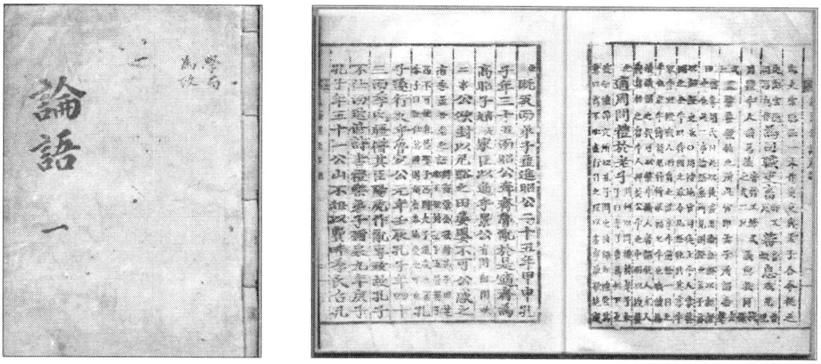

『대학』을 읽은 다음 읽는 『논어』

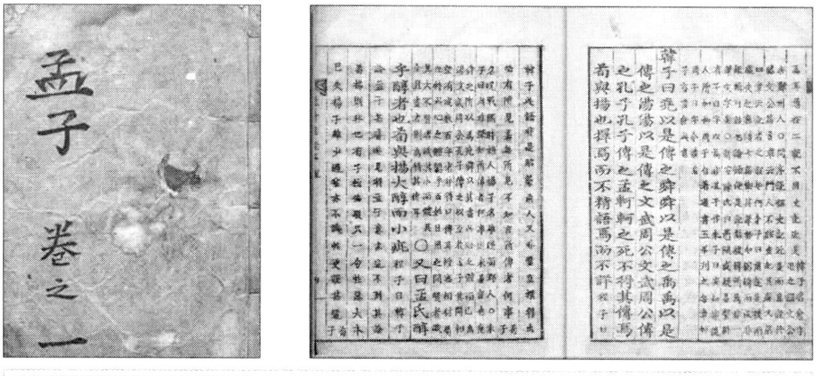

『논어』를 읽은 다음 읽는 『맹자』

2. 개화기 우리 교육의 모습은 어떠하였을까?

우리 근대사에서 개화기란 중국(청) 중심의 외교에서 벗어나 다양한 나라와 교류를 시작하는 시기로 대체로 1876년부터 1910년까지를 말한다. 1876년에 당시 조선의 왕 고종은 일본과 '강화도 조약'을 맺고 국가의 문호를 개방하기 시작하였고, 6년 후인 1882년에는 미국과 '조미수호조약'(한미수호조약)을 맺고 정식으로 교류를 시작하였다. 따라서 개화기의 교육은 중국의 영향을 받아 형성된 전통적인 우리 교육에 일본과 미국식 교육이 도입되어 교육의 탈중국화가 시작되는 시기였다.

미국과 일본식 교육의 영향을 받아 우리 교육의 탈중국화가 시작되면서 일어난 대표적인 현상은 '근대식 학교'의 설립이었다. 당시 우리 선조들은 오늘날의 사설 학원에 해당하는 '서당'과 '서원'에서 교육을 받았는데, 미국과 일본의 영향을 받아 이 땅에 처음으로 '학당' 또는 '학교'라는 이름의 서양식 교육기관이 등장하였다. 그런데 이 당시 근대식 교육기관을 설립한 주체들은 크게 기독교 선교사, 일본의 영향을 받은 당시 정부, 민족의식 고취에 앞장선 선각자 등의 세 집단으로 나눌 수 있다. 따라서 지금부터 이 세 집단이 각각 어떠한 교육기관을 세웠는지, 그리고 무엇을 가르쳤는지를 살펴보도록 하자.[4)]

1) 기독교 선교사가 설립한 교육기관과 교육내용

한미수호조약이 맺어진 다음 해인 1883년 여름, 고종은 방미 사절단인 조선보빙사 일행을 미국에 보냈다.[5)] 이 일행이 샌프란시스코를 출발하여 미국 수도인 워싱턴으로 가는 대륙 횡단 열차 속에서 이 일행의 대표격인 민영익은 우연히 볼티모어시의 조그마한 대학 학장인 가우처(John F. Goucher)를 만나 당시 우리나라의 실정에 대하여 이야기하게 되었다.

민영익을 통해 조선에 대하여 알게 된 그는 감리교 선교본부에 조선에 선교사를 파견할 필요성을 역설하였고, 감리교단에서는 초대 선교사로 의사인 스크랜튼(William B. Scranton)과 아펜젤러(Henry G. Appenzeller), 그리고 스크랜튼의 어머니인 스크랜튼 여사(Mary F. Scranton)를 임명하였다.[6)]

사절단을 이끌고 미국에 간 민영익 일행의 일부. 왼쪽이 민영익이고, 가운데가 서광범, 오른쪽이 홍영식이다. 유길준은 이 일행의 한 사람으로 미국에 갔다가 대서양을 건너 유럽을 두루 여행하고 귀국하여 『서유견문』을 남겼다.

우여곡절 끝에 1885년 6월 어렵게 조선에 입국한 스크랜튼 여사는 당시 사회적으로 억압받던 조선 여성(고아, 가난한 집안의 여자 어린이, 결혼생활에서 불행하게 된 여인)을 위한 교육기관을 세우기로 목표를 세우고 다방면으로 노력한 끝에 1886년 5월 학생 1명을 데리고 학교를 시작하였다. 스크랜튼 여사

1891년경의 이화학당(출처: 배재대학교 홈페이지에 있는 아펜젤러 가족 앨범)

가 버림받다시피 된 조선 여성을 상대로 교육사업을 펼치자 이를 높이 평가한 명성황후는 이듬해에 '이화학당'이라는 이름을 지어 보내어 이 사업을 격려하였고, 이 학교가 발전하여 오늘날 이화여자대학교가 되었다. 이화학당의 교육내용은 오늘날 초등학교 수준이었고, 과목으로는 영어, 산술, 한글, 가창, 역사, 습자 등이었다.

감리교파에 속한 또 다른 선교사인 아펜젤러는 조선의 남성을 위한 교육기관을 1885년에 세워 영어를 가르치기 시작하였다. 학생 수가 점차 늘어나 공간이 부족하자 감리교단에서는 헌금을 보내 한국 최초로 빨간 벽돌 건물을 지을 수 있도록 하였다. 학교가 날로 번창하는 것을 본 고종은 친히 '배재학당'이라는 이름을 지어 주었다. 배재학당은 처음에는 오늘날 중학교 수준의 내용을 가르치다가 나중에는 초급대학 수준으로까지 발전하였다. 처음에는 영어를 주로 가르쳤지만 나중에는 한문, 천문, 지리, 생리, 수학, 수공, 성경 등의 교과목을 추가하였다. 배재학당에서는 또한 야구, 축구, 테니스와 같은 당시 아주 생소한 서양식 운동경기를 통하여 학생들이 체력을 단련할 수 있도록 하였고, '수공부'를 두어 이 땅의 젊은이들에게 노동의 신성함과 자립의 중요성을 가르치려고 노력하였다. 이 학교가 발전하여 오늘날 배재대학교가 되었다.

1885년 우리나라 최초로 빨간 벽돌로 지어진 배재학당 공사(위) 및 완성된 건물(아래) (출처: 배재대학교 홈페이지에 있는 아펜젤러 가족 앨범)

한편, 미국 장로교단에서는 1884년부터 1890년 사이에 언더우드(Horace G. Underwood) 부부, 간호사 엘러스(Annie J. Ellers), 헤이든(Mary E. Hayden), 도티(Susan A. Doty) 등을 선교사로 파견하였다. 언더우드 부부는 1886년 일종의 기숙학교를 세우고 남자 어린이들을 가르쳤는데 그는 이 시설을 고아원이라고 불렀다. 가르친 과목은 국문, 한문, 영어, 과학, 기독교 교리 등이었다.

간호사였던 엘러스는 1887년 이 고아원의 부대 사업으로 여자 어린이들을 모아 가르치기 시작하였는데, 그녀가 병을 얻자 헤이든이 이어받았고 그녀의 뒤를 이어 도티가 이 기관을 운영하였다.[7] 이것이 발전하여 오늘날 서울의 정신여자고등학교가 되었다.

2) 정부기관이 설립한 교육기관과 교육내용

1883년 고종의 명을 받아 사절단을 이끌고 미국에 다녀온 민영익은 미국 문물에 깊은 인상을 받아 고종에게 현대식 학교의 설립을 건의하였다. 이에 고종은 '육영공원'(인재를 양성하는 국가기관이라는 의미를 담고 있다)을 설립하고 미국 측에 현대식 교육을 담당할 미국 청년 3명을 보내 줄 것을 요청하였다. 미국 측에서 추천한 젊은이는 뉴욕에 있는 유니온 신학교 학생인 길모어(George W. Gilmore), 벙커(Dalziel A. Bunker), 헐버트(Homer B. Hulbert) 등이었다. 이들은 1886년 7월 4일 조선에 도착하였고 9월 말부터 수업을 시작하였다. 길모어는 이 학교의 수업 모습과 자신의 역할을 다음과 같이 기술하였다.

> 학생은 국왕이 선택한 귀족 가정의 자제들이었다. 처음에 우리 반에는 35명이 있었는데, 아무도 영어에 대한 지식이 없었으므로 우리는 알파벳부터 시작해야 했다. 통역 세 사람이 있어 우리 선생 3인에게 1명씩 배정되었다. …… 이 학교의 목적에 대하여 언급할 필요가 있다. 당시 조선에는 두 당파가 있었는데, 보수파와 진보파라고 할 수 있었다. 국왕은 마음속으로는 진보파였다. 그러나 그는 중국적인 독단사상과 보수주의에 골똘한 사람들에게 둘러싸여 있었다. 그리하여 국왕은 자신의 진보적 정책을 지지해 줄 사람이 절실

히 필요했다. 우리 학교는 바로 이러한 일을 할 것이 기대되었다.[8)]

육영공원에서 가르친 내용은 영어, 자연과학, 수학, 경제학, 지리 등의 당시 서구에서 널리 가르친 내용들이었다. 길모어는 학생들이 영리하다는 인상을 받았지만, 배우는 것을 그대로 기억하는 데에 주력하였고 문장을 외워 두었다가 나중에 써먹으려는 경향이 강하다고 지적하였다.

육영공원의 출발은 순조로웠지만 시간이 지날수록 학생들과 정부 고위 관직자들의 비협조적인 태도로 학교 운영에 어려움이 발생하였다. 특히 관리들이 학교의 공금을 횡령하여 자신의 배를 채우는 일이 발생하자 세 사람의 미국 청년은 학교를 떠났다.

1894년경 명성황후는 육영공원의 쇠퇴를 안타까워하면서 장로교 선교사 언더우드에게 학교를 발전시킬 계획을 세우고 미국에서 교사를 데려오도록 의뢰하였다. 명성황후의 전폭적인 지지하에 언더우드가 육영공원 재건 계획을 세워 거의 최종 단계에 왔을 즈음인 1895년 명성황후가 일본군 수비대에 의해 죽임을 당하는 을미사변이 발생하여 육영공원 재건의 꿈은 물거품이 되었다.[9)]

고종의 후원으로 설립된 국립학교 성격의 육영공원에 대해서는 이 정도로 마무리하고, 지금부터는 1894년 갑오개혁을 계기로 전면에 등장한 개화파가 일본의 직접 · 간접적인 영향을 받아 이 땅에 국립 · 공립학교를 세우는 과정을 살펴보도록 하자.

갑오개혁으로 당시 교육분야 업무를 담당하던 예조가 폐지되고 '학무아문'(이는 뒤에 학부로 이름이 바뀐다)이 설치되었다. 학무아문에서는 일본의 교육제도를 모방하여 소학교(오늘날의 초등학교와 중학교에 해당함), 중학교(오늘날의 고등학교에 해당함), 사범학교(오늘날의 교육대학교에 해당함)를 설치하였다. 특히 당시 절대적으로 부족하던 소학교 교사를 양성할 목적으로 1895년 한성사범학교를 설립하였다.

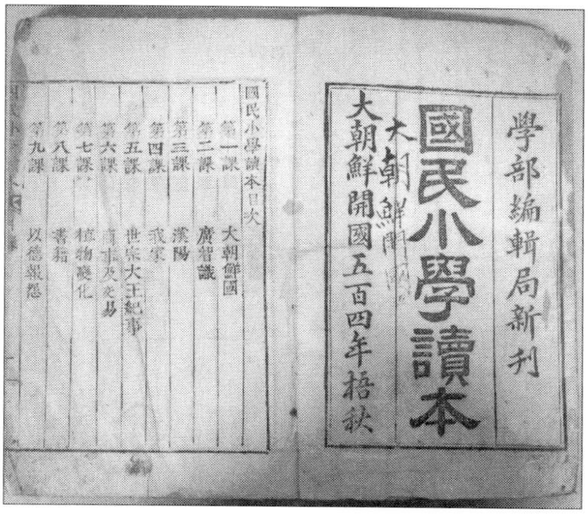

1895년 7월 '학부'에서 펴낸 『국민소학독본』. 우리나라 최초의 근대식 국정교과서로서 총 41과로 구성되어 있다.

일본은 당시 소학교, 중학교, 사범학교를 각각 심상(보통이라는 뜻)과와 고등(심화과정의 성격을 지님)과로 나누어 운영하였는데, 당시 우리나라도 이 제도를 소학교와 중학교에 그대로 도입하였다. 다만 사범학교는 당시 소학교 교사가 절대적으로 부족했던 탓에 본과와 속성과로 나누어 운영하였다.

만 8세에 입학하여 8년을 공부한 다음 15세에 졸업하도록 되어 있던 당시 소학교 심상반(보통반)의 교과목을 살펴보면, 수신, 독서, 작문, 습자, 산술, 체조를 필수과목으로 하고 지리, 역사, 도화, 외국어 중에서 한 과목을 선택과목으로 설강하였다. 그리고 여자들에게는 재봉이 선택과목으로 주어졌다.

이와 같은 교육제도는 1905년 러일전쟁에서 승리한 일본이 조선의 외교권을 빼앗으려고 강요한 을사늑약 때까지 지속되면서 중국 중심의 조선시대 교육을 일본 중심의 교육으로 바꾸는 과도기적 역할을 수행하였다. 이 당시 세워진 소학교의 수는 대략 서울에 10개, 지방에 50여 개 정도였다. 이처럼 이 땅에 일본식 소학교가 설립되어 오늘날과 유사한 서구식 교과목을 가르치기는 하였지만 국민들의 의식은 여전히 유교중심적이었기 때문에 당시 소학교는 형식만 새로운 학교였을 뿐 실제 내용은 한문을 가르치는 서당과 다를 것이 없었다.[10]

광무 3년, 1899년 발간된 역사교과서 1권과 2권. 당시 임금 고종은 1897년을 광무 원년으로 선포하였다.

1905년 강압적으로 조약을 맺은 일본은 노골적으로 우리나라를 지배하기 시작하였고, 우리나라의 교육 주도권은 사실상 일본인의 손으로 완전히 넘어가게 되었다. 당시의 국정지표는 오늘날에도 언론에 자주 등장하기 때문에 귀에 익은 '서정쇄신'이었다.

학부(오늘날의 교육부에 해당함)의 책임자는 당시까지의 조선의 교육제도가 일본이 서구사회로부터 신교육제도를 수입하기 이전의 교육제도와 비슷하다고 비판하면서, 당시 일본의 교육제도를 그대로 우리나라에 도입하려고 하였다. 그리하여 학년이 시작되는 시기를 모두 4월로 정하고, 학년을 2개의 학기로 나누고, 학급의 개념을 도입하는 등 학교의 제도를 철저히 일본식으로 개편하였다. '소학교'란 명칭도 '보통학교'로 바꾸고 수업연한을 8년에서 4년으로 단축하였으며, 중학교를 고등학교로 명칭을 변경하고 그 수업연한을 3~4년으로 하였다. 또한 일본인 교사를 배치하고 일본어 교육을 강력하게 실시하였다. 이처럼 우리나라의 교육제도를 일본과 유사하게 바꾸고 일본어를 강조한 배경에는 이 땅에서 교육받은 사람이 일본으로 건너가 공부할 때에 자연스럽게 연결될 수 있도록 하여 친일의 방향으로 민심을 이끌어 보려는 의도가 있었다.[11]

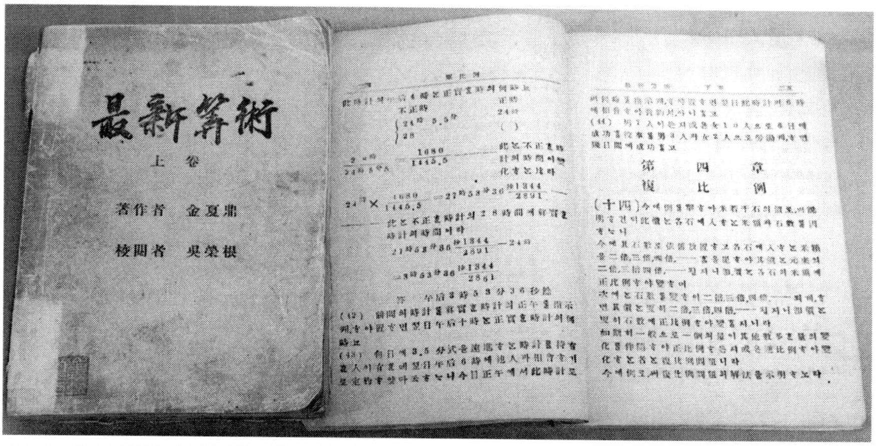

1908년 발간된 '산술' 교과서. 이 당시 펴낸 책으로는 독특하게 책의 왼쪽을 철하여 오른쪽에서 왼쪽으로 책장을 넘기도록 되어 있다.

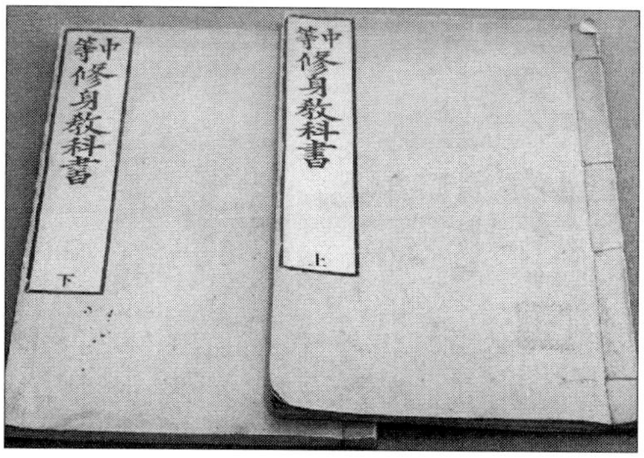

1908년에 발간된 중등 수신 교과서

3) 민족 선각자가 설립한 교육기관과 교육내용

중국(청)과 러시아와 일본의 틈바구니에 끼어서 나라의 운명을 우리 손으로 결정하지 못하고 끌려다니다가 결국 일본에 나라의 주권을 빼앗겨 버린 개화기(대략 1876~1910)에 교육을 통하여 나라를 구해 보려는 수많은 선각자가 등장하였다. 이들은 고종 정권을 믿지 못하였고, 정부에 의한 일본식 학교의 확장은 결코 우리나라 국민을 위하는 것이 아니라고 생각하였다. 또한 이들은 정부에서 추진하는 느린 속도의 교육사업으로는 기울어져 가는 나라를 구할 수 없다고 믿었다. 그리하여 이 기간에 우리나라 역사상에서 엄청난 수의 사학이 선각자 개인이나 당시 깨인 부유층들이 설립한 단체에 의하여 설립되었다.

이 당시 사학의 설립은 자유로웠다. 정부의 허가도 필요 없었고 보고할 의무도 없었다. 따라서 이 당시 설립된 사학의 수를 정확히 파악하기는 불가능한데, 오천석은 전국적으로 5,000~6,000개의 사학이 존재했을 것으로 추산하였다.[12]

사학의 수가 급격히 늘어나자 1908년 당시 정부에서는 '사립학교령'을 공포하고 사립학교를 운영하려는 개인이나 단체는 반드시 일정한 조건을 갖추어 인가를 받도록 하였다. 당시 일본의 영향하에 있던 정부가 이러한 조치를 취한 배경에는 사학의 질을 관리하려는 의도와 함께 민족정신 고취의 온상이 되고 있는 사학을 정리하려는 의도도 밑바탕에 깔려 있었다. 1910년까지 2년 동안 정부의 인가를 받은 사립학교의 수는 2,250개에 달하였는데, 이를 각 도별로 살펴보면 〈표 15-1〉과 같다.

이 표에서 알 수 있는 사실은 당시 선각자들이 설립한 사립학교는 일본식으로 운영되는 보통학교나 고등학교의 형태를 띠기보다는 오늘날의 사설학원과 비슷한 모양새였다는 점이다. 당시 학부에서는 이러한 학교를 각종 학교 또는 종교 학교라고 분류하였는데, 많은 사학이 지금의 북한 지역, 특히 황해도와 평안도 지역에 존재했다는 사실이 흥미롭다.

사학에서 가르친 내용은 서구식 교과 이외에 민족정신을 고취하는 내용과 함께 체력을 단련하는 군사 훈련이 주를 이루었다. 특히 운동경기를 장려하여 학교별로 또는 여러 학교가 서로 연합하여 운동회를 자주 열었다.

이처럼 사학의 교육내용이 민족정신을 드높이고 반일의식을 일깨우는 방

표 15-1 학부의 인가를 받은 사립학교 수(1910년 5월 현재)

지역	보통학교	고등학교	실업학교	각종학교	종교학교	계
한성부(서울)	1	1	2	66	24	94
경기도				136	64	200
충청남도	2			73	16	91
충청북도				41	7	48
경상남도	3		1	82	18	104
경상북도	3			72	74	150
전라남도	1			31	4	36
전라북도	4			42	31	77
강원도				37	6	43
황해도				104	182	286
평안남도				189	254	443
평안북도	1			279	121	401
함경남도	2	1	0	194	21	218
함경북도				3	56	59
계	16	2	7	1,402	823	2,250

출처: 오천석,『한국신교육사』(서울: 현대교육총서출판사, 1964), 194쪽.

향으로 나아가자 당시 정부는 교과용 도서 검정 규정을 만들어 학부가 직접 만든 교과서나 학부로부터 검사를 받고 인정을 받은 도서만을 교과서로 사용하도록 강제하였다. 요즘말로 표현하면, 국정교과서제와 검인정 교과서제를 병행한 것이다.

이 당시 설립된 수많은 사학 중에서 오늘날까지 이어지고 있거나 당시 유명했던 사학 몇 개를 소개하면 다음과 같다.

- 양정의숙: 1905년 법률 교육을 목적으로 세워진 학교로서 오늘의 양정 중 · 고등학교가 되었다.

- 보성학교: 1905년 역시 법률 교육을 목적으로 세워진 학교로서 뒤에 보성전문학교가 되었다가 오늘의 고려대학교로 발전하였다.
- 휘문의숙: 1906년 설립된 학교로서 오늘의 휘문중 · 고등학교로 발전하였다.
- 오산학교: 1907년 평안북도 정주군에 설립된 학교로서 평북의 사립학교로 명성이 높았다.
- 대성학교: 1907년 도산 안창호가 평양에 설립한 학교로서 사립학교 중에서 가장 유명하였다. 민족 운동을 이끌 투사 양성을 목적으로 했던 이 학교는 전성기에 학생 수가 400명을 넘었다. 그러나 우리나라가 일본의 식민지로 전락하면서 안창호가 해외 망명의 길에 오르자 1912년 문을 닫고 말았다.

3. 일제강점기의 교육: 1910~1945년

1910년부터 1945년까지 일본이 우리나라를 식민지 삼아 통치하면서 이 땅에서 실시한 교육은 당시의 정치적 상황에 따라 세 차례에 걸쳐 개편되었다. 첫 번째 개편 작업은 우리를 공식적으로 식민지화한 직후에 일어난 것으로 한국인을 일본인화하고 일본인에게 제공하는 교육보다는 열등한 교육을 한국인들에게 제공할 목적으로 이루어졌다. 이 개편의 결과는 1919년까지 약 9년간 지속되었다.

두 번째 개편은 1919년의 3 · 1운동 직후에 일어난 것으로, 우리의 독립운동에 당황한 일본이 반일감정을 누그러뜨릴 목적으로 단행한 것이었다. 이는 일본이 중국을 침략하여 전쟁을 일으키기 직전인 1936년경까지 대략 17년간 지속되었다.

세 번째 개편은 1937년 중국 및 동남아시아의 여러 국가에 대한 전면적인 침략 전쟁을 시작하면서 일어났다. 이는 당시 일본의 모든 체제를 전시체제로 전환하는 과정에서 일어난 것으로 우리의 광복 때까지 폭압적으로 지속되었다.

지금부터 일제강점기의 우리 교육의 모습을 이와 같은 3개의 시대적 구분에 따라 자세히 살펴보도록 하자.

1) 한국인을 일본인으로 만들기 위한 교육: 1910~1919년

한반도를 식민지화한 일본이 이 땅에서 펼친 정책은 '조선인을 천황이 다스리는 일본의 충성스러운 국민'(이를 황국신민이라 불렀다)으로 만드는 것이었다. 그리하여 일본어를 강요하고, 일본의 문물을 주입하고, 일본 교과서를 사용하고, 일본인 교사를 채용하고, 조선인 교사와 학생의 사상을 감시하였다.

이 당시 일본은 소위 '민도에 맞는 교육'을 실시한다는 목표를 정하였다. 이는 당시 조선인의 의식 수준이 일본인보다 열등하다고 보고 조선인에게는 일본인보다 열등한 교육을 제공하는 정책으로 나타났다. 이를 위해 소위 합방 직후 발표한 '조선교육령'을 통해 제도화하였다. 오늘날의 초등학교에 해당하는 '보통학교'의 교육연한을 3~4년으로 하였고, 남자를 위한 중학교에 해당하는 '고등보통학교'의 교육연한을 4년, 여자를 위한 중학교에 해당하는 '여자고등보통학교'의 교육연한을 3년으로 하였다. 그리고 오늘날의 고등학교에 해당하는 '전문학교'를 설치하고 교육연한을 3~4년으로 정하였다.

조선인은 대학에 진학하여 '고상한 학문'을 받기에는 수준 미달이라고 여겨 대학은 설치하지도 않았다. 보통 교육 정도만을 하여 사람 구실을 하게 만들면 된다는 것이 당시 조선을 지배하던 일본인들의 보편적인 생각이었다. 당시 일본인을 위한 교육제도는 일본 본토와 마찬가지로 '소학교' 6년, '중학교' 5년, '전문학교' 4년, '대학' 6년으로 되어 있었으므로 그 교육연한을 비교하면, 대학교육을 제외하더라도 일본인은 조선인보다 4~5년 정도 더 긴 교육을 받았다.

이처럼 일본이 조선인을 위한 교육제도를 일본인을 위한 그것보다 열등하게 제도화한 배경을 오천석은 네 가지로 설명하고 있다.[13] 첫째, 배우면 배울수록 비판 의식이 성장하여 자유를 갈망하게 되므로 이를 차단하기 위해서 짧고 열등한 교육제도를 만들었다. 둘째, 조선인을 열등한 국민으로 생각하는 우월감이 그 밑바탕에 깔려 있었다. 셋째, 고등교육기관을 설치·운영하려면 많은 돈이 들어가는데 식민지 백성을 위해 큰돈을 들일 필요가 없다고 생각하였다. 넷째, 일본인의 명령에 고분고분 복종하는 사람을 만들기 위해서는 보통 교육 정도면 충분하다고 생각하였다.

이 당시 학교에서 가르친 내용을 보통학교를 기준으로 살펴보면, 수신, 국어(일본어를 뜻함), 조선어와 한문, 산술을 필수과목으로 하였다. 이과, 가창, 체조, 도화, 수공, 재봉 또는 수예, 농업초보, 상업초보 등의 과목은 명목상 선택과목으로 법에 정해 놓기는 하였으나 학교와 지역의 형편에 따라 가르치지 않아도 무방하게끔 허용을 하였다. 따라서 이 당시 초등학교에서는 오늘날 소위 3R이라고 부르는 '읽기' '쓰기' '셈하기'만을 중점적으로 가르친 것이다.

과목별 수업시간을 간략히 살펴보면, 일본어를 '국어'라고 부르면서 보통학교 1학년부터 4학년까지 주당 10시간을 배우도록 하였고 '조선어와 한문'은 5~6시간 정도 배우도록 하였다. 주당 총 수업시간이 26~27시간이었던 것에 비추어 보면, 그리고 수업시간에 사용된 언어가 일본어였던 것을 감안하면 당시 우리의 초등학생들은 학교생활의 대부분을 일본어를 배우며 보냈음을 알 수 있다.

한편, 민족의식 고취의 진원지이던 사립학교를 철저히 통제하는 정책이 실시되었다. 사립학교의 설립 그 자체뿐만 아니라 교장 및 교원이 되려는 자도 당국의 인가를 받아야 하였다. 교사는 교원자격증을 가진 사람 중 일본어에 능통한 사람만이 될 수 있도록 하였다. 교과목도 당국의 검열을 받는 학칙에

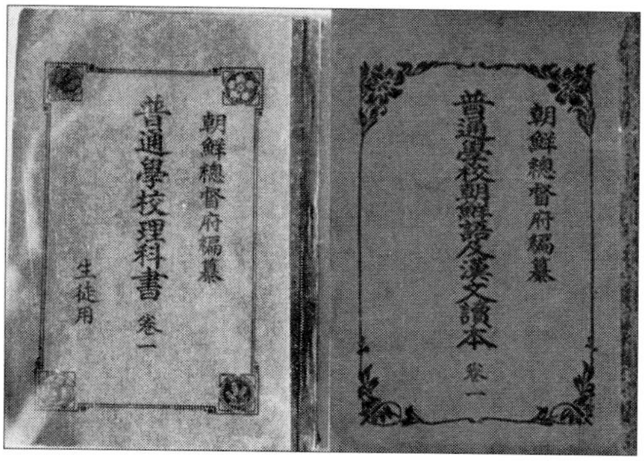

조선총독부에서 1913년경 발간한 '이과' 교과서(좌)와 1915년경 발간한 '조선어와 한문' 교과서(우)

따라 정하도록 하였고, 기독교계 사립학교에서 성경을 가르치지 못하도록 하였다. 교과서도 당국이 만든 국정교과서나 당국의 검사를 받아 통과된 교과서만을 사용하도록 하였다. 이러한 사립학교 통제정책으로 1910년경 1,973개에 달하던 사립학교가 3·1운동이 나던 1919년경에는 742개 정도로 대폭 축소되었다.

2) 한국인을 회유하기 위한 교육: 1919~1936년

3·1운동에 당황한 일본은 무력에 의한 통치와 노골적으로 조선인을 차별하는 정책에 수정을 가할 수밖에 없었다. 역사책에는 이러한 변화를 무단통치에서 문화통치로 변하였다고 표현하고 있다.

한국인을 부드럽게 달래기 위한 정책의 일환으로 일본이 교육 분야에서 취한 조치는 크게 네 가지였다. 첫째, 당시 조선인의 낮은 의식 수준에 맞추어 일본인에 대한 교육과는 차등을 둔다는 정책을 수정하였다. 4년제였던 보통학교를 일본의 소학교처럼 6년제로, 4년제였던 고등보통학교를 5년제로 운영하도록 규정을 개정하였다. 또한 조선인 학생도 대학교육을 받을 수 있도록 허용하였다. 그러나 이러한 변화는 오직 규정상에서만 일어났을 뿐이고 실제 대부분의 보통학교는 여전히 4년제로 운영되었고 조선인이 대학에 입

표 15-2 일제강점기 초기와 중기의 학교 · 학생 수 비교

구분	학교 수		학생 수	
	1919년	1935년	1919년	1935년
보통학교(오늘의 초등학교)	519	2,271	84,767	683,713
고등보통학교(오늘의 남중)	5	15	1,705	7,992
여자고등보통학교(오늘의 여중)	2	9	378	2,256

학하기는 아주 어려웠다.

둘째, 학교의 수를 대폭 늘렸다. 초등교육기관인 보통학교의 경우, 처음에는 3개 면에 1개의 보통학교만을 설치하는 원칙을 세웠으나 점차 모든 면에 1개의 보통학교를 설치하는 정책으로 바뀌었다. 현재 우리나라의 초등학교 중 역사가 오래된 학교는 바로 이러한 정책에 따라 대부분 이 기간에 설립된 학교들이다. 이 기간 중 학교의 수가 얼마나 늘었는지를 간략하게 표로 요약하면 〈표 15-2〉와 같다.[14]

〈표 15-2〉를 분석해 보면, 보통학교(초등학교)에 다니는 학생의 수는 1919년에 비해 1935년경에는 약 8배가 늘었지만, 고등보통학교(중학교) 학생 수는 같은 기간 동안 남자의 경우 약 4.7배, 여자의 경우 약 6배 정도밖에 늘지 않았다. 1919년경에는 대략 초등학생 40명당 1명이 중학교에 진학할 수 있었지만 1935년경에는 67명당 1명이 중학교에 진학할 수 있었다. 학생의 양적 증가가 일어난 것은 분명하지만 초등학교를 졸업하고 중학교에 입학하기 위한 경쟁은 사실상 더 심화되었다. 이는 한 학급에서 1명 정도만 상급학교에 진학할 수 있었음을 보여 주는 것으로서 당시 우리 어린이들, 즉 이 당시에 학교에 다녔던 우리의 할머니, 할아버지는 대부분 초등학교 교육을 끝으로 학교교육을 마감한 것이다. 학령 아동의 취학률이 1935년경 대략 25% 정도였을 것으로 추산되므로[15] 우리 조상의 대부분은 그나마 초등학교에 가 보지도 못하였다.

보통학교의 증가는 곧 보통학교 교사의 증가를 의미하였다. 종래에는 중학교 과정에 해당하는 '고등보통학교'와 '여자고등보통학교' 졸업자 중에서 1년간의 '사범교육'(교사교육)을 추가로 받은 사람을 보통학교 교사로 활용하였으나 이를 철폐하고 보통학교 교사 양성을 목적으로 '사범학교'라는 초등교사 양성 기관을 각 도에 1교씩 설치하였다. 이 사범학교가 발전하여 오늘날 전국 10개 교육대학이 되었다.

셋째, 우민화 정책을 수정하여 이 땅에 대학을 설립하기 시작하였다. 본래 조선인에게는 고등교육을 제공하지 않고 부려 먹기 좋을 만큼만 교육하는 것이 일본인들의 기본 정책이었다. 그러나 이러한 정책으로 우리나라 사람들의 반일감정이 악화되고, 또한 머리가 좋은 조선인들은 일본, 중국, 미국 등으로 유학을 가서 공부하는 동안 오히려 민족의식에 눈을 떠서 독립투사가 되어 귀국하곤 하였다. 이런 일을 방지하기 위하여 논란 끝에 1924년 경성제국대학을 서울에 설치하였는데, 이것이 광복 후 발전하여 지금의 서울대학교가 되었다.

넷째, 사립학교에 대한 탄압이 부드러워졌다. 보통학교 또는 고등보통학교라는 명칭을 사용하지 않는 기독교계 학교에서 성경을 가르치는 일을 허용하였다. 이 기간 중 특히 괄목한 만한 일은 '우리의 교육은 우리 손으로'라는 무언의 구호 아래 우리의 사립학교가 학교 규모나 운영 면에서 아주 충실해졌다는 사실이다.

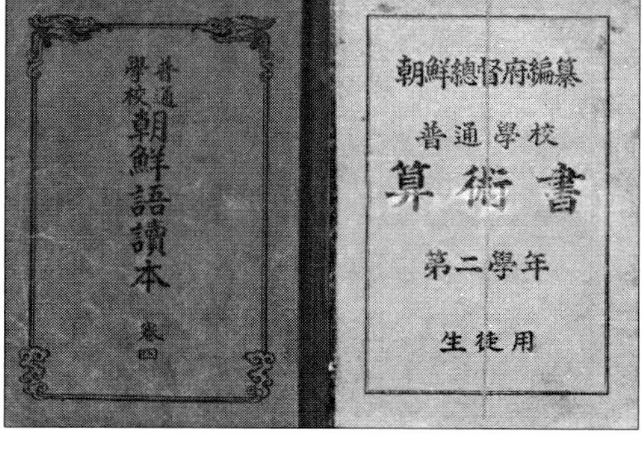

1924년에 발간된 보통학교(지금의 초등학교) '조선어독본'과 '산술' 교과서

지금까지 소위 문화통치 기간(1919~1936) 중에 일어난 교육제도의 변화를 살펴보았는데, 이 당시의 교육내용은 1919년 이전과 큰 변화가 없이 그대로 유지되었다. 한 가지 변화는 보통학교의 '조선어와 한문'이라는 과목에서 '한문'을 떼어 내어 '조선어'의 비중을 높였다는 것이다. 또한 고등보통학교에서도 '조선어'를 독립 과목으로 설치하였다. 이러한 변화는 3 · 1운동 이후 당시 기독교 선교단체연합회에서 한국어 사용 제한 정책의 철폐를 주장하는 항의문을 당국에 전달한 데 대한 반응으로 풀이할 수 있겠다.

문화통치 기간 중에 만들어진 조선의 교육제도는 지금까지도 그 잔재가 남아 있는데 당시의 교육제도를 요약하면 [그림 15-1]과 같다.[16)]

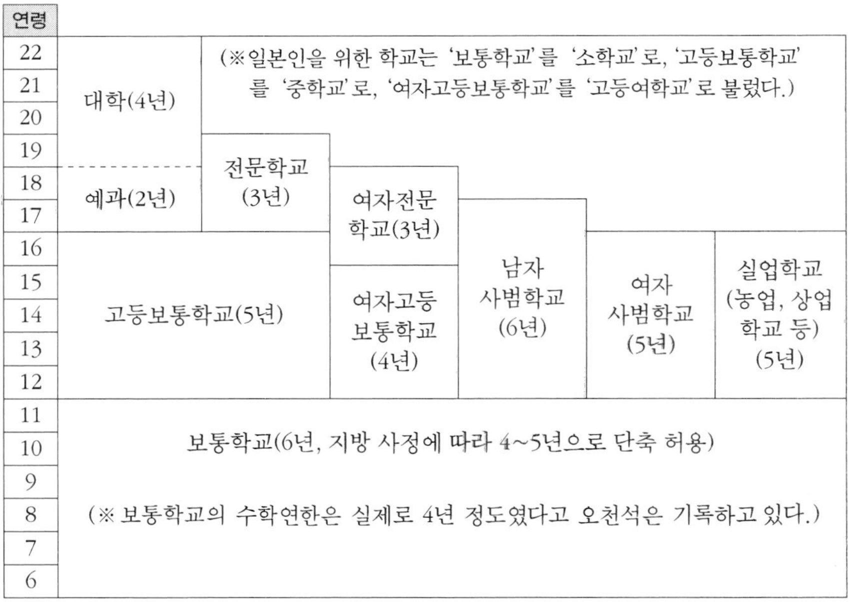

그림 15-1 1922년 2월 발표된 '조선교육령'에 따라 개편된 학제

이 제도의 잔재는 지금도 우리의 교육제도 속에 남아 있다. 보통학교 입학 연령이 6세로 되어 있으나 당시 우리의 조상들은 9~10세경에 초등학교에 입학하였고 조혼의 풍습에 보통학교 학생 중에도 결혼한 학생이 적지 않았다고 한다(1925년생이신 나의 아버지의 회고). 당시 조선인을 위한 이 학제는 일본인을 위한 학제와 외형상 거의 비슷하여서 조선인에 대한 차별을 상당히 줄였다는 인상을 주었다.

3) '일본인화' 교육으로의 회귀: 1936~1945년

역사상 1936년에서 1945년까지는 일본이 중국을 무력으로 침략하고 미국 하와이의 진주만을 공격하는 등 동아시아에서 패권을 차지하기 위하여 전쟁을 벌이는 시기다. 따라서 전쟁에 내보낼 군인을 양성하는 것이 이 당시 일본의 시대적 목표였다.

일본이 벌이고 있는 전쟁에 조선인을 내보내기 위해서 '조선인도 곧 일본인'이라는 구호를 내걸었다. 소위 '내선일체'('일본과 조선은 하나'라는 뜻)라는 구호 아래 1938년 4월에 개정된 '조선교육령'에 따라 한반도의 교육제도에는 다음과 같은 변화가 일어났다.

첫째, 우리나라 사람을 전쟁에 내보내기 위해서는 최소한 보통학교 정도의 교육을 할 필요가 있었다. 1935년경 보통학교 취학률이 대략 25%선이었는데 이를 1942년까지 60%로 끌어올리려고 노력하였다. 그리하여 보통학교의 수가 대폭 증가하였다.

둘째, 조선인을 위한 학교의 명칭을 일본인을 위한 그것과 동일하게 하였다. 그리하여 '보통학교'를 '소학교'로, '고등보통학교'를 '중학교'로, '여자고등보통학교'를 '고등여학교'로 명칭을 변경하였다. 이는 조선인에 대한 차별을 완전히 없앴다는 인상을 심기 위한 가식적 조치였다.

셋째, 한국어를 필수과목에서 제외하여 사실상 학교에서 한국어를 가르치지 못하게 하였다.

이 시기의 교육을 한마디로 요약하면, 일본이 동아시아의 패권을 쥐기 위해 벌인 전쟁(이들은 이를 대동아 전쟁이라 불렀다)에 당시 조선인을 최대한 끌어들이기 위한 교육이었다. 일본의 용어를 사용하여 표현하면, '황국신민'을 만들어 천황이 벌인 전쟁에 나가 기꺼이 죽을 사람을 기르는 것이 교육의 목표였다. 이러한 교육목표는 조선총독부가 1937년 만들어 어른과 어린이 모두 외우도록 강요한 '황국신민서사'('일본 황제의 신하된 국민으로서 맹세하는

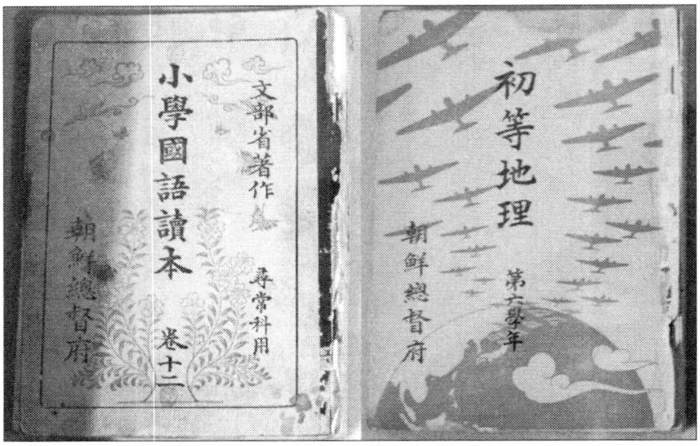

1944년경 국민학교(오늘날의 초등학교)용 교과서. 왼쪽 '국어독본'의 '국어'란 '일본어'를 의미한다. 이 시기에는 우리말 사용이 철저히 금지되었던 관계로 광복 후 우리나라 사람의 70% 이상이 한글 문맹이었다.

성인용

1. 우리는 황국신민이다. 충성으로써 군국에 보답하련다.
2. 우리 황국신민은 서로 신애협력하여 단결을 굳게 하련다.
3. 우리 황국신민은 인고단련 힘을 길러 황도를 선양하련다.

어린이용

1. 우리들은 대일본제국의 신민입니다.
2. 우리들은 마음을 합하여 천황폐하에게 충의를 다합니다.
3. 우리들은 인고단련하여 훌륭하고 강한 국민이 되겠습니다.

'황국신민서사'. 이 맹세의 글은 일본 본토에는 없었고 오직 조선인에게만 강요되었다. 당시 모든 조선인은 이를 암기하여야 했고, 당시 발간한 모든 책의 시작 부분에 이것을 실어야 했다. '국민교육헌장'(1968년부터 1994년까지 시행)과 '국기에 대한 맹세'(1980년 확산 시행)도 바로 이것에서 힌트를 얻은 것임이 분명하다. [출처: 오천석, 『한국신교육사』(서울: 현대교육총서출판사, 1964), 327쪽]

말'이라는 뜻)에 잘 나타나 있다.

여기서 반드시 언급하고 넘어가야 할 것은 우리에게 익숙한 '국민학교'라는 명칭이 이 시기에 만들어졌다는 사실이다. 본래 '소학교'라 불렀던 초등학교를 '국민학교'라고 개칭한 것은 1941년 당시 일본이라는 나라 전체가 비상전시체제로 전환되면서 이루어진 조치였다.[17] '국민'이 '황국신민'의 줄임말임을 생각해 볼 때 '국민학교'는 '일본 천황에게 충성을 다하는 백성을 양성하는 학교'라는 뜻임이 분명하였다. 그럼에도 불구하고 우리는 광복 후 이 명칭을 50년 이상 사용하다가 김영삼 정부 때인 1996년이 되어서야 이 부끄러운 명칭을 청산하고 '초등학교'라고 부르기 시작하였다.

제 16 장

우리 학교교육과정의 원형을 찾아서 II: 미군정기~현재

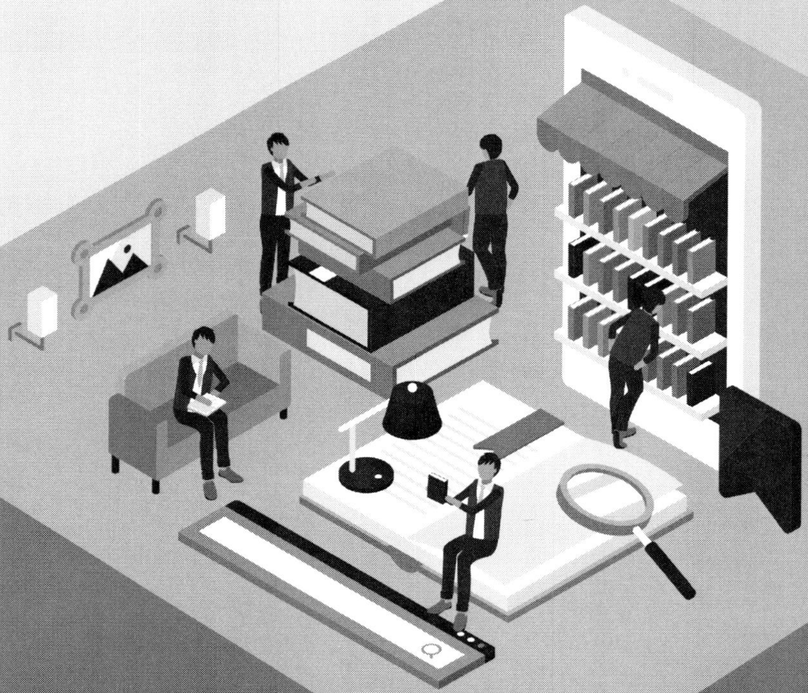

"새것은 옛것에 감추어져 있고, 옛것은 새것 속에 있다."

–성 어거스틴–

우리는 제15장에서 조선시대부터 일제강점기에 이르기까지 우리 학교교육이 어떤 변화를 겪었는지를 자세히 살펴보았다. 특히 19세기 말과 20세기 초, 우리 선각자들이 기울어져 가는 나라의 기둥을 바로잡기 위해 어떤 교육운동을 펼쳤는지, 기독교 선교사들이 이 땅에 들어와 뿌린 '새로운 교육의 씨앗'이 무엇이었으며 이 씨앗이 자라 어떤 모습으로 성장하였는지를 자세히 살폈다. 또한 한반도를 식민지화한 일본이 36년에 걸쳐 이 땅에 어떤 교육정책을 폈는지도 자세히 살펴보았다.

제15장을 제대로 읽은 독자들이라면 현재 우리의 학교교육과정의 원형은 개화기와 일제강점기를 거치면서 서서히 그 모습이 나타나기 시작하였음을 느꼈을 것이다. 특히 우리 조상들이 당시 학교에서 배우는 교육내용이 더 이상 중국의 고전이 아니고 유럽에서 수입한 '신지식'이었음을 당시 교과목의 명칭과 교과서의 내용을 통하여 깨달았을 것이다.

이렇게 개화기와 일제강점기를 거치면서 형성된 우리 교육의 '거친 원형'은 광복 후 미군정기와 대한민국 정부수립 이후 우리 교육자들의 헌신적인

1945	1948	1954	1963	1973	1981	1987	1992	1997	2007
미군정기	교수요목기	1차 교육과정	2차 교육과정	3차 교육과정	4차 교육과정	5차 교육과정	6차 교육과정	7차 교육과정	

그림 16-1 광복 이후 우리나라 학교교육과정의 연도별 구분

책에 따라서는 1945~1946년 사이를 '교육에 대한 긴급조치 시기'로, 1946~1954년 사이를 '교수요목기'로 구분하고 있기도 하다.

노력을 통해 다듬어져서 현재와 같은 모습을 갖추게 되었다. 지금부터는 일본이 남긴 교육을 우리가 극복하는 과정과 우리 학교교육과정 변천 과정을 [그림 16-1]처럼 시대 구분을 따라 학교에서 가르친 교과목의 명칭 및 내용 변화를 중심으로 살펴보도록 하자.

1. 미군정기의 우리 교육: 1945~1948년

1945년 8월 15일, 일본은 연합군에게 항복하였고, 약 3주 후인 9월 8일 미군이 인천을 통하여 들어와 이 땅을 무력으로 다스리던 일본인 총독으로부터 항복을 받았다. 그 후 약 3년 동안 미군은 우리의 독립 정부가 설립될 때까지 이 땅을 통치하였는데, 이 기간을 역사가들은 '미군정기' 또는 '미군 점령기'라고 부른다.

이 땅에 상륙한 미군에게는 패망한 일본인이 물러간 빈자리에 한반도의 정치 · 경제 · 사회 · 교육 등 모든 영역에 걸쳐 한국인으로 채워야 하는 실로 막중한 작업이 놓여 있었다. 미군당국은 교육 부분의 책임자로 당시 육군 대위인 로커드(E. L. Lockard)를 임명하였다. 육군 대위인 로커드가 교육 책임자가 된 배경에는 그가 군입대 전에 시카고의 한 초급대학 영어 교수로 활동한 경험이 있기 때문이었다.

한국에 대한 사전 지식도 전혀 없고, 한국어를 전혀 구사할 줄 모르는 로커드는 자신의 직책을 수행하기 위해 '영어를 잘하는 한국 교육계 지식인'의 도움이 절실히 필요하였다. 이러한 시대적 상황 속에서 로커드를 도와 일본이 이 땅에 만들어 놓은 교육제도를 대신할 새로운 교육제도를 만드는 실질적 역할을 한 사람이 등장하는데 그가 오천석(1901~1987)이다. 오천석은 자신이 어떻게 로커드를 만나 같이 일하게 되었는지를 다음과 같이 회고하였다.

> (1945년 9월 11일) 어떤 사람이 나를 찾아와서 미군 담당자가 나를 만나고 싶다는 소식을 전하였다. …… 어떻게 내 이름을 알았는지 확인해 본 일은 없으나 아마도 미군 상경과 때를 같이하여 사령관 하지(Hodge) 장군에 불려 간 이묘묵(보스턴 대학교에서 박사학위를 받았으며 하지 장군의 정치고문으로 활동함)의 추천에 의한 것이 아닌가 생각된다. …… '민간보도 및 교육과'라는 표지가 붙은 중앙청 2층 서쪽 커다란 사무실을 찾았을 때, 40세 정도 되어 보이는 육군 대위 편장을 붙인 사람이 자기를 소개하면서 구석에 놓인 책상 앞에 앉으라고 권하였다. 이 사람이 바로 교육 책임자로 선정된 로커드였다. …… 나와 처음 마주 앉은 그는 무엇보다도 먼저 나의 학력과 교육 경험을 물었다. 내가 미국 컬럼비아 대학교에서 교육학을 전공하여 학위를 받았고, 대학에서 가르친 경력이 있다는 말을 하자, 그는 자못 의외라는 표정으로 나를 쏘아보았다. 우리나라에 대한 지식이 전혀 없던 그로서는, 한국을 하나의 미개국으로밖에 생각지 않았는데 자기보다 학력과 경력이 더불어 높은 이미지의 한국인을 만나게 되었다는 데서 오는 놀라움이었으리라고 생각한다. 나에 대한 기타 여러 가지 일을 물은 그는 당장 그 자리에서 같이 일할 것을 제의하였다.[1)]

제7장에서 자세히 살폈듯이 오천석은 1921년 미국 유학길에 올라 미국 아이오와주 코넬 대학교에서 학사학위를, 일리노이주 노스웨스턴 대학교에서 석사학위를, 뉴욕주 컬럼비아 대학교에서 박사학위를 받고 1931년 귀국한, 당시 극소수에 불과한 미국 유학파였다. 오천석의 박사학위 지도교수는 제3장에서 살펴본 윌리엄 킬패트릭(William Kilpatrick)이었다.

오천석의 도움으로 교육 담당관 로커드는 당시 한국의 교육지도자들을 모아 9월 16일 7명으로 구성된 '한국교육위원회'를 조직하였다.[2)] 이 위원회의 공식 성격은 자문 기관이었으나, 실질적으로는 당시 한국의 모든 교육문제를 심의 결정하였고, 각 도의 교육책임자, 기관장을 임명하는 등의 중요한 의사

결정을 하였다.

교육 담당관 로커드가 해야 할 가장 시급한 일은 일본인이 떠나면서 휴교 상태에 들어간 전국의 모든 학교의 문을 빠른 시일 내에 다시 여는 일이었다. 이를 위해서는 일본인을 대신할 학교장과 교사가 필요하였고, 새로운 교육과정과 교과서가 필요하였다. 그러나 이러한 작업은 결코 짧은 시간 내에 해결할 수 있는 문제가 아니었다. 그리하여 로커드는 한국교육위원회와 상의하여 일본식 교육과정을 당분간 운영할지라도 학교의 문을 빨리 여는 것이 좋겠다는 결정을 하였다.

이런 결정에 따라 1945년 9월 17일 초등학교가 다시 문을 열었고, 10월 1일에는 중등학교 이상의 학교가 문을 열어 수업을 재개하였다. 다만 당분간 일본이 남긴 교육과정을 어쩔 수 없이 사용하더라도 언어는 한국어를 사용하도록 하였고, 가능하면 교사만 일본 교과서를 보고 학생들은 교과서 없이 공부하도록 하였다. 이 당시의 초등학교(공식명칭은 '국민학교'였다)의 교과목은 공민, 국어, 역사, 지리, 산수, 이과, 체조, 음악, 습자, 도화·공작, 요리·재봉, 실과 등이었다. 일본 지배하에서는 수신이라는 과목이 있었으나 이것이 삭제되고 공민(민주시민을 기르기 위한 교과로서 후에 '사회' 교과가 됨)이 추가된 것만 다를 뿐 나머지는 일본이 남긴 교과목을 그대로 유지하였다.

우선 아쉬운 대로 학교의 문을 연 다음 로커드와 한국교육위원회는 우선순위에 따라 다음과 같은 세 가지 작업, 즉 교사 모집 및 연수, 교과서 편찬, 새로운 학교 제도 설계 등의 중요한 작업을 시작하였다.

1) 교사 연수 및 교사 양성

학교의 문을 열기는 하였지만 많은 학교에 교장이 없었고 교사의 수도 엄청나게 부족하였다. 학생을 가르칠 만한 지식을 가진 사람은 정치에 뜻을 두었지 교육에 헌신하려 하지 않았다. 이 당시 교사 모집의 어려움을 오천석은 다음과 같이 회고하였다.

> 해방으로부터 오는 흥분을 채 가라앉히지 못한 많은 사람은 마음이 들떠 있었고, 정치에 대한 야망이 부풀어 있어, 좀처럼 교육과 같은 화려하지 못한 사업에 계속 투신하려 하지 않았다. 그리고 누구나 서울에 머물러 있기를 원하였고 지방으로 가기를 싫어했다. 이러한 시대적 영향으로 말미암아 유능한 교육자를 얻는 일은 더욱 어려웠다.[3)]

당시 교사들은 대개 일제강점기에 교육을 받아 교사가 된 사람들이어서 친일파로 지목되기도 하였고, 한글에 대한 이해가 부족하였으며, 미군정 당국이 중점을 두고 있는 '민주주의 교육이념과 새로운 교수법'에 대한 이해가 부족하였다. 그리하여 당시 교육 당국은 1945년 12월 22일부터 1946년 1월 19일까지 거의 한 달 동안 초등학교 교사 연수를, 1월 9일부터 1월 18일까지 중등학교 교사 연수를 실시하였다. 이를 시작으로 매년 여름 방학 및 겨울 방학을 이용하여 대대적인 현직 교사 연수를 실시한 결과 미군정 3년 동안 약 3만 명에 달하는 현직 교원이 연수를 이수하게 되었다.[4)]

현직 교사 연수만으로는 부족한 교사의 수요를 모두 채울 수 없었다. 총 교원수의 40% 이상을 차지하던 일본인이 일시에 물러감에 따라, 그리고 광복 후 취학 아동의 급격한 증가로 교사의 수는 형편없이 부족하였다. 이를 위하여 당시 교육 당국은 임시 조치로 당시 중학교와 사범학교를 비롯한 여러 기관에 '교원 양성소'를 설치하여 초·중등학교 교원을 단기간에 양성하였다. 또한 항구적인 조치로 초등 교원의 안정적 공급을 위하여 사범학교를 대폭 증설하면서, 중등 교원 양성을 목적으로 일부 사범학교를 사범대학으로 승격시켰다.

2) 교과서 편찬

교사 재교육 및 양성과 더불어 미군정 교육당국과 한국교육위원회가 시급히 해결해야 할 과제는 교과서를 만드는 일이었다. 특히 국민 교육의 기초가 되는 초등학교 교과서를 만드는 일은 무엇보다도 시급한 일이었다. 이 중대한 일을 수행하기 위해 '조선어학회'(지금의 한글학회)가 중심이 되어 『한글 첫걸음』과 『국어독본』을 제작하였고, 각 분야의 여러 인재가 힘을 모아 초등학교와 중학교용 교과서를 제작하였다.

당시 미군정 당국과 조선어학회는 우리의 교과서를 제작하는 과정에서 한글 전용 정책과 한글 가로쓰기 정책을 강력하게 추진하였다. 이러한 한글 전용 정책에 대한 반대 세력의 비판이 만만치 않았지만, 21세기 인터넷 시대를 살아가는 우리는 당시 조선어학회를 중심으로 한 우리 조상들의 결정이 옳았

표 16-1 1946년 2월까지 제작된 초등학교 교과서

교과서 명칭	제작 연월일
한글 첫걸음	1945년 9월 1일
국어독본 1	1945년 9월 1일
국어독본 2, 3	1945년 12월 2일
국어독본(중학교용)	1946년 1월 28일
국어독본(교사용)	1945년 10월 1일
공민 1~2, 3~4, 5~6학년용	1945년 12월 16일
국사(중학교용)	1945년 12월 11일
음악 1~6학년용	1945년 12월 20일
습자 1~2학년용	1946년 2월 15일
지리 5학년용	1946년 2월 15일
국사 5~6학년용	1945년 12월 15일

미군정이 시작된 것이 1945년 9월이므로 대략 5개월 만에 이러한 교과서가 만들어진 것이다. 당시 미군정 당국과 우리의 교육자들이 얼마나 헌신적으로 일했는지를 잘 알 수 있다.

1946년경 미군정청 학무국에 의하여 발간된 교과서. 당시 승전국인 미군은 일본의 제도를 그대로 접수하였기에 교육담당부서의 이름을 일본이 만든 이름 그대로 '학무국'이라고 불렀다. 이는 얼마 후에 문교부로 바뀌었다.

다는 판단을 내리지 않을 수 없다.[5] 1446년에 한글이 만들어졌으나 그동안 우리 조상들은 거의 500여 년간 우리의 생각과 경험과 지식을 기록으로 남기는 작업에 한글을 즐겨 사용하지 않고 한문을 사용하였다. 정부 기관의 공식 문서에서 특히 그러하였다. 이러한 부끄러운 일이 바로잡힌 것이 바로 미군정기였다.

3) 새로운 학교제도 설계

미군정 당국은 '한국교육위원회'와 힘을 합하여 닫힌 학교 문을 다시 열고, 대대적인 교사 연수를 실시하고, 교과서를 만드는 등의 급한 불을 끄는 노력을 하는 한편, '일본식 학교제도'를 대신할 '한국식 학교제도'를 만드는 일에 착수하였다. 이를 위해 미군정 당국은 교육계를 포함하여 여러 분야의 지도자들을 모아 이 작업을 수행할 위원회를 만들었고 이를 'National Council on

Education Planning'이라고 명명하였는데, 오천석은 이를 '교육심의회'라고 번역하였다.[6)]

이 '교육심의회'에는 총 10개의 분과위원회가 있었는데 각 분과별로 다음과 같은 고유한 의제가 주어졌다.

- 제1분과: 교육이념
- 제2분과: 교육제도
- 제3분과: 교육행정
- 제4분과: 초등교육
- 제5분과: 중등교육
- 제6분과: 직업교육
- 제7분과: 사범교육
- 제8분과: 고등교육
- 제9분과: 교과서
- 제10분과: 의학교육

이 10개의 분과위원회 활동 모두 중요한 것이었지만, '교육이념'을 논의한 제1분과와 '교육제도'를 논의한 제2분과의 활동이 우리나라의 교육제도의 근간을 논의한 것이기에 특히 중요하다고 할 수 있다.

제1분과인 교육이념 분과에서는 일본이 남기고 간 식민지 교육의 흔적을 없앨 수 있는 우리 고유의 교육이념을 모색하다가 백낙준(1895~1985)의 제안으로 '홍익인간'을 교육이념으로 삼기로 합의하였다. 이것이 교육심의회 전체 회의 석상에 올랐을 때에 일부 위원들은 이것이 단군신화에서 유래된 까닭에 비과학적이어서 적절하지 않다는 비판을 하였으나, 격론 끝에 통과되었다. 이 '홍익인간'이란 이념은 영어로 'Maximum Service to Humanity'라고 번역·소개되어 당시 미군정 당국의 호응을 얻었고, 대한민국 정부수립 이후 1949년 12월 31일에 공포된「교육법」에 명시되어 지금까지 우리나라의 교육이념으로 이어져 오고 있다.

제2분과에서는 우리의 교육제도를 집중 논의하였는데, 미국식 학제를 모방하여 초등학교 6년, 중학교 3년, 고등학교 3년, 대학교 4년의 소위 6-3-3-4제의 학제를 마련하였다. 이 위원회에서는 또한 2학기제를 채택하고 제

1학기를 9월부터 이듬해 2월까지, 제2학기를 3월부터 8월까지로 하였다. 이러한 안은 전체회의에서 통과되어 1946년 9월 1일부터 실시되었다.

그러니까 1945년 9월부터 1946년 9월까지 약 1년 동안은 일본이 물러간 공백을 메우기 위한 긴급조치 성격의 교육이 이루어졌고, 1946년 9월부터는 우리 교육자들의 손으로 어느 정도 안정된 '우리식 교육'의 모습이 갖추어지기 시작한 것이다.[7] 물론 이 당시 미군정하에서 주도적으로 활동한 교육자들이 미국에서 대학교육을 받은 사람들이었기 때문에 미국 교육의 영향을 지대하게 받았음은 부인할 수 없다.

이 당시 확정된 학제([그림 16-2 참조])는 한국전쟁 후 우리만의 손으로 새로운 학제를 만들 때에 그 밑그림이 되어 오늘의 우리 생활 속에 스며들어 있으므로 이 학제의 모습을 잠시 살펴볼 필요가 있다.

[그림 16-2]에서 설명을 필요로 하는 부분은 중학교 제도다. 당시 중학교는 6년제로 운영할 수도 있고, 초급중학교 3년, 고급중학교 3년으로 나누어 운영할 수도 있게 제도화되었다. 이렇게 한 이유는 비교적 형편이 나은 도시에서는 초등학교를 졸업하고 중학교에 들어가 6년 동안 공부하여 지금의 고등학교 과정까지를 한꺼번에 마치도록 학교를 만들 필요가 있었고, 농촌지역에서는 중학교를 초급과 중급으로 3년씩 나누어 설치하여 형편이 되는 대로 학교에 다닐 수 있도록 하기 위한 조치였다.[8]

교육심의회의 의결을 미군정 당국이 1946년 9월에 발표한 국민학교 교과목은 '국어' '사회생활' '이과' '산수' '보건' '음악' '미술' '가사' 등의 8개 과목이었다. 이 중 '이과'는 4학년부터, '가사'는 5학년부터 공부하도록 편성되었다. '사회생활'은 종래의 '공민' '역사' '지리'를 묶은 것으로써, social studies라고 부르는 미국의 사회교과를 도입한 것이었다. 또한 '실업'이 삭제되고, '체조'가 '보건'으로 바뀌었으며, '도화'가 '미술'로 바뀌었다.

오늘날의 중학교에 해당하는 '초급중학교'와 고등학교에 해당하는 '고급중학교'의 필수교과 또한 '국어' '사회생활' '수학' '일반과학' '체육 · 보건' '음악'

그림 16-2 '교육심의회'에서 1946년에 만든 학제

미국 학제를 모방하여 6-3-3-4 제도를 채택하였는데, 국민학교(지금의 초등학교)의 입학 연령이 만 6세로 되어 있으나 실제로는 만 7세에 입학하였고, 이보다 더 늦게 입학하는 일도 흔했다.

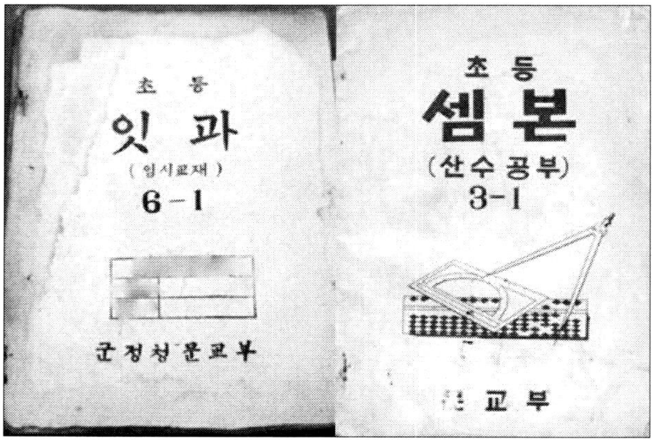

1946~1948년경에 발간된 초등학교 교과서. 교육담당 부서의 이름이 '군정청 학무국'이 아니라 '군정청문교부'와 '문교부'로 되어 있다.

등이었다. 이러한 교과목 명칭 변경과 새로운 과목의 도입은 일본 잔재를 청산하려는 노력과 함께 미국 교육의 영향을 받은 것이었다.

4) '새 교육 운동'의 전개

미군정 당국과 함께 당시 이 땅의 교육 주도 세력은 조선과 일본이 우리에게 남겨 준 성리학 경전 암기식 교육, 지배자와 피지배자를 차별하는 교육, 인간을 도구화하는 것을 목적으로 삼는 교육을 대신할 교육을 이 땅에 건설하려고 하였다. 오천석을 중심으로 하는 미국 유학파 교육자들은 이를 '새 교육'이라 이름 붙이고, 그 내용으로는 존 듀이와 킬패트릭이 중심이 되어 펼친 진보주의식 교육을 도입하려고 노력하였다. 이는 오천석이 미국 컬럼비아 대학교 유학 시절 존 듀이(John Dewey)의 강의를 들었고, 킬패트릭의 지도하에 박사학위 논문을 작성하였던 관계로 진보주의에 호감을 가지고 있었기 때문이다. 오천석은 당시 '새 교육운동'이 어떻게 전개되었는지 다음과 같이 기술하고 있다.

> (새 교육 운동은) 종래의 교사중심의 수업방식을 아동중심의 수업방식으로 전환시키고, 재래의 서적중심의 수업을 생활중심의 수업으로 옮아가는 일로 시작되었다. 그리하여 소수의 진보적 교육자들은 미국에서 시험된 달톤 플랜(Dalton plan), 위넷카 시스템(Winnetka system)과 같은 개인 지도를 주로 하는 교수법을 연구하였고, 프로젝트 방법(project method)과 같은 새 학습 방식을 공부하였다. 그리하여 소수의 국민학교에서는 한 학급을 소집단으로 나누어 개인 지도에 편리케 하였고, 종래의 교사의 강의를 대신하여 어린이에 의한 토의가 학습과정의 중심이 되었다. 이러한 것은 물론 1920~1930년대에 성행하였던 미국의 교수방법을 모방한 것이었으나, 당시의 진보적 교육자들의 대부분은 진지한 태도로 이 새 교육 운동의 대열에 참가하였으며, 비록 그

방법은 조잡한 점이 없지 않았으나, 그때까지 교사에게 억압되어 있었던 어린이를 해방하여, 그 개성에 맞고, 그 활동에 의한 교육을 시도하는 노력임에는 틀림없었다.[9)]

미국의 진보주의에 기초한 이러한 '새 교육 운동'은, 이미 제13장에서 열린 교육에 대하여 논의할 때 설명한 것처럼, 당시 정치경제적 형편을 고려해 볼 때 대대적인 성공을 거두기 힘든 것이었다. 그러나 오천석을 비롯한 당시 교육 주도 세력은 이 땅에 '민주주의'라는 우리에게 낯선 정치 제도를 도입하기 위해서는 미국 진보주의식 교육을 실시하는 것이 최선이라고 생각하였다.

2. 대한민국 정부수립 초기의 우리 교육: 1948~1954년

결론부터 말하면, 이 시기의 우리 교육은 미군정기 때에 형성된 교육의 연속이었다. 1948년 5월 10일 남한만의 총선거를 통하여 선출된 국회의원들은 7월 17일 「헌법」을 제정 · 공포하였고, 8월 15일 대한민국 정부수립을 국내외에 선포하였다. 이때 제정된 「헌법」에는 "모든 국민은 균등하게 교육을 받을 권리가 있으며 적어도 초등교육은 의무적이며, 무상으로 한다."라고 하는, 우리 역사상 처음으로 국민에 대한 초등교육은 국가가 무상으로 제공해야 하며 국민은 이를 의무로 받아들여야 한다는 아주 중요한 조항이 들어 있었다.

이러한 헌법 정신을 실천하기 위하여 당시 문교사회분과에 속한 국회의원들과 문교부(지금의 교육부)에서는 전문가들을 모아 「교육법」을 제정하여 1949년 12월 31일 공포하였다. 이 「교육법」 제155조에 따르면, "대학, 사립대학, 각종 학교를 제외한 각 학교의 학과, 교과는 대통령령으로, 각 교과의 교수요지, 요목 및 수업시간 수는 문교부령으로 정한다."라고 되어 있었다. 그리하여 당시 교육부에서는 교수요목을 제정하기 위한 노력을 기울였으나 한

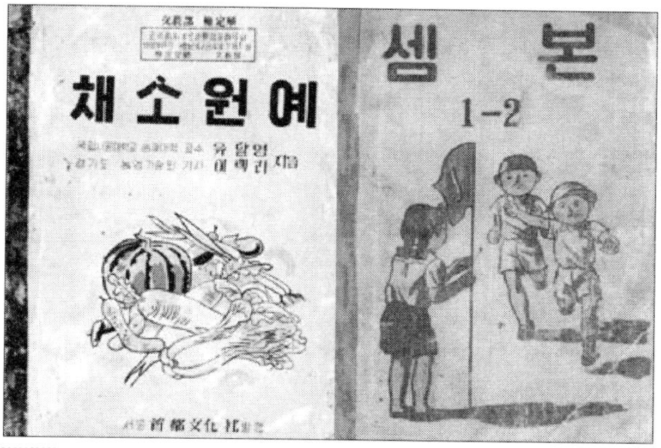

1953년경에 발간된 중학교 『채소원예』 교과서와 『셈본』 교과서. 교과서를 만든 종이는 국제연합한국재건단(United Nations Korean Reconstruction Agency: UNKRA, 운크라)의 지원을 받은 것이었다. 운크라의 도움으로 우리는 전쟁으로 인해 파괴된 산업 · 교통 · 통신 시설을 복구했으며, 주택 · 의료 · 교육 시설 등을 재건할 수 있었다.

국전쟁으로 그 활동이 중단되고 말았다.

전쟁이 막바지로 들어설 무렵인 1953년 봄, 교육부는 교육계를 포함하여 각계의 전문가 115명으로 구성된 '교육과정 심의위원회'를 구성하여, 교육과정 개정의 기본 방침, 교수요목 개정의 기본 취지, 초 · 중 · 고등학교 및 초등교사 양성 기관인 사범학교 교육과정 시간 배당 기준표 등을 논의하였다. 총 11차례의 회의를 거친 끝에 이 위원회에서는 1954년 4월 20일 문교부령 제35호로 '국민학교, 중학교, 고등학교, 사범학교 교육과정 시간배당 기준령'을 제정 · 공포하였다. 이듬해인 1955년 8월 1일에는 각급 학교 교과과정(각 교과의 목적, 지도 방침, 지도 내용 등)이 정식으로 제정 · 공포되었다.[10)]

우리나라 교육과정학사에서는 1954년 4월 20일 문교부령 제35호로 공포된 교육과정을 '제1차 교육과정'으로 부르고 있다. 따라서 1948년 대한민국 정부수립 이후부터 1954년 4월까지 이루어진 우리의 교육은 미군정기에 형성된 교육이 지속되었다. 이런 이유로 우리나라 교육과정학사에서는, 이미 앞에서 언급한 것같이, 미군정이 시작된 1년 후인 1946년 9월부터 1954년까지를 '교수요목기'라고 부르기도 한다.

3. 제1차 교육과정: 1954~1963년

이 시기의 주된 교육과정학 이념은 생활중심 교육이었다. 이 당시의 생활중심교육이란 서적중심 교육을 극복하기 위한 것이었다. 전통적인 교육은 주로 추상적인 서적에 의존하는 교육, 교실이라는 인위적인 장소에 국한된 교육이었다. 이에 비하여 당시 강조한 생활중심 교육은 배우는 사람의 현실적인 경험과 생활을 소재로 삼아 실제 생활을 개선하려는 교육이었다. 이러한 생활중심 교육은, 이미 제7장에서 살핀 것처럼 1952년부터 1962년까지 약 10여 년간 미국이 우리나라에 파견한 '미국교육사절단'의 조언 아래 '문제해결학습'과 같은 교수법의 확산으로 나타났다.

1957년경에 사용된 초등학교『보건』 교과서

이 시기의 초등학교 교과목의 수는 8개(국어, 산수, 사회생활, 자연, 보건, 음악, 미술, 실과)로 이전과 동일하게 유지되었다. 그러나 교과 명칭에 일부 변경이 일어나 '이과'가 '자연'으로 바뀌었고, 실업교육 강화책의 일환으로 초등학교 5~6학년 여자에게만 부과되던 '가사'가 4학년부터 남녀 모두에게 '실과'라는 이름으로 부과되었다.

중·고등학교는 단선제로 운영하였다.[11] 이는 중·고등학교에서 인문계와 실업계를 구분하여 계열에 따라 서로 다른 과목을 배우면 실업계 학생이 대학에 진학하려고 할 때에 인문계 학생에 비해 불이익을 받게 될 것을 우려하였기 때문이다. 또 한 가지 특징은 중·

고등학교에서 필수과목과 선택과목을 두어 학생들이 각자의 적성 및 취미에 따라서 과목을 선택할 수 있도록 융통성을 부여하였다는 점이다.

4. 제2차 교육과정: 1963~1973년

1960년 3월 15일 이승만 정권의 부정선거로 대략 4 · 19 혁명이 일어났다. 이승만은 대통령직에서 물러나 하와이로 쫓겨 갔고, 민주당이 정권을 잡았지만 당시 정국은 안정되지 못하였다. 이를 빌미로 1961년 5월 16일 박정희가 군사정변을 일으켜 정권을 잡았다. 이 당시 교육계의 화두는 '반공'과 '가난 극복'이었다.

이 시기의 주된 교육과정학 이념도 역시 문서상으로는 생활중심 교육, 경험중심 교육이었다. 이 시기에 발간된 교육과정 관련 문서는 생활중심 교육을 교육과정에 어떻게 반영하였는지를 다음과 같이 설명하고 있다.[12] 첫째, 국민의 경제를 빠른 시간 내에 발전시키고 생산 기술의 향상을 이룩하기 위해서 교육과정에서 생산에 필요한 교육, 즉 실업 또는 산업 교육을 강화하였고, 과학 · 기술 교육을 강화하였다. 학생으로 하여금 만들고, 먹고, 입는 등의 적당한 방법을 체득시켜 우리 생활을 실질적으로 개선할 수 있는 태도와 기능을 길러 나가도록 하였다. 둘째, 교육이 실생활과 직접 관련되도록 하였다. 학교에서 배운 것을 일상생활에 그대로 사용할 수 있도록 한 것이다. 국가 사회의 절실한 요구와 학생의 생활에 필요한 과제를 중심으로, 경험을 통하여 교육을 함으로써 개인적으로 사회적으로 쓸모 있는 인간을 육성하려고 하였다.

1966년경에 사용된 초등학교 『국어』 교과서

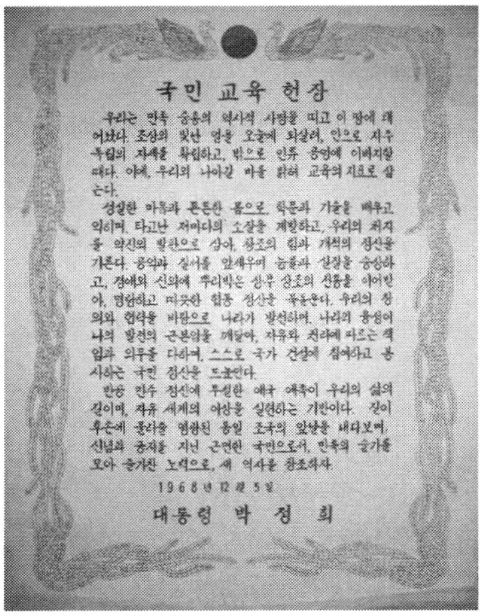

국민 교육 헌장

우리는 민족 중흥의 역사적 사명을 띠고 이 땅에 태어났다. 조상의 빛난 얼을 오늘에 되살려, 안으로 자주 독립의 자세를 확립하고, 밖으로 인류 공영에 이바지할 때다. 이에, 우리의 나아갈 바를 밝혀 교육의 지표로 삼는다.

성실한 마음과 튼튼한 몸으로, 학문과 기술을 배우고 익히며, 타고난 저마다의 소질을 계발하고, 우리의 처지를 약진의 발판으로 삼아, 창조의 힘과 개척의 정신을 기른다. 공익과 질서를 앞세우며 능률과 실질을 숭상하고, 경애와 신의에 뿌리박은 상부 상조의 전통을 이어받아, 명랑하고 따뜻한 협동 정신을 북돋운다. 우리의 창의와 협력을 바탕으로 나라가 발전하며, 나라의 융성이 나의 발전의 근본임을 깨달아, 자유와 권리에 따르는 책임과 의무를 다하며, 스스로 국가 건설에 참여하고 봉사하는 국민 정신을 드높인다.

반공 민주 정신에 투철한 애국 애족이 우리의 삶의 길이며, 자유 세계의 이상을 실현하는 기반이다. 길이 후손에 물려줄 영광된 통일 조국의 앞날을 내다보며, 신념과 긍지를 지닌 근면한 국민으로서, 민족의 슬기를 모아 줄기찬 노력으로, 새 역사를 창조하자.

1968년 12월 5일

대통령 박 정 희

1968년 12월 5일에 발표된 국민교육 헌장. 당시 모든 학생은 이를 외워야 했다.

이 책을 읽은 독자라면 이와 같은 설명이 얼마나 '왜곡된' 생활중심 교육인지를 잘 이해할 것이다. 제3장에서 설명한 것처럼, 진보주의에 기초를 둔 생활중심 교육이란 앞의 설명과 같은 교육을 의미하지 않는다. 당시 우리 사회가 교육(학교)에 요구했던 것이 '지독한 가난으로부터 벗어날 수 있는 모종의 기능과 지식을 가진 성인 육성'이었다면, 이는 프랭클린 보비트(Franklin Bobbitt)가 외쳤던 교육, 즉 '이상적인 어른'을 기르기 위한 교육과 훨씬 가깝다고 할 것이다. 따라서 이 당시의 교육과정학 이념은 '사회적 행동주의'의 성격을 지녔다고 보는 것이 옳다.

이 시기의 초등학교 학교교육과정을 살펴보면, 8개의 초등학교 교과목 중에서 '보건' 교과가 '체육'으로 대체되었다. 반공 · 도덕 과목을 신설하여 주당 1시간씩 가르치다가 이 시기 후반(1969년 이후)에는 주당 2시간씩으로 늘렸다.

중학교의 경우, 선택과목이었던 '외국어'와 '실업가정'을 필수과목으로 돌리고 선택과목제도를 폐지하였다. 초등학교처럼 '반공 · 도덕' 교과가 추가되었다.

고등학교의 경우, 고등학교 1학년까지는 공통된 내용을 배우다가 2학년부터 '문과계열' '이과계열' '예능계열' '취업계열'로 나누어 공부를 하도록 하였다. 또한 일반 고등학교와는 별도로 실업계 고등학교(농업, 공업, 상업, 수산, 가정)를 설치하여 직업교육을 강조하였다. 이는 단선제를 포기하고 복선제를 선택했음을 의미한다.

1968년 12월 5일에 발표된 '국민교육헌장' 이념의 구현과 한글 전용이라는 정부 시책에 따라 국어과에서 한자 교육을 하지 않게 된 것도 이 시기에 일어난 변화였다.

5. 제3차 교육과정: 1973~1981년

1972년 10월 17일 오후 7시, 대통령 박정희는 전국에 비상계엄령을 선포하고, 4개항의 비상조치를 포함한 특별선언을 발표하였다. 이에 따라서 국회를 해산하였고 정당 및 정치활동의 중지 등「헌법」의 일부조항의 효력을 정지시켰다. 비상조치에는 효력이 정지된「헌법」조항의 기능은 비상국무회의가 담당하여 이곳에서 개헌을 추진하도록 하고 개헌이 완료되면 헌법질서를 정상화한다는 내용이 포함되어 있었다. 이에 따라 비상국무회의는 10월 27일「헌법」개정안을 공고하고, 11월 21일 국민투표를 실시해 통과시켰다. 이때 만들어진「헌법」을 '유신헌법'이라 하는데, 유신헌법의 특징은 국민의 기본권의 약화와 대통령의 1인 장기집권체제의 제도적 확립이었다.

조국통일정책의 심의 · 결정과 대통령선거 및 일부 국회의원선거 등의 기능을 가지는 '통일주체국민회의'가 헌법기관으로 설치되었고, 직선제이던 대통령선거가 통일주체국민회의 대의원들에 의한 간선제로 바뀌었으며, 대통령의 임기가 4년에서 6년으로 연장되었다.

12월 15일에는 2,359명의 대의원들이 선출되어 '통일주체국민회의'를 구성하고, 23일 대의원들의 투표를 통해서 박정희가 제8대 대통령으로 당선되었고, 1972년 12월 27일 정식 취임하였다. 그러나 이러한 유신 체제는 장기집권과 반민주적인 통치를 반대하는 학생 · 지식인 · 종교인 · 정치인의 민주화운동과 고도 성장의 경제적인 분배에서 소외당한 근로자 · 농민 · 도시 빈민의 생존권 요구를 긴급조치로 억압함으로써 국민의 저항에 부딪혔다. 유신 체제는 1979년 10월 26일 박정희 대통령이 당시 중앙정보부장 김재규의 총에 맞아 죽음에 따라 끝이 났다.

이 유신 체제기의 주된 교육과정학 이념은 제8장에서 자세히 살펴본 '학문중심 교육'이었다. 브루너(Bruner)의『교육의 과정』이 1973년 번역 · 소개되면서 '지식의 구조'에 대한 교육학자들의 관심이 높았다. 당시 학문중심 교육의 장점으로는 다음과 같은 내용이 자주 거론되었다. 첫째, 체계화된 지식을 교육내용으로 정선하여 교육과정을 구성하기 때문에 능률적이고 질 높은 교육이 가능하다. 둘째, '지식의 구조'(핵심 개념 또는 원리)를 학습하게 되므로 학습의 전이력이 높고 아울러 지식의 생성력이 높아진다. 셋째, 발견과 탐구의 방법을 통해서 학습하게 되므로 창의적 문제해결력이 높아진다. 넷째, 내적 동기 유발을 강조하기 때문에 학생들이 학문 자체에 희열을 느끼고 학습과정에 적극 참여하게 된다.

그런데 이러한 학문중심 교육이라는 이념은, 충분히 짐작할 수 있는 바와 같이, 당시 우리의 정치 상황과는 별로 어울리지 않는 것이었다. 정치가들은 교육 당국에 유신헌법에 동의하고 그 과업을 완수할 수 있는 인력과 조국의 근대화를 앞당길 기술 인력 양성을 요구하였는데, 이러한 요구는 지적 탐구를 중심으로 하는 학문중심 교육과는 태생적으로 어울릴 수 없는 것이었다. 따라서 학문중심 교육은 말만 무성했을 뿐 실제 우리 학교에 어떠한 의미 있는 변화도 이끌어내지 못하였다.

1975년경에 사용된 초등학교 『체육』 교과서

당시까지는 교육과정이 크게 '교과 영역' '특별활동 영역' '반공 · 도덕 영역' 등의 세 영역으로 되어 있었는데, '반공 · 도덕 영역'을 삭제하였다. 대신 초등학교에 '도덕'교과를 정규과목으로 편성하여 초등학교 교과가 9개 교과가 되었다. 사회교과 속에서 국사를 가르치는 기존의 방식을 유지하면서 아울러 5~6학년에서는 국사교과서를 사회교과서와는 별도로 제작하였다.

중학교의 경우, 도덕과 국사가 정규 교과로 독립 · 편성되어 중학교의 총 교과는 도덕, 국어, 국사, 사회, 수학, 과학, 체육, 음악, 미술, 한문, 외국어 등의 11개가 되었다. 이 11개 외에 남학생은 기술교과를, 여학생은 가정교과를 필수로 배웠고, 농업, 공업, 상업, 수산업, 가사 중 하나를 택하여 공부해야 하였다. 따라서 당시 중학생이 배우는 교과는 총 13과목이었다.

고등학교의 경우는 외국어와 한문 교육을 크게 강화하였다. 대신 예체능 과목은 수업시간 수를 상당히 감축하였다. 또한 국어 교과 속에 포함하여 가르치던 '한문'을 독립 과목으로 설정하였다. 1960년대 말에는 한글 전용 정책에 따라 국어교과에서 한자를 가르치는 일을 멈추었는데, 불과 10년도 못되어 '한문'이 독립과목으로 화려하게 부활한 셈이다.

6. 제4차 교육과정: 1981~1987년

이 시기의 교육과정학 이념은 어느 한 사조나 이념만을 반영하는 교육과정이 아닌 다분히 종합적이고 복합적인 성격을 지닌다.

제4차 교육과정의 가장 큰 특징은 학생의 부담을 줄이기 위해 학과목을 축소하고 주당 수업시간도 약간 줄인 데 있다. 이러한 조치의 일환으로 초등학교 교육과정에서는 초등학교 1~2학년에 교과통합을 시험적으로 실시하였다. 초등학교 도덕, 국어, 사회교과의 교과서를 따로 편찬하지 않고『바른 생활』이라는 이름의 한 권의 교과서로 묶었다. 또한 체육, 음악, 미술 교과를 묶어『즐거운 생활』이라는 교과서로 편찬하였고, 산수와 자연 교과를 묶어『슬기로운 생활』이라는 교과서를 편찬하였다. 그러니까 외형상 초등학교 1~2학년 교과서는 '바른생활' '즐거운 생활' '슬기로운 생활' '실과' 등 네 과목이 되었다.

중학교의 경우, '국어'교과와 '한문'교과를 통합하여 '국어'로 하였고, 독립교과이던 '국사'교과를 '사회'교과에 통합하는 등 전반적으로 교과의 수를 대략 세 과목 정도 줄였다.

고등학교의 경우에는 독립과목이던 '국사'가 사회로 흡수되는 변화 외에는

1982년에 출판된 초등학교 1학년 통합 교과서. 이 당시 교과서는 통합되었으나 실제 교과의 내용은 분과적으로 가르치게 되어 있었다.

큰 변화가 없었다.

7. 제5차 교육과정: 1987~1992년

이 시기에는 제4차 교육과정에서 '교과서 통합' 형태로 시작하였던 초등학교 저학년 통합교육을 본격화하였다. 그리하여 초등학교 1~2학년의 경우 '국어' '산수' '바른생활' '슬기로운 생활' '즐거운 생활' 등의 5개 교과와 입학 초기 3월 한 달간 학교 적응을 위해 제공되는 '우리들은 1학년' 활동 등으로 편성하였다.

이 시기 교과서에 나타난 또 하나의 중요한 변화는 '1교과 다교과서' 체제를 도입한 것이다. 따라서 과거 '1교과 1교과서' 체제보다 교과서의 수가 대폭 늘어나게 되었다. 또한 초등학교 4학년 사회과에서는 각 시 · 도별로 교과서를 개발하여 '사회'교과서와 함께 공부하도록 하였다. 이 시기의 초등학교 각 교과별 교과서 체제를 요약하면 다음과 같다.

1989년에 출판된 초등학교 3학년 '국어'교과의 『말하기 · 듣기』 교과서와 '산수'교과의 『산수 익힘책』

표 16-2 제5차 교육과정에 따른 초등학교 교과명과 교과서 종류

과목명	교과서 종류	과목명	교과서 종류
국어	말하기 · 듣기	도덕	도덕
	읽기		
	쓰기		생활의 길잡이
산수	산수	사회	사회
	산수 익힘책		사회 탐구
바른 생활	바른 생활	자연	자연
	바른 생활 이야기		실험 관찰
슬기로운 생활	슬기로운 생활	실과	실과
	관찰		실습의 길잡이

8. 제6차 교육과정: 1992~1997년

제6차 교육과정의 가장 큰 특징은 '중앙집권형 교육과정'을 '지방분권형 교육과정'으로 전환한 데에 있다. 종래에는 교육과정을 교육부가 정하여 전국 모든 학교로 전달하였는데, 제6차 교육과정에서는 국가 수준의 기준만을 교

육부가 정하고, 시 · 도 교육청에서 이를 기준으로 삼아 나름대로의 시 · 도 교육과정 편성 · 운영 지침을 작성하여 일선 학교에 제시하고, 일선 학교에서는 이 지침을 근거로 하여 학교 실정에 맞게 교육과정을 운영하게 한 것이다.

예를 들면, 초등학교에 갓 입학한 신입생이 학교에 적응하는 일을 돕기 위해 만들어진 '우리들은 1학년'이라는 활동의 목표와 내용을 더 이상 국가 수준에서 획일적으로 제시하지 않고 그 권한을 시 · 도 교육청에 넘겨주었다. 또한 연간 34시간의 '학교 재량시간'을 신설하여 각 단위 학교의 특수한 교육적 필요나 학생의 요구를 반영하여 교육과정을 구성할 수 있도록 하였다.

이 시기의 가장 큰 변화는 1941년 이래 사용해 오던 '국민학교'라는 명칭을 '초등학교'로 변경한 것이었다. 앞에서 살펴보았듯이, '국민학교'라는 명칭은 일제강점기의 '황국신민'에서 유래한 것이었다. '전통'이라는 이름으로 거부감 없이 우리의 의식 속에 스며 있던 '국민학교'라는 명칭이 청산해야 할 일제의 잔재라는 것을 우리는 광복 후 50여 년이 지나서야 깨달은 것이다.

교과목의 변화를 살펴보면, 초등학교의 경우 1~2학년을 대상으로 하는 통합교과에 약간의 변화가 일어났다. '도덕'을 '바른생활'이라고 불렀는데, 이는 기본 생활습관과 예절교육을 강화하기 위한 것이었다. '사회'와 '자연'을 합하여 '슬기로운 생활'로, '음악' '미술' '체육'을 합하여 '즐거운 생활'로 통합하였다. 특히 주목할 만한 변화는 '산수'를 '수학'으로 그 과목 명칭을 변경한 것이라 할 수 있다. 이는 이 과목의 성격이 '계산중심'으로부터 '논리적 사고와 문제해결 중심'으로 변화하는 세계적인 추세에 따른 것이었다.

초등학교에 '영어'교과를 신설한 것도 이 시기였다. 당시 교육부는 '세계화'라는 국가적 목표에 부응하기 위해 3학년부터 주당 평균 2시간 정도 영어 수업을 실시하기로 교육과정을 개정하고 1997학년도 3학년부터 연차적으로 적용하도록 하였다. 그리하여 지금까지 오랫동안 9과목이던 초등학교 교과목이 10개로 늘어났다.

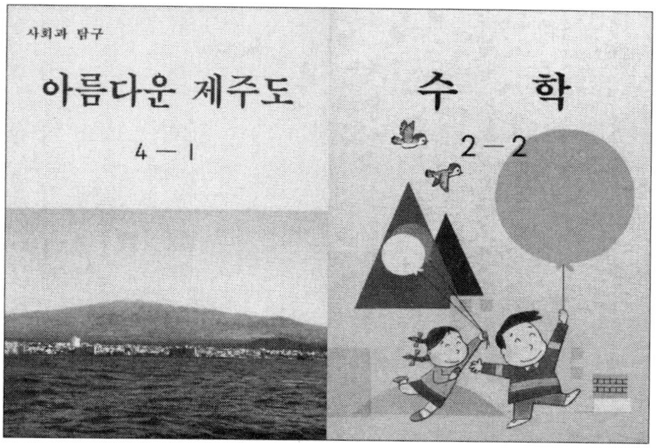

1996년경에 출판된 초등학교 '사회' 교과의 지역 교과서와 『수학』교과서. 이 시기에는 교육과정의 결정권 일부를 시 · 도교육청으로 넘겨주었다.

9. 제7차 교육과정: 1997~2007년

제7차 교육과정은 초등학교 1학년부터 고등학교 1학년까지의 10년간을 국민공통 기본교육기간으로 삼아 연계된 교육과정을 운영하고, 고등학교 2, 3학년(11, 12학년)은 선택중심 교육과정을 운영하고자 한 것이 큰 특징이다.

1학년부터 10학년(고 1)까지의 10년간의 국민공통기본교육 기간 동안 학생들은 학교에서 교과활동, 재량활동, 특별활동 등 세 영역에 걸친 활동을 하였다. 교과활동은 국어, 도덕, 사회, 수학, 과학, 실과(기술 · 가정), 체육, 음악, 미술, 외국어(영어)로 구성되었다. 다만, 초등학교 1~2학년의 교과는 국어, 수학, 바른생활, 슬기로운 생활, 즐거운 생활 및 우리들은 1학년으로 하며 중학교 이상은 실과를 기술 · 가정으로 하였다.

국민공통기본교육과정에 따라 기존 교육과정에서 학교급별로 다르게 편성된 교과 체계가 학교급에 상관없이 동일해졌고 학교급과 학년에 따라 중요도만 다르게 하였다. 예를 들어, 수학 교과는 초등학교 1학년부터 고등학교 1학년까지를 수학 1－가, 수학 1－나, 수학 2－가, 수학 2－나…… 수학 10－가, 수학 10－나로 체계화하였으며, 교과 내용은 1학년부터 10학년까지

수와 연산, 도형, 측정, 문자와 식, 규칙성과 함수, 확률과 통계로 통일하였다.

재량활동은 교과 재량활동과 창의적 재량활동으로 구분되었다. 교과 재량활동은 중등학교의 선택 과목 학습과 국민공통기본교과의 심화 · 보충 학습을 위한 것이었고, 창의적 재량활동은 초등학교의 독특한 교육적 필요, 학생의 요구 등에 따른 범교과 학습과 자기 주도적 학습을 위한 것이었다.

특별활동은 자치 활동, 적응 활동, 계발 활동, 봉사 활동, 행사 활동으로 구성되었다. 이들의 영역별 시간(단위) 수를 학생의 요구와 지역 및 학교의 특성을 고려하여 학교 재량으로 배정하되, 봉사 활동과 행사 활동은 학교의 실정에 따라 별도의 시간을 더 확보하여 운영할 수 있게 하였다.

국민공통기본교육과정이 끝난 11~12학년에 적용된 선택중심 교육과정은 교과와 특별활동으로 구성되었다. 이 중 교과는 보통교과와 전문교과로 구성되었는데 보통교과는 국어, 도덕, 사회, 수학, 과학, 기술 · 가정, 체육, 음악, 미술, 외국어와 한문, 교련, 교양 선택 과목으로 되었으며, 전문교과는 농생명 산업, 공업, 상업 정보, 수산 · 해운, 가사 · 실업, 과학, 체육, 예술, 외국어, 국제에 관한 교과로 구성되었다.

10. 2007 개정교육과정

2007년부터는 더 이상 '~차 교육과정'이라고 부르지 않고 개정 연도를 앞에 붙여 부른다. 초등학교의 경우, 이 시기에 '자연'이라는 교과를 '과학'으로, '영어'를 '외국어'로 부르는 변화가 일어났다.

이 교육과정에서는 초등학교 3~4학년의 과학 교과서를 새로 만들었으며, 초등학교 영어 수업 시간을 늘렸다. 또한 교과서 형식을 수학은 '수학'과 '수학 익힘책', 영어는 '영어'와 'English Activities'로 교과서를 나누었다.

교과서 제도에도 변화가 일었다. 국어, 도덕, 역사 교과서가 국정교과서 체제에서 검인정 교과서 체제로 변화했다. 기존에 국가에서 한 가지 교과서만을 만들어 배포했던 것(국정교과서 제도)과는 달리, 많은 교과서 업체에서 교과서를 개발하여 국가의 검인정을 받아 배포하는 방식(검인정 교과서 제도)으로 변화한 것이다.

11. 2009 개정교육과정

2009년 12월 23일에 교육과학기술부 고시 제2009-41호로 고시된 교육과정이다. 이 2009 개정 교육과정에서는 학기당 이수과목을 최대 5과목 줄이고 '교과 집중이수제'를 도입해 예체능 등의 과목을 특정 학기에 몰아서 수업할 수 있게 하였다. 또한 학교 자율에 따라 교육과정을 20% 범위 내에서 증감 운영할 수 있게 했다.

이렇게 개정한 취지는 한 한기 동안 학생의 학습 부담을 줄여서 의미 있는 학습활동이 이루어질 수 있도록 하고, 아울러 여유 시간을 활용해 폭넓은 인성교육을 위한 창의적 체험활동을 강화하겠다는 것이었다.

그러나 '집중이수제'에 대한 폐단이 너무 많아 2014년부터 학기당 집중이수 과목에서 예체능 과목을 제외시켰다.

12. 2015 개정교육과정

2015년 9월 23일에 총론 및 각론이 고시된 현행 교육과정이다. 이 교육과정을 적용하는 시기는 〈표 16-3〉처럼 학교급별, 학년별로 시차가 있다.

표 16-3 2015 개정교육과정 적용 시기

연도 / 학교급	2017년	2018년	2019년	2020년
초등학교	1~2학년	3~4학년	5~6학년	
중학교		1학년	2학년	3학년
고등학교		1학년	2학년	3학년

주요 특징은, 초등학교 1~2학년의 한글교육을 강화하고 신규과목 '안전한 생활'을 편성해 안전교육을 강화하였다.

중학교에서는 '자유학기제'를 실시해 장래 진로를 탐색하도록 하였고 코딩 교육을 위해 정보교과를 필수로 지정하였다.

고등학교에서는 기존의 문과(인문계열)와 이과(자연계열)와 같은 '공식적인' 구분이 없어진다. 일반적인 고등학교에서는 1학년 과정—국어, 영어, 수학, 한국사, 통합사회, 통합과학(+과학탐구실험)—을 공통으로 배우고, '일반 선택 과목'은 고등학교 2학년 때 배우며, '진로 선택 과목'은 고등학교 3학년 때 배우게 된다. 요약하면, 어떤 계열—인문계, 어문계, 상경계, 예체능계, 자연계 등—로 대학 진학을 할 것인지에 따라 고교 2~3학년 때 배우는 과목이 달라진다.

이 교육과정이 처음 적용되는 대학수학능력시험은 2021학년도(2020년 시행)이고 현재 다양한 논의가 진행 중이다.

우리나라 과거 및 현행 국가교육과정에 관한 자세한 사항은 '국가교육과정 정보센터'(www.ncic.re.kr)에서 확인할 수 있다.

우리 학교교육과정 원형을 찾는 여행을 마치며

우리는 학교교육과정의 원형을 찾는 여행을 시작하면서 다음과 같은 질문을 제기하였다. 우리가 현재 학교에서 배우고 있는 내용들, 즉 국어, 영어, 수학, 과학, 사회, 도덕(윤리), 체육, 미술, 음악, 실과 등의 과목을 언제부터 학교에서 가르치기 시작하였을까? 우리의 조상들은 학교에서 가르칠 가장 중요한 지식으로 무엇을 꼽았을까? 조선시대부터 오늘날까지 우리나라에 등장한 교육제도와 '학교'라는 이름의 교육기관을 세워 가르친 교과목이 시대에 따라 어떻게 변하였는지를 자세히 살펴보고 난 지금, 이 질문에 대한 답을 찾았는가? 나는 독자 여러분이 이 책을 읽으면서 그 답을 '느꼈기'를 희망한다.

이제 우리 학교교육과정의 원형을 찾는 약 150여 년에 걸친 여행을 마감할 때가 되었다. 이 여행을 안내하면서 나는 '사회 제도를 만드는 것은 인간이지만, 인간을 만드는 것 또한 바로 그 제도'라는 것을 깨달았다. 따라서 어떤 시대의 교육제도를 이해하기 위해서는 그 시대의 인간을 이해해야 하며, 그 시대의 인간을 이해하기 위해서는 또한 그 시대의 교육제도를 이해해야 한다. 우리 학교교육의 원형이 어느 특정 시대에 갑자기 등장하지 않고, 바다의 안개가 사라짐에 따라 등대가 서서히 드러나듯 그 모습이 드러나는 것은 아마도 제도가 없어져도 인간은 이어지기에, 인간이 없어져도 제도는 지속되기 때문이리라.

미주

제1장

1) 오천석, **한국신교육사**(서울: 현대교육총서출판사, 1964)의 미군정기 교육 부분을 읽어 보기 바란다.

2) 정범모, **교육과정**(서울: 풍국학원, 1956), 61쪽 참조.

3) Curriculum을 의도적으로 '커리큘럼'으로 표기하는 대표적인 학자는 장상호다. 장상호는 '교육'의 개념을 새롭게 밝히면서, 우리가 습관적 · 상식적으로 사용하는 '교육'이란 단어가 들어간 용어를 그 본래의 의미가 제대로 드러나도록 돌려놓아야 한다고 주장한다. 예를 들면, 교육열은 상급학교 진학열, 교육평가는 학력평가, 교육과정은 커리큘럼, 암기교육은 효과적인 암기, 교육환경은 학교환경, 도덕교육은 도덕인 기르기 등이다. 장상호의 주장을 깊게 이해하려면 **학문과 교육** ①(서울: 서울대학교출판부, 2005)을 읽어보기 바란다. 박승배 또한 장상호의 영향을 받아 커리큘럼이라는 용어를 의도적으로 사용하고 있다. "커리큘럼 전문가의 의미 탐색", **교육과정연구**, 33(4), 1~17쪽을 참고하기 바란다. 해당 논문은 이 책의 부록에 수록되어 있다.

제2장

1) Wayne Weiten, *Psychology: Themes and variations* (Pacific Grove, CA: Brooks/Cole Publishing Company, 1989), 5~7쪽.

2) Herbert Kliebard, *The struggle for the American curriculum 1893~1958* (Boston, MA: Routledge & Kegan Paul, 1986), 84~85쪽.

3) Mary L. Seguel, *The curriculum field: Its formative years* (New York: Teachers College

Press, 1966).

4) Franklin Bobbitt, *The curriculum* (Boston, MA: Houghton Mifflin, 1918), 42쪽 참고.

5) Franklin Bobbitt, *How to make a curriculum* (Boston, MA: Houghton Mifflin, 1924), 8~9쪽 참고.

6) Harold Rugg가 편집한 미국교육학회 제26차연감 *The foundations and technique of curriculum construction* (Bloomington, IL: Public School Publishing Co., 1926), 38~39쪽을 참고. 이 연감에는 "The orientation of the curriculum"이라는 제목의 Franklin Bobbitt의 글이 실려 있다.

7) David Snedden, "Review of 'How to make a curriculum'" (*School Review*, XXXII, January~December, 1924), 468~469쪽.

8) Boyd Bode, "Review of 'How to make a curriculum'" [*Educational Administration and Supervision, 10*(7), 1924], 471~474쪽.

9) 박철홍 역, **경험과 교육**(서울: 문음사, 2002), 97~98쪽.

10) Elliot Eisner, *The art of educational evaluation: A personal view* (Bristol, PA: The Falmer Press, 1985)를 읽어 볼 것.

제3장

1) Ronald C. Doll, *Curriculum improvement: Decision making and process* (Boston, MA: Allyn & Bacon, 1989)과 Walker and Soltis, *Curriculum and aims* (New York: Teachers College Press, 2009)를 볼 것.

2) William Schubert, *Curriculum: Perspective, paradigm, and possibility* (New York: Macmillan, 1986)과 Elliot Eisner, *The educational imagination: On the design and evaluation of school programs* (3rd ed.) (New York: Macmillan, 1994)를 참고할 것.

3) 예를 들면, 오천석, **교육철학 신강**(서울: 교학사, 1972)을 들 수 있다.

4) 이인화 역, **한국과 그 이웃나라들**(서울: 도서출판 살림, 1994), 440~441쪽을 읽어 볼 것.

5) Daniel Tanner and Laurel N. Tanner, *History of the school curriculum* (New York: Macmillan, 1990), 40쪽 참조.

6) David Tyack and Larry Cuban, *Tinkering toward utopia* (Cambridge, MA: Harvard University Press, 1995), 85~109쪽 참조.

7) Herbart의 사상을 보다 자세히 알고 싶은 독자들은 이환기의 **헤르바르트의 교수이론**(서

울: 교육과학사, 1996)을 참고하기 바란다.

8) 1892년에 결성된 '헤르바르트 클럽'은 3년 후인 1895년 '미국 헤르바르트 학회'(National Herbart Society)로 이름을 바꾸어 매해 한 권씩의 연감을 출판하면서 1899년까지 지속되었다. 이 당시 시카고 대학교 교수 John Dewey도 이 '미국 헤르바르트 학회'의 이사로 활동하였다. 1900년 이 학회의 명칭은 다시 '미국과학적 교육학회'(National Society for the Scientific Study of Education)로 바뀌었고, 1909년 다시 '미국교육학회'(National Society for the Study of Education)로 바뀌어 오늘에 이르고 있다. 미국에서 헤르바르트주의자들의 활동이 사실상 사라진 것은 1906년이라고 교육과정학 역사가들은 말하고 있다.

9) Lawrence, A. Cremin, *The National Herbart Society Yearbooks 1∼5, 1895∼1899* (New York: Arno Press, 1969).

10) Larry Cuban, *How teachers taught: Constancy and change in American classrooms 1880-1990* (New York: Teachers College Press, 1993), 49쪽 참조.

11) David Tyack and Larry Cuban, *Tinkering toward utopia* (Cambridge, MA: Harvard University Press, 1995), 40쪽에서 인용.

12) 이홍우 역, **민주주의와 교육**(서울: 교육과학사, 1987), iv쪽 참조.

13) 이 '프로젝트 방법' 이후 Kilpatrick은 일약 학내외에서 유명 인사가 되었는데, 그의 강좌는 학생들에게 아주 인기가 높았다 한다. 일화에 따르면, Kilpatrick의 강좌를 듣기 위해 수강 신청을 하는 학생들이 그에 대하여 물으면, 교무과 직원들은 Kilpatrick을 가리켜 '하나님처럼 생겼고, 하나님처럼 말하는 사람'이라고 소개했을 정도라 한다. 그의 마지막 강좌인 1937년 여름 강좌에는 무려 622명의 학생이 수강신청을 했다고 전해진다. 그에 관한 일화는 John Beineke, "A progressive at the pinnacle: William Heard Kilpatrick's final years at Teachers College, Columbia University" [*Educational Theory, 39*(2), 1989], 139∼149쪽에 잘 소개되어 있다.

14) Daniel Tanner and Laurel N. Tanner, *History of the school curriculum* (New York: Macmillan, 1990)과 김대현 외 3인, **프로젝트 학습의 운영**(서울: 학지사, 1999) 참조.

15) David Tyack and Larry Cuban, *Tinkering toward utopia* (Cambridge, MA: Harvard University Press, 1995), 94∼96쪽에서 인용을 볼 것.

16) 김성학, **서구교육학 도입의 기원과 전개**(서울: 문음사, 1996), 146쪽 참조.

17) Lawrence, A. Cremin, "The revolution in American secondary education,

1893~1918" (*Teachers College Record*, 56, 1955), 307쪽에서 인용.

18) William Schubert, *Curriculum: Perspective, paradigm, and possibility* (New York: Macmillan, 1986), 75~76쪽에서 인용.

19) William Schubert, *Curriculum: Perspective, paradigm, and possibility* (New York: Macmillan, 1986), 78~79쪽에서 인용.

20) National Society for the Study of Education(NSSE), *The foundation of curriculum making, Twenty-sixth yearbook, Part II*. (Bloomington, IL: Public School Publishing Company, 1927).

21) George Counts, *Dare the schools build a new social order?* (New York: John Day Co., 1932), 7쪽.

22) George Counts, *Dare the schools build a new social order?* (New York: John Day Co., 1932), 12쪽.

23) Hebert Kliebard, *The Struggle for the American Curriculum 1893~1958* (Boston, MA: Routledge & Kegan Paul, 1984), 196쪽 참조.

제4장

1) 박철홍 역, **경험과 교육**(서울: 문음사, 2002), 82쪽.

2) 참고로 말하면, 카파 델타 파이에서 주최한 제1회 유명인사 초청 강연회는 1929년에 있었는데, 이 첫 행사의 강연자 역시 John Dewey였다. 당시 Dewey가 읽은 원고는 "교육학의 원천"(The sources of a science of education)인데, 이 글은 우리나라에 잘 알려져 있지 않다.

3) 박철홍 역, **경험과 교육**(서울: 문음사, 2002), 98쪽.

4) 박철홍 역, **경험과 교육**(서울: 문음사, 2002), 100쪽.

5) 박철홍 역, **경험과 교육**(서울: 문음사, 2002), 104쪽.

6) 박철홍 역, **경험과 교육**(서울: 문음사, 2002), 110~111쪽.

7) 박철홍 역, **경험과 교육**(서울: 문음사, 2002), 114쪽.

8) 박철홍 역, **경험과 교육**(서울: 문음사, 2002), 117쪽.

9) 박철홍 역, **경험과 교육**(서울: 문음사, 2002), 132쪽.

10) 박철홍 역, **경험과 교육**(서울: 문음사, 2002), 134쪽.

11) 박철홍 역, **경험과 교육**(서울: 문음사, 2002), 165~166쪽.

12) 박철홍 역, **경험과 교육**(서울: 문음사, 2002), 179쪽.

13) 박철홍 역, **경험과 교육**(서울: 문음사, 2002), 192쪽.

14) 박철홍 역, **경험과 교육**(서울: 문음사, 2002), 211쪽.

제5장

1) National Society for the Study of Education(NSSE), *The foundation of curriculum making, Twenty-sixth yearbook, Part II* (Bloomington, IL: Public School Publishing Company, 1927), 43쪽.

2) National Society for the Study of Education(NSSE), *The foundation of curriculum making, Twenty-sixth yearbook, Part II* (Bloomington, IL: Public School Publishing Company, 1927), 71쪽.

3) Ralph Tyler의 학문적 생애에 대한 설명은 다음과 같은 세 가지 문헌을 참고하였다. 이종승, **타일러의 교육과정과 수업의 원리**(서울: 교육과학사, 1987), 6~13쪽, William Pinar 외 3인, *Understanding curriculum* (New York: Peter Lang, 1995), 149~150쪽, 그리고 버클리 소재 캘리포니아 대학교(UC-Berkeley)에서 제작하여 1987년에 비매품으로 간행한 Tyler의 전기 *Education: Curriculum development and evaluation*를 집중적으로 참조하였다.

4) 20세기 중반까지 교육과정학 분야에서 중심역할을 했던 시카고 대학교의 교육학과는 1997년 폐과되어 역사 속으로 사라졌다. 시카고 대학교 측이 이러한 결정을 내리게 된 데에는 '교육학연구는 교육전문가를 길러 내는 데 한계가 있어 대학에 학과로 둘 필요가 없다'는 교육학 외부의 비판이 크게 작용하였다.

5) William Pinar 외 3인, *Understanding curriculum* (New York: Peter Lang, 1995), 150쪽.

6) 번역본으로는 진영은, **교육과정과 수업지도의 기본원리**(서울: 양서원, 1996)가 있고, 요약본으로는 이종승, **타일러의 교육과정과 수업의 원리**(서울: 교육과학사, 1987)가 있다.

7) 이 요약은 Walker와 Soltis가 쓰고 허숙 · 박승배가 번역한 **교육과정과 목적**(경기: 교육과학사, 2017)과 이종승, **타일러의 교육과정과 수업의 원리**(서울: 교육과학사, 1987)의 책을 많이 참조하였음을 밝힌다.

8) Benjamin Bloom 외 3인, *Taxonomy of educational objectives, Handbook I: Cognitive domain* (New York: David Mckay, 1956).

9) David R. Krathwohl 외 2인, *Taxonomy of educational objectives, Handbook II:*

Affective domain (New York: David Mckay, 1964).

10) Ralph Tyler, *Basic principles of curriculum and instruction* (Chicago, IL: University of Chicago Press, 1949), 63쪽.

11) Ralph Tyler, *Basic principles of curriculum and instruction* (Chicago, IL: University of Chicago Press, 1949), 105~106쪽.

12) 정범모, **교육과정**(서울: 풍국학원, 1956), 서론의 ii쪽을 볼 것.

제6장

1) 정범모, **교육과정**(서울: 풍국학원, 1956), 257~261쪽을 볼 것.

2) 이홍우, **증보 교육과정탐구**(서울: 교육과학사, 1992), 55쪽에서 인용.

3) 이홍우, **증보 교육과정탐구**(서울: 교육과학사, 1992), 58쪽 참고.

제7장

1) 김복용, 김유미 역, **검치 호랑이 교육과정**(경기: 양서원, 1995), 35~50쪽 참조.

2) 제3차 미국교육사절단, *Curriculum handbook for the school of Korea* (1955), 1~3쪽 참조.

3) 1901년 평안남도 강서의 기독교 가정에 태어난 오천석은 유년기부터 청년기까지 당시 조선의 몰락과 일제의 강압을 온몸으로 느끼며 성장하였다. 후에 목사가 된 아버지 밑에서 기독교 영향을 받으며 성장한 그는 20세 때인 1921년, 당시로는 아주 드물게 미국 유학길에 올랐다. 이후 약 10년 동안 오천석은 아이오아주의 코넬 대학교(학사), 일리노이주 시카고에 있는 노스웨스턴 대학교(석사), 뉴욕 맨해튼에 위치한 컬럼비아 대학교(박사) 등을 다녔다. 당시는 진보주의가 미국 교육계를 휩쓸고 있을 때였으므로 오천석은 학문적으로 당연히 진보주의의 영향을 받을 수밖에 없었다. 그의 박사학위 논문 지도교수는 Kilpatrick이었다. 학업을 마치고 1932년 귀국한 오천석은 1945년 광복 때까지 보성전문학교(지금의 고려대학교) 교수를 지내며 조용히 지내다가, 광복 후 미군정기에 미군 당국에 의해 발탁되어 당시 혼란스러웠던 해방 공간에서 우리나라 교육제도 확립을 위해 활발히 활동하였다. 1987년 그가 세상을 떠나자 우리 교육계에서는 그의 헌신적인 삶을 기리기 위하여 최초로 '교육인장'으로 장례를 치렀다. 오천석의 일생에 대하여는 그의 자서전에 해당하는 **외로운 성주**(서울: 교육과학사, 2001)에 자세히 기록되어 있다. 오천석의 자취를 자세히 알고 싶은 독자들은 이 책을 읽어 보기 바란다.

4) 오천석, **교육사상문집** ①(서울: 광명출판사, 1975), 321~323쪽.

5) 오천석, **교육사상문집** ①(서울: 광명출판사, 1975), 92~93쪽.

6) 오천석, **교육사상문집** ①(서울: 광명출판사, 1975), 94쪽.

7) John D. Bransford, Ann L. Brown, and Rodney R. Cocking 편, *How people learn* (Washington, D.C.: National Academies Press, 2000), 156~157쪽 참조.

제8장

1) 이홍우, **증보 교육과정탐구**(서울: 교육과학사, 1992), 150쪽에서 인용.

2) 이홍우 역, **교육의 과정**(서울: 배영사, 1973), 44쪽에서 인용.

3) 제3장에서 이미 살펴보았듯이, 19세기 말의 능력심리학자들은 '육체의 근육'과 마찬가지로 인간의 '정신의 근육'도 어려운 '교과'를 통하여 단련될 수 있다고 믿었다. 예들 들면, 라틴어를 배우는 과정에서 학생들은 기억력, 논리적 사고력 등과 같은 일반적인 정신적 능력이 발달할 것이고 이처럼 발달된 일반적인 능력은 다른 교과를 공부할 때나 실생활의 어떤 문제를 할 때 그대로 나타날 것, 즉 전이(轉移)될 것으로 생각하였다. 이를 '형식도야설'(theory of formal discipline)이라고 부르는데, 존 듀이는 이를 부정하였다. 이와 대비되는 개념은 심리학자 손다이크의 '동일요소설'(identical elements theory of transfer)인데, 그는 27세 때인 1901년 동료와 함께 쓴 "한 가지 정신능력 향상이 다른 능력의 숙달도에 미치는 영향"이라는 논문과 50세 때인 1924년에 쓴 "고등학교 학업에서의 정신도야"라는 논문에서, '형식도야설'은 사실과 다르며 어떤 과목을 배운 후에 그 과목이 다른 과목을 공부할 때나 실생활에서 도움이 되는 경우는 그 양자 사이에 '동일한 요소'가 있을 때만 가능하다고 주장하였다. 따라서 '동일요소설'에 따르면 학교에서 수학을 가르치는 이유는 그것이 '정신을 훈련하기 때문'이라기보다는 그것이 '실생활에서 유용하게 쓰이기 때문'이라고 보아야 한다. 형식도야이론에 대한 보다 자세한 소개는 이홍우의 **증보 교육과정탐구**(서울: 박영사, 1992), 98~109쪽을 읽어 보기 바란다.

4) 이홍우 역, **교육의 과정**(서울: 배영사, 1973), 55쪽에서 인용.

5) 이홍우 역, **교육의 과정**(서울: 배영사, 1973), 68~69쪽에서 인용.

6) 이홍우 역, **교육의 과정**(서울: 배영사, 1973), 97~98쪽에서 인용.

7) Piaget는 아동의 사고발달 과정을 ① 감각운동단계(0~2세), ② 전조작단계(2~7세), ③ 구체적 조작단계(7~11세), ④ 형식적 조작단계(11~15세)로 나누어 단계마다 어떠한 능력이 발달하는지를 연구하였다. 이에 대한 자세한 사항은 서점이나 도서관에서 심

리학 개론서를 읽어 보기 바란다.

8) 이홍우 역, **교육의 과정**(서울: 배영사, 1973), 114~115쪽에서 인용.

9) Bruner가 말하는 '사회의 구성원들'이란 누구를 가리키는가? 그는 초등학교의 교과 선정기준으로서, '그 내용은 어른이 알아야 할 가치가 있는 것인가?' '그 내용을 배우면 보다 훌륭한 어른이 될 수 있는가?'라는 두 가지를 제시하였다. 따라서 Bruner가 말하는 '사회의 구성원들'이란 Bobbitt가 말한 '이상적인 어른'(ideal adults)과 동일한 것으로 보인다.

10) 이홍우 역, **교육의 과정**(서울: 배영사, 1973), 145~146쪽에서 인용.

11) 이홍우 역, **교육의 과정**(서울: 배영사, 1973), 177~178쪽에서 인용.

12) 이홍우 역, **교육의 과정**(서울: 배영사, 1973), 195쪽에서 인용.

13) 이홍우 역, **교육의 과정**(서울: 배영사, 1973), 201~202쪽에서 인용.

14) 홍웅선, **교육과정신강**(서울: 문음사, 1979), 58쪽.

15) 이 당시 출판된 '학문중심 교육과정'을 소개한 교육과정학 개론서들을 구체적으로 소개하면 다음과 같다. 김성권, **현대교육과정 원론**(서울: 현대교육사, 1968); 이규환, **학교의 교육과정**(서울: 이화여자대학교출판부, 1971); 김제중, **교육과정의 이론과 실제**(대구: 학문사, 1972); 이영덕, **교육의 과정**(서울: 배영사, 1969); 홍웅선, **교육과정신강**(서울: 문음사, 1979); 이경섭, **현대교육과정론**(서울: 중앙적성연구소, 1972).

제9장

1) Herbert Kliebard, *The struggle for the American curriculum 1893~1958* (Boston, MA: Routledge & Kegan Paul, 1986), 226쪽.

2) William Pinar 외 3인, *Understanding curriculum* (New York: Peter Lang, 1995), 159쪽.

3) William Pinar 외 3인, *Understanding curriculum* (New York: Peter Lang, 1995), 193~194쪽.

4) Jeseph Schwab, "The practical: A language for curriculum" (*School Review, 78*, 1969), 1~23쪽. Schwab의 이 글은 David Flinders와 Stephen Thornton이 편집한 *The curriculum studies reader* (New York: Routledge Falmer, 2004), 103~117쪽에도 실려 있다.

5) William Schubert, *Curriculum: Perspective, paradigm, and possibility* (New York: Macmillan, 1986), 296~297쪽을 볼 것.

6) William Schubert, *Curriculum: Perspective, paradigm, and possibility* (New York: Macmillan, 1986), 290쪽에서 인용.

7) William Pinar 외 3인, *Understanding curriculum* (New York: Peter Lang, 1995), 219쪽에서 재인용.

8) 이 내용은 허숙 · 유혜령이 편집한 **교육현상의 재개념화**(서울: 교육과학사, 1997), 111~112쪽을 참고하였다.

9) William Pinar 외 3인, *Understanding curriculum* (New York: Peter Lang, 1995) 제2부와 제3부를 읽어 볼 것.

제10장

1) 허숙 · 유혜령이 편집한 **교육현상의 재개념화**(서울: 교육과학사, 1997), 113쪽을 볼 것.

2) 이하의 내용은 경인교대 허숙 교수가 1997년에 쓴 글 "교육과정의 재개념화를 위한 이론적 탐색"을 저자의 동의를 받아 일부 수정 · 보완한 것이다. "교육과정의 재개념화를 위한 이론적 탐색"은 허숙 · 유혜령이 편집한 **교육현상의 재개념화**(서울: 교육과학사, 1997)의 제5장에 실려 있다.

3) Henry A. Giroux, Anthony N. Penna, and William Pinar가 편집한 *Curriculum and instruction* (1981)이라는 책에 실려 있는 Pinar의 글 "The abstract and the concrete in curriculum theorizing", 431~454쪽을 참조.

4) William Pinar, "Life history and educational experience" [*Journal of Curriculum Theorizing, 3*(1), 1980], 159~212쪽.

5) Pinar가 편집한 *Curriculum theorizing: The reconceptualists* (Berkeley, CA: McCuthon, 1975), 259~383쪽에 실린 Pinar 자신의 글 "The analysis of educational experience"에서 인용.

6) Pinar가 편집한 *Curriculum theorizing: The reconceptualists* (Berkeley, CA: McCuthon, 1975), 415~424쪽에 실린 Pinar 자신의 글 "Search for a method"을 읽어 볼 것.

7) Pinar가 편집한 *Curriculum theorizing: The reconceptualists* (Berkeley, CA: McCuthon, 1975), 259~383쪽에 실린 Pinar 자신의 글 "The analysis of educational experience"에서 인용.

8) Pinar가 편집한 *Contemporary curriculum discourses* (Scottdale, AZ: Gorsuch Scarisbrick, 1988), 134~153쪽에 실린 Pinar 자신의 글 "Whole, bright, deep with

understanding: Issues in qualitative research and autobiographical method"를 읽어 볼 것.

9) Michael Apple, "Ideology, reproduction, and educational reform" (*Comparative Educational Review*, October, 1978), 370쪽.

10) Michael Apple, *Ideology and curriculum* (London: RKP, 1979).

11) Michael Apple, *Ideology and curriculum* (London: RKP, 1979), 51~57쪽을 읽어 볼 것.

12) Michael Apple, *Education and power* (2nd ed.) (New York: Routledge, 1995).

13) Pinar가 편집한 *Curriculum theorizing: The reconceptualists* (Berkeley, CA: McCuthon, 1975)에 실린 Apple의 글 "Scientific interests and the nature of educational institutions", 120~130쪽 참조.

14) Pinar가 편집한 *Curriculum theorizing: The reconceptualists* (Berkeley, CA: McCuthon, 1975)에 실린 Apple의 글 "The hidden curriculum and the nature of conflict" 참조.

15) Pinar가 편집한 *Curriculum theorizing: The reconceptualists* (Berkeley, CA: McCuthon, 1975)에 실린 Apple의 글 "Scientific interests and the nature of educational institutions", 125~126쪽 참조.

16) Michael Apple, *Education and power* (2nd ed.) (New York: Routledge, 1995), 124~127쪽을 읽어 볼 것.

17) Michael Apple, *Education and power* (2nd ed.) (New York: Routledge, 1995), 131~133쪽.

18) Michael Apple, *Teacher and text: A political economy of class and gender relations in education* (London: RKP, 1986).

19) 1811년 섬유 산업의 중심지였던 영국 노팅엄 지역에는 당시 보급되기 시작한 방적기와 직조기로 많은 실업자가 발생하였다. 그러자 Ned Ludd는 비밀 결사 조직을 만들고, 스스로 기술 파괴 게릴라를 자처하며 밤마다 가면을 쓰고 나타나 기계들을 부수었다. 사람들은 이들을 러다이트라고 불렀는데, 당시 영국 정부는 Ned Ludd와 지도부에 대하여 교수형과 추방이라는 강력한 조치를 통해 러다이트 운동을 잠재웠다. Apple이 이 글에서 사용하고 있는 신-러다이트란 바로 이러한 역사적 사건에 빗댄 것이다.

20) Michael Apple, *Teacher and text: A political economy of class and gender relations in education* (London: RKP, 1986), 174쪽에서 인용.

제11장

1) John Dewey, *Art as experience* (New York: Milton Balch, 1934), 46쪽.
2) William Pinar 외 3인, *Understanding curriculum* (New York: Peter Lang, 1995), 제11장 참조.
3) Pinar가 편집한 *Contemporary curriculum discourses* (Scottdale, AZ: Gorsuch Scarisbrick, 1988), 332~342쪽에 실린 Broudy의 글 "Aesthetics and the curriculum"를 읽어 볼 것.
4) Edmund C. Short가 편집한 *Forms of curriculum inquiry* (Albany, NY: State University Press, 1991)란 책 155~172쪽에 실린 Elizabeth Vallance의 글 "Aesthetic inquiry: Art criticism"참조.
5) Edmund C. Short가 편집한 *Forms of curriculum inquiry* (Albany, NY: State University Press, 1991)란 책 155~172쪽에 실린 Elizabeth Vallance의 글 "Aesthetic inquiry: Art criticism"참조.
6) Pinar가 편집한 *Contemporary curriculum discourses* (Scottdale, AZ: Gorsuch Scarisbrick, 1988), 359~379쪽에 실린 Padgham의 글 "Correspondences: Contemporary curriculum theory and twentieth century art"를 읽어 볼 것.
7) Elliot Eisner, *The enlightened eye: Qualitative inquiry and the enhancement of educational practice* (Upper Saddle River, NJ: Prentice Hall, 1998).
8) Elliot Eisner, "Educational objectives: Help or hindrance" (*School Review, 75,* 1967), 250~260쪽.
9) W. James popham, Elliot Eisner, H. J. Sullivan, and L. L. Tyler가 편집한 *Instructional objectives. AERA monograph series on curriculum evaluation, no. 3.* (Chicago, IL: Rand McNally, 1969)에 실린 Eisner의 글 "Instructional and expressive objectives: Their formulation and use in curriculum" 참조.
10) Elliot Eisner, *The educational imagination: On the design and evaluation of school programs* (3rd ed.) (New York: Macmillan, 1994), 118쪽.
11) Elliot Eisner, *The educational imagination: On the design and evaluation of school programs* (3rd ed.) (New York: Macmillan, 1994), 203~210쪽.
12) Eisner는 '교육비평'을 교육학연구에서 사용할 수 있는 하나의 질적 연구방법론으로 발전시켰다. 질적 연구방법론으로서의 교육비평에 대한 논의를 자세히 알고 싶은 독자

들은 박승배의 **교육평설-엘리어트 아이즈너의 질적연구방법론**(경기: 교육과학사, 2013)을 읽어 보기 바란다.

13) Elliot Eisner, *The enlightened eye: Qualitative inquiry and the enhancement of educational practice* (Upper Saddle River, NJ: Prentice Hall, 1998), 2쪽에서 인용.

14) Elliot Eisner, *The educational imagination: On the design and evaluation of school programs* (3rd ed.) (New York: Macmillan, 1994), 87~107쪽.

15) '잠재적 교육과정'이라는 개념을 국내에 소개하고 이에 대한 학문적 관심을 불러일으킨 학자는 당시 서울대학교 교수였던 김종서였다. 그는 1973년 12월 한국중등교육연구회라는 모임에서 '잠재적 교육과정과 인간교육'이라는 주제로 강연을 하여 잠재적 교육과정에 대한 교육학자들의 본격적인 관심을 불러일으켰으며, 1975년 2월에는 "잠재적 교육과정 연구"라는 논문을 발표하였다. 그리고 1976년에는 이 논문을 고쳐서 **잠재적 교육과정**이라는 책을 출판하였다.

16) Elliot Eisner, *The educational imagination: On the design and evaluation of school programs* (3rd ed.) (New York: Macmillan, 1994), 105쪽.

제12장

1) Adler의 전폭적인 지지자였던 Hutchins는 1899년 1월 17일 뉴욕주 브루클린에서 태어나 1977년 5월 17일 캘리포니아 산타바바라시에서 78세에 세상을 떠났다. 그는 1921년 예일 대학교에서 학사학위를 마친 후 1925년 예일 대학교 법과대학원을 졸업하였으나 28세 때인 1927년 법과대학장으로 임명되는 바람에 변호사 자격시험을 치지 못했다. 2년 후인 1929년 그는 30세의 나이로 시카고 대학교 총장이 되었는데, 1951년까지 22년 동안 시카고 대학교 총장으로 재임하는 동안 그는 '위대한 저서 읽기 프로그램'을 전개하였으며, 대학교육의 전문화와 직업주의화를 철저히 배격하고 일반교양 교육을 강조하였다. 특히 시카고 대학교는 일체의 비학문적인 활동을 배격한다는 취지 아래 1939년 대학 미식축구 팀을 해체하였다. 그러나 이와 같은 그의 개혁 조치는 그가 시카고 대학교를 떠나자 서서히 자취를 감추기 시작했고 시카고 대학교는 곧 미국 내 많은 다른 대학처럼 바뀌었다.

2) 이 요약은 계명대학교 신득렬 교수가 번역한 번역본을 많이 참조하였다. 그러나 요약하는 중에 번역본과 영어 원문을 대조하여 약간씩 수정한 부분도 있다. 이는 번역이 잘못되었기 때문이 아니라, 그렇게 하는 것이 이 책의 독자들의 이해를 도울 것 같았기 때문

이다.

3) 신득렬 역, **파이데이아 제안**(서울: 양서원, 1993), 15~17쪽.

4) 신득렬 역, **파이데이아 제안**(서울: 양서원, 1993), 28~29쪽.

5) 소크라테스식 교육방법의 한 예는 플라톤의 '대화편' 중의 하나인 '메논'에 소크라테스 자신의 시범으로 예시되어 있는데, 이는 이홍우 교수의 **교육과정 탐구**(서울: 교육과학사, 1992), 244~250쪽에 소개되어 있다. 소크라테스의 산파술에 대해 정확히 알고 싶은 독자들은 이 부분을 꼭 읽어 보기 바란다.

6) 신득렬 역, **파이데이아 제안**(서울: 양서원, 1993), 57쪽.

7) 신득렬 역, **파이데이아 제안**(서울: 양서원, 1993), 87~89쪽.

8) Horace Mann은 미국의 교육자로서 미국에서 공교육을 최초로 옹호했던 사람이다. 그는 민주사회에서라면 교육은 마땅히 무상으로 모든 사람에게 차별 없이, 잘 훈련받은 교사들에 의해서 민주적인 방법으로 제공되어야 한다는 신념을 가졌던 인물이다. 그는 그가 죽은 후 약 두 달 보름 후에 태어난 진보주의 교육 철학자 John Dewey, 그리고 약관 30세의 나이로 시카고 대학교 총장이 된, 철저한 일반교양 중심 교육 옹호자 Robert Hutchins 등과 함께 미국 교육계에 지대한 영향을 미친 3대 인물들 중의 하나다.

9) **파이데이아 제안의 문제와 가능성**이라는 책에서 Adler는 **파이데이아 제안**을 읽은 많은 사람이 제기한 질문을 31개로 정리하여 답변하고 있다. 이 질문의 내용을 알고 싶은 독자들은 신득렬의 번역서, **파이데이아 제안**(서울: 서원, 1993), 154~158쪽을 읽어 보기 바란다.

제13장

1) 예를 들면, 연세대 교육학과 교육과정연구회에서 William Schubert, *Curriculum: Perspective, paradigm, and possibility* (New York: Macmillan, 1986)를 **교육과정이론**(서울: 양서원, 1991)이라는 제목으로 번역하였는데, 이 책 100쪽에는 open education이 개방교육으로 번역되어 있다.

2) Charles Silberman, *The open classroom reader* (New York: Vintage, 1973), 297~298쪽.

3) 한국교육개발원, **열린교육입문**(서울: 교육과학, 1997), 15~21쪽을 볼 것.

4) Larry Cuban, *How teachers taught: Constancy and change in American classrooms 1880~1990* (New York: Teachers College Press, 1993), 149~150쪽.

5) 예를 들면, 황용길, **열린교육이 아이들을 망친다**(서울: 조선일보사, 1999)와 같은 책이 있다.

6) David Tyack and Larry Cuban, *Tinkering toward utopia* (Cambridge, MA: Harvard

University Press, 1995), 44쪽.

7) 손인수, **미군정과 교육정책**(서울: 민영사, 1992), 334쪽.

8) 조선일보, 1946년 9월 12일자, 손인수, **미군정과 교육정책**(서울: 민영사, 1992), 335쪽에서 재인용.

9) 오천석, **민주교육을 지향하여**(서울: 을유문화사, 1960), 53~55쪽; 손인수, **미군정과 교육정책**(서울: 민영사, 1992), 335~336쪽에서 재인용하였다. 아울러 오천석, **한국신교육사**(서울: 현대교육총서출판사, 1964), 410~412쪽에도 동일한 내용이 실려 있다.

10) 동아일보, 1946년 10월 25일자; 손인수, **미군정과 교육정책**(서울: 민영사, 1992), 338쪽에서 재인용.

11) '학교교육의 문법'에 대한 자세한 설명은 David Tyack and Larry Cuban, *Tinkering toward utopia* (Cambridge, MA: Harvard University Press, 1995) 제4장을 읽어 볼 것.

12) David Tyack and Larry Cuban, *Tinkering toward utopia* (Cambridge, MA: Harvard University Press, 1995), 102~107쪽을 읽어 볼 것.

13) 1966년 이래 미국 내에서 발간된 모든 교육학 관계 논문 및 문헌의 데이터베이스인 ERIC에 접근하여 'open education'이라는 키워드를 입력하면 총 118편의 논문이 검색되는데, 이 중 65편(55%)이 1972년에서 1975년까지의 4년 사이에 출판된 것들이고, 1980년 이래 약 20년 동안 출판된 문헌은 20편(17%)에 불과하다.

제14장

1) 최성모 편, **정보사회와 정보화정책**(서울: 나남출판, 1998)의 55~82쪽에 실려 있는 소영진의 글 "정보사회의 개념정립을 위한 시론" 참고.

2) Logo 언어를 어린이들이 이용하면 수학, 특히 기하학의 개념을 쉽게 터득할 수 있다고 알려지고 있다. 전 세계에 걸쳐, 특히 영어권 국가에는 이 언어를 수업에 이용하는 교사들의 동호회 모임이 조직되어 있고, 이 언어를 무료로 보급하고 있기도 하다. 이 Logo 언어와 지침서를 구할 수 있는 인터넷 사이트는 http://www.softronix.com/logo.html 이다.

3) Seymour Papert, *Mindstorms: Children, computers, and powerful ideas* (New York: Harper, 1980), 9쪽.

4) Seymour Papert, *Mindstorms: Children, computers, and powerful ideas* (New York: Harper, 1980), 179쪽.

5) Larry Cuban, "Neoprogressive visions and organizational realities" [*Harvard Educational Review, 59*(1), 1989], 217~221쪽.

6) 이 책의 원 제목은 *Teachers and machines: The classroom use of technology since 1920*이다. 이 책은 박승배의 **교사와 기계**(서울: 양서원, 1997)로 번역되어 우리나라에 소개되었다.

7) Larry Cuban, *Oversold and underused: Computers in the classroom* (Cambridge, MA: Harvard University Press, 2001), 197쪽에서 인용.

8) 한국교육학술정보원, **2004 교육정보화백서**, 233쪽.

9) 고영삼, **전자감시사회와 프라이버시**(서울: 한울, 1998). 99쪽.

10) Larry Cuban, "Determinant of curriculum change and stability 1870~1970", In Jon Schafferzick and Gary Sykes (Eds.), *Value conflicts and curriculum issues* (Berkeley, CA: 1979), 참조.

제15장

1) 예를 들면, 다음과 같은 책이다. 오천석, **한국신교육사**(서울: 현대교육총서출판사, 1964); 손인수, **한국교육사상사** IV, V (서울: 문음사, 1991); 한국교육사연구회 편, **한국교육사**(서울: 교육출판사, 1991).

2) 조선시대 선비가 어떤 사람인지에 대해서는 정옥자, **우리가 정말 알아야 할 우리선비**(서울: 현암사, 2002), 12~29쪽을 읽어 보길 바란다. 이 책 395~408쪽에는 선비의 일상이 자세히 기록되어 있어 조선시대 선비가 어떤 삶을 살았는지에 대하여 자세히 알아보기 원하는 사람은 이 책을 읽어 보기 바란다.

3) 이인화 역, **한국과 그 이웃나라들**(서울: 도서출판 살림, 1994), 440~441쪽을 읽어 보라.

4) 이 시기의 교육제도 및 교육내용에 대해 자세히 서술한 책으로는 오천석의 **한국신교육사**(서울: 현대교육총서출판사, 1964)가 대표적이다. 이하의 내용은 이 책을 근간으로 하였다.

5) 1883년 5월 미국공사 Foote가 조선에 부임한 데 크게 고무된 고종은 그 답례로 보빙사를 파견하였다. 정사 민영익을 비롯해 홍영식, 서광범, 유길준, 변수 등으로 구성된 보빙사 일행은 그해 7월 16일 제물포를 출발, 9월 2일 샌프란시스코항에 상륙하였다. 보빙사 일행은 9월 7일 대륙횡단열차를 타고 워싱턴으로 가서 당시 미국 대통령 Cheste Arthur를 만났다. 유길준은 민영익의 배려로 일행과 함께 귀국하지 않고 하버드 대학교에서

공부하기로 계획하여 우리나라 최초의 미국 유학생이 되었다.

6) 오천석, **한국신교육사**(서울: 현대교육총서출판사, 1964), 52~53쪽.

7) 오천석, **한국신교육사**(서울: 현대교육총서출판사, 1964), 60~62쪽.

8) 오천석, **한국신교육사**(서울: 현대교육총서출판사, 1964), 62~63쪽.

9) 오천석, **한국신교육사**(서울: 현대교육총서출판사, 1964), 64~65쪽.

10) 오천석, **한국신교육사**(서울: 현대교육총서출판사, 1964), 97~101쪽.

11) 오천석, **한국신교육사**(서울: 현대교육총서출판사, 1964), 182~183쪽.

12) 오천석, **한국신교육사**(서울: 현대교육총서출판사, 1964), 190쪽.

13) 오천석, **한국신교육사**(서울: 현대교육총서출판사, 1964), 242~244쪽.

14) 오천석, **한국신교육사**(서울: 현대교육총서출판사, 1964), 292~293쪽.

15) 오천석, **한국신교육사**(서울: 현대교육총서출판사, 1964), 338쪽.

16) 이 학제는 오천석, **한국신교육사**(서울: 현대교육총서출판사, 1964), 284쪽에서 인용하였다.

17) 유봉호, **한국교육과정사연구**(서울: 교육과학사, 1992), 241쪽 참고.

제16장

1) 오천석, **외로운 성주**(서울: 교육과학사, 1975), 98~99쪽.

2) 1945년 9월 16일 구성된 '한국교육위원회'의 위원은 다음과 같다.

초등교육	김성달	중등교육	현상윤
전문교육	유억겸	교육전반	백낙준
여자교육	김활란	고등교육	김성수
일반교육	최규동		

이들 중 김성수가 9월 22일 교육담당관 로커드의 고문이 됨에 따라 백남훈이 그 자리를 대신하였다. 11월에는 다음 3명을 추가하여 이 위원회는 10인이 되었다.

의학교육	윤일선	농업교육	조백현
학계대표	정인보		

3) 오천석, **한국신교육사**(서울: 현대교육총서출판사, 1964), 384쪽.

4) 오천석, **한국신교육사**(서울: 현대교육총서출판사, 1964), 394~395쪽.

5) 한문을 쓰지 않으면 '눈 뜬 장님'을 만들 것이라고 당시 한글 전용 정책 비판자들은 주장하였지만, 현재 컴퓨터 앞에 앉아 이 글을 쓰는 나는 결코 눈 뜬 장님이 아니며, 한글 상

용 정책을 펴고 한글을 가꾸어 준 우리 조상에게 감사하는 마음이 크다. 국어의 속성상 일정 수의 상용 한자를 가르쳐야 할 필요성을 인정하지만, 한자를 우리말 속에 섞어서 같이 쓰는 방식에는 결코 찬성할 수 없다. 우리 조상들이 한문으로 남긴 고전을 읽기 위해서라도 한문을 가르쳐야 할 필요가 있다고 일부는 주장하지만, 이는 그쪽에 재능이 있는 일부 사람이 한문을 공부하여 이를 쉬운 우리말로 번역하여 내놓으면 될 일이다. 사람들 중에는 경제적으로 급성장하고 있는 중국과의 원활한 교류를 위해서도 한자를 반드시 가르쳐야 한다고 주장하는 사람도 있는데, 이는 현실을 모르는 주장이다. 이미 중국의 한자는 그 변화가 심해서 우리식 한자 지식으로는 그 한자의 상당수를 읽을 수 없다. 중국과의 교역을 위해서는 차라리 '중국어'를 공부하라는 표현이 더 정확할 것이다.

6) 'National Council on Education Planning'의 번역어는 다양하다. 오천석은 '교육심의회'라고 번역하였지만, 어떤 사람들은 '조선교육심의회'라 부르기도 하였고, '한국교육심의회' '교육심사위원회' '중앙교육위원회'라 부르기도 하였다. 당시가 해방 공간이어서 아직 '대한민국' 정부가 설립되기 전이었으므로 '한국'이라는 명칭은 존재하지 않았지만 그렇다고 '조선'이라는 명칭을 붙이는 것은 '조선시대'를 연상시킬 가능성이 있어 적당하지 않은 것으로 판단된다. 나는 이 글에서 오천석의 번역을 따라 이 위원회를 '교육심의회'라고 표기하였다.

7) 이러한 역사적 배경으로 우리나라 교육과정학사에서는 1945년 9월~1946년 9월을 '교육에 대한 긴급조치기'로, 1946년 9월~1954년 4월을 '교수요목기'로 부르고 있다.

8) 오천석, **한국신교육사**(서울: 현대교육총서출판사, 1964), 406쪽.

9) 오천석, **한국신교육사**(서울: 현대교육총서출판사, 1964), 412쪽.

10) 유봉호, **한국신교육사**(서울: 교육과학사, 1992), 308~314쪽 참고.

11) 중 · 고등학교 과정을 인문계와 실업계로 구분하여 학생을 배정하고 계열에 따라 서로 다른 과목을 가르치는 것을 '복선제'라고 부르고, 인문계와 실업계를 구분하지 않는 것을 '단선제'라고 부른다.

12) 대한교육연합회, **교육과정: 이론과 운영**(서울: 대한교육연합회, 1969), 76~88쪽; 유봉호, **한국교육과정사연구**(서울: 교육과학사, 1992), 327쪽에서 재인용.

부록 1: 커리큘럼 전문가의 의미 탐색

교육과정학 분야에서 지난 150여 년 동안 벌어진 일을 역사적으로 정리한 이 책을 읽은 사람은 '커리큘럼 전문가'일까? 아직 그러기 이르다고 생각된다면, 도대체 '커리큘럼 전문가'는 어떤 사람일까? 어느 방면에 어느 정도의 지식을 갖추어야 커리큘럼 전문가 행세를 할 수 있을까? 이 질문에 답 찾기를 희망하는 독자를 위해 내가 수년 전에 작성한 논문 한 편을 수록한다. 이 논문은 한국교육과정학회에서 펴내는 논문집 『교육과정연구』의 2015년 33권 4호 1~17쪽에 실린 나의 논문을 약간 수정한 것이다. 저작권자인 한국교육과정학회의 동의를 얻어 싣는다. 이 책을 읽으며 닦은 기초지식을 바탕으로 한번 읽어 보기 바란다.

1. 머리말

사회적인 이슈가 발생하면 언론에서는 해당 분야 전문가를 초청해 의견을 듣는다. 이때 초청되는 사람은 대개 대학교수다. 2015년 현재 300명인 우리나라 국회의원의 수가 적정한지 아닌지가 사회적인 이슈로 등장하면, 정치학과 교수가 신문 인터뷰나 TV 토론에 초청된다. 2015년 6월 11일 한국은행 금융통화위원회는 기준금리를 1.75%에서 1.5%로 낮추는 조치를 취하였는데, 이런 조치가 옳았는지를 평가하는 자리에는 경제학과 교수가 초청된다.

'학교에서는 도대체 무엇을 가르쳐야 하는가?'라는 문제가 사회적 이슈로 등장하면 주로 교육학과 교수가 초청되어 나름 '고견'을 피력할 기회가 주어진다. 예를 들어, 초등학교 고학년 교과서에 한자를 병기하는 것이 좋은가? 중학교에서 수학 시간에 계산기를 사용하도록 허용하는 것이 바람직한가? 등과 같은 문제가 사회적 관심사로 떠오르면 교육학과 교수에게 말할 기회가 주어진다.

교육학과 내에서는 이와 같은 질문, 즉 '학교에서는 도대체 무엇을 가르쳐야 하는가?'와 같은 질문에 큰 관심을 가지고 공부하는 사람을 '교육과정학' 전공자로 일컫는다. 교육과정학 전공자들은 종종 커리큘럼[1] 전문가 대접을 받는다. 이들은 대학에서 교직과목의 하나인 '교육과정' 강좌를 담당하고 국가교육과정 개정 작업에 참여하기도 한다. 이들은 또한 '커리큘럼 전문가'라는 이름으로 시 · 도 교육청의 자문위원으로 활동하고, 현직 교원을 대상으로 연수원에서 강의도 하며, 일선 학교의 교육과정 및 수업개선 모임에 초청받아 조언하기도 한다.

일선 교사와 장학사들이 교육과정학 전공자(대체로 대학교수)를 '커리큘럼 전문가'라는 이름으로 초청하여 강의를 듣거나 자문을 받은 후에 은밀히 드러내 보이는 반응은 '커리큘럼 전문가 의견이라 뭐 대단할 줄 알았는데 별거 없네'와 같은 경우가 적지 않다. 교육(사범)대학의 교수와 현직 교사라는 특수한 관계로 인해 현직 교사가 자신의 감정(강사에 대한 실망감)을 노골적으로 드러내는 경우는 거의 없다. 그러나 각 시 · 도 교육연수원에서 이런저런 연수 프로그램을 편성할 때에 교육대학이나 사범대학의 교육과정학 전공 교수를 강사로 초청하기보다는 경험 많은 현직 교사를 강사로 초청하는 일이 증가하고 있는 현상은 바로 교육과정학 전공자에 대한 실망감을 우회적으로 표현한 것이라 보아야 한다.

교사와 장학사들이 교육과정학 전공자들의 전문성을 의심하는 현상은 왜 발생하는 것일까? 내가 읽은 글과 경험에 의하면, 그 대표적인 이유는 '커리큘럼 전문가'의 의미가 다양하기 때문이다. 달리 말하면, 교사나 장학사의 머릿속에 있는 '커리큘럼 전문가'의 의미와 강사로 초빙되는 사람의 머릿속에 있는 '커리큘럼 전문가'의 의미가 서로 일치하지 않기 때문이다.

교사나 장학사들은 어떤 사람을 '커리큘럼 전문가'로 부를까? 커리큘럼 전공자는 어떤 사람을 '커리큘럼 전문가'로 인식하고 있을까? '커리큘럼 전문가'의 의미는 다양하지 않을까? 이 글은 바로 이 질문에 대한 답이다. 그런데 이러한 질문에 답하기에 앞서 커리큘럼을 보는 두 가지 시선에 대해 잠시 살필 필요가 있다.

2. 커리큘럼을 보는 두 가지 시선

커리큘럼이란 무엇인가? 이 질문에 대한 가장 상식적인 답변은 '학생들이 학교에서 공부할 것, 배워야 할 것을 정해서 일련의 순서대로 늘어놓은 것'이다. 따라서 커리큘럼을 편성한다는 것은 '학생들이 학교에서 공부해야 할 것, 배워야 할 것을 정해서 이를 배울 순서대로 늘어놓는 작업'을 가리킨다. 이 답변은 상식과 일치하는 것이어서 이해하기 어렵지 않다. 하지만 이를 분석적으로 조금만 살펴보면 커리큘럼을 정하는 일에 논란이 있을 수밖에 없음을 알게 된다.

이 상식적인 답변을 분석하는 작업에서 가장 처음에 만나는 질문은 '학교에서 학생들이 배우면 좋을 것은 무엇인가?' '그 좋을 것을 어떻게 결정할 수 있는가?'라는 질문이다.

우리나라의 경우, 갑오개혁기 이전까지는 학교에서 배워야 할 것이 흔히 '사서삼경'이라 불리는 중국 고전이었다. 왜 중국 고전을 가르쳤을까? 답은 의외로 간단하다. 그렇게 해 왔기 때문이다. 전통 때문이다. 전통은 스스로를 보호하는 법이어서 중국 고전은 900년 이상 우리나라 학교에서 마땅히 가르쳐야 할 '합법적 지식'의 지위를 유지했다. 국가의 고급 공무원을 선발하는 시험인 '과거'에서 중국 고전의 통달 정도를 테스트했기 때문에 학교에서 가르쳐야 할 '합법적 지식'으로 중국 고전의 지위는 갑오개혁기 이전 조선시대 내내 한 번도 흔들리지 않았다. 지식인의 일부는 중국 고전 암통이 현실 생활 개선에 전혀 도움이 되지 않는다며 이를 부추기는 '과거제도'를 비판하고 '과거에 응시하지 않는' 용기를 보였지만, 조선시대 내내 이들의 외침은 사회적 반향을 크게 불러일으키지 못했다.

중국 고전이 학교에서 배워야 할 '합법적 지식'의 자리에서 밀려난 것은 갑오개혁기 개혁가들이 과거제도를 폐지하면서다. 이때 기득권층은 중국 고전을 '합법적 지식'의 자리에서 끌어내리는 개혁조치에 크게 저항했다. 기득권층이 내세운 대표적인 반대 논리는 '중국 고전 말고 가르쳐야 할 가치 있는 것이 과연 있느냐?'는 것이었다. 이 질문에 대한 개혁가들의 답은 '서구적 지식' 또는 '서구식 교과'였다. 개혁가들은 '국민소학독본' '신정심상소학' 등과 같은 '서구적 지식'을 소개하는 교과서를 펴내면서 교육개혁을 이끌었다(이 당시 개혁가들의 노력에 대해서는 박승배, 2011, 2012, 2013을 참조할 것).

일제강점기, 미군정기, 대한민국 정부 수립기를 거치면서 중국 고전은 학교에서 가르쳐야 할 '합법적 지식'의 지위를 완전히 상실한다. 그 빈자리를 '서구식 교과'가 채운다. 그러나 학교에서 중국 고전을 가르칠 때에 사용하던 '암기'라는 방식은 끈질기게 살아남는다. 조선시대에 중국 고전을 '암기'하던 전통은 일제시대에 '고시' 합격을 위한 효과적인 방법으로 인식되면서 살아남는다. 학교에서 학생들은 이제 중국 고전 대신에 서구식 교과 지식을 외우고 있다.

미군정기 때부터 1970년대 초엽까지 우리나라 커리큘럼 개혁을 돕기 위해 방문했던 외국교육학자가 우리 커리큘럼의 문제점으로 일관되게 지적한 것이 바로 암기교육이었다. 문헌(김종서 · 이홍우, 1980)에 의하면, 미군정기 때부터 1970년대 초엽까지 외국교육학자는 크게 다섯 차례 자문차 우리나라를 초청 방문하였다.[2] 이들 외국학자들(주로 미국학자들)이 관찰한 한국 교육의 문제는 동일했다. 그것은 바로 교과서에 수록된 지식의 파편적 암통이었다. 1952년 9월에서 1953년 2월까지 활동한 운크라(국제연합한국재건단) 사절단은 그들의 보고서에 이렇게 적었다.

> 기계적 암통, 정해답 및 교사의 진술문의 축어적 합동 반복 암통과 축어적 토론이 한국에 있어서의 교실교육을 지배하고 있다. …… 이해, 반성적 사고, 기

능적 적응, 창조적 표현보다도 기계적인 기억이나 수동적인 암통이 강조되는 것은 학교급이나 학년 수준이 올라갈수록 더욱 두드러지게 드러나는 현상이었다. (김종서 · 이홍우, 1980: 85에서 재인용)

1954년 9월에서 1955년 6월까지 운크라와 한미재단의 후원을 받아 한국에서 활동한 제3차 미국교육사절단도 동일한 관찰을 하고 이런 기록을 남겼다.

대부분의 학생은 심한 긴장 속에서 교사가 칠판에 적는 내용을 광적으로-물론, 이따금 틀리게-노트에 베끼고 있다. 왜 이 아이들은 긴장해서 광적으로 베끼고 있는가? 수학의 의미를 배우기 위하여, 수학의 힘을 음미하기 위하여, 수학의 미를 감상하기 위하여 그렇게 하는가? 아니다. 외우기 위해서다. 어째서 외울 필요가 있다고 생각하는가? 의미 있는 수학을 배우기 위해서인가? 아니다. 시험에 합격하기 위해서다. (김종서 · 이홍우, 1980: 88에서 재인용)

서구적 교과 지식의 기계적인 암통이라는 문제를 해결하기 위해 외국사절단이 제안한 방법은 '경험 커리큘럼'을 도입하라는 것이었다. 제3차 미국교육사절단(1954년 9월~1955년 6월까지 활동)은 최종보고서에서 '교과 커리큘럼' 외에 '경험 커리큘럼'이란 것도 있음을 한국의 학자, 교사, 학생에게 알리려 했다. 그들은 이렇게 강조했다.

커리큘럼의 본질을 파악하는 데에는 두 가지 견해가 있다. 한 견해는 학생이 암기한 사실, 공부한 과목, 배운 기능을 커리큘럼으로 본다. 다른 견해는 학교가 학습자에게 제공하는 모든 경험을 커리큘럼으로 본다. 전자는 교과목으로 시작해서 경험으로 끝마치고, 후자는 경험으로 시작해서 교과목으로 끝마친다. 전자를 교과 커리큘럼이라 부르고, 후자를 경험 커리큘럼이라고 부른다. (American Education Team 1954~1955, 1955: 7; 서명원 역, 1956: 15의 번역

문을 앞의 원문을 참고하여 약간 수정)

외국 사절단이 '교과 지식의 기계적인 암통'이라는 우리 문제를 해결할 대안으로 경험 커리큘럼을 들고 나온 것은 경험 커리큘럼을 확산시키는데 크게 기여한 존 듀이(John Dewey)의 생각에 동의하고 있었기 때문으로 추정된다. 존 듀이는 학생들이 교과 지식을 생각 없이 암기하는 폐단이 나타나는 이유를 일찍이 이렇게 파악하였다.

> 학문주의적 지식관의 영향으로 말미암아 원초적인 교과, 즉 최초의 교과는 언제나 능동적인 활동, 달리 말하면 '신체를 사용하고 자료를 다루어 보는 일'을 수반한다는 점을 우리는 교육의 장면에서 놓치게 된다. 그러한 일이 벌어지게 될 때, 수업시간에 다루는 학교의 교과는 학습자의 필요나 목적과 동떨어진 것이 되며, 그럼으로써 암기해야 할 무엇, 교사가 요구할 때 재생해야 할 무엇으로 변질되고 만다. 이와는 대조적으로, 교과의 자연적인 발달을 존중하게 될 때, 교육은 언제나 '행함을 통한 학습'(learning by doing)을 수반하는 사태에서 출발한다. (엄태동, 2001: 113에서 재인용; Dewey, 1916: 184의 원문을 참조하여 번역문 약간 수정)

이 제3차 미국교육사절단이 활동하던 시기에 국내의 한 소장학자도 비슷한 노력을 하였다. 정범모(1925～)는 31세 때인 1956년에 펴낸『교육과정』이라는 책에서 이런 주장을 했다.

> 우선 교육과정(curriculum)이라는 말로 우리는 무엇을 의미하느냐를 명백히 해야겠다. 사실 무엇을 교육과정이라고 생각하느냐에 따라 교육과정의 문제는 딴판 달라질 수 있는 것이다. ……
>
> 교육과정을 '다룰 내용의 요약을 적어둔 교수요목'과 같은 것으로 생각하느

> 냐, 그렇지 않으면 이 책의 입장에서처럼, '학생이 학교의 지도하에 하게 되는 경험'으로 생각하느냐에 따라 교육과정의 문제는 딴판 달라진다. ……
>
> 교육과정을 내용으로 볼 때에는, 그것은 '구구' '2차 방정식' '동화작용' '고대 조선의 문화' '만주지리' 또는 좀 더 자세히 '자연지형' '인구' '교통' '산물' 등과 같은 학과목 결정, 세부 결정이 관심이다. 이러하기 위하여 여러 사실, 개념, 원리를 조사하여, 그것들을 학생의 발달도에 알맞게 순서적으로 배열해 둔다. 그리하여 결과로 나오는 것을 '교육과정표' '교수요목' '교안' 또는 현대의 풍조에 따라 '단원전개안표'라는 책으로 꾸미며, 그리고 이것에 알맞게 '교과서'가 나오면 된다. 나머지는 '학습지도'에서 이것을 그대로 좇아서 흥미 있게 학생에게 가르치고 다루게 하면 된다 ……는 생각이다.
>
> 교육과정을 경험으로 보는 입장에서는 문제가 이렇게 간단하지가 않다. 여기에서는 요목, 내용, 교재, 제목, 학과목이 교육과정이 아니라, 학생이 하는 일, 활동, 경험을 교육과정으로 본다. ……
>
> 여기에서는 교육과정을 교수요목 등의 종이 위 책자가 결정하는 것이 아니라, 학생이 하는 일 여하가 결정한다. 이 학생이 할 일을 꾸민다는 것이 그리 간단한 일이 아닌 것은, 학생에게 '지도'를 주는 것과 '지도를 읽어 내게 할 일'을 [주는 것]을 비교해 보면 알 수 있을 것이다. (정범모, 1956: 61-62)

요약하면, 1950년대와 1960년대에 외국 교육사절단과 이 땅의 일부 젊은 학자들은 교과서에 수록된 지식을 단순히 암기하는 식의 공부를 개선하야 한다고 외쳤다. 개선을 위한 한 방편으로 공부는 '경험(활동)에서 시작하여 교과로 끝나야 한다'는 듀이의 아이디어를 소개했다. 교사가 교과 지식을 가르칠 때에 실생활과 단절시키지 말고 관련시킬 것을 강조했다.

그런데 선행연구(김종서 · 이홍우, 1980)를 통해 추정하건대, 이들의 노력은 그리 성공을 거둔 것 같지 않다.[3] 교과 지식을 외우도록 하는 수업, 배움 공동체를 주창한 사토 마나부(佐藤学)의 용어로 '좌학'(의자에 앉아 홀로 교과서를 암기하는 공부) 전통은 조금도 변하지 않았다(손우정 역, 2009). 이홍우(김종서 · 이홍우, 1980)는 이렇게 말한다.

> 외국 교육학자들[은] 우리 한국인들에게 한국 교육을 파악하는 언어를 제공해 주었다. …… [그들이] 우리에게 가르쳐 준 언어의 가장 중요한 부분은 '교육이 생활과 관련을 맺어야 한다'는 것이었다. ……
>
> '생활과의 관련'이라는 관점에서 보면, 한국의 교육은 언제나 적합하지 못한 것으로 판명되었다. 아마 오늘날에 와서도 그 점은 마찬가지일 것이다. 말하자면 우리는 근 30년을 두고 우리의 교육이 '생활과 유리'되어 있고 또 그 점에서 '적합'하지 않은 교육이라고 보아온 셈이다. …… 만약 이 긴 세월 동안 교육에 종사하고 있는 모든 사람이 '생활과의 관련'을 교육의 으뜸가는 과제라고 생각했더라면 지금쯤 교육이 생활과 유리되어 있다는 문제는, 완전한 해결은 아니라 하더라도 다소간 완화되었어야 할 것이다. (김종서 · 이홍우, 1980: 96)

이홍우는 '생활과 유리'라는 한국 교육의 고질적인 문제가 30년간의 노력에도 불구하고 왜 해결되지 않고 있는지를 파악하려는 노력을 하지 않는다. 듀이의 '프래그머티즘'(pragmatism)과 '교과의 점진적(진보적) 조직'이라는 아이디어가 이 땅의 학자와 교사에게 정확하게 소개되고 있는지, 교사들이 이 아이디어에 따라 수업하는 일이 왜 어려운지를 밝히는 작업에 관심을 두지 않는다. 대신 그는 발상을 전환한다. 생활과 동떨어진 방식으로 교과 지식을 암기하도록 가르치는 일이 문제가 있다고 지적하는 일을 이제는 멈추고, 차라리 그 교과 지식을 가르치는 일의 장점은 무엇일까를 찾아볼 필요가 있다고 주장한다. 이홍우는 이렇게 말한다.

> 아직까지 교육은 생활과 관련되어야 한다는 주장을 하고 또 한국 교육은 이 점에서 적합하지 않다는 주장을 하고 있다면, 이제는 생각의 방향을 바꾸어서 생활과의 관련이라는 것이 과연 무엇을 의미하는가, 만약 우리가 하고 있는 교

> 육이 생활과 유리되어 있다면 그러한 교육은 그 밖의 다른 면에서 '적합'하다고 볼 수는 없는가, 그리고 이 다른 면에서의 '적합성'이 생활과의 관련이라는 '적합성'보다 더 중요한 의미를 가진다고 볼 수는 없는가 등을 생각해 볼 수 있을 것이다. 이러한 면으로의 생각은 '교과의 의미'에 관한 보다 적극적인 해석으로 이끌 가능성이 있다. (김종서 · 이홍우, 1980: 96-97)

이런 지론에 따라 이홍우는 '교과의 가치'를 드러내는 작업에 몰두한다. 이 과정에서 그는 리처드 피터스(Richard S. Peters, 1919~2011), 폴 허스트(Paul H. Hirst, 1946~2003), 마이클 오크숏(Michael J. Oakeshott, 1901~1990) 등의 영국 철학자들을 접하고 이들의 생각을 국내 교육과정학 커뮤니티에 적극적으로 소개한다. 이런 영국 철학자들의 생각을 바탕으로 이홍우는 학생들이 '지적 안목'을 가지게 하는 것, 즉 '지식의 형식 안에 있는 것을 내면화한 상태'에 학생들이 이르게 하는 것이 중요하다고 말한다. 이홍우의 말을 좀 더 들어 보자.

> 학교에서 가르치는 교과(또는 지식 또는 학문)는 인류가 역사를 통하여 축적해 온 '현상을 이해하는 방식'의 총체다. 그리하여 교과를 배운다는 것은 곧 여러 현상을 이해하는 방식을 배우는 것이다. 교과를 가르치는 일은 바로 그 문명된 '삶의 형식'을 받아들이도록 이끄는 일종의 '성년식'(initiation)이다. (이경섭 · 이홍우 · 김순택, 1982: 88-89; 문장의 일부 순서를 바꾸었음)

요약하면, 이홍우가 말하는 '교과의 가치'는 그것이 학생에게 '세상을 이해하는 방식' 즉 '지적 안목'을 형성시킨다는 데에 있다. 이 '지적 안목'을 형성하도록 하는 일은, 비록 그것이 '실생활과 유리'된 것처럼 보여도 그 자체로서 매우 중요한 가치, 즉 내재적 가치를 지닌다는 것이다.

이러한 이홍우 견해는 그의 제자와 추종자에게 거의 그대로 전달되었다. 이홍우의 영향을 받은 사람들은 '경험(생활)으로 시작하여 교과목으로 끝나도록'을 주장하는 '경험 커리큘럼관'과 거리를 두었다. 얼핏 보기에 이들은 '교과목으로 시작해서 경험으로 끝마치도록'을 외치는 '교과 커리큘럼관'에 가까웠으나, 이들은 사실 교과와 경험 사이에 다리를 놓은 일에 관심이 없었다. 이들은 오직 '지적 안목' 형성이라는 '교과의 가치'를 논리적으로 밝히는 일에 관심을 쏟았다.

이홍우와 그의 제자들의 영향을 받아, 국가 커리큘럼을 편성하는 작업을 담당한 사람은 교과에서 다룰 내용을 선정하고 이를 학교급에 따라 적절히 배열하는 것으로 자신의 직무를 인식하였다. 교사는 이러한 국가 커리큘럼에 따라 제작된 교과서의 내용을 학생에게 전달하는 것이 곧 수업이라는 인식에 의심을 품지 않게 되었다. 그러나 이홍우와 그의 제자들의 외침과는 달리, 학생들은 '교과의 내재적 가치'를 깨닫기보다는 교과 지식의 '기계적 암통'을 지금도 지속하고 있다.

이 제2절의 내용을 요약하면, 갑오개혁기에 시작된 교육개혁은 성공을 거두었다. 학교에서 가르치는 내용이 '중국 고전'에서 '서구식 교과 지식'으로 완전히 바뀌었으니, 갑오개혁기 개혁가들의 의도는 성취된 셈이다. 하지만 이는 절반의 성공이다. 개혁가들은 텍스트를 기계적으로 암기하는 관행도 개혁하고자 하였다. 그러나 이는 성공하지 못했다. 학생들은 여전히 학교에서 서구식 교과를 기계적으로 암통하였다.

이를 마저 개혁하기 위해 한국 정부는 외국 교육사절단을 초빙했다. 1950~1960년대에 우리나라에 초빙된 교육사절단은 한결같이 '경험에서 시작하여 교과로 끝나는' 경험 커리큘럼을 추천하였다. 그러나 우리 문화에 깊이 뿌리를 내린 '교과 지식 암통'이라는 전통을 바꾸지 못했다. 우리의 경제적 · 정치적 상황도 경험 커리큘럼이 정착되지 못하게 하는 요인으로 작용하였다(박승배, 2007, 제11장 참조).

'교과 커리큘럼'을 비판하며 등장한 '경험 커리큘럼'이 성공을 거두지 못하자, '경험 커리큘럼'을 구현하려고 더 이상 애쓰지 말고 차라리 '교과의 가치'를 밝혀서 현재 교사들이 하고 있는 일, 즉 교과를 가르치는 일이 어떤 면에서 가치가 있는지를 드러내 보자는 논리가 득세하였다. '서구식 교과의 기계적 암통' 문제에 대한 직접적인 해결책을 찾는 일은 이들의 관심사가 아니었다.

3. 커리큘럼 전문가 의미

지금까지 살펴본 '커리큘럼을 보는 두 가지 시선'에는 '커리큘럼 전문가'의 의미를 다양하게 구분 또는 해석할 수 있는 씨앗이 들어 있다. 첫째, 국가 커리큘럼 제도를 채택하고 있는 우리나라에서는 누군가는 국가 수준 커리큘럼을 편성해야 한다. 따라서 국가 수준 커리큘럼 편성 작업에 참여한 경험이 있는 사람을 커리큘럼 전문가로 부를 수 있다. 이를 편의상 '편성형' 커리큘럼 전문가로 부르자. 둘째, 교사가 교과내용을 단순히 전달하는 일에서 벗어나 교과를 통해 학생이 지적 안목을 형성하도록 돕고 싶을 때에 그 방법을 알려 주는 사람을 커리큘럼 전문가로 부를 수 있다. 이를 '지적 안목형' 커리큘럼 전문가라 부르자. 셋째, 추상적인 교과내용을 가르칠 때에 학생의 일상적 경험에서 시작하고자 하는 교사에게, 다시 말하여 교과의 점진적 조직을 실천하고 싶은 교사에게 도움을 줄 수 있는 사람을 커리큘럼 전문가로 부를 수 있다. 이를 '점진적 교과 조직형' 커리큘럼 전문가라 부르자. 넷째, 커리큘럼을 교실에서 구현하고자 할 때에 필요한 자료를 잘 찾는 사람을 커리큘럼 전문가로 부를 수 있다. 이를 '자료형' 커리큘럼 전문가라 부르자. 다섯째, 국내외 커리큘럼의 변천사 및 이론에 대한 해박한 지식을 소유한 사람도 커리큘럼 전문가로 부를 수 있다. 이를 편의상 '지식형' 커리큘럼 전문가로 부르도록 하자.

1) '편성형' 커리큘럼 전문가

국가 커리큘럼 편성자, 즉 '편성형' 커리큘럼 전문가는 대개 대학에서 교육과정학을 가르치는 대학교수나 한국교육과정평가원에 연구원으로 근무하는 사람들 중에 많다. 이들은 광복 이후 우리나라 국가 커리큘럼이 개정될 때마다 이 작업에 참여한 사람들이다. 대한민국 정부 수립 이후 우리의 국가 커리큘럼은 대체로 정권이 바뀔 때마다 개정되었다. 새로운 정권은 새로운 국정철학을 내세우는 법이어서, 이 국정철학을 뒷받침하는 방향으로 국가 커리큘럼이 개정되었다.

김대중 정권기 즈음에 개정된 제7차 국가 커리큘럼 이후에는 국가 커리큘럼 개정 작업을 정권이 바뀔 때마다 하는 방식에서 필요에 따라 수시로 개정하는 방식으로 변경했다. 변화하는 세계의 흐름을 국가 커리큘럼에 순발력 있게 반영하기 위한 제도적 개선이었다.

국가 커리큘럼이 수시 개정 체제로 변경됨에 따라 '편성형' 커리큘럼 전문가의 일거리가 늘어나서 이들의 수요가 많아진 듯하다. '편성형' 커리큘럼 전문가는 광복 이후부터 현재까지의 국가 커리큘럼의 장단점, 바뀐 점, 바꾸려 노력했으나 바꾸지 못한 점 등을 총론뿐만 아니라 각론 수준까지 상세히 파악하고 있어야 한다.

커리큘럼 정치학이라는 말이 존재하듯이, 커리큘럼을 편성하는 일은 각 이해집단의 이해를 조정하는 일이기도 하다. 따라서 '편성형' 커리큘럼 전문가는 국가 커리큘럼을 편성할 때 부딪치는 문제들을 어떻게 해결하는 것이 좋은지에 대한 나름의 비법도 터득해서 전수할 수 있어야 한다.

2) '지적 안목형' 커리큘럼 전문가

'지적 안목형' 커리큘럼 전문가는 지적 안목을 형성할 수 있게 교과를 가르치는 방법을 잘 아는 사람을 말한다. 이홍우와 그의 제자들의 지론에 따르면, 교과의 가치는 지적 안목을 형성한다는 데에 있다. 그런데 문제는, 교과를 가르치는 교사 본인이 정작 지적 안목을 형성하지 못한 채 학생을 가르치는 경우가 있을 수 있다. 예를 들어, 물리학은 자연계에 존재하는 네 가지 '힘', 즉 '중력' '전자기력' '강력' '약력'을 연구하는 학문이며, 물리학자들은 이러한 힘의 근원과 작동 양상을 밝히려는 것임을 깨닫지 못한 교사가 있을 수 있다. 달리 표현하면, '지식의 구조'를 깨닫지 못한 채 교과를 가르치는 교사가 존재할 수 있다.

또 한 경우는, 지식의 구조를 깨닫기는 했으나 자신의 깨달음을 전달하는 일에 서툰 교사가 있을 수 있다. 즉, 교사 본인은 대학교육을 통하여, 이홍우의 표현을 빌리면(이경섭 · 이홍우 · 김순택, 1982: 91), '인류가 역사를 통하여 축적해 온 현상을 이해하는 방식, 즉 학문을 연마하여 현상에 대한 이해가 인간 생활에 어떤 가치를 가지는지를 터득'했을지라도, 자신이 터득한 '지적 안목'을 초 · 중 · 고등학교 학생들에게 전달하는 일에 서툰 교사가 있을 수 있다.

앞의 두 경우 중 어느 경우에 속하던지 간에, 교사는 국가가 정해 준 교과를 전달하면서 '학생들이 잘 알아서 스스로 지적 안목을 형성하겠지'라고 생각하며 자신의 수업활동을 정당화할 것이다. 그렇게 정당화하는 가운데 많은 교사는 '지적 안목을 형성하도록 내 교과를 가르칠 방법은 없을까?'를 늘 고민한다. '지적 안목형' 커리큘럼 전문가는 바로 이런 고민을 하는 교사들에게 도움을 줄 수 있을 것이다.

모든 교과의 지식의 구조를 터득한다는 것은 힘든 일이다. 따라서 '지적 안목형' 커리큘럼 전문가는 1~2개의 교과를 선택하여 그 교과의 구조를 파악하는 일에 집중하는 것이 현실적이다. '지적 안목형' 커리큘럼 전문가는 아무래도 교직경력이 많은 교사나 대학의 해당 학문 전공 교수가 되기 쉽다.

3) '점진적 교과 조직형' 커리큘럼 전문가

'점진적 교과 조직형' 커리큘럼 전문가는 교과를 가르칠 때에 '생활(경험)에서 시작하여 교과로 끝나도록' 하려면 어떻게 해야 하는지 그 방법을 잘 아는 사람이다. 최근 교사 중에는, 특히 혁신학교 교사 중에는, 학생을 가르치는 일은 '생활(경험)에서 시작하여 교과로 끝나야 한다'는 경험 커리큘럼관에 동조하는 사람이 적지 않다. 이 경험 커리큘럼관은 듀이의 생각에서 자란 것이다. 따라서 '점진적 교과 조직형' 커리큘럼 전문가는 듀이의 생각을 정확히 파악해서 알고 있어야 한다. 교육과정학계의 대가로 알려진 이홍우 교수조차도 듀이를 오해했다는 지적(엄태동, 2001)이 있는 만큼, '점진적 교과 조직형' 커리큘럼 전문가는 듀이가 말하는 '프래그머티즘'과 '교과의 점진적 조직'이라는 아이디어를 정확히 이해한 사람이어야 한다.

일단 듀이의 생각을 정확히 이해한 다음, '점진적 교과 조직형' 커리큘럼 전문가는 교과를 점진적으로 조직하여 가르치는 사례를 가능한 한 많이 알고 있어야 한다. 국내외 문헌을 읽어 보고 각종 교사 동아리에 참여하여 교과를 점진적으로 조직하여 가르치는 사례를 수집하여야 한다. 그리고 이러한 사례를 경험 커리큘럼을 실천하는 일에 관심을 가진 교사들에게 잘 가공하여 전달할 수 있어야 한다.

영어권 문헌에 소개된 '교과의 점진적 조직'을 실천하는 교사의 수업의 모습은 이렇다.

> 중학교 교사로 12년째 근무 중인 김두겸 선생님은 학기 시작 첫 주에 학생들에게 두 가지 질문을 제시한다.
>
> "여러분 자신에 관해 궁금한 의문은 무엇입니까?"
>
> "세상에 관해 궁금한 의문은 무엇입니까?"
>
> 학생들은 의문사항을 늘어놓기 시작하는데, 한 학생이 이렇게 묻는다.
>
> "그 의문이 사소해도, 어리석어 보여도 괜찮아요?"
>
> 선생님은 이렇게 대답한다.
>
> "정말 여러분이 알고 싶은 것이라면, 사소하거나 어리석은 의문이란 없는 법입니다."
>
> 학생들이 개인별 의문 목록을 완성하면 선생님은 학생들을 몇 개의 소집단으로 나눈다. 학생들은 소집단 속에서 자신이 작성한 의문을 돌아가며 소개하고 공통된 것을 찾는다. 토론을 거쳐 각 소집단은 우선순위가 매겨진 의문 목록을 완성한다.
>
> 학생들은 전체로 모여 앉아 각 소집단에서 정한 의문 목록을 공유하고 이를 통합한다. 이 과정에서 학생들은 합의에 의해 우선순위가 매겨진 최종 의문 목록을 완성한다. 이 의문 목록에 포함된 의문은 김두겸 선생님의 한 학기 커리큘

럼을 안내하는 기초가 된다. 즉, 김두겸 선생님은 학생들이 의문 목록에 포함된 질문에 답을 찾도록 수업을 하면서 한 학기를 보낸다. 이 목록에 포함된 의문 한 가지는 “나는 100세까지 살 수 있을까?”였다. 이 질문은 학생들이 유전학, 가족 생애사, 보험학, 통계와 확률, 심장질환, 암, 고혈압 등의 분야를 조사하도록 이끌었다. 학생들은 교사를 비롯하여 가족구성원, 친구, 각 분야 전문가, 인터넷, 전문 서적 등에서 정보를 찾는 활동을 하였다. 김두겸 선생님은 학생들이 수행하는 조사활동을 ‘배움 공동체’(learning community)의 일부가 되는 과정이라 묘사했다. 김두겸 선생님은 이렇게 말한다.

“우리는 지적으로 가장 도전이 되는 이슈를 결정한 다음, 이 이슈를 조사할 방법을 고안하여, 배움 여행(learning journey)을 시작합니다. 우리는 목적지에 때로는 도달하지 못하기도 하고, 때로는 겨우 도달하기도 하지만, 대부분의 경우 우리는 넉넉하게 목적지에 도달합니다. 즉, 우리는 당초 우리가 예상했던 것보다 훨씬 많은 것을 배웁니다.”

조사활동 마무리 단계에서 김두겸 선생님은 학생들이 조사한 내용이 전통적인 교과 영역과 어떤 관련이 있는지를 학생들이 ‘볼’ 수 있도록 돕는다. 김두겸 선생님과 학생들은 하나의 차트를 만들어 거기에 자신들이 했던 경험과 국어, 수학, 과학, 사회, 역사, 음악, 미술 등의 교과와의 관련 여부를 표기한다. 학생들은 자신들이 다양한 분야를 어느새 깊이 배웠다는 사실에 스스로 깜짝 놀란다. 한 학생은 이렇게 말했다.

“저는 우리가 그냥 놀고만 있다고 생각했어요. 뭘 배운다는 생각을 하지는 않았거든요. 그런데 우리가 진짜로 많은 과목을 배웠다는 것을 깨달았어요.” (Bransford, Brown, & Cocking (Eds.), 2000: 156~157; 인명은 우리식으로 바꾸었음)

최근 한 언론 기사(MK 뉴스, 2015. 4. 8.)에 의하면, 핀란드는 2020년까지 전통적인 과목 구분을 없애고 토픽중심으로 학생을 가르치는 방식으로 바꿀 모양이다. 핀란드의 이런 방향 선회가 사실이라면, 이는 교과 커리큘럼에서 경험 커리큘럼으로의 전환을 의미한다. 따라서 '점진적 교과 조직형' 커리큘럼 전문가는 핀란드의 교사들이 어떻게 수업하고 있으며, 그러한 수업을 가능하게 하는 다양한 조건을 파악해서 알고 있어야 한다.

4) '자료형' 커리큘럼 전문가

'자료형' 커리큘럼 전문가는 적절한 수업자료 로케이션이 가능한 사람을 가리킨다. 이런 종류의 커리큘럼 전문가를 이해하려면 먼저 커리큘럼의 층위에 대한 약간의 이해가 선행돼야 한다.

커리큘럼의 층위는 크게 다섯 가지로 개념화할 수 있다. 첫째는 '이상적인 커리큘럼'(ideological curriculum)이다. 대학교수나 교사가 이런 저런 자리에서 '우리의 커리큘럼은 이러저러해야 합니다'라는 주장을 펼 때의 그 커리큘럼을 가리키는 용어다. '추천하는 커리큘럼'(recommended curriculum)이라고도 부른다. 둘째는 '공식적인 커리큘럼'(official curriculum)으로 국가나 시 · 도에서 공식적으로 승인한 커리큘럼이다. '문서화된 커리큘럼'(written curriculum)으로 부르기도 한다. 셋째는 '지각된 커리큘럼'(perceived curriculum)이다. 교사, 학부모, 일반 시민 등이 동의하는 커리큘럼이다. '지원받는 커리큘럼'(supported curriculum)으로도 불린다. 넷째는 '작동하는 커리큘럼'(operational curriculum)으로 교사가 실제 교실에서 가르치는 커리큘럼이다. '가르친 커리큘럼'(taught curriculum)으로도 불린다. 다섯째는 '경험한 커리큘럼'(experiential curriculum)으로 학생이 실제 배운 커리큘럼을 가리킨다. 이는 교사가 만든 평가 문항으로 측정되기 때문에 '측정되는 커리큘럼'(tested curriculum)으로 불리기도 한다(Galtthorn et al., 2015).

'자료형' 커리큘럼 전문가, 즉 적절한 수업자료 로케이션이 가능한자는 교사에 의해 '지각된 커리큘럼', 교사가 실제 교실에서 작동하는 커리큘럼을 돕는 역할을 한다. 맨 처음 살핀 '편성형' 커리큘럼 전문가는 '공식적인 커리큘럼'과 '문서화된 커리큘럼'에 관여하고, 다음 항에서 살필 '지식형' 커리큘럼 전문가는 대체로 '이상적인 커리큘럼'을 이야기한다.

'자료형' 커리큘럼 전문가는 교사가 교과를 가르칠 때에 필요한 자료를 이야기하면, 그 자료를 금방 찾을 수 있는 능력을 소유해야 한다. 이를 위해 '자료형' 커리큘럼 전문가는 인터넷, 도서, 신문 등에서 찾을 수 방대한 자료에 익숙해야 한다. 특정 교과와 관련된 좋은 수업 자료를 어디에서 쉽게 구할 수 있는지를 '자료형' 커리큘럼 전문가는 잘 알고 있어야 한다.

'자료형' 커리큘럼 전문가는 또한 교사가 희망하는 자료가 존재하지 않을 경우, 그 교사의 입맛에 맞는 자료를 제작할 수 있는 능력도 보유하면 좋을 것이다(박승배 역, 2014: 158-159 참조).

5) '지식형' 커리큘럼 전문가

'지식형' 커리큘럼 전문가는 커리큘럼의 이론 및 실제에 대한 해박한 지식을 소유한 사람이다. 어떤 분야에서 전문가로 불리는 사람은 그 분야에 대한 해박한 지식을 가지고 있다. 예를 들어, 세법 전문가는 국내외 세법에 대한 해박한 지식을 역사적으로 정리하여 지니고 있을 뿐만 아니라, 가장 최근에 개정된 세법의 내용도 알고 있어야 한다. 이런 지식을 기초로 세법 전문가는 절세 요령을 묻는 일반인의 질문에 대답할 수 있어야 한다. 그래야 전문가로 인정받을 수 있다.

마찬가지로 '지식형' 커리큘럼 전문가 행세를 하려면 국내외 커리큘럼을 자세히 꿰고 있어야 한다. 우리나라 커리큘럼이 역사적으로 어떻게 변화했으며, 현재는 어떤 모습인지를 일반인에게 쉽게 설명할 수 있어야 한다. 과거와 현재의 커리큘럼 모습을 설명할 때에는 왜 그런 모습으로 커리큘럼이 형성되었는지 그 이유도 말할 수 있어야 한다.

커리큘럼 전문가에게서 국내 커리큘럼에 대한 전반적인 설명을 들은 일반인은 '그럼 외국은 어떻게 되어 있습니까?'라는 질문을 하기 마련이다. 따라서 '지식형' 커리큘럼 전문가는 외국의 커리큘럼에 대해서도 자세히 알고 있어야 한다. 이때의 외국은 우리보다 잘 살고 있어 우리가 모방할 가치가 있다고 생각되거나 우리와 문화적으로 비슷해서 참고할 가치가 큰 나라를 가리킨다. 유럽권 국가, 북미 아메리카권 국가, 동아시아권 국가, 오세아니아권 국가가 이런 나라에 해당할 것이다. 따라서 '지식형' 커리큘럼 전문가는 이런 나라의 현행 커리큘럼과 그 나라의 커리큘럼 변천사에 대한 지식도 머릿속에 정리해 두어야 한다.

4. 맺음말

지금까지 커리큘럼 전문가의 의미가 다양할 수 있음을 논의하였다. 이러한 논의는 대학에서 '교육과정학'을 담당하는 교수나 전공하는 대학원생들에게 몇 가지 중요한 시사를 한다.

첫째, '커리큘럼 전문가'라는 이름으로 누가 초청하거든, 그 초청자의 머릿속에 있는 '커리큘럼 전문가'의 의미를 분명히 파악할 필요가 있다. 초청자와 피초청자가 서로 다른 의미로 커리큘럼 전문가를 개념화하였을 경우에 피초청자, 즉 강사는 그의 전문성을 의심받게 된다.

둘째, 우리나라를 비롯하여 세계 여러 나라의 커리큘럼 변천사에 대한 연구와 저술이 필요하다. 어리석은 사람은 시행착오를 통해 배우고 현명한 사람은 역사에서 배운다는 말이 있다. 커리큘럼 변천사에 대한 해박한 지식은 '지식형' 커리큘럼 전문가가 갖추어야 할 필수 지식이다.

셋째, 커리큘럼 개발에 관심을 가진 사람은 그동안 국가 커리큘럼을 개정할 때 이슈가 된 문제가 무엇이었고, 그 이슈가 커리큘럼에 제대로 반영되었는지를 체계적으로 정리하는 작업을 해야 한다. 이는 국가 커리큘럼 개정 작업에 참여하여 얻은 경험과 지식을 다음 세대에게 전달하는 데에 꼭 필요한 것이다.

넷째, 국가가 커리큘럼 편성 권한을 가지고 있을 경우, 학부 수준 강의에서 국가 커리큘럼 개발에 관한 내용을 깊게 다루지 말아야 한다. 교직과목으로 '교육과정학'을 수강하는 학생이 국가 커리큘럼 개발 작업에 참여할 확률은 거의 없다. 달리 표현하면, 교사가 국가 수준의 '문서화된 교육과정' 편성 작업에 참여하는 일은 거의 없다. 학부 수준 강의에서는 오히려 교실 수준에서 교사가 수업을 통해 실천하는 커리큘럼, 즉 '가르친 커리큘럼'에 초점을 맞출 필요가 있다. 이 점에 관해 정범모 교수는 일찍이 이렇게 표현했다.

> [학교가 국가 수준 커리큘럼을 따를 때에는 커리큘럼 개발 과정을 주로 다루는] '교육과정'이라는 교직과목이 사범교육에나 현직교육에나 들어갈 필요가 없다. 상부에서 행정가나 학자가 짜 놓은 교수요목을 교사는 '학습지도'를 통해서 실시하면 되고, 그러기 위해서 법식에 맞는 진도계획표, 교안을 짜는 연습만 하면 된다. 결정된 교수요목의 토막토막을 재미있게 설명하고, 알 수 있게 말해주고 하는 노력만이 교사에게 있으면 넉넉하다. (정범모, 1956: 74-75)

다섯째, 교사가 수업할 때 꼭 필요로 하는 자료를 찾아 주고 만들어 주는 '자료형' 커리큘럼 전문가를 양성할 필요가 있다. 장학사나 수석 교사는 바로 이런 '자료형' 커리큘럼 전문가이어야 한다. 따라서 장학사와 수석 교사 선발 과정에서 '자료형' 커리큘럼 전문가적 소양을 검증할 필요가 있을 것이다.

여섯째, '지적 안목형' 커리큘럼 전문가, '점진적 교과 조직형' 커리큘럼 전문가에 관심을 기울여야 한다. 이를 위해 '교육과정학' 전공자들은 구체적인 과목 1~2개를 선택하여 그 과목을 실제 가르치는 방법을 연구해야 한다. 지적 안목이 형성되도록 가르치려면 어떻게 해야 하는지, 교과 지식을 학생의 경험에서 출발하여 가르치려면 어떻게 해야 하는지를 연구해야 한다.

일곱째, 커리큘럼 전문가 자격증 제도를 도입할 필요가 있다. 이 경우 그 명칭은 '커리큘럼 전문사' 정도면 무난할 것이다. 세부 분야는 '자료형' '지적 안목형' '점진적 교과 조직형'의 세 분야로 나누어 자격증을 부여할 수 있을 것이다. 이 세

분야 중의 한 분야를 집중적으로 공부하여 그 분야에 대한 커리큘럼 전문사 자격증을 받는 사람은 '지식형 커리큘럼 전문가'와 '편성형 커리큘럼 전문가'들이 소유하는 소양도 기본적으로 갖추도록 해야 한다. 수석교사, 교육전문직 종사자(장학사, 연구사)는 이러한 '커리큘럼 전문사' 자격증을 취득하도록 한국교육과정학회 차원에서 제도화를 추진할 필요가 있다.

미주

1) '커리큘럼 전문가'라는 용어 속의 '커리큘럼'(curriculum)을 통상 '교육과정'이라 번역하여 사용하고 있으나, 이를 이글에서는 의도적으로 '커리큘럼'이라고 표기하였다. Curriculum을 '커리큘럼'이라 표기하지 않고 '교육과정'이라 표기하면 '교육을 하는 과정'(educational process)으로 오해하는 일이 독자에게 발생할 수도 있기 때문이다.

2) 첫 번째는 미군정청이 초청한 '교육사절단'이다. 이들은 1948년 3월부터 9월 24일까지 54일간 한국에 머물면서 교원 훈련소를 세우고 교사를 양성했다. 두 번째는 운크라(United Nations Korean Reconstruction Agency: UNKRA, 국제연합한국재건단으로 번역함)에서 파견한 '교육개혁사절단'이다. 6명으로 구성된 이들은 1952년 9월에 우리나라에 와서 이듬해인 1953년 2월까지 활동하며 한국전쟁 후 우리나라에 대한 교육 원조를 어떻게 해야 할 것인지에 대한 계획서를 작성하였다. 세 번째는 1952년 9월부터 1962년 6월까지 약 10년 동안 네 차례에 걸쳐 방문한 미국교육사절단이다. 제1차에서 제3차 미국교육사절단은 각 1년씩 우리나라에 머물렀지만 제4차 미국교육사절단은 1956년 10월부터 1962년 6월까지 6년을 우리나라에 머무르며 실정을 파악하고 도움을 제공했다. 네 번째는 플로리다 주립대학교 연구조사단으로서 1971년 초부터 약 3개월간 한국에 머무르며 교육개혁을 위한 아이디어를 제안했다. 다섯 번째는 1969년 5월에 초청된 교육철학자 해리 브로우디(Harry S. Broudy, 1905~1998)였다(김종서 · 이홍우, 1980 참조).

3) '교과 지식의 기계적인 암통' 문제를 해결할 대안으로 경험 커리큘럼을 제시하시면서 외국 교육사절단이 과연 듀이의 '프래그머티즘'과 '교과의 점진적(진보적) 조직'이라는 아이디어를 정확히 이해하고, 이를 당시 한국 학자들과 교사들에게 '오해가 없도록' 제대로 전달했는지를 분석하는 작업은 매우 중요하다. 하지만 이는 이 글의 범위를 벗어난다. 이에 대한 별도의 연구가 필요하다.

참고문헌

김종서 · 이홍우(1980). 한국의 교육과정에 대한 외국교육학자의 관찰. **교육학연구, 18**(1), 82-95.

[Kim, J. S. and Lee, H. W. (1980). Curriculum and instruction in Korean schools as observed by foreign specialists. *The Journal of Educational Research, 18*(1), 82-95.]

박승배(2011). 갑오개혁기 교과서에 나타난 교육과정학적 이념 연구: '소학'교과서를 중심으로. **교육과정연구, 29**(3), 1-22.

[Park, S. B. (2011). A study on curriculum ideology appeared in the textbooks of the Kabo Reforms Period: Focused on 'Sohak' textbooks. *The Journal of Curriculum Studies, 29*(3), 1-22].

박승배(2012). 갑오개혁기 학부 편찬 교과서 저자가 활용한 문헌 고증. **교육과정연구, 30**(3), 141-164.

[Park, S. B. (2011). A historical research on the references used by the textbook authors of the ministry of education during the Kabo Reforms Period(1894. 7.-1896. 2.) in Korea. *The Journal of Curriculum Studies, 30*(3), 141-164.]

박승배(2013). 갑오개혁기 학부 편찬 교과서 편찬자가 활용한 문헌 고증 II: 국민소학독본과 심정심상소학을 중심으로. **교육과정연구, 31**(3), 77-94.

[Park, S. B. (2013). A historical research on the references used by the textbook editors of the Ministry of Education during the Kabo Reforms Period(1894-1896) in Korea(II): Focusing on Kukmin-sohak-dokbon and Sinjeong-simsang-sohak. *The Journal of Curriculum Studies, 31*(3), 77-94.]

엄태동(2001). John Dewey 교육학에 대한 오해와 새로운 이해. **교육원리연구, 6**(1), 95-129.

[Eom, T. D. (2001). Misunderstanding and new understanding of John Dewey's educational thoughts. *The Journal of Educational Principle, 6*(1), 95-129.]

이경섭 · 이홍우 · 김순택(1982). **교육과정: 이론, 개발, 관리**. 서울: 교육과학사.

[Lee, K. S., Lee, H. W., and Kim, S. T. (1982). *Curriculum: Theory, development, and management*. Seoul: Kyoyukkwahaksa.]

정범모(1956). **교육과정**. 서울: 풍국학원.

[Jeong, B. M. (1956). *Curriculum*. Seoul: Pungkukhakwon.]

MK 뉴스(2015. 4. 8.). 핀란드의 놀라운 교육실험.

[MK News(April 8, 2015). Dramatic educational experiment in Finland.]

佐藤学(1999). **教育改革をデザインする**. Tokyo: Iwanami Shoten Publishers. 손우정 역(2009). **교육개혁을 디자인한다**. 서울: 학이시습.

American Education Team 1954-1955(1955). Curriculum handbook for the schools of Korea. Central Research Institute. 서명원 역(1956). **교육과정지침**. 서울: 대한교육연합회.

Eisner, E. (1994). *Cognition and curriculum*. New York: Teachers College Press. 박승배 역(2014). **인지와 교육과정**. 경기: 교육과학사.

Bransford, J. D., Brown, A. L., and Cocking, R. R. (Eds.). (2000). *How people learn: Brain, mind, experience, and school*. Washington, D.C.: National Academy Press.

Dewey, J. (1916). *Democracy and education*. New York: Macmillan Company.

Galtthorn, A. A., Boschee, F. A., Whitehead, B. M., and Boschee, B. F. (2015). *Curriculum leadership: Strategies for development and implementation*. Thousand Oaks, CA: SAGE Publications, Inc.

부록 2: 주요 인물 연표

- 빌헬름 분트(1832~1920)
- 찰스 엘리엇(1834~1926)
- 프랜시스 파커(1837~1902)
- 스탠리 홀(1844~1924)
- 유길준(1856~1914)
- 지그문트 프로이트(1856~1939)
- 존 듀이(1859~1952)
- 호머 헐버트(1863~1949)
- 윌리엄 킬패트릭(1871~1965)
- 찰스 저드(1873~1946)
- 보이드 보드(1873~1953)
- 윌리엄 배글리(1874~1946)
- 에드워드 손다이크(1874~1949)
- 워렛 차터스(1875~1952)
- 프랭클린 보비트(1875~1956)
- 알렉산더 닐(1883~1973)

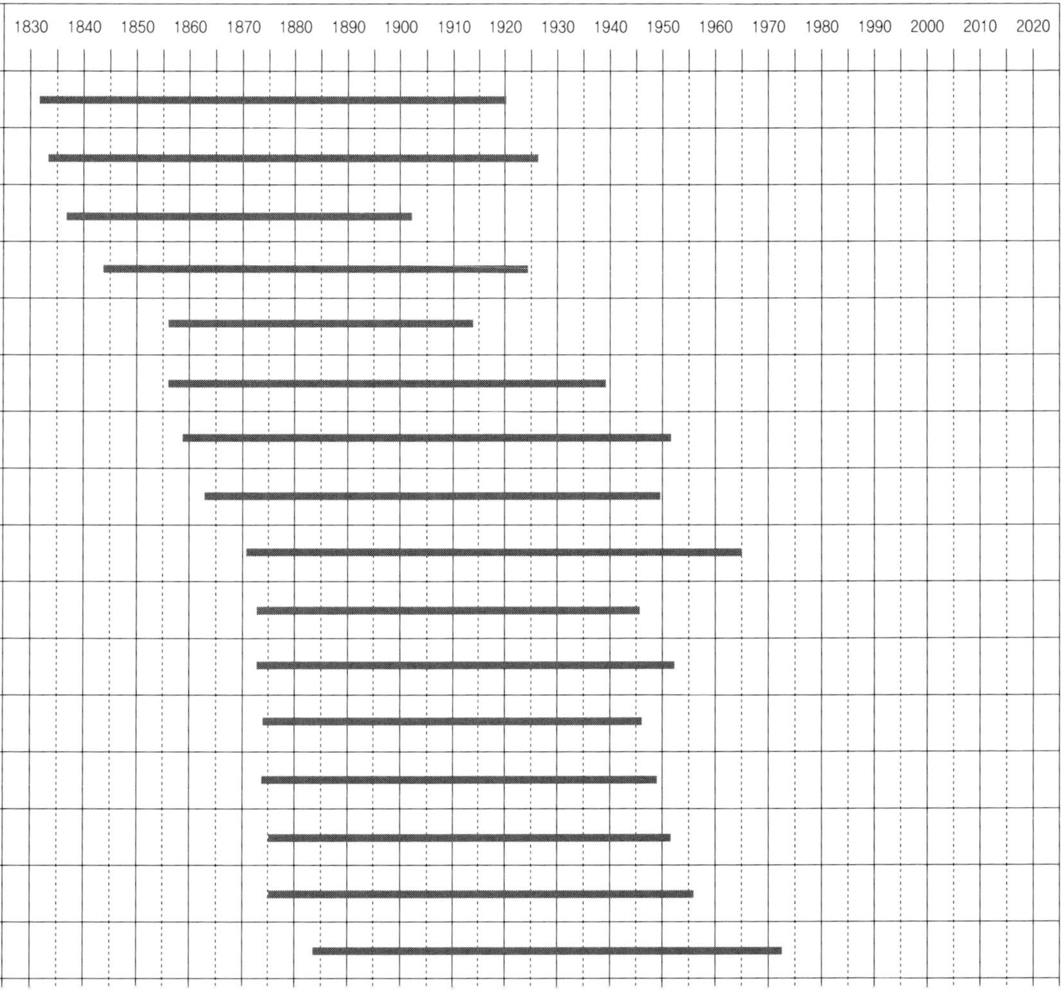

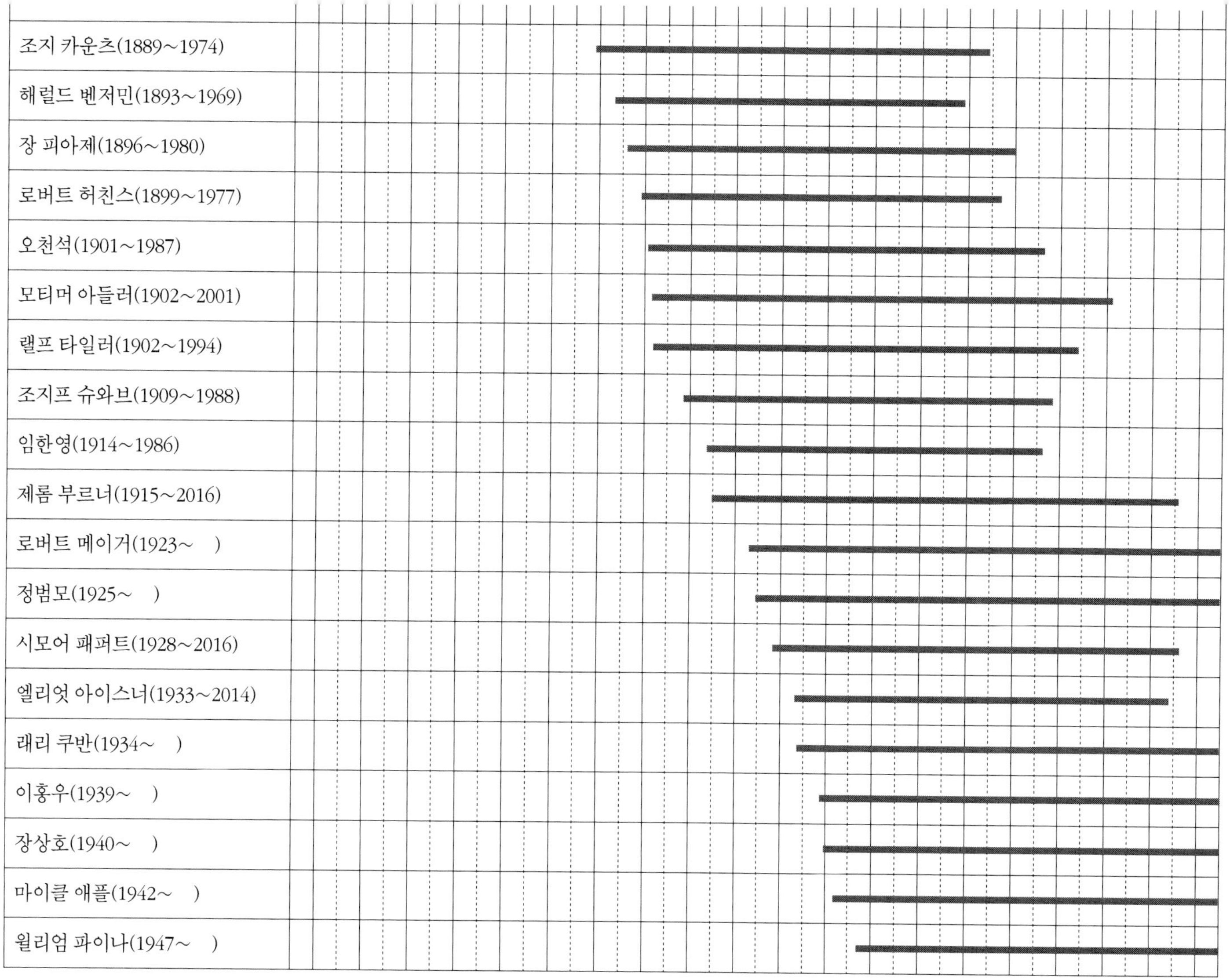
조지 카운츠(1889~1974)
해럴드 벤저민(1893~1969)
장 피아제(1896~1980)
로버트 허친스(1899~1977)
오천석(1901~1987)
모티머 아들러(1902~2001)
랠프 타일러(1902~1994)
조지프 슈와브(1909~1988)
임한영(1914~1986)
제롬 부르너(1915~2016)
로버트 메이거(1923~)
정범모(1925~)
시모어 패퍼트(1928~2016)
엘리엇 아이스너(1933~2014)
래리 쿠반(1934~)
이홍우(1939~)
장상호(1940~)
마이클 애플(1942~)
윌리엄 파이나(1947~)

찾아보기

인명

내용

저자 소개

저자 **박승배**(Seungbae Park)는 전북대학교를 졸업하고 미국 오리건 대학교에서 '교육과정학'(Curriculum and Instruction)을 전공하여 박사학위를 취득한 다음 1994년부터 전주교육대학교 교수로 재직하며 '교육과정' '수업분석 및 수업비평' '교육방법 및 교육공학' '질적 연구방법론' 등의 과목을 가르치고 있다. 그는 미국 스탠퍼드 대학교와 보스턴 칼리지 교환교수(visiting scholar)를 지냈다. 스탠퍼드 대학교에서는 엘리엇 아이스너(Elliot Eisner)와 교류하면서 '교육적 감식안과 교육비평'이라고 하는 그의 독특한 질적 연구방법론에 대해 연구하였다. 보스턴 칼리지에서는 메릴린 코크런 스미스(Marilyn Cochran-Smith)와 교류하며 교육학 연구방법 및 교사교육에 관한 글을 읽었다. 대표적인 저 · 역서로는『교사와 기계』(역, 양서원, 1997),『효과적인 교수법』(공역, 아카데미프레스, 2011),『교육평설』(개정판, 교육과학사, 2013),『인지와 교육과정』(개정판, 역, 교육과학사, 2014),『교육과정과 목적』(공역, 교육과학사, 2017), 그리고 바로 이 책『교육과정학의 이해』(2판, 학지사, 2019) 등이 있다.

교육과정학의 이해(2판)

Historical Understanding of Curriculum Studies (2nd ed.)

2007년 9월 10일 1판 1쇄 발행
2018년 9월 20일 1판 7쇄 발행
2019년 9월 10일 2판 1쇄 발행
2024년 8월 20일 2판 4쇄 발행

지은이 • 박 승 배

펴낸이 • 김 진 환

펴낸곳 • (주) 학지사

04031 서울특별시 마포구 양화로 15길 20 마인드월드빌딩 5층

대표전화 • 02) 330-5114 팩스 • 02) 324-2345

등록번호 • 제313-2006-000265호

홈페이지 • http://www.hakjisa.co.kr
인스타그램 • https://www.instagram.com/hakjisabook

ISBN 978-89-997-1899-1 93370

정가 **20,000**원